TERRORISMO

• Comentários, artigo por artigo, à Lei 13.260/2016

• Aspectos Criminológicos e Político-Criminais

Débora de Souza de Almeida
Fábio Roque Araújo
Luiz Flávio Gomes
Rogério Sanches Cunha
Ronaldo Batista Pinto

TERRORISMO

- Comentários, artigo por artigo, à Lei 13.260/2016
- Aspectos Criminológicos e Político-Criminais

2017

EDITORA *Jus*PODIVM
www.editorajuspodivm.com.br

EDITORA
*Jus*PODIVM
www.editorajuspodivm.com.br

Rua Mato Grosso, 175 – Pituba, CEP: 41830-151 – Salvador – Bahia
Tel: (71) 3363-8617 / Fax: (71) 3363-5050
• E-mail: fale@editorajuspodivm.com.br

Diagramação: Ideia Impressa *(ideiaimpressadesign@gmail.com)*

Capa: Ana Caquetti

A447l Almeida, Débora de Souza de.
Terrorismo: Comentários, artigo por artigo, à Lei 13.260/2016 e Aspectos Criminológicos e Político-Criminais / Débora de Souza de Almeida, Fábio Roque Araújo, Luiz Flávio Gomes, Rogério Sanches Cunha e Ronaldo Batista – Salvador: JusPodivm, 2017.
384 p.

Bibliografia.
ISBN 978-85-442-1403-9.

1. Legislação especial. 2. Antiterrorismo. I. Almeida, Débora de Souza de. II. Araújo, Fábio Roque. III. Gomes, Luiz Flávio. IV. Cunha, Rogério Sanches. V. Pinto, Ronaldo Batista. VI. Título.

CDD 303.625

SUMÁRIO

PARTE II

COMENTÁRIOS À LEI 13.260/16

Débora de Souza de Almeida, Fábio Roque Araújo, Luiz Flávio Gomes, Rogério Sanches Cunha e Ronaldo Batista Pinto

ÍNDICE DE TABELAS E FIGURAS

INTRODUÇÃO

LUIZ FLÁVIO GOMES

Dando efetividade ao disposto no inciso XLIII do art. 5º da Constituição Federal, bem como às recomendações internacionais em virtude de o Brasil ter sido sede dos Jogos Olímpicos em 2016, o legislador brasileiro (finalmente) editou a Lei 13.260/16 (que comentaremos em seguida) para disciplinar o crime de terrorismo, as atividades investigatórias e processuais, assim como o conceito de organização terrorista. A lei foi publicada e entrou em vigor no dia 17/3/16, tendo sido republicada no dia 18/3/16.

O crime de terrorismo previsto muito genericamente no art. 20 da Lei de Segurança Nacional (Lei 7.170/83: "Devastar, saquear, extorquir, roubar, sequestrar, manter em cárcere privado, incendiar, depredar, provocar explosão, praticar atentado pessoal ou *atos de terrorismo*, por inconformismo político ou para obtenção de fundos destinados à manutenção de organizações políticas clandestinas ou subversivas") era extremamente aberto, o que violava o princípio da taxatividade (ou de certeza). Em última análise, fazia *tabula rasa* da garantia da legalidade criminal (não há crime sem lei anterior que o defina – CP, art. 1º e CF, art. 5º, inc. XXXIX). Por isso que era duramente criticado pelos seus comentadores (como Alberto Silva Franco, por exemplo).

A melhor doutrina sempre sublinhou a finalidade *política* dos atos terroristas, posto que sacrificam vítimas inocentes com algum propósito dessa natureza. O terrorismo é um fenômeno muito antigo. Mas ganhou visibilidade globalizada intensa a partir dos atentados de 11/9/01, nos EUA (Nova York), de Beslan (Rússia), em 1 e 3/9/2004, de Bali (Indonésia), em 12/10/2002, de Madri (Espanha), em 11/3/2004, de Mumbai (Índia), em 26 a 29/11/2008, da Universidade Garissa (Quênia), em 2/4/15, de Moscou (Rússia), em 23 a 26/10/2002, de Ancara (Turquia), em 10/4/15, de Londres (Inglaterra), em 7/7/2005, de Paris (França), no dia 7/1/15 (ataque ao Charlie Hebdo), de Paris novamente, em 13/11/15, da Bélgica, em 2016 etc.

Particular antecedente a ser lembrado foi o atentado ocorrido em Munique (Alemanha), em 1972, durante os Jogos Olímpicos. A Alemanha queria, naquele momento, conquistar uma nova imagem, bem distinta daquela extremamente bélica demonstrada na primeira metade do século XX (mais precisamente na 1ª e na 2ª Guerras Mundiais e no nazismo). Gostaria de se mostrar como uma nação comprometida com a paz e a irmandade entre os povos. Nove atletas israelenses, no entanto, foram sequestrados durante tais jogos, pelo grupo palestino chamado Setembro Negro.

O sonho de se promover a integração e o respeito entre as nações se converteu em pesadelo. As torpezas (e inabilidades) cometidas pelas forças policiais alemãs assim como a intransigência dos administradores de Israel e do comando palestino foram transmitidas ao vivo e em cores para o mundo todo, em tempo real (mais de 900 milhões de pessoas viram os Jogos Olímpicos daquele ano)[1]. No final, todos os reféns israelenses foram mortos. Do grupo sequestrador só restou um sobrevivente.

Esse foi o primeiro atentado transmitido massivamente pela televisão. Se o terrorismo tem como escopo mais que derrotar o inimigo, enviar uma *mensagem* política sobre a causa do ato ou do movimento (no caso do atentado de Munique a finalidade era chamar atenção para o que se passava com os palestinos no conflito com os israelenses), não há nenhuma dúvida que a propagação midiática é quase que uma condição *sine qua non* dos atentados terroristas. Essa espetacularização midiática se potencializa em ocasiões especiais como nos Jogos Olímpicos, porque ali estão presentes todos os maiores e mais potentes meios de comunicação do mundo.

Para além de buscar transmitir uma *mensagem* (as organizações terroristas ou os terroristas solitários – "lobo solitário" – nunca possuem a mesma capacidade bélica e comunicacional dos Estados, daí a necessidade de que os meios de comunicação divulguem o ocorrido para que haja maior ameaça contra a sociedade ou mesmo uma máxima percepção massiva do ato, equilibrando-se dessa forma seu déficit armamentístico e comunicacional frente ao Estado), o terror faz das suas vítimas meros instrumentos para pressionar por suas demandas ou causas e, em alguns casos, para (paradoxalmente) conseguir o apoio da sociedade[2].

O que o grupo terrorista (ou o terrorista solitário) pretende, em última instância, é chamar atenção dos governantes e da sociedade inteira para

---

1. Ver PRIETO, Ana. *Todo lo que necesitás saber sobre terrorismo*. Buenos Aires: Paidós, 2015, p. 162 e ss.

2. Ver sobre essa e as demais características dos atentados terroristas PRIETO, Ana. *Todo lo que necesitás saber sobre terrorismo*. Buenos Aires: Paidós, 2015, p. 24 e ss.

seus propósitos políticos. As vítimas concretas (os inocentes atingidos pelos ataques desferidos pelo grupo ou ato terrorista) são meros instrumentos (vítimas simbólicas), porque com elas diretamente o terror não pretende nenhum tipo de acordo ou negociação. A prova maior desse simbolismo consiste no seguinte: as vítimas são mutáveis (pode ser esse ou aquele grupo: por exemplo, os usuários do metrô desta ou daquela estação nesta ou noutra cidade). Para quem pratica o ato terrorista a vítima concreta não tem identidade, não tem nome, não tem história, não tem rosto, ou seja, não tem relevância individual. Mesmo que os assassinatos sejam seletivos, o que mais importa é a mensagem que se quer transmitir, a percepção e a apreensão massiva da sociedade, não a vítima concreta.

A finalidade primeira do ato terrorista é a de "provocar terror social ou generalizado", expondo a perigo pessoa, patrimônio, a paz pública ou a incolumidade pública. Mas essa finalidade imediata ("de aterrorizar, intimidar, antagonizar, desorientar, desestabilizar, coagir, forçar, desmoralizar ou provocar" – Alex P. Schmid) não se confunde com a finalidade última do atentado, que é sempre *política*. Todo atentado terrorista, indiscutivelmente, "rompe a vida cotidiana", rompe o dia a dia da comunidade (provoca terror social), mas o que mais importa para o terror é o escopo final, o objetivo político pretendido, que consiste numa alteração social ou estatal do *statu quo ante*. Quando o grupo tem finalidade lucrativa (não política), nascem outros tipos de atentados (como narcoterrorismo, por exemplo). O mais cristalino ato terrorista, no entanto, se limita a querer mudar alguma coisa na forma de vida ou na estruturação da comunidade ou do Estado.

Seguindo em linhas gerais a exposição de Ana Prieto,[3] os ataques podem ser de pessoas ou grupos clandestinos (não estatais) ou estatais. Aliás, a violência estatal é muito mais intensa que a violência não estatal (um ataque com bomba atômica ou nuclear pode matar milhares ou milhões de pessoas). A capacidade de violência dos Estados é enormemente superior à praticada por particulares. Uma particularidade da violência estatal praticada contra seus cidadãos é que frequentemente não é divulgada, sobretudo quando se trata de países totalitários (onde vigora a censura).

A violência dos atos ou grupos particulares busca sempre a publicidade de mais espalhafatosa possível (a propaganda "pelos fatos", como dizia o socialista e terrorista Carlo Pisacane, no século XIX), pois do contrário não se alcança o objetivo de gerar grande apreensão da sociedade. Os atos terroristas, ademais, alcançam normalmente vítimas ou comunidades civis. O só fato de morar num determinado território, por exemplo, pode ser fator

3. Ver PRIETO, Ana. *Todo lo que necesitás saber sobre terrorismo*. Buenos Aires: Paidós, 2015, p. 24-25.

suficiente para se converter em vítima. Não se fala em efeitos colaterais nesses ataques justamente porque o alvo não é militar, sim, civil. E quanto mais pessoas forem afetadas, mais repercussão gerará o atentado.

Outra característica marcante dos atos terroristas clássicos é a seguinte: eles se dirigem contra pessoas. É a violência ou grave ameaça contra pessoas, a forma mais comum do terrorismo. Mas a lei brasileira já contemplou o que pode vir a ser uma realidade (não distanciada no tempo): o "ciberterrorismo" ou "terrorismo eletrônico".

Está estabelecida uma ferrenha competição geopolítica e geoeconômica entre alguns Estados que querem controlar a internet (ou, pelo menos, seus armamentos). Essa nova revolução industrial (a digital) está diretamente ligada ao exercício do poder (local e global) e da prosperidade ou do fracasso dos Estados e das sociedades. Já está em curso uma guerra silenciosa entre Estados Unidos, China, Rússia e Israel, para se saber quem vai conseguir a proeminência nessa corrida pelos armamentos digitais. Grupos terroristas treinados para o uso da violência clássica (como o Estado Islâmico, por exemplo) facilmente podem mudar de estratégia (quando venham a ter acesso às modernas tecnologias para fazer algo mais que o recrutamento de jovens "idealistas" para suas causas). Os EUA já sabem que um ataque "ciberespacial" será muito mais prejudicial que os ataques físicos tradicionais.

O poder de destruição das armas cibernéticas rapidamente se igualará às biológicas, químicas e nucleares. Esse é o "grande jogo"[4] que poderá (em breve, talvez) ameaçar o planeta inteiro (porque toda nossa vida, nos modernos centros, depende da conectividade e da internet). Imaginou-se ingenuamente que a internet tivesse nascido para ser livre, livre dos Estados e das ideologias, dos poderes autoritários e totalitários, um espaço fantástico de aproximação e comunicação entre cidadãos livres de todo planeta. Esse era e ainda é um sonho, que pode, no entanto, estar prestes a se converter em pesadelo.

Tudo pode não passar de uma utopia, com dias contados, seja porque alguns Estados querem ter o controle desse espaço (os EUA, por exemplo, andam monitorando conversas de chefes de Estado do mundo todo – ver escândalos recentes nesse sentido), seja porque os *players* desse jogo não querem que seus concorrentes avancem na direção do monopólio do mundo digital. A internet pode deixar de ser um espaço de liberdade para se converter no novo feudalismo do século XXI, ficando nas mãos de alguns senhores neofeudais, que controlam seus vassalos e serviçais.

---

4. Ver IGNACIO TORREBLANCA, *El gran juego está en la red*, El País, 1/5/16, *Ideas*, p. 2.

Os territórios, o mar e o ar foram (e ainda são) os espaços da velha competição militar. Isso está mudando radicalmente porque estão surgindo as "ciberforças" que vão lutar pelo "ciberespaço" adotando estratégias de desmantelamento da "cibersegurança"[5]. É nesse contexto que pode entrar o "ciberterrorismo". Uma "ciberforça" capaz de interromper ou destruir o espaço digital nos coloca na beira do abismo, porque todo o sistema de comunicação, transportes, financeiro, hospitalar, elétrico, nuclear, tudo pode, de repente, parar de funcionar. A relevância que teve a demografia e a energia nos conflitos tradicionais pode mudar de objeto: o decisivo será dispor, em um novo contexto, de "ciberforças" capazes de "ciberataques" em busca da conquista do "ciberespaço".

Com o propósito de facilitar a compreensão da Lei 13.260/16 comentaremos (Débora de Souza de Almeida, Fábio Roque, Luiz Flávio Gomes, Rogério Sanches Cunha e Ronaldo Batista Pinto) artigo por artigo do novo diploma legislativo. Nossa preocupação central consiste em não transformar a guerra contra o terrorismo em outro terrorismo, de natureza jurídica. No mundo todo o que estamos vendo são flagrantes violações tanto ao direito interno quanto ao direito internacional dos direitos humanos. Mais: falta também maior preocupação com a memória das vítimas diretas e suas famílias, posto que ainda não contam internacionalmente com instrumentos jurídicos para reconhecer-lhes um status especial.

5. Ver IGNACIO TORREBLANCA, *El gran juego está em la red*, El País, 1/5/16, *Ideas*, p. 2.

PARTE I

ASPECTOS CRIMINOLÓGICOS E POLÍTICO-CRIMINAIS DO TERRORISMO

DÉBORA DE SOUZA DE ALMEIDA

1

TERRORISMO: (IN)DEFINIÇÃO

SUMÁRIO • 1.1 O que é terrorismo? – 1.2 Critérios de classificação de terrorismo: 1.2.1 Quanto aos atores; 1.2.2 Quanto aos móveis essenciais; 1.2.3 Quanto aos efeitos; 1.2.4 Quanto ao âmbito de execução das ações e de procedência dos envolvidos – 1.3 A questão dos grupos insurgentes e forças beligerantes: 1.3.1 Grupos insurgentes; 1.3.2 Forças beligerantes.

Após os atentados às torres gêmeas em 11 de setembro de 2001, em Nova Iorque, nos Estados Unidos, e, em seguida, o ataque ocorrido em outubro de 2002 em Moscou, na Rússia, "[...] el terrorismo ha dejado de ser un drama interno [...] y ha asumido una dimensión universal, ligada también a sentimientos religiosos y resentimientos nacionalistas[1]".

Muito se fala em terrorismo. Porém, o que significa? No intuito de contribuir para o entendimento, adentra-se, sem a pretensão de exaurimento, à problemática que envolve o fenômeno.

1.1 O QUE É TERRORISMO?

Terrorismo, conforme mencionado, é um fenômeno que, após os atentados de 11 de setembro, atraiu a atenção mundial. Entretanto, o quê significa "terrorismo"? Segundo o dicionário, o termo designa um "conjunto de atos de violência cometidos por agrupamentos revolucionários[2]", um "sistema de governo por meio de terror ou de medidas violentas[3]" e, inclusive, "sistema, regime do Terror, em França (1793-1794)[4]".

Com efeito, os primeiros registros sobre o emprego da expressão datam do século XVIII, mais especificamente durante o período em que

1. LOSANO, Mario G. Europa y América Latina: el «viejo Occidente» y el «otro Occidente». In: MUÑOZ CONDE, Francisco; LOSANO, Mario G. (coord). *El derecho ante la globalización y el terrorismo*. Valencia: Tirant lo Blanch, 2004. p. 21.
2. Dicionário Aurélio.
3. Dicionário Aurélio.
4. Dicionário Aurélio.

a Revolução Francesa descambou em clima de terror[5]. Os jacobinos, ao assumirem o poder, passaram a guilhotinar adversários, orgulhando-se, sob a liderança de Robespierre, do qualificativo de terroristas[6]. Edmund Burke, porém, os censurava, descrevendo-os como os "miles de verdugos que se autodenominam terroristas[7]".

No período pós-primeira guerra, mais especificamente após os assassinatos do Rei Alexandre I da Iugoslávia e do Ministro das Relações Exteriores, Barthou, em Marselha, uma comissão de juristas reuniu-se para o estudo das violações ao direito internacional atinente à guerra, resultando, mais adiante, na Convenção de Genebra para Prevenção e Repressão do Terrorismo de 1937, a qual não conseguiu definir terrorismo a contento[8]. E tal definição, cabe apontar, até hoje não foi encontrada, pois embora a Organização das Nações Unidas (ONU) tenha realizado várias assembleias, ainda não se alcançou um consenso, provavelmente pelas diferenças de matiz geográfico, histórico, ideológico e político entre cada Estado participante[9].

Entre o fim da década de sessenta e o início de setenta, o termo assumiu um caráter pejorativo[10] (o que alguns especialistas sustentam que se mantém até hoje[11]), passando a ser "[...] a ser asociado en la categorización

5. URIBES, José Manuel Rodríguez. *Las víctimas del terrorismo en España*. Madrid: Dykinson, 2014. p. 36. PIZARRO LEONGÓMEZ, Eduardo. *Una democracia asediada*: balance y perspectivas del conflicto armado en Colombia. Bogotá: Grupo Editorial Norma, 2004. p. 133.

6. URIBES, José Manuel Rodríguez. *Las víctimas del terrorismo en España*. Madrid: Dykinson, 2014. p. 36.

7. PIZARRO LEONGÓMEZ, Eduardo. *Una democracia asediada*: balance y perspectivas del conflicto armado en Colombia. Bogotá: Grupo Editorial Norma, 2004. p. 133-134. OCAÑA, Mónica Aranda. La política criminal en materia de terrorismo. In: RIVERA BEIRAS, Iñaki (coord). *Política criminal y sistema penal*. Barcelona: Anthropos, 2005. p. 367.

8. REGHELIN, Elisangela Melo. Entre terroristas e inimigos. *Revista Brasileira de Ciências Criminais*. v. 66, ano 15, maio/jun. 2007. pp. 271-314.

9. OCAÑA, Mónica Aranda. La política criminal en materia de terrorismo. In: RIVERA BEIRAS, Iñaki (coord). *Política criminal y sistema penal*. Barcelona: Anthropos, 2005. p. 367. PIZARRO LEONGÓMEZ, Eduardo. *Una democracia asediada*: balance y perspectivas del conflicto armado en Colombia. Bogotá: Grupo Editorial Norma, 2004. p. 134.

10. OCAÑA, Mónica Aranda. La política criminal en materia de terrorismo. In: RIVERA BEIRAS, Iñaki (coord). *Política criminal y sistema penal*. Barcelona: Anthropos, 2005. p. 367.

11. HEVIA, Tania Menéndez. *Efectos emocionales y cognitivos de la comunicación en terrorismo*: planteamiento de un modelo de procesamiento de la información y desarrollo empírico. 290 f. Tese (Doutorado em Psicologia Social da Informação) Facultad de Ciencias de la Información. Departamento de Comunicación Audiovisual y Publicidad II. Universidad Complutense de Madrid, Madrid, 2012. p. 8. PIZARRO LEONGÓMEZ, Eduardo. *Una democracia asediada*: balance y perspectivas del conflicto armado en Colombia. Bogotá: Grupo Editorial Norma, 2004. p. 134.

de grupos nacionalistas separatistas y de organizaciones radicales con una fuerte motivación ideológica[12]", como explica OCAÑA.

Desde então, a noção de terrorismo acabou sofrendo vários contornos, sendo, ainda, objeto de divergência[13]. A título de ilustração, o meio acadêmico já compreendeu o terrorismo como: "[...] estratégia de violência para causar terror dentro de um segmento específico de uma determinada sociedade (BASSIOUNI, 1981)[14]";"[...] método inspirador de ansiedade por ação repetida, empregado por indivíduos (semi) clandestinos, grupos ou atores estatais, por razões idiossincráticas, criminosas ou políticas (SCHMID e JONGMAN, 1988)[15]"; "[...] um subconjunto da diplomacia coercitiva quando a violência ou a ameaça de sua utilização está presente para induzir o adversário a rever seus cálculos e concordar com o término mutuamente aceitável do conflito (GEORGE, 1991)[16]"; "[...] violência política em ou contra democracias (HEYMAN, 1998)[17]"; "[...] certamente uma estratégia, e não apenas uma tática ou evento incidental, [...] para propósitos definidos e como principal meio para promover fins políticos (HARMON, 2000)[18]"; etc.

No senso comum, houve inclusive um uso inflacionário da expressão "terrorismo", como explica CANCIO MELIÁ:

> Desde el terrorismo 'normal' (comisión de infracciones penales gravísimas para la consecución de fines políticos), pasando por los 'terroristas domésticos' (hombres que maltratan sus mujeres), los 'ciberterroristas' (*hackers* que pretenden causar daños en los ordenadores atacados) o los 'terroristas medioambientales', hasta llegar al terrorismo forestal (provocar incendios forestales)[19].

---

12. OCAÑA, Mónica Aranda. La política criminal en materia de terrorismo. In: RIVERA BEIRAS, Iñaki (coord). *Política criminal y sistema penal*. Barcelona: Anthropos, 2005. p. 367.

13. Neste sentido, vide: HEVIA, Tania Menéndez. *Efectos emocionales y cognitivos de la comunicación en terrorismo*: planteamiento de un modelo de procesamiento de la información y desarrollo empírico. 290 f. Tese (Doutorado em Psicologia Social da Informação) Facultad de Ciencias de la Información. Departamento de Comunicación Audiovisual y Publicidad II. Universidad Complutense de Madrid, Madrid, 2012. p. 7. OCAÑA, Mónica Aranda. La política criminal en materia de terrorismo. In: RIVERA BEIRAS, Iñaki (coord). *Política criminal y sistema penal*. Barcelona: Anthropos, 2005. p. 367. GLOBAL TERRORISM INDEX 2015: MEASURING AND UNDERSTANDING THE IMPACT OF TERRORISM. *Institute for Economics & Peace*. New York, 2015. Disponível em: <http://economicsandpeace.org/wp-content/uploads/2015/11/Global-Terrorism-Index-2015.pdf>. Acesso em: 30 ago. 2016.

14. THACKRAH, John Richard. *Dictionary of terrorism*. 2 ed. Oxon: Routledge, 2004. p. 66.

15. Ibid., p. 67.

16. Ibid., p. 67.

17. Ibid., p. 68.

18. Ibid., p. 68.

19. CANCIO MELIÁ, Manuel. *Los delitos de terrorismo*: estructura típica e injusto. Madrid: Editorial Reus, 2010. p. 22-23.

Essa expansão da definição ocorre, segundo LAMARCA PÉREZ, porque "[...] el término terrorismo tiene a veces un sentido más emotivo o periodístico que jurídico y se utiliza sencillamente sin mayor precisión para señalar aquellos casos que nos parecen especialmente graves[20]".

Desse modo, como bem conclui HEVIA, "cualquier intento de dar respuesta a la pregunta "¿Qué es el terrorismo?" lleva consigo un debate cargado de controversia, emociones, imprecisiones y confusión [...][21]".

1.2 CRITÉRIOS DE CLASSIFICAÇÃO DE TERRORISMO

A classificação de terrorismo, como bem cediço, não é unívoca[22]. Na literatura internacional e penal, verifica-se que cada estudioso propõe uma diferente categorização das espécies, utilizando, para tanto, os mais diversos critérios.

Diante disso, e considerando que uma abordagem completa seria, quiçá, impossível diante da amplitude do tema, serão aqui tratadas espécies de terrorismo sob os seguintes critérios: quanto a seus atores; quanto a seus móveis essenciais; quanto a seus efeitos; e quanto ao âmbito de execução das ações e procedência dos envolvidos.

1.2.1 Quanto aos atores

A classificação de terrorismo quanto aos seus atores divide-se em terrorismo social, terrorismo de Estado e terrorismo paraestatal. Vejamos, portanto, o significado de cada uma:

a) **Terrorismo social:** cometido por grupos sociais que não participam da estrutura político-administrativa do Estado[23].

b) **Terrorismo de Estado:** praticado por órgãos do Estado, como militares, policiais, etc[24]. A ditadura se encaixa neste critério, uma vez que se trata de

20. LAMARCA PÉREZ, Carmen. Noción de terrorismo y clases. Evolución legislativa y político-criminal. In: DORADO, Carmen Juanatey; ESTRADA, Cristina Fernández-Pacheco (dirs.). *El nuevo panorama del terrorismo en España: perspectiva penal, penitenciaria y social*. San Vicente del Raspeig: Universidad de Alicante, 2013. p. 42.

21. HEVIA, Tania Menéndez. *Efectos emocionales y cognitivos de la comunicación en terrorismo*: planteamiento de un modelo de procesamiento de la información y desarrollo empírico. 290 f. Tese (Doutorado em Psicologia Social da Informação) Facultad de Ciencias de la Información. Departamento de Comunicación Audiovisual y Publicidad II. Universidad Complutense de Madrid, Madrid, 2012. p. 8.

22. ÚBEDA-PORTUGUÉS, José Escribano. *Lecciones de relaciones internacionales*. Madrid: Aebius, 2010. p. 207.

23. Ibid., p. 208.

24. Ibid., p. 208.

uma "represión que siempre busca la juridificación de sus actos mediante la calificación de cualquier actividad de oposición como terrorismo[25]".

c) **Terrorismo paraestatal:** perpetrado por grupos paraestatais, os quais possuem um vínculo com o Estado que oferece cobertura legal e apoio logístico, consistindo-se em patrocínio[26].

1.2.2 Quanto aos móveis essenciais

Sob o critério dos móveis essenciais o terrorismo pode ser classificado em terrorismo subversivo, terrorismo repressivo, terrorismo ideológico, terrorismo nacionalista e terrorismo religioso. Vide abaixo o conceito de cada uma destas classificações:

a) **Terrorismo subversivo:** faz uso de violência seletiva e terror para desestabilizar politicamente o regime de governo, atuando principalmente contra a estrutura político-administrativa do Estado ou grupos sociais que sustentam a base governamental[27]. Busca publicidade de seus atos[28].

b) **Terrorismo repressivo:** pretende fulminar a oposição política ao governo, evitando a deslegitimação e a crise do sistema político[29]. Exerce violência indiscriminada, buscando também o anonimato e a ocultação[30]. Logo, é orientado por uma diretriz contrária a do terrorismo subversivo[31].

c) **Terrorismo ideológico:** emprega violência com o fim de impor um sistema de crenças e valores à sociedade, dominando, assim, consciências individuais e coletivas[32].

d) **Terrorismo nacionalista:** objetiva impor sua concepção nacional, radical e discriminatória por meio da violência subversiva contra nacionais dissidentes, minorias estrangeiras ou autoridades nacionais e coletividades estrangeiras[33].

e) **Terrorismo religioso:** é norteado pelo fundamentalismo religioso, ou seja, por uma interpretação radical da própria religião[34].

---

25. CANCIO MELIÁ, Manuel. El delito de pertenencia a una organización terrorista en el código penal español. *REJ – Revista de Estudios de la Justicia*, Facultad de Derecho de Universidad de Chile, n. 12, 2010. p. 149.
26. ÚBEDA-PORTUGUÉS, José Escribano. *Lecciones de relaciones internacionales*. Madrid: Aebius, 2010. p. 208.
27. Ibid., p. 208.
28. Ibid., p. 208.
29. Ibid., p. 208.
30. Ibid., p. 208.
31. Ibid., p. 208.
32. Ibid., p. 208.
33. ÚBEDA-PORTUGUÉS, José Escribano. *Lecciones de relaciones internacionales*. Madrid: Aebius, 2010. p. 208-209.
34. Ibid., p. 209.

1.2.3 Quanto aos efeitos

No que diz respeito à classificação de terrorismo quanto aos seus efeitos, pode-se falar em terrorismo seletivo e terrorismo indiscriminado. Vide:

a) **Terrorismo seletivo:** comete atos violentos contra pessoas e instituições que dirigem e simbolizam o sistema político ou organização a que visa destruir[35]. Requer grande infraestrutura logística e um alto grau de especialização dos executores para alcançar os fins almejados, quais sejam: danos e a imagem de poder e eficácia do grupo terrorista[36].

b) **Terrorismo indiscriminado:** a violência é executada contra qualquer pessoa, grupo ou instituição[37]. Prefere táticas pouco arriscadas, e, por isso, atenta contra os setores mais vulneráveis da sociedade[38]. Diante disso, não exige uma infraestrutura logística apurada, nem uma elevada preparação dos membros[39].

1.2.4 Quanto ao âmbito de execução das ações e de procedência dos envolvidos

A classificação de terrorismo sob o critério atinente ao âmbito de execução das ações e de procedência dos envolvidos indica a existência do terrorismo interno, doméstico ou nacional e do terrorismo internacional, como segue:

a) **Terrorismo interno, doméstico ou nacional:** se sucede no país de nacionalidade das vítimas e dos agressores[40].

b) **Terrorismo internacional:** afeta ou se desenvolve em diversos países, podendo também afetar cidadãos de diferentes nacionalidades ou representantes de organizações intergovernamentais[41].

1.3 A QUESTÃO DOS GRUPOS INSURGENTES E FORÇAS BELIGERANTES

Em âmbito mundial, há várias organizações de caráter terrorista. Algumas, entretanto, argumentam ser equivocadamente assim rotuladas, posto serem, segundo sua concepção, forças beligerantes ou grupos insurgentes.

35. Ibid., p. 209.
36. Ibid., p. 209.
37. Ibid., p. 209.
38. Ibid., p. 209.
39. Ibid., p. 209.
40. ÚBEDA-PORTUGUÉS, José Escribano. *Lecciones de relaciones internacionales*. Madrid: Aebius, 2010. p. 210.
41. Ibid., p. 210.

De qualquer sorte, cabe fazer aqui um parêntese a fim de apontar o conceito de grupos insurgentes e beligerantes.

1.3.1 Grupos insurgentes

Em linhas gerais, grupos insurgentes ou insurretos objetivam modificar o sistema político do Estado onde atuam, bem como reestruturar a ordem constitucional e tomar o poder. Diferentemente da beligerância, não visam formar um novo Estado e, neste caminho, geralmente não obterão personalidade jurídica de direito internacional[42]. Sua luta, que é um conflito armado interno e descentralizado, não chega a caracterizar guerra civil ou zona livre[43], e tampouco significa que culminará em beligerância.

Seu reconhecimento enquanto grupo insurgente, bem como a extensão de seus direitos e deveres, somente pode ser feito pelo Estado contra o qual se revolta. De todo modo, seus direitos e deveres também estão condicionados ao reconhecimento de outros Estados, os quais podem afastá-lo da qualificação de terrorista ou submetê-lo a determinadas normas internacionais atinentes à condução de guerra[44].

1.3.2 Forças beligerantes

Forças beligerantes, por sua vez, são movimentos armados, politicamente organizados, da população que se rebela contra o Estado. Visam fins políticos expressos pelo desmembramento do território ou mudança de governo ou de regime vigente, constituindo uma guerra civil. Ao fim e ao cabo, pretendem formar um novo Estado[45]. Ao evidenciarem força suficiente para ter e exercer poderes similares ao do Estado, poderão ser reconhecidos pela sociedade internacional como beligerantes, quando irão beneficiar-se de regras de Direito Internacional Público aplicáveis aos Estados em guerra, permitindo, assim, sua submissão aos tratados sobre condução de guerra[46].

---

42. "El grupo insurgente carece de personalidad internacional. Si bien el conflicto es interno, obviamente puede afectar ciertos valores de la comunidad internacional y los insurgentes adquirir personalidad internacional por sus obligaciones frente al derecho humanitario [...]". Cf. BARBOZA, Julio. *Derecho Internacional Público*. Argentina: Víctor P. de Zavalía, 2008. p. 161.

43. MAZZUOLI, Valerio de Oliveira. *Curso de direito internacional público*. 2. ed. São Paulo: Revista dos Tribunais, 2007. p. 336.

44. BARBOZA, Julio. *Derecho Internacional Público*. Argentina: Víctor P. de Zavalía, 2008. p. 161-162.

45. MAZZUOLI, op. cit., p. 335.

46. Sobre este ponto, vide: RAMÍREZ, Manuel Becerra. *Derecho Penal Internacional*. México: McGraw-Hill, 1997. p. 27. MAZZUOLI, Valerio de Oliveira. *Curso de direito internacional público*. 2. ed. São Paulo: Revista dos Tribunais, 2007. p. 335.

Este reconhecimento será de caráter temporário, pois depende do prolongamento do conflito[47].

Não obstante, cabe mencionar que dito reconhecimento é explicado, na área de Direito Internacional, por duas teorias, quais sejam: teoria declaratória e teoria constitutiva. A teoria constitutiva, admitida até a 2ª Guerra Mundial, vinculava a condição de sujeito de direito internacional com o ato de seu reconhecimento. Neste caminho, somente após o reconhecimento de um Estado é que as normas de direito internacional passariam a ter incidência sobre o grupo beligerante[48].

A teoria declaratória, por sua vez, preconiza que a condição de sujeito de direito internacional é atribuída a todo grupo beligerante que preencha os requisitos para tanto, ainda que não tenha havido reconhecimento formal por parte de algum Estado. Tal teoria, convém apontar, é a que vigora atualmente[49].

47. RAMÍREZ, Manuel Becerra. *Derecho Penal Internacional.* México: McGraw-Hill, 1997. p. 27.

48. Ibid., p. 14.

49. RAMÍREZ, Manuel Becerra. *Derecho Penal Internacional.* México: McGraw-Hill, 1997. p. 14.

2

ORGANIZAÇÕES TERRORISTAS E OUTRAS ATUAÇÕES

Embora ainda não haja consenso quanto à definição jurídico-legal de terrorismo, parte da literatura especializada sustenta que o elemento central desta "macrocriminalidade[1]" ou "criminalidade expressiva[2]", é a participação do agente em uma organização com fins terroristas[3]. Assim, dado o seu caráter coletivo, o terrorismo constituiria espécie de criminalidade organizada[4] (ainda que por vezes seus atos sejam executados de forma individual), cuja tipificação imprescindiria, portanto, da prévia definição de organização terrorista.

Desse modo, e longe de buscar tal definição, assinala-se, de forma resumida, como se forma e como atua uma organização terrorista, conferindo especial atenção aos seus meios de propaganda, os quais também servem como ferramenta de recrutamento. Neste caminho, além de observar que o perfil dos cooptados não segue estereótipos, será abordada a controvérsia envolvida na admissão ou não de lobos ou ratos solitários e/ou do terrorista individual enquanto indivíduos passíveis de perpetrar delito de terrorismo.

---

1. SILVA SANCHÉZ, Jesús-María. *La expansión del derecho penal.* Aspectos de la política criminal en las sociedades postindustriales. 2. ed. rev. ampl. Madrid: Civitas Ediciones, 2001. p. 83 e 99.
2. GARCÍA-PABLOS DE MOLINA, Antonio. *Introducción al Derecho Penal:* instituciones, fundamientos e tendencias del derecho penal. v. 1. 5ª ed. Madrid: Editorial Universitaria Ramón Areces, 2014. p. 190 e 210.
3. CANCIO MELIÁ, Manuel. El delito de pertenencia a una organización terrorista en el código penal español. *REJ – Revista de Estudios de la Justicia*, Facultad de Derecho de Universidad de Chile, n. 12, 2010. p. 150-152.
4. Sobre crime organizado, vide: MASSON, Cleber; MARÇAL, Vinicius. *Crime organizado.* São Paulo: Método Editora, 2015. GOMES, Luiz Flávio; SILVA, Marcelo Rodrigues da. *Organizações criminosas e técnicas especiais de investigação.* Salvador: Juspodivm, 2015.

2.1 ORGANIZAÇÃO TERRORISTA E PERFIL GERAL DOS RECRUTADOS

O terrorismo, que no passado, "[...] foi praticado por um conjunto de indivíduos pertencentes a uma organização identificável que tinha aparatos de comando e controle claros e um conjunto definido de objetivos políticos, sociais ou econômicos[5]", hoje se tornou um fenômeno complexo[6].

A ideologia e intenções, outrora fanáticas, radicais e até "[...] de mau gosto [...][7]", mas, conforme HOFFMANN, compreensíveis[8], cederam espaço a "[...] objetivos religiosos e milenares muito mais indeterminados [...][9]", mas que mantiveram uma motivação político-partidária ou fanático-religiosa[10].

No plano estrutural, o terrorismo também sofreu mudanças. Na atualidade, as organizações são "[...] menos coesas, com estrutura e membros mais difusos[11]", possuindo, portanto, uma curiosa estrutura *ad hoc* e horizontal[12], conforme descreve BAUMAN:

> Os rebeldes não constituem uma organização cujos membros "cumpram diligentemente ordens vindas de cima", mas uma "ampla série de grupos menores que frequentemente atacam por iniciativa própria ou se juntam para um único atentado". A "estrutura" (se é que se permite usar esse termo) "é horizontal, e não hierárquica, e *ad hoc* em vez de unificada[13]".

BAUMAN, citando BOUSQUET, então diretor do serviço de inteligência doméstico da França, ensina que os grupos terroristas "[...] desafiam qualquer raciocínio categórico[14]", haja vista que "não são homogêneos, mas

---

5. HOFFMAN, Bruce. Terrorism changing characteristics. In: HOFFMAN, Bruce; LESSER, Ian O.; ARQUILLA, John *et al. Countering: the new terrorism*. Santa Monica: RAND, 1999. p. 8.
6. BARATTA, Alessandro. *Criminología y sistema penal*. Buenos Aires: Editorial B de F, 2004. p. 182. GONZÁLEZ CALLEJA, Eduardo. Las ciencias sociales ante el problema del terrorismo. *Vínculos de Historia*, n. 3, 2014. p. 123.
7. HOFFMAN, op. cit., p. 8.
8. Ibid., p. 8.
9. Ibid., p. 9.
10. FERNANDES, Newton; FERNANDES, Valter. *Criminologia integrada*. 2 ed. São Paulo: Revista dos Tribunais, 2002. p. 539.
11. HOFFMAN, op. cit., p. 9.
12. Estas características também são apontadas por HOFFMAN, Bruce. Terrorism changing characteristics. In: HOFFMAN, Bruce; LESSER, Ian O.; ARQUILLA, John *et al. Countering: the new terrorism*. Santa Monica: RAND, 1999. p. 9. EDITORIAL. A atividade de inteligência na prevenção da ameaça terrorista. *Revista Brasileira de Inteligência*, v. 3, n. 4, Brasília, set. 2007. Disponível em: <http://www.abin.gov.br/modules/mastop_publish/files/files_48581dbdd7d04.pdf>. Acesso em: 24 jun. 2015.
13. BAUMAN, Zygmunt. *Medo líquido*. Rio de Janeiro: Jorge Zahar, 2008. p. 139.
14. BAUMAN, op. cit., p. 141.

uma variedade de misturas[15]", recrutados "[...] cada vez em um ambiente diferente e por vezes de lugares considerados mutuamente incompatíveis[16]", como esclarece:

> Muçulmanos linha-dura misturam-se com pequenos criminosos. Pessoas de diferentes antecedentes e nacionalidades trabalham em conjunto. Algumas são europeias de nascimento ou têm dupla nacionalidade, o que lhes torna mais fácil viajar. As redes são bem menos estruturadas do que costumávamos acreditar. Talvez seja a mesquita que os aproxime, talvez a prisão, talvez o bairro. E isso torna muito mais difícil identificá-los e exterminá-los[17].

Esta dificuldade de identificar um terrorista é, a propósito, bastante evidente no senso comum. Existe no imaginário social, como observou SAGEMAN, a representação de que "o terrorismo vem da pobreza, de famílias desfeitas, da ignorância, da imaturidade, da falta de responsabilidades familiares ou profissionais, de mentes fracas suscetíveis à lavagem cerebral – sociopatas, criminosos, fanáticos religiosos [...][18]" ou, ainda, de indivíduos "[...] simplesmente maus[19]".

Contudo, referido estereótipo restou derrubado pelo supracitado pesquisador, o qual, numa análise da biografia de 400 terroristas do Al-Qaeda, constatou que: ¾ da amostra integrava a classe alta ou média; 63% tinham acessado a universidade; ¾ tinham profissão, muitos deles engenheiros ou arquitetos (neste ponto relembrou que Bin Laden era engenheiro civil, Zawahiri era médico e Mohamed Atta, arquiteto); boa parte sabia dois ou três idiomas ocidentais (alemão, francês, inglês); 90% vieram de famílias bem estruturadas e afetuosas; 73% eram casados e, em sua grande maioria, já tinham filhos (os que não eram casados eram muito jovens para tanto); muitos só se tornaram religiosos após ingressar na *jihad* (isto é, na luta); apenas 13% frequentaram a madraça (escola de estudos corânicos); a maioria não possuía antecedentes criminais; não eram solitários; e somente 1% apresentava indícios de distúrbios mentais[20].

Ainda, foi verificado que: os membros não eram palestinos de 14 anos de idade como se costuma ver em notícias, mas indivíduos cujo ingresso

---

15. Ibid., p. 141.
16. Ibid., p. 141.
17. BAUMAN, Zygmunt. *Medo líquido*. Rio de Janeiro: Jorge Zahar, 2008. p. 142.
18. Para mais informações, ver: SAGEMAN, Marc. *Understanding terror networks*: University of Pennsylvania Press, 2004.
19. SAGEMAN, Marc. *Understanding terror networks*: University of Pennsylvania Press, 2004.
20. Sobre este ponto, vide SAGEMAN, Marc. *Understanding terror networks*: University of Pennsylvania Press, 2004.

na *jihad* se deu com a idade média de 26 anos; 70% juntou-se à *jihad* enquanto estavam vivendo em país diverso de onde cresceram; 80% foram, de alguma forma, totalmente excluídos da sociedade em que viviam; 20% tinham laços familiares estreitos com a *jihad*, enquanto 68% tinham amizades preexistentes com pessoas que já estavam na luta ou faziam parte de um grupo de amigos que coletivamente se juntou à ela, totalizando um percentual de 88% com algum vínculo com a *jihad*; 12% não tinham laços algum com a luta, sendo discípulos de Bashir e Sungkar[21].

De outro lado, a ASSEMBLEIA GERAL DAS NAÇÕES UNIDAS aponta que, embora grupos terroristas extremistas contem com indivíduos muito cultos, boa parte dos integrantes possui alfabetização rudimentar e pouco conhecimento religioso, o que facilita o doutrinamento. Dentre as condições, isoladas ou em conjunto, que enumera propícias à radicalização, estão: falta de oportunidades socioeconômicas (como emprego), discriminação, má governança (conflitos prolongados e não resolvidos, democracia deficiente, práticas contrárias aos direitos humanos, corrupção e cultura de impunidade), revolta pelas más condições prisionais em egressos. A influência desses fatores externos ao sujeito estaria condicionada às suas motivações individuais (distorção e uso indevido de crenças e ideologias políticas; haver experimentado ou presenciado torturas ou a morte de amigo ou familiar pelas forças de segurança ou Estado estrangeiro; etc.). Em tempo, a ONU alerta que inexiste consenso entre investigadores sobre as razões que levam à radicalização, mas afirma que há tendências e pautas reconhecidas, além de comentar sobre a necessidade de elaboração de mais estudos qualitativos e quantitativos sobre o fenômeno[22].

Assim, da união das perspectivas de SAGEMAN e da ONU, pode-se concluir que o terrorista não corresponde a estereótipos. E este entendimento, cabe destacar, também é evidenciado pelo *Institute for Economics & Peace*, no relatório "Global Terrorism Index 2015: Measuring and understanding the impact of terrorism":

> O que está estabelecido de comum acordo com os dados disponíveis é que não há um perfil único de terrorista que se possa utilizar para identificar de forma

21. SAGEMAN, Marc. *Understanding terror networks*: University of Pennsylvania Press, 2004.

22. Sobre os dados aportados, vide: SECRETARY-GENERAL BAN KI-MOON. UN Secretary-General's Remarks at General Assembly Presentation of the Plan of Action to Prevent Violent Extremism [As Delivered]. In: *United Nations*, 15 jan. 2016. Disponível em: <https://www.un.org/sg/en/content/sg/statement/2016-01-15/un-secretary-generals-remarks-general-assembly-presentation-plan>. Acesso em: 30 ago. 2016. ASEMBLEA GENERAL. Plan de Acción para Prevenir el Extremismo Violento. 2015. In: *Naciones Unidas*, 2015. Disponível em: <http://www.un.org/es/comun/docs/?symbol=A/70/674>. Acesso em: 30 ago. 2016.

confiável indivíduos em risco. O terrorismo é conduzido por uma variedade de fatores específicos de cada país e características individuais[23].

De qualquer modo, é inegável que o recrutamento tem avançado sobre jovens na Europa ocidental, principalmente homens, em busca de emoção, *status*, vingança e, sobretudo, identidade[24]. A vulnerabilidade pela crise de identidade é um fator proeminente e que atinge muçulmanos de segunda geração, que não conseguem se adaptar à vivência entre duas culturas diferentes (a de sua família e a do país onde mora)[25], e que se sentem tratados como estrangeiro tanto pelos europeus de sua nacionalidade quanto pelos cidadãos de nações muçulmanas. Neste conflito íntimo, "muchos de ellos no muestran afecto hacia la nación en que han nacido o donde han crecido, pero tampoco apego hacia la nación de la que son originarios sus padres[26]", como observa REINARES. Assim,

> Expuestos con facilidad a la propaganda yihadista, a través de Internet y de redes sociales y mediante el contacto cara a cara con agentes de radicalización activos en ámbitos locales, en no pocos casos encuentran una solución — no la única posible sino la más extrema — a su conflicto de identidad. Una solución en un momento particularmente sensible del ciclo vital de personas vulnerables. Miles de esos jóvenes musulmanes de segunda generación en Europa Occidental terminan por mostrarse receptivos a la idea de que la única nación a la que en realidad pertenecen es la "nación del Islam", tal y como la promueven el Estado Islámico y su pretendido Califato al igual que, en menor medida, Al Qaeda. Así se conectan identidad y terrorismo[27].

Se, de um lado, conforme BOUSQUET, as redes terroristas não são tão estruturadas como se imagina, de outro, como observa CLARKE (então chefe do contraterrorismo da polícia britânica), elas rápida e curiosamen-

23. GLOBAL TERRORISM INDEX 2015: MEASURING AND UNDERSTANDING THE IMPACT OF TERRORISM. *Institute for Economics & Peace.* New York, 2015. Disponível em: <http://economicsandpeace.org/wp-content/uploads/2015/11/Global-Terrorism-Index-2015.pdf>. Acesso em: 30 ago. 2016.
24. GLOBAL TERRORISM INDEX 2015: MEASURING AND UNDERSTANDING THE IMPACT OF TERRORISM. *Institute for Economics & Peace.* New York, 2015. Disponível em: <http://economicsandpeace.org/wp-content/uploads/2015/11/Global-Terrorism-Index-2015.pdf>. Acesso em: 30 ago. 2016.
25. REINARES, Fernando. Fabrica de terroristas, *El País*, Madrid, 27 out. 2015. Disponível em: <http://elpais.com/elpais/2015/10/23/opinion/1445622759_611394.html>. Acesso em: 22 nov. 2015.
26. REINARES, Fernando. Fabrica de terroristas, *El País*, Madrid, 27 out. 2015. Disponível em: <http://elpais.com/elpais/2015/10/23/opinion/1445622759_611394.html>. Acesso em: 22 nov. 2015.
27. REINARES, Fernando. Fabrica de terroristas, *El País*, Madrid, 27 out. 2015. Disponível em: <http://elpais.com/elpais/2015/10/23/opinion/1445622759_611394.html>. Acesso em: 22 nov. 2015.

te se reconstituem quando se captura algum líder: "se eliminamos dois ou três líderes, eles são rapidamente substituídos e a rede, reformada[28]". Este interessante dado revela, segundo BAUMAN, que "uma composição fluída e pontos de condensação que mudam rapidamente são os atributos dessa variedade de 'nanotecnologia' – o tecido rasgado é imediatamente reconstruído e as células perdidas são substituídas[29]". Isso significa, em suma, que a arquitetura organizacional não-estruturada, a dispersão e a autonomia dos terroristas são fatores que acarretam dificuldade em sua persecução[30].

Talvez, como conclui BAUMAN, seja por todos estes motivos que pareça tão difícil combater este tipo de organização[31].

2.2 MEIOS DE PROPAGANDA E DE RECRUTAMENTO

Fato curioso destas organizações é a sua alta capacidade de atrair recrutas, estratégia que evidencia "[...] o alcance e a sofisticação de [suas] relações públicas[32]". Sageman, por exemplo, relata que "o crescimento da internet transformou radicalmente a estrutura e a dinâmica da ameaça do terrorismo islâmico [...], alterando a natureza das interações terroristas[33]", as quais até então eram resumidas ao contato cara a cara[34].

Com efeito, o uso da internet (*surface web*, *deep web* e *dark web*[35]) tem sido um importante aliado para as forças terroristas, não só para fins de di-

---

28. BAUMAN, Zygmunt. *Medo líquido*. Rio de Janeiro: Jorge Zahar, 2008. p. 142.
29. BAUMAN, Zygmunt. *Medo líquido*. Rio de Janeiro: Jorge Zahar, 2008. p. 142.
30. EDITORIAL. A atividade de inteligência na prevenção da ameaça terrorista. *Revista Brasileira de Inteligência*, v. 3, n. 4, Brasília, set. 2007. Disponível em: <http://www.abin.gov.br/modules/mastop_publish/files/files_48581dbdd7d04.pdf>. Acesso em: 24 jun. 2015.
31. BAUMAN, op. cit., p. 139.
32. Ibid., p. 139.
33. SAGEMAN, Marc. *Leaderless jihad*: terror networks in the twenty-first century. University of Pennsylvania Press, 2008. p. 109.
34. SAGEMAN, Marc. *Understanding terror networks*. University of Pennsylvania Press, 2004.
35. A *surface web* é a internet de superfície, ao passo que a *deep web* é a internet profunda, a qual conta com páginas que não são encontradas por mecanismos comuns de busca, como o *Google*. Já a *dark web* é uma parte oculta da *deep web*. A *deep web* e, principalmente, a *dark web* são, portanto, mais difíceis de serem controladas, tornando-se um ambiente mais favorável para a prática criminosa, incluindo o recrutamento e o financiamento ao terrorismo. Para mais detalhes, vide o capítulo 3 de WEIMANN, Gabriel. *Terrorism in cyberspace*: the next generation. New York: Columbia University Press, 2015. Também sobre o tema: DASTBAZ, Mohammed; HAPLPIN, Edward. ICT as a protection tool against child explotation. In: AKHGAR, Babak; STANIFORTH, Andrew; BOSCO, Francesco. *Cyber crime and cyber terrorism investigator's handbook*. USA: Elsevier, 2014. p. 134. LOVELACE JR., Douglas. Terrorism: commentary on security documents. v. 140: The cyber treath, Oxford: University Press, 2015. p. 261.

vulgação de seus feitos[36], mas também de comunicação, financiamento (este por meio de *bitcoins*[37]) e recrutamento[38]. Um exemplo disso é a revista *online Dabiq*, publicação oficial do Estado Islâmico (ou Estado Islâmico do Iraque e Al Sham – EI), cujo nome é uma referência a uma pequena cidade síria onde, segundo tradições islâmicas, "[...] muçulmanos e 'Roma'(geralmente interpretado como o Ocidente), entrarão em confronto[39]". Tal nome, como aponta GAMBHIR, analista do Institute for the Study of War, "[...] também tem um significado histórico paralelo com o local de uma batalha decisiva em 1516 entre os Otomanos e Mamelucos, o que levou à vitória Otomana e à consolidação do último califado islâmico reconhecido[40]".

Publicada pela primeira vez em julho de 2014[41], *Dabiq*, que já conta com mais de uma dezena de números[42], tem produção profissional sofisticada[43] e é escrita em vários idiomas, dentre eles, o inglês[44], como se pode visualizar em uma de suas capas abaixo:

---

36. "A maioria dos grupos terroristas, preocupados com o fato de que seus feitos espetaculares possam ser ignorados pelas emissoras de rádio e TV, está pronta a aproveitar as oportunidades oferecidas pela rede global de informação e 'coloca regularmente na web atualizações de suas façanhas. Dificilmente um dia se passa sem que um dos grupos tenha anunciado outro atentado, seja com um vídeo ou uma notícia impressa'". Cf. BAUMAN, Zygmunt. *Medo líquido*. Rio de Janeiro: Jorge Zahar, 2008. p. 139.

37. WEIMANN, Gabriel. *Terrorism in cyberspace*: the next generation. New York: Columbia University Press, 2015. Também sobre o tema: DASTBAZ, Mohammed; HAPLPIN, Edward. ICT as a protection tool against child explotation. In: AKHGAR, Babak; STANIFORTH, Andrew; BOSCO, Francesco. *Cyber crime and cyber terrorism investigator's handbook*. USA: Elsevier, 2014. p. 134. LOVELACE JR., Douglas. Terrorism: commentary on security documents. v. 140: The cyber treath, Oxford: University Press, 2015. p. 261.

38. EDITORIAL. A atividade de inteligência na prevenção da ameaça terrorista. *Revista Brasileira de Inteligência*, v. 3, n. 4, Brasília, set. 2007. Disponível em: <http://www.abin.gov.br/modules/mastop_publish/files/files_48581dbdd7d04.pdf>. Acesso em: 24 jun. 2015.

39. GAMBHIR, Harleen K.. Dabiq: the strategis messaging of the slamic state. *Institute for the Study of the War – ISW*, Washington DC, 15 ago. 2014. Disponível em: <http://www.understandingwar.org/sites/default/files/Dabiq%20Backgrounder_Harleen%20Final_0.pdf>. Acesso em: 22 nov. 2015.

40. GAMBHIR, Harleen K.. Dabiq: the strategis messaging of the slamic state. *Institute for the Study of the War – ISW*, Washington DC, 15 ago. 2014. Disponível em: <http://www.understandingwar.org/sites/default/files/Dabiq%20Backgrounder_Harleen%20Final_0.pdf>. Acesso em: 22 nov. 2015.

41. GAMBHIR, Harleen K.. Dabiq: the strategis messaging of the slamic state. *Institute for the Study of the War – ISW*, Washington DC, 15 ago. 2014. Disponível em: <http://www.understandingwar.org/sites/default/files/Dabiq%20Backgrounder_Harleen%20Final_0.pdf>. Acesso em: 22 nov. 2015.

42. LA REVISTA DE ESTADO ISLÁMICO DABIQ DIFUNDE UNA IMAGEN DE LA SUPUESTA BOMBA QUE DERRIBÓ EL AVIÓN RUSO. *ABC*, Madrid, 18 nov. 2015. Disponível em: <http://www.abc.es/internacional/abci-revista-estado-islamico-dabiq-difunde-imagen-supuesta-bomba-derribo-avion-ruso-201511181633_noticia.html>. Acesso em: 22 nov. 2015.

43. IRIARTE, Daniel. Esta es la revista oficial del estado islámico... y es increíblemente profesional. *El Confidencial*, Madrid, 13 set. 2015. Disponível em: <http://www.elconfidencial.com/mundo/2014-09-13/esta-es-la-revista-oficial-del-estado-islamico-y-es-increiblemente-profesional_191817/>. Acesso em: 22 nov. 2015.

44. RYAN, Michael W. S.. Dabiq: what Islamic State's new magazine tells us about their strategic direction, recruitment patterns and guerrilla doctrine. *The Jamestown Foundation* – Terrorism Monitor:

Figura 1 - Capa de uma das edições da revista digital *Dabiq*

Fonte: BERCITO, Diogo. Revista é parte da propaganda da facção terrorista Estado Islâmico, *Folha de São Paulo*, 21 out. 2014. Disponível em: <http://www1.folha.uol.com.br/mundo/2014/10/1535600-revista-e-parte-da-propaganda-da-faccao-terrorista-estado-islamico.shtml>. Acesso em: 22 nov. 2015.

In-depth Analysis of the War on Terror, Washington DC, 1 ago. 2014, Disponível em: <http://www.jamestown.org/programs/tm/single/?tx_ttnews%5Btt_news%5D=42702&cHash=0efbd71af77fb92c064b9403dc8ea838>. Acesso em: 22 nov. 2015. GAMBHIR, Harleen K.. Dabiq: the strategis messaging of the slamic state. *Institute for the Study of the War – ISW*, Washington DC, 15 ago. 2014. Disponível em: <http://www.understandingwar.org/sites/default/files/Dabiq%20Backgrounder_Harleen%20Final_0.pdf>. Acesso em: 22 nov. 2015.

Em que pese não haja informação oficial de como e onde e é feita a revista, há notícias que afirmam tratar-se de uma produção de Al Hayat Media Center, mesma produtora que edita o Informe do Estado Islâmico[45] "[...] y produce vídeos y otros contenidos HD de alta calidad, además de traducir a siete idiomas los comentarios [...][46]". Outros estudiosos do fenômeno, como BARI ATWAN, cingem-se a descrever uma impressionante estrutura de maquinários e de técnicos, como programadores, *videomakers*, jornalistas, editores, etc., os quais exerceriam suas atividades no departamento de propaganda da organização, e não em uma produtora específica[47].

Ademais, embora não se saiba o número exato de leitores da revista, estima-se que milhares de pessoas acessem este material[48], cujo conteúdo é desenhado para persuadir e oferecer credibilidade, apresentando, além da vanglória de atos terroristas, justificativas teológicas para sua ofensiva, mediante o uso de interpretações religiosas[49]. Tal ferramenta oferece acolhida àqueles que se encontram em meio a uma crise de identidade, proporcionando "[...] una entidad concreta y tangible para satisfacer su natural deseo de pertenecer a algo mayor' que otras alternativas posibles [...][50]". Vide, a propósito, o índice e uma das páginas da publicação:

---

45. IRIARTE, Daniel. Esta es la revista oficial del estado islámico... y es increíblemente profesional. *El Confidencial*, Madrid, 13 set. 2015. Disponível em: <http://www.elconfidencial.com/mundo/2014-09-13/esta-es-la-revista-oficial-del-estado-islamico-y-es-increiblemente-profesional_191817/>. Acesso em: 22 nov. 2015.

46. IRIARTE, Daniel. Esta es la revista oficial del estado islámico... y es increíblemente profesional. *El Confidencial*, Madrid, 13 set. 2015. Disponível em: <http://www.elconfidencial.com/mundo/2014-09-13/esta-es-la-revista-oficial-del-estado-islamico-y-es-increiblemente-profesional_191817/>. Acesso em: 22 nov. 2015.

47. BARI ATWAN, Abdel. *Islamic State*: the digital caliphate. USA: Saqi Books, 2015. passim.

48. BERCITO, Diogo. Revista é parte da propaganda da facção terrorista Estado Islâmico, *Folha de São Paulo*, 21 out. 2014. Disponível em: <http://www1.folha.uol.com.br/mundo/2014/10/1535600-revista-e-parte-da-propaganda-da-faccao-terrorista-estado-islamico.shtml>. Acesso em: 22 nov. 2015.

49. Para mais informações, vide interessantes análises de Gambhir e Ryan, em: GAMBHIR, Harleen K.. Dabiq: the strategis messaging of the slamic state. *Institute for the Study of the War – ISW*, Washington DC, 15 ago. 2014. Disponível em: <http://www.understandingwar.org/sites/default/files/Dabiq%20Backgrounder_Harleen%20Final_0.pdf>. Acesso em: 22 nov. 2015. RYAN, Michael W. S.. Dabiq: what Islamic State's new magazine tells us about their strategic direction, recruitment patterns and guerrilla doctrine. *The Jamestown Foundation* – Terrorism Monitor: In-depth Analysis of the War on Terror, Washington DC, 1 ago. 2014, Disponível em: <http://www.jamestown.org/programs/tm/single/?tx_ttnews%5Btt_news%5 D=42702&cHash=0efbd71af77fb92c064b9403dc8ea838>. Acesso em: 22 nov. 2015.

50. REINARES, Fernando. Fabrica de terroristas, *El País*, Madrid, 27 out. 2015. Disponível em: <http://elpais.com/elpais/2015/10/23/opinion/1445622759_611394.html>. Acesso em: 22 nov. 2015.

Figura 2 – Índice de uma das edições da revista *Dabiq* (edição n. 2)

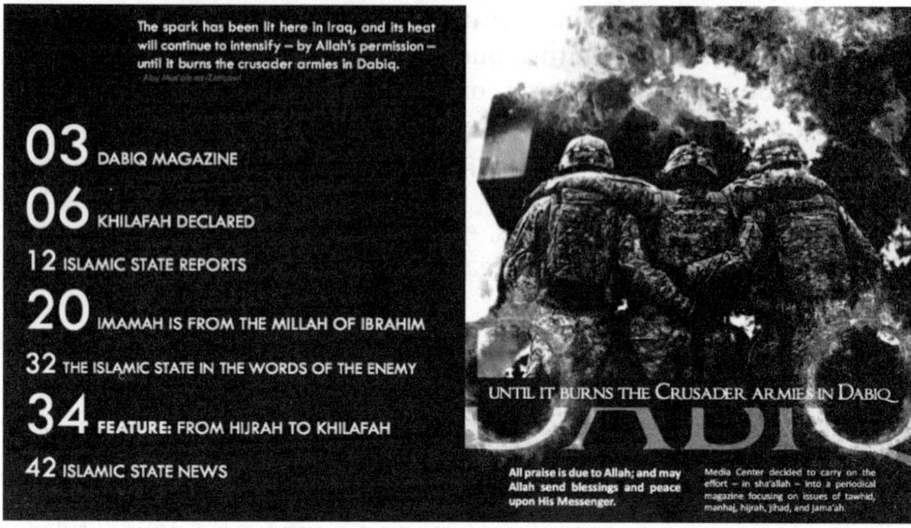
The spark has been lit here in Iraq, and its heat will continue to intensify – by Allah's permission – until it burns the crusader armies in Dabiq.

03 DABIQ MAGAZINE
06 KHILAFAH DECLARED
12 ISLAMIC STATE REPORTS
20 IMAMAH IS FROM THE MILLAH OF IBRAHIM
32 THE ISLAMIC STATE IN THE WORDS OF THE ENEMY
34 FEATURE: FROM HIJRAH TO KHILAFAH
42 ISLAMIC STATE NEWS

UNTIL IT BURNS THE CRUSADER ARMIES IN DABIQ

All praise is due to Allah; and may Allah send blessings and peace upon His Messenger.

Media Center decided to carry on the effort – in sha'allah – into a periodical magazine focusing on issues of tawhid, manhaj, hijrah, jihad, and jama'ah.

Fonte: IRIARTE, Daniel. Esta es la revista oficial del estado islámico... y es increíblemente profesional. *El Confidencial*, Madrid, 13 set. 2015. Disponível em: <http://www.elconfidencial.com/mundo/2014-09-13/esta-es-la-revista-oficial-del-estado-islamico-y-es-increiblemente-profesional_191817/>. Acesso em: 22 nov. 2015.

Figura 3 – Página de uma das edições da revista *Dabiq*

The goal of establishing the Khilafah has always been one that occupied the hearts of the mujahidin since the revival of jihad this century.

It was always a hope the mujahidin were certain of attaining, for Allah's Messenger (sallallahu 'alayhi wa sallam) had promised them with it. He said, "There will be prophethood for as long as Allah wills it to be, then He will remove it when He wills. Then there will be Khilafah on the prophetic methodology and it will be for as long as Allah wills, then He will remove it when He wills.

Then there will be harsh kingship for as long as Allah wills, then He will remove it when He wills. Then there will be tyrannical kingship for as long as Allah wills, then He will remove it when He wills.

Then there will be Khilafah on the prophetic methodology" [Ahmad].

FROM HIJRAH TO KHILAFAH

It was also reported that Anas Ibn Malik (radiyallahu 'anh) said, "There will be prophethood and mercy, then Khilafah and mercy, then harsh kingship, then tyrannical kingship, then tawaghit" [As-Sunanul-Waridatu fil-Fitan - Abu 'Amr ad-Dani].

However, the question that engaged some of the mujahidin was how they would achieve their goal.

During the jihad in Afghanistan against the communists, many of the muhajirin found themselves fighting a war similar to the one being fought in Sham now. Parties with different backgrounds fought a "common" enemy, ignoring all matters that distinguished them from each other, even if those matters were an obstacle in the pursuit of Khilafah. The biggest of these distinguishing factors were nationalism that tainted many of the banners and parties in Afghanistan, in addition to serious innovations that destroyed the creed and healthy body of the Muslim jama'ah required for reviving the Khilafah.

Still Allah ('azza wa jall) blessed the jihad, and many of its leaders and soldiers would later become the bridges upon which jihad would pass over towards the awaited Khilafah.

One of these many important bridges was that of the mujaddid (reviver) Abu Mus'ab az-Zarqawi (rahimahullah).

Learning from the lessons he gained from Afghanistan and elsewhere, he knew that Khilafah could not be established except through a jama'ah that gathered upon the Kitab and Sunnah with the understanding of the Salaf, free from the extremities of the murji'ah and khawarij.

This jama'ah's most important goal would be to revive tawhid especially in matters ignored and abandoned by "Islamic" parties in our times – matters relating to wala', bara', hukm (ruling), and tashri' (legislation).

The jama'ah would use the absent obligation of jihad as its fundamental means for change, implementing Allah's command, {And fight them until there is no fitnah and [until] the religion, all of it, is for Allah} [Al-Anfal: 39].

Its jihad would be based upon hijrah, bay'ah, sam' (listening), ta'ah (obedience), and i'dad (training), leading to ribat and qital (fighting), then Khilafah or shahadah.

Fonte: GAMBHIR, Harleen K.. Dabiq: the strategies messaging of the Islamic state. *Institute for the Study of the War – ISW*, Washington DC, 15 ago. 2014. Disponível em: <http://www.understandingwar.org/sites/default/files/Dabiq%20Backgrounder_Harleen%20Final_0.pdf>. Acesso em: 22 nov. 2015.

Em tempo, cabe salientar que um magazine digital não é um artefato exclusivo do Estado Islâmico (Daesh, em árabe; ISIS em inglês): outras organizações terroristas, como o Al-Qaeda na Península Arábica (AQPA), já faziam uso desta ferramenta comunicacional, porém, não de um modo tão potente ou completo para fins de recrutamento[51]. Com mais de uma dezena de edições, a *Inspire*, revista propagandística do AQPA, claramente se distingue de *Dabiq*, como explica GAMBHIR:

> O público-alvo e a mensagem essencial da série *Dabiq* diferem significativamente das mensagens de campanha de língua ocidental do Al-Qaeda. Iniciada em 2010, a revista de língua inglesa do Al-Qaeda, *Inspire*, articula uma justificativa religiosa. Todavia, *Inspire* enfoca especificamente no encorajamento de lobos solitários ocidentais para que ataquem o Ocidente. *Inspire* serve mais como um guia de como fazer ataques individuais do que uma articulação de uma visão religiosa, militar e política. Por outro lado, a série do Estado Islâmico, *Dabiq*, é de maior alcance, definindo a base religiosa do Califado e incentivando a todos os crentes muçulmanos a apoiar o ISIS e imigrar de suas casas para o Estado Islâmico[52].

---

51. A respeito, vide: RANSTORP, Magnus; NORMARK, Magnus. *Understanding terrorism innovation and learning*: Al-Qaeda and beyond. New York: Routledge, 2015. p. 7. HORGAN, John. *The psychology of terrorism*. New York: Routledge, 2014. p. 105-112. WEIMANN, Gabriel. *Terrorism in cyberspace*: the next generation. New York: Columbia University Press, 2015. Ademais, vide: VAN BUEEREN, Jelle. Fixated individuals and the state's response: networked security. In: FREDHOLM, Michael. *Understanding lone actor terrorism*: past experience, future outlook and response strategies. New York: Routledge, 2016. FOREST, James. *The terrorism lectures*: a comprehensive collection for students of terrorism, counterterrorism, and national security. Santa Ana – California: Nortia Press, 2012.

52. GAMBHIR, Harleen K.. Dabiq: the strategis messaging of the slamic state. *Institute for the Study of the War – ISW*, Washington DC, 15 ago. 2014. Disponível em: <http://www.understandingwar.org/sites/default/files/Dabiq%20Backgrounder_Harleen%20Final_0.pdf>. Acesso em: 22 nov. 2015.

Figura 4 – Capa de uma das edições da revista digital *Inspire*

Fonte: ALMEIDA, Mariana Pereira. Ex-agente da CIA diz que revista da Al Qaeda em inglês é autêntica. *Veja*, 20 jul. 2010. Disponível em: <http://veja.abril.com.br/noticia/mundo/ex-agente-da-cia-diz-que--revista-da-al-qaeda-em-ingles-e-autentica>. Acesso em: 26 fev. 2016.

De todo modo, cumpre alertar que os estudiosos sobre terrorismo divergem quanto ao grau de influência exercido pela internet no recrutamento: enquanto alguns pensam se tratar de uma ferramenta iniciadora, outros acreditam ser colaboradora ou ratificadora de inclinações preexistentes. BUNT comenta que "[...] os materiais da Internet oferecem uma introdução direta aos materiais yihadistas e poderiam induzir a afiliações dos leitores [...][53]". BADIA, por sua vez, entende que a internet é apenas um meio de recrudescimento de ideias já introjetadas por outras fontes, como segue:

> Depois de encontrar motivação suficiente através de websites islamistas, de propagandas por tv por satélite ou alguma pregação fundamentalista em uma mesquita próxima, aumentar seus sentimentos fanáticos através de chats na internet e estabelecer uma célula de amigos ativistas auto-organizados pode vir a ser um processo bastante simples[54].

No que diz respeito aos chats, há rumores de que o Estado Islâmico criou inclusive uma versão própria e fechada do *Facebook*, o *Muslimbook*, além do aplicativo para celular chamado *Dawn of Glad Tidings*, o qual atualiza o usuário sobre as novidades da organização e utiliza sua conta do *Twitter* para automaticamente disseminar informação e chegar a potenciais financiadores[55]. Todavia, vários integrantes ou simpatizantes continuam usando aplicativos (como o Telegram, *Skype*) e redes sociais abertas (ex: *Facebook*), além do tradicional contato telefônico[56].

A publicidade, aliás, tem sido uma ferramenta bastante útil para os propósitos terroristas. Por meio dela, além de se angariar adeptos, como visto acima, se espalha o medo (reação aspirada pelas organizações[57]). Sobre este ponto, vide a seguinte passagem de BAUMAN:

> **Contar com as ferramentas disponibilizadas pelas pressões globalizantes todo-poderosas é parte integrante da estratégia terrorista.** Nas palavras de Mark Danner, a arma mais poderosa dos 19 terroristas que usaram suas facas e canivetes para destruir as Torres Gêmeas de Manhattan foi "a criação tecnológica mais norte-americana: o aparelho de TV". **A notoriedade mundial prontamente oferecida aos sangrentos espetáculos proporcionados pelos atos terroristas, até mesmo pelos menores e comparativamente desimportantes e insignificantes, pode multiplicar seu potencial assustador, alcançando lugares que as armas à disposição – relativamente escassas e frequentemente primitivas e feitas em casa (sem comparação com as armas numerosas e *high-tech* de seus inimigos declarados)** – nunca poderiam alcançar, muito

53. BUNT, Gary R. *iMuslims*: rewiring the house of islam. United States of America: University of North Carolina Press, 2009. p. 198.

54. BADIA, Francesc. Small-world networks, violence and global distress. In: JONES, David Martin; LANE, Ann; SCHULTE, Paul (ed). *Terrorism, security and the power of informal networks.* Massachusets: Edward Elgar Publishing, 2010. p. 232.

55. Para aprofundamento, vide o capítulo "Masters of digital universe", de BARI ATWAN, Abdel. *Islamic State*: the digital caliphate. USA: Saqi Books, 2015.

56. A informação também consta no capítulo "Masters of digital universe" de BARI ATWAN, Abdel. *Islamic State*: the digital caliphate. USA: Saqi Books, 2015.

57. HORGAN, John. *Psicología del terrorismo.* Barcelona: Gedisa, 2006. p. 25. Vide ainda o capítulo 5 de PRIETO, Ana Beatriz. *Todo lo que necesitas saber sobre terrorismo.* México: Grupo Planeta, 2016.

> menos ferir gravemente. Essa notoriedade possibilitada pela rede mundial de televisão e pela internet também pode empurrar os temores universais de vulnerabilidade e o senso de perigo ubíquo muito além dos limites da capacidade dos próprios terroristas. Fiel ao seu nome, a arma suprema do terrorismo é semear o terror. E, dado o estado atual do planeta, asseguram-se boas colheitas a despeito da qualidade inferior da semente[58] (sem grifos no original).

Contribui para o recrutamento, ainda, sentimentos negativos consequentes do efeito colateral da guerra antiterrorista, como defende BAUMAN:

> Dada a natureza das modernas armas à disposição dos militares, as respostas a esses terroristas tendem a parecer canhestras, pesadas e imprecisas, lançando-se sobre uma área muito maior do que a afetada pelo atentado terrorista e causando um número cada vez maior de "baixas colaterais", e portanto também mais terror, ruptura e desestabilização do que os terroristas possivelmente produziriam por conta própria – provocando assim um novo salto no volume acumulado de ressentimento, ódio e fúria reprimida, e ampliando ainda mais as fileiras de potenciais recrutas para a causa terrorista[59].

Como observou a Assembleia Geral das Nações Unidas, no Plano de Ação para Prevenir o Extremismo Violento de 2015, os grupos terroristas têm como tática provocar os Estados para que estes reajam de modo desmedido, pois visam explorar os erros desta ofensiva em sua propaganda pró-terror[60].

2.3 MEIOS E MODOS DE ATUAÇÃO DA ORGANIZAÇÃO TERRORISTA

Chegado a este ponto, faz-se mister apontar, ainda que de forma breve, quais são os meios e modos de atuação de uma organização terrorista.

No que tange ao método de ação das organizações terroristas, este, como explica HORGAN, é geralmente baseado na violência:

> Lo que concebimos como terrorismo implica el uso o la amenaza de violencia como medio para alcanzar algún tipo de efecto dentro de un contexto político. Así, se puede afirmar que tiene un carácter evidentemente instrumental, cuyo objetivo es, en muchos casos, únicamente extender el miedo, la inquietud y la incertidumbre, a través de actos o amenazas de violencia, para influir de esta forma en el proceso político y en el funcionamiento normal que de él se espera. La forma de lograr estos fines por parte de los grupos terroristas está determinada por una serie de factores, entre los que destacan la ideología del grupo y su disponibilidad de recursos, conocimientos y experiencia, entre otros[61].

---

58. BAUMAN, Zygmunt. *Medo líquido*. Rio de Janeiro: Jorge Zahar, 2008. p. 139-140.
59. Ibid., p. 140.
60. ASEMBLEA GENERAL. Plan de Acción para Prevenir el Extremismo Violento. 2015. In: *Naciones Unidas*. Disponível em: <http://www.un.org/es/comun/docs/?symbol=A/70/674>. Acesso em: 21 mar. 2016.
61. HORGAN, John. *Psicología del terrorismo*. Barcelona: Gedisa, 2006. p. 25.

Com efeito, CANCIO MELIÁ indica que os meios de atuação terrorista são a utilização de intimidação massiva e o caráter armado[62], somados à chamada "projeção estratégica[63]".

A intimidação massiva, denominada pelo referido penalista de "terrorismo instrumental", é uma estratégia de comunicação terrorista materializada pelo uso da violência, a qual, além de desafiar o Estado em termos militares, será responsável pela difusão de um estado de alarme ou de insegurança no *corpus social*[64]. No intuito de provocar mais medo e insegurança, a vítima é selecionada por critérios específicos (membros da segurança pública ou representantes políticos, por exemplo) ou genéricos (os ocidentais, os norte-americanos, os infiéis, etc.)[65], mas tal seleção, como explica,

> [...] siempre es *personalmente aleatoria*: el ataque no se dirige contra el funcionário de policia X, contra el consejal Y o el bebé Z em cuanto seres humanos, sino contra la categoría de personas – previamente neutralizadas em términos psicológicos – que representa[66].

Esta seleção, apontada por ABARCA BLANCO como um fenômeno de "categorização", é, ao fim e ao cabo, um princípio de economia cognitiva, em que o terrorista define um círculo de potenciais vítimas, isto é, de objetivos, que pretende combater por considerá-los inimigos[67].

Com relação ao caráter armado, CANCIO MELIÁ reputa-o necessário por considerar que a intimidação massiva só assim caracterizar-se-á se presente o uso intenso ou repetitivo de armas de fogo ou de explosivos, o qual conferirá violência à conduta, notadamente gravíssima[68]. Porém, com os avanços da era digital não há como descurar que o terrorismo também possa ser praticado sem armamentos: a utilização de mecanismos de inteligência, como a manipulação ou "derrubada" de serviços de controle de tráfego aéreo, é capaz de

---

62. CANCIO MELIÁ, Manuel. *Los delitos de terrorismo*: estructura típica e injusto. Madrid: Editorial Reus, 2010. p. 167.
63. Ibid., p. 176.
64. Ibid., p. 167.
65. Ibid., p. 168.
66. Ibid., p. 168.
67. ABARCA BLANCO, Amalio. La condición de enemigo, el ocaso de la inocencia. In: POZUELO PÉREZ, Laura; CANCIO MELIÁ, Manuel (ed.). *Política criminal de vanguardia*: inmigración clandestina, terrorismo, criminalidad organizada. Madrid: Thomson Civitas, 2008. p. 260-267. CANCIO MELIÁ, Manuel. *Los delitos de terrorismo*: estructura típica e injusto. Madrid: Editorial Reus, 2010. p. 65-66.
68. GONZÁLEZ CALLEJA, Eduardo. Definiciones e interpretación del fenómeno terrorista. In: GONZÁLEZ CALLEJA, Eduardo (ed.). *Políticas del miedo: un balance del terrorismo en Europa*. Madrid: Biblioteca Nueva, 2002. p. 43. CANCIO MELIÁ, Manuel. *Los delitos de terrorismo*: estructura típica e injusto. Madrid: Editorial Reus, 2010. p. 168-169.

gerar danos de grandes proporções, como a queda de aviões, ceifando inúmeras vidas. Como se pode observar, há neste exemplo uma ação não armada, mas com resultado altamente violento. Assim, é equivocado o estereótipo do ciberterrorismo como produtor de consequências sempre desprovidas de tangível violência[69]. Entretanto, há de se reconhecer que o plano fático confere maior razão ao referido professor espanhol, pois, segundo atesta o Institute for Economics & Peace, entre 2010 e 2014, 60% de todos os ataques fizeram uso de explosivos, 30% de armas de fogo e 10% de outras armas[70].

Atinente à "projeção estratégica", CANCIO MELIÁ esclarece que os fins que interessam à caracterização da atividade terrorista não são desejos ou objetivos individuais do agente, mas os fins perseguidos pela organização[71] (isto pressupõe que a organização possui um programa de atuação[72]). Portanto, é imprescindível que estes fins coletivos (por exemplo: subverter a ordem constitucional[73]) integrem o dolo do agente e que este exerça fins típicos da organização[74].

Quanto ao modo de operação, é cediço que, além da escolha pelo elemento surpresa, a preferência é pela "[...] estratégia de ação indireta "[...][75]",

---

69. Há autores que admitem que o ciberterrorismo que não resulte violência física à vida(s), mas capaz de trazer um alto dano à democracia, afetando, por exemplo, a liberdade de expressão e de informação, seja concebido como terrorismo. Um exemplo seria o *ciber* ataque sofrido pela cadeia de televisão francesa TV5 no dia 8 de abril de 2015, a qual perdeu, por várias horas, o controle de seus 11 canais, portais na *internet* e páginas nas redes sociais pelas mãos do Estado Islâmico. Na ocasião, uma tela negra ocupou a transmissão dos canais de televisão, enquanto mensagens, reivindicações e vídeos do grupo terrorista foram divulgados nos portais da *internet* e redes sociais. Para mais informações, vide PULIDO, Luis Alberto Villamarin. *ISIS*. Estado Islâmico: yihad, terrorismo e barbárie. New York, 2015. p. 83-84. Sobre ciberterrorismo, ou terrorismo informático, ver: MATA Y MARTÍN, Ricardo M. Delitos cometidos mediante sistemas informáticos (estafas, difusión de materiales pornográficos y terrorismo). In: *Delito e informática: algunos aspectos*. Cuadernos penales. n. 4. Bilbao: Universidad Deusto, 2007. p. 157ss. LIMA, Jonas André Rodrigues Henriques de. *O impacto do terrorismo nas cadeias globais de abastecimento*. Porto: Editora da Universidade do Porto, 2006.

70. GLOBAL TERRORISM INDEX 2015: MEASURING AND UNDERSTANDING THE IMPACT OF TERRORISM. *Institute for Economics & Peace*. New York, 2015. Disponível em: <http://economicsandpeace.org/wp-content/uploads/2015/11/Global-Terrorism-Index-2015.pdf>. Acesso em: 30 ago. 2016.

71. CANCIO MELIÁ, Manuel. *Los delitos de terrorismo*: estructura típica e injusto. Madrid: Editorial Reus, 2010. p. 176-177.

72. CANCIO MELIÁ, Manuel. *Los delitos de terrorismo*: estructura típica e injusto. Madrid: Editorial Reus, 2010. p. 181.

73. Ibid., p. 182-183.

74. Ibid., p. 180-181.

75. EDITORIAL. A atividade de inteligência na prevenção da ameaça terrorista. *Revista Brasileira de Inteligência*, v. 3, n. 4, Brasília, set. 2007. Disponível em: <http://www.abin.gov.br/modules/mastop_publish/files/files_48581dbdd7d04.pdf>. Acesso em: 24 jun. 2015.

a qual "[...] lhe impele a golpear o inimigo principal em teatros de operações secundários, onde as medidas de segurança sejam menos rígidas e as facilidades operacionais otimizadas[76]". Em que pese seja o cenário secundário, o terrorista sabe que a visibilidade do ato estará fatalmente assegurada pela veiculação na internet e em meios de comunicação[77].

Cabe relembrar que o êxito das ações terroristas também conta com a falha dos serviços de inteligência, seja na identificação de indícios[78], seja na análise, conjugação e interpretação da informação coletada (estas últimas tarefas são as mais sensíveis e, talvez por isso, as que mais apresentam problemas na atualidade).

2.4 LOBOS OU RATOS SOLITÁRIOS E TERRORISMO INDIVIDUAL

De acordo com o Institute for Economics & Peace, no relatório "Global Terrorism Index 2015: measuring and understanding the impact of terrorism", "a maioria dos ataques terroristas no Ocidente não é realizada por grupos internacionais bem organizados. Em vez disso, a ameaça terrorista no Ocidente vem em grande parte do terrorismo do lobo solitário[79]", cuja atuação, segundo o Exame de Estratégia Global das Nações Unidas contra o Terrorismo, de 2016, preocupa devido a sua difícil detecção[80]. Porém, há outra dificuldade que envolve a figura: ela sequer possui consensual definição.

---

76. EDITORIAL. A atividade de inteligência na prevenção da ameaça terrorista. *Revista Brasileira de Inteligência*, v. 3, n. 4, Brasília, set. 2007. Disponível em: <http://www.abin.gov.br/modules/mastop_publsh/files/files_48581dbdd7d04.pdf>. Acesso em: 24 jun. 2015.

77. Sobre isso, vide capítulo 5 de PRIETO, Ana Beatriz. *Todo lo que necesitas saber sobre terrorismo*. México: Grupo Planeta, 2016.

78. "Conforme demonstraram os vários relatórios e inquéritos conduzidos nos Estados Unidos, pós 11 de setembro, falhou a inteligência em identificar os vários indícios de atividade terrorista; falhou, igualmente, em compartilhar, entre as diferentes agências, as evidências disponíveis; por último, embora não menos importante, falhou em atribuir demasiada importância à captação de dados por meios eletrônicos e, em descompasso, dedicar menor relevância às fontes humanas". Cf. EDITORIAL. A atividade de inteligência na prevenção da ameaça terrorista. *Revista Brasileira de Inteligência*, v. 3, n. 4, Brasília, set. 2007. Disponível em: <http://www.abin.gov.br/modules/mastop_publish/files/files_48581dbdd7d04.pdf>. Acesso em: 24 jun. 2015.

79. GLOBAL TERRORISM INDEX 2015: MEASURING AND UNDERSTANDING THE IMPACT OF TERRORISM. *Institute for Economics & Peace*. New York, 2015. Disponível em: <http://economicsandpeace.org/wp-content/uploads/2015/11/Global-Terrorism-Index-2015.pdf>. Acesso em: 30 ago. 2016.

80. "Expresa preocupación por los actos terroristas cometidos en diversas partes del mundo por terroristas que actúan en solitario, reconoce los retos particulares que generan estos terroristas por ser difíciles de detectar, y reconoce también la necesidad de afrontar esta cuestión con celeridad". Cf. ASAMBLEA GENERAL. Examen de la Estrategia Global de las Naciones Unidas contra el Terrorismo. *Naciones Unidas*, 1 jul. 2016. Disponível em: <http://www.un.org/es/comun/docs/?symbol=A/70/L.55>. Acesso em: 30 ago. 2016.

"Lobo ou rato solitário" e "terrorista individual" são termos que sofrem divergência nas literaturas penal e criminológica. Enquanto alguns autores acreditam se tratar de situações distintas, outros sustentam que não passam de fenômenos idênticos. De outro lado, há quem defenda inclusive uma relação de espécie e subespécie.

Todavia, uma definição precisa dessas figuras se apresenta imprescindível, pois, a depender das características de cada uma, o crime de terrorismo, observada a lei penal de cada país, restará caracterizado ou não.

Primeiramente, cabe mencionar que o FBI (*Federal Bureau of Investigation*) atualmente denomina o lobo solitário (*lone wolf*) como rato solitário (*rat wolf*), por entender que a primeira expressão oferece certa glamorização[81]. Contudo, como se trata de uma denominação recente, muitas obras acadêmicas ainda não a contemplam. Por este viés, e para manter a fidedignidade das considerações de cada um dos autores abaixo citados, se manterá a nomenclatura por cada um utilizada nos textos analisados.

Segundo SPAAIJ e GUINART, por exemplo, a figura do "terrorista individual" não se confunde com a de "lobos solitários[82]". Para estes estudiosos, o terrorista individual pode agir só ou em pequenos grupos, sob a direção ou não de outrem, mas sempre com a influência de um líder e com integração a um grupo terrorista[83]; já o lobo solitário age sempre sozinho, com métodos e táticas desenhados e dirigidos por ele mesmo, ou seja, não há ordem ou direção externas, tampouco influência direta de um líder, posto não pertencer a um grupo terrorista[84]. Para mais fácil compreensão, vide a tabela abaixo:

---

81. SPEECHES. In: THE FBI, United States of America. Disponível em: <https://www.fbi.gov/news/speeches/the-fbi-and-the-adl-working-toward-a-world-without-hate/>. Acesso em: 26 fev. 2016. FBI DIRECTOR ON THREAT OF ISIS, CYBERCRIME. In: *CBS News*, New York, 5 out. 2014. Disponível em: <http://www.cbsnews.com/news/fbi-director-james-comey-on-threat-of-isis-cybercrime/>. Acesso em: 26 fev. 2016. BYRMAN, Daniel. *Al Qaeda, the Islamic State and the global jihadist movement: what everyone needs to know*. New York: Oxford University Express, 2015. p. 57.

82. SPAAIJ, Ramón. *Understanding lone wolf terrorism: global patterns, motivations and prevention*. Melbourne: Springer, 2012. p. 17. GUITART, David Garriga. El lobo solitario. In: *Criminología y criminalística*, Espanha. Disponível em: <http://criminologiaycriminalisticafb.blogspot.com.br/2014/01/el-lobo-solitario.html>. Acesso em: 26 fev. 2016.

83. GUITART, David Garriga. El lobo solitario. In: *Criminología y criminalística*, Espanha. Disponível em: <http://criminologiaycriminalisticafb.blogspot.com.br/2014/01/el-lobo-solitario.html>. Acesso em: 26 fev. 2016.

84. SPAAIJ, Ramón. *Understanding lone wolf terrorism: global patterns, motivations and prevention*. Melbourne: Springer, 2012. p. 17. GUITART, David Garriga. El lobo solitario. In: *Criminología y criminalística*, Espanha. Disponível em: <http://criminologiaycriminalisticafb.blogspot.com.br/2014/01/el-lobo-solitario.html>. Acesso em: 26 fev. 2016.

Tabela 1 – Diferença entre lobo solitário e terrorista individual

LOBO SOLITÁRIO	TERRORISTA INDIVIDUAL
Age sempre sozinho	Possibilidade de agir em pequenos grupos
Não pertence a grupo terrorista	Pertence a grupo terrorista
Age sem influência direta de um líder	Há um líder que o influi
Táticas e métodos desenhados e dirigidos pelo próprio indivíduo sem ordem nem direção externas	Costuma haver outra pessoa que dirige seu atentado

Fonte: GUITART, David Garriga. El lobo solitario. In: *Criminología y criminalística*, Espanha. Disponível em: <http://criminologiaycriminalisticafb.blogspot.com.br/2014/01/el-lobo-solitario.html>. Acesso em: 26 fev. 2016.

Logo, o elemento crucial que distingue o lobo solitário do terrorista individual é, como explica GUINART,

> [...] esa soledad en sus actos, tanto en la ejecución del atentado como de las fases previas. Por ejemplo en los atentados de Boston, aunque se les bautizó en algunos medios como lobos solitarios, dicha soledad no se cumple, había al menos dos responsables implicados, por lo que resulta equivoco tal apelativo[85].

Ressalta-se que tal definição de lobo solitário é igualmente encontrada em BURTON e STEWART, os quais creem que se trata de uma "pessoa que atua por conta própria, sem ordens – e até mesmo conexões – com uma organização[86]"; e, ainda, em BAKKER e GRAAF, os quais argumentam que consistem em "indivíduos que são inspirados por certo grupo, mas que não estão sob as ordens de qualquer pessoa, grupo ou redes[87]".

O conceito de KAPLAN, a sua vez, é idêntico no que tange à noção de atos independentes de ordem ou hierarquia, mas diverso quanto ao número de agentes, *in verbis*: "indivíduo ou grupo pequeno, muito coeso, que se envolve em atos de violência contra o Estado de forma independente de

---

85. GUITART, David Garriga. El lobo solitario. In: *Criminología y criminalística*, Espanha. Disponível em: <http://criminologiaycriminalisticafb.blogspot.com.br/2014/01/el-lobo-solitario.html>. Acesso em: 26 fev. 2016.

86. BURTON, Fred; STEWART, Scott. The 'Lone Wolf' Disconnect. In: *Stratfor*, Austin, 30 jan. 2008. Disponível em: <https://www.stratfor.com/weekly/lone_wolf_disconnect>. Acesso em: 27 fev. 2016.

87. BAKKER, Edwin; GRAAF, Beatrice de. Preventing Lone Wolf Terrorism: some CT Approaches Addressed. In: *Perspectives on Terrorism*, Massachusetts, v. 5, n. 5-6,2011. Disponível em: <http://www.terrorismanalysts.com/pt/index.php/pot/article/view/preventing-lone-wolf/html>. Acesso em: 27 fev. 2016. BAKKER, Edwin; GRAAF, Beatrice de. Lone Wolves How to Prevent This Phenomenon? In: *International Centre for Counter-Terrorism – The Hague*, Netherlands, nov. 2010. Disponível em: <http://www.icct.nl/download/file/ICCT-Bakker-deGraaf-EM-Paper-Lone-Wolves.pdf>. Acesso em: 27 fev. 2016.

movimentos, liderança ou redes de apoio[88]". A possibilidade de acolhida de um grupo de agentes nesta concepção também é defendida por HOFFMAN[89], o que, porém, misturaria os critérios da tabela acima exposta.

Convém relembrar que a EUROPOL (European Law Enforcement Agency) distingue os "autores solitários" (*lone actors*) de "terroristas solitários" (*solo terrorists*), afirmando que os primeiros são sujeitos que operam de forma isolada a outras organizações ou associações, enquanto que os segundos executam atos de terrorismo sozinhos, mas são ativamente apoiados e assistidos por uma organização terrorista[90].

A outro giro, o COT *Institute for Safety, Security and Crisis Management*[91], de 2007, concebe o lobo solitário e o terrorista individual como elementos idênticos, não diferenciando sequer as expressões, posto que as cunha como "terrorismo individual". Neste sentido, entende que o agente, para ser caracterizado como terrorista individual, deve apresentar os seguintes requisitos[92]:

1) Agir sozinho;

2) Não pertencer a grupo ou rede terrorista;

3) Agir sem influência direta de um líder ou de uma hierarquia;

4) Haver proatividade. Táticas e métodos devem ser planejados e dirigidos por iniciativa própria, sem qualquer seguir qualquer direção ou ordem externas.

À vista desses quatro últimos critérios, MARÍA BLANCO revela que "la duda sería considerar lobos solitarios o no a aquellos individuos que en algún momento han tenido un contacto, han pertenecido, o han sido entre-

---

88. KAPLAN, Jeffrey. *Leaderless resistance.* In: *Journal of terrorism and political violence*, v. 9, issue 3, 1997. p. 80.

89. SPAAIJ, Ramón. *Understanding lone wolf terrorism: global patterns, motivations and prevention.* Melbourne: Springer, 2012. p. 17. MARÍA BLANCO, José. El concepto del lobo solitario. In: *CISDE Observatorio.* Observatorio de Inteligencia, Seguridad y Defensa. Madrid, 21 ago. 2012. Disponível em: <http://observatorio.cisde.es/archivo/el-concepto-de-lobo-solitario/>. Acesso em: 26 fev. 2016.

90. EUROPOL. The EU Terrorism Situation and Trend Report (TE-SAT -2 012). In: *European Police Office*, Netherlands, 2012. Disponível em: <https://www.europol.europa.eu/sites/default/files/publications/europoltsat2012.pdf> Acesso em: 26 fev. 2016.

91. MARÍA BLANCO, José. El concepto del lobo solitario. In: *CISDE Observatorio.* Observatorio de Inteligencia, Seguridad y Defensa. Madrid, 21 ago. 2012. Disponível em: <http://observatorio.cisde.es/archivo/el-concepto-de-lobo-solitario/>. Acesso em: 26 fev. 2016.

92. MARÍA BLANCO, José. El concepto del lobo solitario. In: *CISDE Observatorio.* Observatorio de Inteligencia, Seguridad y Defensa. Madrid, 21 ago. 2012. Disponível em: <http://observatorio.cisde.es/archivo/el-concepto-de-lobo-solitario/>. Acesso em: 26 fev. 2016.

nados por grupos extremistas[93]". Inclina-se o autor, em combinação com o terceiro critério, que trata da influência direta, "[...] por una respuesta negativa (caso del mencionado Merah, que no se considera en general un "lobo solitario", sino que sería más bien la figura del free-lance terrorista o terrorista individual)[94]".

Quanto a este terceiro critério, que elenca a influência direta, MARÍA BLANCO alerta que esta deve ser entendida como "[...] contacto directo o personal, puesto que en caso contrario estaríamos ante quizás un imposible[95]". Como complementa,

> La dificultad estriba en determinar que es influencia directa o indirecta, más en momentos en que las nuevas tecnologías permiten procesos de enseñanza y adoctrinamiento casi tan potentes como los presenciales. En este caso se trataría de descartar la influencia directa, sólo admitiéndolo ante fuertes evidencias[96].

Outrossim, acrescenta que o ideal é excluir do conceito de terrorismo todos "[...] los casos de venganza personal, crímenes de odio, o los basados en la búsqueda de beneficios económicos[97]", deixando a cargo deste tipo penal somente delitos motivados por viés político, ideológico e religioso[98].

Por fim, concordando com a definição apresentada pelo *COT Institute for Safety, Security and Crisis Management*, MARÍA BLANCO, em conclusão que parece comungada por FRAMIS e ÁLVAREZ[99], frisa que os "lobos solitá-

93. MARÍA BLANCO, José. El concepto del lobo solitario. In: *CISDE Observatorio*. Observatorio de Inteligencia, Seguridad y Defensa. Madrid, 21 ago. 2012. Disponível em: <http://observatorio.cisde.es/archivo/el-concepto-de-lobo-solitario/>. Acesso em: 26 fev. 2016.
94. MARÍA BLANCO, José. El concepto del lobo solitario. In: *CISDE Observatorio*. Observatorio de Inteligencia, Seguridad y Defensa. Madrid, 21 ago. 2012. Disponível em: <http://observatorio.cisde.es/archivo/el-concepto-de-lobo-solitario/>. Acesso em: 26 fev. 2016.
95. MARÍA BLANCO, José. El concepto del lobo solitario. In: *CISDE Observatorio*. Observatorio de Inteligencia, Seguridad y Defensa. Madrid, 21 ago. 2012. Disponível em: <http://observatorio.cisde.es/archivo/el-concepto-de-lobo-solitario/>. Acesso em: 26 fev. 2016.
96. MARÍA BLANCO, José. El concepto del lobo solitario. In: *CISDE Observatorio*. Observatorio de Inteligencia, Seguridad y Defensa. Madrid, 21 ago. 2012. Disponível em: <http://observatorio.cisde.es/archivo/el-concepto-de-lobo-solitario/>. Acesso em: 26 fev. 2016.
97. MARÍA BLANCO, José. El concepto del lobo solitario. In: *CISDE Observatorio*. Observatorio de Inteligencia, Seguridad y Defensa. Madrid, 21 ago. 2012. Disponível em: <http://observatorio.cisde.es/archivo/el-concepto-de-lobo-solitario/>. Acesso em: 26 fev. 2016.
98. MARÍA BLANCO, José. El concepto del lobo solitario. In: *CISDE Observatorio*. Observatorio de Inteligencia, Seguridad y Defensa. Madrid, 21 ago. 2012. Disponível em: <http://observatorio.cisde.es/archivo/el-concepto-de-lobo-solitario/>. Acesso em: 26 fev. 2016.
99. Para tanto, vide FRAMIS, Andrea Giménez-Salinas; ÁLVAREZ, José Luís González. *Investigación criminal: principios, técnicas y aplicaciones*. Madrid: LID Editorial, 2016.

rios" podem ser entendidos como uma espécie de "terrorismo individual", como segue:

> Pero si afinamos la posible conceptualización del lobo solitario, de la forma más restrictiva posible, podríamos llegar a percibir el concepto de "lobo solitario" como una de las formas de manifestación del "terrorismo individual", es decir, como una subclase específica[100].

Desse modo, verifica-se que enquanto as figuras do "lobo ou rato solitário" e "terrorista individual" não encontrarem consenso no tocante à sua definição, resta arriscado admiti-los sem maiores indagações enquanto agentes do crime de terrorismo.

2.5 PROPOSTAS DE DEFINIÇÃO DE ORGANIZAÇÃO TERRORISTA

Visto isso, e retornando à questão das organizações terroristas, registra-se que estudos consistentes de Direito Penal apontam que uma tipificação mais adequada de terrorismo necessita ser precedida da conceituação de organização com estes fins[101], já que se trata de um delito em que o agente deve integrá-la[102]. Diante disso, reputa-se salutar tecer algumas breves considerações sobre o tópico.

Para GARCÍA-PABLOS DE MOLINA, a definição de organização terrorista deve pautar-se por um conceito funcional, ou seja, da consideração de uma estrutura que se projeta para além da prática de atos concretos[103]. Nestes termos, "otros elementos como el número de integrantes, la cuantificación de la permanencia en el tiempo, etc., son secundarios frente a la exigencia de que se trate de una estructura organizada en la que quepa distinguir distintas funciones[104]".

---

100. MARÍA BLANCO, José. El concepto del lobo solitario. In: *CISDE Observatorio*. Observatorio de Inteligencia, Seguridad y Defensa. Madrid, 21 ago. 2012. Disponível em: <http://observatorio.cisde.es/archivo/el-concepto-de-lobo-solitario/>. Acesso em: 26 fev. 2016.
101. CANCIO MELIÁ, Manuel. El delito de pertenencia a una organización terrorista en el código penal español. *REJ – Revista de Estudios de la Justicia*, Facultad de Derecho de Universidad de Chile, n. 12, 2010. p. 152.
102. Contudo, há autores que defendem a possibilidade de vir a existir um terrorismo individual, ou seja, praticado por indivíduos não pertencentes a organizações terroristas. Vide: LLOBET AMBGLÍ, Mariona. *Derecho penal del terrorismo*: límites de punición en un Estado democrático. Madrid: La Ley, 2010. p. 88.
103. CANCIO MELIÁ, Manuel. El delito de pertenencia a una organización terrorista en el código penal español. *REJ – Revista de Estudios de la Justicia*, Facultad de Derecho de Universidad de Chile, n. 12, 2010. p. 152.
104. Ibid., p. 152.

A pena para a participação em uma organização terrorista, em todas as legislações que tratam sobre o fenômeno, é superior àquela cominada para outras organizações ilícitas[105], o que se deve, segundo CANCIO MELIÁ,

> [...] en atención al triple fundamento agravatorio de la especial peligrosidad derivada de la existencia de una organización, los medios específicos de actuación utilizados y la proyección estratégica que dan lugar a la noción de terrorismo, es decir, a la especificidad en el tratamiento jurídico–penal de las actividades de miembros de organizaciones terroristas[106].

O terrorismo, então, enquanto tipo penal, deve englobar tanto [...] la especial peligrosidad que deriva del multiplicador que es la estructura [...][107]" da organização terrorista quanto o "[...] significado radicalmente ilegítimo de la utilización de los medios específicos y de la puesta en cuestión de los procedimientos básicos de actuación política en el ordenamiento[108]". Nos casos em que a especial perigosidade for menor que o de outra organização ilícita, o fundamento de uma reprimenda mais gravosa será "[...] la especial proyección estratégica – los fines políticos de la organización – que es propia de la organización terrorista[109]".

Desse modo, a noção jurídico-penal de organização terrorista e, nesta linha, de terrorismo, deverá abranger, tal como descrito, tanto os meios específicos de atuação (intimidação massiva e caráter armado) quanto os fins perseguidos pelo grupo (projeção estratégica da organização). Sob esta perspectiva, será enquadrado como terrorista o agente que apresentar tais fins em seu dolo e desenvolver as atividades típicas de sua organização.

2.6 CONSIDERAÇÕES FINAIS SOBRE O CAPÍTULO

O terrorismo, fenômeno que não possui consenso quanto a sua definição, recebe em muitos países um tratamento penal orientado pelo Direito Penal do Inimigo ou Direito Penal de Terceira Velocidade. Como parte da literatura especializada no tema considera necessária a precedente definição de organização terrorista para que se possa tipificar adequadamente o terrorismo, uma vez que o concebe enquanto forma de criminalidade organizada, o presente artigo visou contribuir, ainda que resumidamente, para o entendimento das características de uma organização com tais fins.

105. Ibid., p. 151-152.

106. Ibid., p. 152.

107. Ibid., p. 153.

108. Ibid., p. 153.

109. Ibid., p. 153.

Em âmbito mundial, há vários grupos classificados como organização terrorista. Alguns, entretanto, argumentam ser equivocadamente assim rotulados, posto serem, segundo sua concepção, forças beligerantes ou grupos insurgentes. Contudo, buscar definir o que é uma organização terrorista, assim como o que é terrorismo, é uma empreitada arriscada e provavelmente inesgotável diante de seus complexos contornos.

Se outrora o terrorismo era, de certo modo, prática de um grupo com controle e objetivos mais facilmente identificáveis, atualmente trata-se de um fenômeno complexo, menos coeso, com estrutura *ad hoc* e horizontal, formado por recrutados de vários ambientes, tornando difícil a identificação e o combate.

Neste panorama, observa-se que o terrorista assume uma equivocada representação no imaginário social, como um indivíduo proveniente da pobreza, pouco instruído, solitário, suscetível à lavagem cerebral, com antecedentes criminais, etc. Dados empíricos aportados por alguns especialistas e por relatórios de instituições que investigam o fenômeno indicam que o terrorista não corresponde a estereótipos. No entanto, não há como refutar um avanço na atração de jovens, principalmente homens, na Europa ocidental, que buscam emoção, *status*, vingança e identidade. A vulnerabilidade pela crise de identidade é um fator proeminente quanto aos muçulmanos de segunda geração, que não conseguem adaptar-se à vivência entre duas culturas diferentes (a de sua família e a do país onde mora), e que se sentem tratados como estrangeiro tanto pelos europeus de sua nacionalidade quanto pelos cidadãos de nações muçulmanas. Este cenário é um terreno fértil para uma organização terrorista, cuja propaganda comparece oferecendo ao sujeito uma acolhida, uma sensação de pertencimento.

Os meios de propaganda terrorista demonstram, a propósito, um forte trabalho de relações públicas, com curioso alcance e sofisticação, hábil a atrair adeptos. A interação não se resume mais ao "cara a cara", pois a internet, seja pela *surface web*, seja pela *deep web* e *dark web*, é uma ferramenta bastante utilizada, não somente para recrutamento, mas também para divulgação de feitos, comunicação e financiamento. Além de criar aplicativos para celular e versões fechadas de redes sociais, os grupos apostam, entre outros, em vídeos de alta qualidade e revistas digitais (como a *Dabiq*, publicação oficial do Estado Islâmico), que possuem produção profissional sofisticada e são disponibilizados em vários idiomas, dentre eles, o inglês. Todavia, nem todos os grupos contam com material de mesmo enfoque: enquanto *Dabiq* traz uma articulação de uma visão religiosa, militar e política, *Inspire* (publicação do Al-Qaeda na Península Arábica) caminha por uma justificativa religiosa, encorajando lobos solitários a atacar o Ocidente. Em que pese não se saiba o número exato de pessoas que acessa estes materiais, estima-se que são milhares.

Desse modo, se de um lado a publicidade terrorista tem provocado e, sobretudo, espalhado medo (o que, segundo especialistas, é uma reação aspirada por estas organizações), de outro, juntamente à propaganda, mostra exercer atração. Logicamente, estudiosos sobre terrorismo apresentam divergências quanto ao grau de influência exercido pela internet no recrutamento: enquanto alguns dizem tratar-se de uma ferramenta iniciadora, outros acreditam ser colaboradora ou ratificadora de inclinações preexistentes ou ideias já introjetadas por outras fontes. A guerra antiterrorista, por exemplo, é frequentemente apontada como um efeito colateral que leva ao aumento da fileira de adeptos ao terror, posto gerar sentimentos negativos, como ódio e ressentimento.

No tocante aos meios e modos de atuação de uma organização terrorista, assinalou-se que o método de ação, condicionado ao conhecimento, experiência e recursos, é geralmente baseado em ameaças ou atos de violência a fim de causar medo, inquietude e incertezas, influindo no funcionamento e processo políticos. CANCIO MELIÁ, por exemplo, no intuito de evitar a confusão de terrorismo com crimes comuns, aponta como meios de terrorismo a intimidação massiva (instrumentalização da violência contra uma vítima pessoalmente aleatória – ou categorizada, conforme ABARCA BLANCO – a fim de difundir um estado de alarme ou de insegurança no *corpus social*), o caráter armado (uso intenso ou repetitivo de armas de fogo ou de explosivos, o qual conferirá violência à conduta, notadamente gravíssima – alguns autores, porém, discordam deste critério, apontando que o terrorismo também pode ser perpetrado sem armamentos) e a projeção estratégica (dolo orientado aos fins da organização, isto é, ao programa de atuação desta)[110].

Quanto ao modo de operação, enumera-se ainda, como opção preferida dos terroristas, o elemento surpresa e a estratégia de ação indi-

---

110. Sobre este ponto, vide: HORGAN, John. *Psicología del terrorismo*. Barcelona: Gedisa, 2006. p. 25. CANCIO MELIÁ, Manuel. *Los delitos de terrorismo*: estructura típica e injusto. Madrid: Editorial Reus, 2010. p. 65-66 e 167-168. ABARCA BLANCO, Amalio. La condición de enemigo, el ocaso de la inocencia. In: POZUELO PÉREZ, Laura; CANCIO MELIÁ, Manuel (ed.). *Política criminal de vanguardia*: inmigración clandestina, terrorismo, criminalidad organizada. Madrid: Thomson Civitas, 2008. p. 260-267. PULIDO, Luis Alberto Villamarin. *ISIS*. Estado Islámico: yihad, terrorismo e barbarie. New York, 2015. p. 83-84. Sobre ciberterrorismo, ou terrorismo informático, ver LIMA, Jonas André Rodrigues Henriques de. *O impacto do terrorismo nas cadeias globais de abastecimento*. Porto: Editora da Universidade do Porto, 2006. MATA Y MARTÍN, Ricardo M. Delitos cometidos mediante sistemas informáticos (estafas, difusión de materiales pornográficos y terrorismo). In: *Delito e informática: algunos aspectos*. Cuadernos penales. n. 4. Bilbao: Universidad Deusto, 2007. p. 157ss.

reta que, a sua vez, permite agir em cenários de operações secundários, em que haja facilidade operacional e medidas de segurança menos rígidas. Embora secundário, o próprio terrorista sabe que a visibilidade do ato estará certamente assegurada pela sua veiculação na internet e por meios de comunicação.

Desse modo, considerados os aspectos acima mencionados, pode-se dizer que a noção jurídico-penal de organização terrorista e, nesta linha, de terrorismo, deveria, segundo a literatura especializada, estar vinculada a um conceito funcional, ou seja, a funções, e não ao número de membros, entre outros fatores. Neste caminho, deveria abranger tanto os meios específicos de atuação (intimidação massiva e, segundo alguns, caráter armado) quanto os fins perseguidos pelo grupo (projeção estratégica da organização). Sob esta perspectiva, seria enquadrado como terrorista o agente que apresentasse tais fins em seu dolo e desenvolvesse as atividades típicas de sua organização.

Esta noção, contudo, influi diretamente na (in)admissão do lobo ou rato solitário enquanto agente do delito de terrorismo. Como visto, as figuras do lobo ou rato ou autor solitário (*lone wolf* ou *rat wolf* ou *lone actor*, respectivamente), assim como a do terrorista individual ou solitário (*solo terrorist*), são objeto de divergência nas literaturas penal e criminológica, pois enquanto alguns estudiosos afirmam ser sinônimas, outros apontam-na como distintas, ou, até mesmo, como uma relação de espécie e subespécie (*in casu*, o terrorista individual seria a espécie). Em miúdos, para os que entendem haver distinção, o rato ou lobo ou autor solitário é aquele indivíduo que age sempre sozinho, sem ordem ou direção externas e sem influência direta de um líder, já que não é membro de um grupo terrorista; o terrorista individual, por seu turno, age só ou em pequenos grupos, sob direção ou não de outrem, mas sempre influenciado por um líder e conectado ou integrado a um grupo terrorista. Alguns especialistas, porém, apontam variações que chegam a misturar os critérios limitadores entre uma figura e outra.

Todavia, em um mundo imerso em novas tecnologias, capazes de oferecer um processo de ensino e doutrinamento mais potente que os presenciais, identificar a existência de uma influência direta não é uma tarefa simples. E encontrar uma resposta razoável parece mais complicado se somar a tal situação a possibilidade de considerar como rato ou lobo ou autor solitário quem já teve contato ou pertenceu a grupos terroristas. Frente a estes questionamentos, a solução sustentada por MARÍA BLANCO parece, salvo melhor juízo, a mais acertada, refutando o enquadramento do sujeito a esta figura quando não houver fortes evidências de haver sofrido influência direta ou pessoal[111].

Constata-se, pois, que enquanto as figuras do lobo ou rato ou autor solitário e do terrorista individual não encontrarem consenso no tocante à sua definição, resta arriscado admiti-los sem maiores indagações enquanto agentes do crime de terrorismo, cuja tipificação, importa lembrar, ainda provoca divergência.

Por fim, cabe considerar que o efeito preventivo-geral da pena e, neste caminho, a previsão de penas rigorosas, talvez sejam ineficazes diante de um terrorista que, muitas vezes, não teme dar cabo a própria vida. Diante de tal constatação, a prevenção seria a melhor alternativa frente ao problema. Num plano imediato, deveria haver mais investimento em serviços de inteligência, pois é cediço que as ações terroristas contam com falhas na identificação de indícios[112] ou na análise da informação coletada, sendo a conjugação e a interpretação as tarefas mais sensíveis, e, por isso as que mais apresentam problemas. Já a médio e longo prazo, e longe de esgotar o tema, uma das várias propostas seria o fomento de estudos criminológicos que possam auxiliar na identificação do perfil de recrutados, a fim de promover políticas públicas mais efetivas ou adequadas de prevenção primária, que atuem sobre as causas que levam estes sujeitos ao terrorismo.

---

111. MARÍA BLANCO, José. El concepto del lobo solitario. In: *CISDE Observatorio*. Observatorio de Inteligencia, Seguridad y Defensa. Madrid, 21 ago. 2012. Disponível em: <http://observatorio.cisde.es/archivo/el-concepto-de-lobo-solitario/>. Acesso em: 26 fev. 2016.

112. "Conforme demonstraram os vários relatórios e inquéritos conduzidos nos Estados Unidos, pós 11 de setembro, falhou a inteligência em identificar os vários indícios de atividade terrorista; falhou, igualmente, em compartilhar, entre as diferentes agências, as evidências disponíveis; por último, embora não menos importante, falhou em atribuir demasiada importância à captação de dados por meios eletrônicos e, em descompasso, dedicar menor relevância às fontes humanas". Cf. EDITORIAL. A atividade de inteligência na prevenção da ameaça terrorista. *Revista Brasileira de Inteligência*, v. 3, n. 4, Brasília, set. 2007. Disponível em: <http://www.abin.gov.br/modules/mastop_publish/files/files_48581dbdd7d04.pdf>. Acesso em: 24 jun. 2015.

3

POLÍTICA CRIMINAL E TERRORISMO

SUMÁRIO • 3.1 A questão do medo ao terrorismo – 3.2 Direito penal do inimigo e terrorismo – 3.3 Prevenção geral negativa e o terrorista suicida – 3.4 Considerações finais do capítulo.

Atualmente, o cenário político-criminal em âmbito mundial é dividido por dois movimentos em relação ao terrorismo: um, que tende a trivializar o fenômeno, "[...] reduciéndolo al orden de lo meramente criminal, negando o minimizando así su vinculación a situaciones de conflictividad política [...][1]", rechaçando "[...] cualquier tratamiento singularizado [...] que se distancie de los supuestos legales originales[2]"; e outro que, superdimensionando a problemática terrorista, visa justificar "[...] un uso desproporcionado de la fuerza estatal en el control de dicha violencia[3]".

Diante disso, serão abordadas neste capítulo as questões do medo ao terrorismo, o viés de uma política criminal orientada pelos preceitos do Direito Penal do Inimigo, e a problemática da prevenção geral negativa frente ao terrorismo suicida.

3.1 A QUESTÃO DO MEDO AO TERRORISMO

Como é cediço, o terror tem um grande peso simbólico[4]. Dada a magnitude ou atrocidade dos ataques, o medo ganha espaço e, com ele, o clamor por soluções imediatistas, mormente de cunho radical.

---

1. CANCIO MELIÁ, Manuel. *Los delitos de terrorismo*: estructura típica e injusto. Madrid: Editorial Reus, 2010. p. 18. REINARES, Fernando. *Terrorismo y antiterrorismo*. Barcelona: Paidós Ibérica, 1988. p. 148.
2. CANCIO MELIÁ, Manuel. *Los delitos de terrorismo*: estructura típica e injusto. Madrid: Editorial Reus, 2010. p. 18. REINARES, Fernando. *Terrorismo y antiterrorismo*. Barcelona: Paidós Ibérica, 1988. p. 148.
3. CANCIO MELIÁ, Manuel. *Los delitos de terrorismo*: estructura típica e injusto. Madrid: Editorial Reus, 2010. p. 18. REINARES, Fernando. *Terrorismo y antiterrorismo*. Barcelona: Paidós Ibérica, 1988. p. 148.
4. PALANO, Damiano. Terrorism as a 'political world': identity, strategy, values. In: LOCATELLI, Andrea; CARUSO, Raul. (Eds.). *Understanding terrorism: a socio-economic perspective*. v. 22. UK: Emerald, 2014. p. 147. LLOBET ANGLÍ, Mariona. Terrorism: limits between crime and war. The

Os *mass media*, ao veicular inúmeras notícias e reportagens sobre esta espécie de ataque, contribuem para a difusão do medo, provocando nos receptores, mesmo naqueles que habitam países que possuem mínima ou nenhuma probabilidade de serem alvos, a sensação de serem vítimas em potencial[5]. Como bem pontua ORDÓÑEZ, "la globalización del miedo, en especial el derivado de la acciones de los grupos terroristas, se basa en gran medida en la interconexión global entre sociedades y culturas distintas a través de un vasto sistema de medios de comunicación masiva[6]".

Logicamente, não se pode olvidar que o fato de um indivíduo ser nacional de um Estado que não apresenta reais condições de ser atacado, não exclui sua possibilidade de restar vitimado enquanto turista ou residente no estrangeiro. Como é cediço, brasileiros já foram vítimas de atentados em Nova Iorque, Paris, Bélgica, Balí, Madrid, Iraque, Bagdá e Beiji[7].

Este medo difuso, convém alertar, não é o único efeito colateral sobre a audiência. A literatura da Psicologia da Comunicação relata uma série de outros sintomas, a curto e longo prazo, como angústia, ira, tristeza e, inclusive, depressão ou transtorno por estresse pós-traumático[8]. Já a literatura penal, por sua vez, também costuma incluir a preocupação, a insegurança e a animosidade dentre os efeitos[9].

---

fallacy of slogan 'War on terror'. In: MASFERRER, Aniceto (Eds.). *Post 9/11 and the state of permanent legal emergency: security and human rights in countering terrorism*. New York: Springer, 2012. p. 110.

5. Sobre os efeitos dos meios de comunicação sobre a audiência em questões relativas à delinquência, vide: POZUELO PÉREZ, Laura. *La política criminal mediática*: génesis, desarrollo y costes. Madrid: Marcial Pons, 2013. ALMEIDA, Débora de Souza de Almeida; GOMES, Luiz Flávio. *Populismo penal midiático*: caso mensalão, mídia disruptiva e direito penal crítico. São Paulo: Saraiva, 2013.

6. ORDÓÑEZ, Leonardo. La globalización del miedo. *Revista de Estudios Sociales*, nº 25. Bogotá, 2006. p. 97.

7. EDITORIAL. A atividade de inteligência na prevenção da ameaça terrorista. *Revista Brasileira de Inteligência*, v. 3, n. 4, Brasília, set. 2007. Disponível em: <http://www.abin.gov.br/modules/mastop_publish/files/files_48581dbdd7d04.pdf>. Acesso em: 24 jun. 2015. Sobre vítimas brasileiras em Paris e Bélgica, ver: GOVERNO FRANCÊS IDENTIFICA TODAS AS 129 VÍTIMAS DOS ATAQUES. *BBC Brasil*, São Paulo, 18 nov. 2015. Disponível em: <http://www.bbc.com/portuguese/noticias/2015/11/151115_vitimas_paris_lab>. Acesso em: 24 dez. 2015. BRASILEIRO VÍTIMA DE ATAQUE TERRORISTA NA BÉLGICA RECORDA MOMENTOS DE PÂNICO. *SPORTV*, Rio de Janeiro, 25 mar. 2016. Disponível em: <http://sportv.globo.com/site/programas/planeta-sportv/noticia/2016/03/brasileiro-vitima-de-ataque-terrorista-na-belgica-recorda-momentos-de-panico.html>. Acesso em: 25 mar. 2016.

8. HEVIA, Tania Menéndez. *Efectos emocionales y cognitivos de la comunicación en terrorismo*: planteamiento de un modelo de procesamiento de la información y desarrollo empírico. 290 f. Tese (Doutorado em Psicologia Social da Informação) Facultad de Ciencias de la Información. Departamento de Comunicación Audiovisual y Publicidad II. Universidad Complutense de Madrid, Madrid, 2012. p. 1.

9. HORGAN, John. *Psicología del terrorismo*. Barcelona: Gedisa, 2006. p. 25.

Nos Estados Unidos e em países europeus, por exemplo, vem se alastrando, ancorada na animosidade, a chamada *mixofobia*, a qual caracteriza, segundo BAUMAN, o medo de se misturar, como explica:

> [...] há a mixofobia. Você convive com estrangeiros e tem preconceitos em relação a eles, uma vez que o lixo global é descarregado nas ruas onde você vive; e você já ouviu falar muitas vezes dos perigos derivados da *underclass;* **e ouviu dizer também que a maioria dos imigrantes é parasita de seu *welfare* e até terroristas em potencial, e que cedo ou tarde acabarão por matá-lo.** Nesse caso, viver com estrangeiros é uma experiência que gera muita ansiedade. Por conseguinte, é melhor evitar essa experiência, e muitas pessoas resolveram transmitir esse" instinto de evitar" às gerações futuras, colocando seus filhos em escolas segregadas, em que podem viver imunes a esse mundo horrendo, ao impacto assustador de outras crianças provenientes de "famílias do tipo errado[10]" (sem grifos no original).

Neste cenário, resta claro a propagação de uma visão maniqueísta do mundo, a qual divide os cidadãos entre amigo e inimigo, como aduz BRANDARÍZ GARCÍA:

> Todo ello se ve complementado, en el plano de la difusión de las dinámicas de control y disciplina social, por la aludida promoción de la dicotomía *amigo-enemigo,* con unos efectos particularmente perversos, ya que el nuevo *enemigo* aparece construido con unos rasgos que refuerzan su entidad: el terrorista, como paradigma del nuevo *enemigo,* a) es individualizable, pero difuso, pues puede esconderse en cualquier lugar, en tu misma nación, ciudad o familia; b) por ello mismo, se encuentra tanto dentro como fuera de nuestra sociedad; c) es un nómada, ya que puede atravesar clandestinamente cualquier frontera; d) es imprevisible en su inhumano comportamiento; e) puede ser, con grandes esfuerzos y compromisos colectivos, provisionalmente batido, pero resulta difícilmente derrotable de forma definitiva. Todas estas características influyen para convertir a toda la ciudadanía, mediante la interrelación con el pensamiento de la *"prevención situacional",* en potenciales vigilantes responsables de su propia seguridad, de la de su comunidad, e incluso, en el giro sustentado en la narración del *choque de civilizaciones,* de la de su nación y de la de su cultura. En este marco se normaliza la gestión del control social en base a la *"cultura de la emergencia"*[11].

E diante da emergência terrorista[12], os cidadãos requerem respostas imediatistas, como segue:

> Os perigos que mais tememos são imediatos: compreensivelmente, também desejamos que os remédios o sejam – 'doses rápidas', oferecendo alívio imediato, como analgésicos prontos para o consumo. Embora as raízes do perigo possam

---

10. BAUMAN, Zygmunt. *Confiança e medo na cidade.* Rio de Janeiro: Jorge Zahar, 2009. p. 8.
11. BRANDARÍZ GARCÍA, José Angel. Itinerarios de evolución del sistema penal como mecanismo de control social en las sociedades contemporáneas. In: FARALDO CABANA, Patricia (dir.). *Nuevos rectos del derecho penal en la era de la globalización.* Valencia: Tirant lo Blanch, 2004. p. 56-58.
12. BARATTA, Alessandro. *Criminología y sistema penal.* Buenos Aires: Editorial B de F, 2004. p. 72.

> ser dispersas e confusas, queremos que nossas defesas sejam simples e prontas a serem empregadas aqui e agora. Ficamos indignados diante de qualquer solução que não consiga prometer efeitos rápidos, fáceis de atingir, exigindo em vez disso um tempo longo, talvez indefinidamente longo, para mostrar resultados. Ainda mais indignados ficamos diante de soluções que exijam atenção às nossas próprias falhas e iniquidades, e que nos ordenem, ao estilo de Sócrates, que "conheça-te a ti mesmo!". E abominamos totalmente a ideia de que, a esse respeito, há pouca diferença, se é que alguma, entre *nós*, os filhos da luz, e *eles*, as crias das sombras[13].

Neste embalo, "[...] acatam a ideia de que para males extremos são necessários remédios extremos[14]", ou seja, se o terrorismo é um mal extremo, o seu remédio também deverá ser extremo. Porém, este panorama delineado pelo espírito de vingança[15] nada mais leva do que a um ciclo vicioso, como bem observa BAUMAN:

> Num círculo vicioso, a ameaça do terrorismo se transforma na inspiração para mais terrorismo, cuspindo em seu caminho volumes cada vez maiores de terror e massas maiores ainda de pessoas aterrorizadas – dois produtos que os atos terroristas, cujo nome deriva exatamente de tais intenções, tendem a produzir, e tramam para tal[16].

O envio de tropas ao Iraque, por exemplo, "[...] elevou a sensação de insegurança às alturas, tanto nos Estados Unidos como em outros lugares[17]", afirma o supracitado sociólogo. Contudo não conseguiu obstar o avanço do terrorismo global, que alcançou "[...] dimensões inéditas[18]".

Frente a este quadro, nada mais natural do que sentir medo e impotência[19], pois

> O medo é seguramente o mais sinistro dos muitos demônios que se aninham nas sociedades abertas de nossa época. Mas é a insegurança do presente e a incerteza do futuro que criam e alimentam o mais aterrador e menos suportável de nossos medos. A insegurança e a incerteza, por sua vez, nascem de um sentimento de impotência: não parecemos mais estar no controle, seja sozinhos, em grupo ou coletivamente, dos assuntos de nossas comunidades, da mesma forma que não

---

13. BAUMAN, Zygmunt. *Medo líquido*. Rio de Janeiro: Jorge Zahar, 2008. p. 145.
14. BOBBIO, Norberto. *O futuro da democracia*: uma defesa das regras do jogo. Rio de Janeiro: Paz e Terra, 1986. p. 73.
15. FARALDO CABANA, Patricia. Un Derecho penal de Enemigos para los integrantes de organizaciones criminales. La Ley Orgánica 7/2003, de 30 de junio, de medidas de reforma para el cumplimiento íntegro y efectivo de las penas. In: RIVERA BEIRAS, Iñaki (coord). *Política criminal y sistema penal*. Barcelona: Anthropos, 2005. p. 412.
16. BAUMAN, op. cit., p. 161.
17. Ibid., p. 133.
18. Ibid., p. 133.
19. FARALDO CABANA, op. cit., p. 412.

> estamos no controle dos assuntos do planeta – e nos tornamos cada vez mais conscientes de que não é provável que nos livremos da primeira desvantagem enquanto permitirmos que a segunda persista[20].

Com efeito, é inegável que o terrorismo provoca uma insegurança generalizada, a qual fomenta uma cultura de controle, ou seja, uma ampliação da teia de vigilância sobre os cidadãos[21]. O Conselho de Justiça e de Assuntos Internos da União Europeia, por exemplo, aprovou, no dia 21 de abril de 2016, a adoção do sistema *Passenger Name Record* (PNR)[22], que consiste num macroficheiro informático em que serão guardados os dados de todos passageiros de voos que entram ou saem da União Europeia, sendo também permitido aos países membros sua aplicação a voos internos[23].

O escopo deste registro, que já ultrapassa o do API (*Advance Passenger Information*)[24], é a recompilação dos seguintes dados "[...] para la prevención, detección, investigación y enjuiciamiento de delitos de terrorismo y delincuencia grave[25]":

> 1. Localizador de registro PNR; 2. Fecha de reserva/emisión del billete; 3. Fecha(s) fechas de viaje prevista(s); 4. Nombre(s) y apellido(s); 5. Dirección y datos de contacto (número de teléfono, dirección de correo electrónico); 6. Todos los datos de pago, incluida la dirección de facturación; 7. Itinerario completo del viaje para el PNR específico; 8. Información sobre viajeros asiduos; 9. Agencia de viajes/operador de viajes; 10. Situación de vuelo del pasajero: confirmaciones, facturación, no comparecencia o pasajeros de última hora sin reserva; 11. Información PNR escindida/dividida; 12. Observaciones generales (incluida toda la información disponible sobre menores de 18 años no acompañados, como nombre y sexo del menor, edad, idiomas que habla, nombre, apellidos y dirección de contacto del acompañante en el aeropuerto de salida y vínculo con el menor,

---

20. BAUMAN, Zygmunt. *Medo líquido*. Rio de Janeiro: Jorge Zahar, 2008. p. 167.
21. Ibid., p. 160.
22. REGLAMENTACIÓN DEL USO DE LOS DATOS DEL REGISTRO DE NOMBRES DE PASAJEROS (PNR). In: *El Consejo Europeo*. Disponível em: <http://www.consilium.europa.eu/es/policies/fight-against-terrorism/passenger-name-record/>. Acesso em: 15 maio 2016.
23. REGISTRO DE NOMBRES DE PASAJEROS. In: *Ayuntamiento de Cáceres*, Gobierno de Extremadura, España, 22 abr. 2016. Disponível em: <http://europadirect.caceres.es/noticias/registro-de-nombres-de-pasajeros>. Acesso em: 15 maio 2016.
24. O API guarda somente o nome completo do passageiro, a data de nascimento, sexo, nacionalidade, residência, número do passaporte e data de seu vencimento, além do país em que foi emitido. Cf. DUVA, Jesus. España trabaja desde hace 13 meses en el superfichero de viajeros. *El País*, Madri, 10 jan. 2015. Disponível em: <http://politica.elpais.com/politica/2015/01/10/actualidad/1420915923_453447.html>. Acesso em: 26 jun. 2015.
25. Para mais detalhes, vide: DIRECTIVA DEL PARLAMENTO EUROPEO Y DEL CONSEJO relativa a la utilización de datos del registro de nombres de los pasajeros (PNR) para la prevención, detección, investigación y enjuiciamiento de los delitos de terrorismo y de la delincuencia grave. In: *El Consejo Europeo*. Disponível em: <http://data.consilium.europa.eu/doc/document/PE-71-2015-INIT/es/pdf/>. Acesso em: 15 maio 2016.

> nombre, apellidos y dirección de contacto del acompañante en el aeropuerto de llegada y vínculo con el menor, agente en el lugar de salida y de llegada); 13. Información sobre el billete, incluidos el número del billete, la fecha de emisión, los billetes solo de ida y la indicación de la tarifa de los billetes electrónicos (Automatic Ticket Fare Quote); 14. Datos del asiento, incluido el número; 15. Información sobre códigos compartidos; 16. Toda la información relativa al equipaje; 17. Número de viajeros y otros nombres de viajeros que figuran en el PNR; 18. Cualquier información recogida en el sistema de información anticipada sobre los pasajeros (sistema API) (incluidos el tipo, número, país de emisión y fecha de expiración de cualquier documento de identidad, nacionalidad, apellidos, nombre, sexo, fecha de nacimiento, compañía aérea, número de vuelo, fecha de salida, fecha de llegada, aeropuerto de salida, aeropuerto de llegada, hora de salida y hora de llegada); 19. Todo el historial de cambios de los datos PNR indicados en los números 1 a 18[26].

Este método, rechaçado em 2013 pela Comissão de Liberdades Cívicas, da Justiça e dos Assuntos Internos (LIBE), ante a justificativa de que vulneraria a diretiva sobre proteção de dados de pessoas da União Europeia, já era utilizado nos Estados Unidos, Canadá e Austrália, como medida preventiva[27]. De qualquer sorte, a Diretiva que aprovou o PNR assegurou que protegerá "[...] los derechos fundamentales a la protección de los datos personales, a la intimidad y a la no discriminación[28]", limitando a transferência, tratamento e conservação dos dados recolhidos, nos seguintes termos:

> La Directiva prohíbe la recogida y el uso de datos sensibles; los datos PNR solo pueden conservarse durante un periodo de cinco años y deben **despersonalizarse** pasados **seis meses** de forma que el interesado deje de ser identificable inmediatamente; cada Estado miembro tendrá que crear una **unidad de información sobre los pasajeros** encargada de manejar y proteger los datos; dicha unidad deberá contar con un responsable de la protección de datos; los Estados miembros deberán **asegurarse de que los pasajeros reciban una información clara**s sobre la recogida de datos PNR y sus derechos; el tratamiento automatizado de los datos PNR no podrá ser la única base para tomar decisiones que tengan consecuencias jurídicas adversas o que afecten gravemente a una persona; la **transferencia de datos PNR a terceros paí-**

26. DIRECTIVA DEL PARLAMENTO EUROPEO Y DEL CONSEJO relativa a la utilización de datos del registro de nombres de los pasajeros (PNR) para la prevención, detección, investigación y enjuiciamiento de los delitos de terrorismo y de la delincuencia grave. In: *El Consejo Europeo*. Disponível em: <http://data.consilium.europa.eu/doc/document/PE-71-2015-INIT/es/pdf/>. Acesso em: 15 maio 2016.
27. DUVA, Jesus. España trabaja desde hace 13 meses en el superfichero de viajeros. *El País*, Madri, 10 jan. 2015. Disponível em: <http://politica.elpais.com/politica/2015/01/10/actualidad/1420915923_453447.html>. Acesso em: 26 jun. 2015.
28. REGLAMENTACIÓN DEL USO DE LOS DATOS DEL REGISTRO DE NOMBRES DE PASAJEROS (PNR). In: *El Consejo Europeo*. Disponível em: <http://www.consilium.europa.eu/es/policies/fight-against-terrorism/passenger-name-record/>. Acesso em: 15 maio 2016.

ses solo podrá producirse en circunstancias muy particulares y deberá estudiarse caso por caso[29].

Em todo caso, utilizando-se de uma passagem de BAUMAN, pode-se concluir que, "mesmo na eventualidade improvável de que as fronteiras sejam fechadas aos viajantes indesejáveis de carne e osso, a probabilidade de outro atentado terrorista não pode ser reduzida a zero[30]".

3.2 DIREITO PENAL DO INIMIGO E TERRORISMO

Integrante da chamada "macrocriminalidade[31]" ou "criminalidade expressiva[32]", o terrorismo é considerado uma agressão às bases do sistema democrático[33], convertendo-se, neste caminho, muitas vezes em objeto de legislação de emergência e de excepcionalidade penal[34].

A cultura da emergência[35], na esteira de FERRAJOLI, "[...] no es otra que la idea de la primacía de la razón de estado sobre la razón jurídica como criterio informador del derecho y del proceso penal [...][36]", em que a inter-

29. REGLAMENTACIÓN DEL USO DE LOS DATOS DEL REGISTRO DE NOMBRES DE PASAJEROS (PNR). In: *El Consejo Europeo*. Disponível em: <http://www.consilium.europa.eu/es/policies/fight-against-terrorism/passenger-name-record/>. Acesso em: 15 maio 2016.

30. BAUMAN, Zygmunt. *Medo líquido*. Rio de Janeiro: Jorge Zahar, 2008. p. 161.

31. SILVA SANCHÉZ, Jesús-María. *La expansión del derecho penal*. Aspectos de la política criminal en las sociedades postindustriales. 2. ed. rev. ampl. Madrid: Civitas Ediciones, 2001. p. 83 e 99.

32. GARCÍA-PABLOS DE MOLINA, Antonio. *Introducción al Derecho Penal:* instituciones, fundamientos e tendencias del derecho penal. v. 1. 5ª ed. Madrid: Editorial Universitaria Ramón Areces, 2014. p. 190 e 210.

33. FARALDO CABANA, Patricia. Un Derecho penal de Enemigos para los integrantes de organizaciones criminales. La Ley Orgánica 7/2003, de 30 de junio, de medidas de reforma para el cumplimiento íntegro y efectivo de las penas. In: RIVERA BEIRAS, Iñaki (coord). *Política criminal y sistema penal*. Barcelona: Anthropos, 2005. p. 432.

34. No magistério de TERRADILLOS BOSCO, "La legislación anti-terrorista – con el negativo efecto de haber recortado definitivamente la función garantizadora de la jurisdicción penal –, inspirada en consideraciones de emergencia, constituye una palmaria aceptación de lo que venimos diciendo. Más que a reprimir el terrorismo, se dirige, objetivamente hablando, a expandir la cultura de la emergencia, siempre legitimante del reforzamiento de los mecanismos de control. No es fácil pronunciarse sobre los factores que coadyuvan a esa perpetuación de la cultura de la emergencia, pero no es descabellado pensar que uno de ellos, y no secundario, es la utilidad que puede reportar el recurso, viejo por otra parte, a la afirmación del enemigo externo, como medio de consolidación de la identidad y coherencia propia". Cf. TERRADILLOS BOSCO, Juan. Función simbólica y objeto de protección del derecho penal. In: BUSTOS RAMIREZ, Juan. *Pena y estado*. Santiago: Editorial Jurídica Conosur, 1995. p. 11. Vide também: FERRAJOLI, Luigi. *Derecho y razón*: teoría del garantismo penal. 5. ed. Madrid: Trotta, 2001. p. 808

35. NICOLÁS LAZO, Gemma; RIVERA BEIRAS, Iñaki. La crisis del *welfare y* sus repercusiones en la cultura política europea. In: RIVERA BEIRAS, Iñaki (coord). *Política criminal y sistema penal*. Barcelona: Anthropos, 2005. p. 243.

36. FERRAJOLI, Luigi. *Derecho y razón*: teoría del garantismo penal. 5. ed. Madrid: Trotta, 2001. p. 807-808.

venção punitiva se funda em um critério político que se sobrepõe ao jurídico, não mais subordinando-se às garantias da lei[37]. A excepcionalidade[38], por sua vez, é uma tentativa de abrigar na própria ordem jurídica a exceção[39].

Para RIVERA BEIRAS, "la excusa de la 'guerra contra el terrorismo' y el *management* del miedo que se transmite a la sociedad justifica cualquier intervención[40]". D'ÁVILA, por sua vez, também observa que esta luta contra o terrorismo, "[...] como uma espécie de fundamento mágico, coloca por terra toda e qualquer resistência[41]" da dogmática penal. Neste cenário, conforme dizeres de BARATTA, favorece-se uma "[...] legislación y praxis punitiva fundamentalmente desviada de los más elementales principios del derecho penal del Estado de derecho[42]".

Nestes termos, o terrorismo vem se tornando um dos campos do direito penal moderno em que as garantias penais e processuais penais sofrem forte restrição[43]. Trata-se, portanto, de um movimento neocriminalizador de máxima intervenção, como resume GARCÍA-PABLOS DE MOLINA[44].

---

37. Ibid., p. 807-808.

38. "La excepción, por otra parte, suele formar la fuente más o menos latente de legitimación externa de toda práctica judicial conscientemente diferenciada de las reglas ordinarias. Las prácticas, de hecho, cada vez que son obstaculizadas por impedimentos legales y garantistas, son contempladas siempre con sentimiento de excepción, es decir, con la idea de que el caso concreto, tanto más si es política o socialmente grave y alarmante, es «excepcional» respecto de la regla. «In atrocissimis leviora indicia sufficiunt et iudex potest iura transgredi», fue la máxima de Claro que todavía puede servir de epígrafe para toda la doctrina penal de la emergencia. «Derecho penal de excepción», en efecto, designa simultáneamente dos cosas: la legislación de excepción respecto a la Constitución y, por tanto, el cambio legal de las reglas de juego, y la jurisdicción de excepción, degradada a su vez respecto de la misma legalidad alterada". Cf. FERRAJOLI, Luigi. *Derecho y razón*: teoría del garantismo penal. 5. ed. Madrid: Trotta, 2001. p. 808.

39. AGAMBEN, Giorgio. *Estado de excepción*. Buenos Aires: Hidalgo Editora, 2005. p. 63. LAMARCA PÉREZ, Carmen. Noción de terrorismo y clases. Evolución legislativa y político-criminal. In: DORADO, Carmen Juanatey; ESTRADA, Cristina Fernández-Pacheco (dirs.). *El nuevo panorama del terrorismo en España: perspectiva penal, penitenciaria y social*. San Vicente del Raspeig: Universidad de Alicante, 2013. p. 39. FARALDO CABANA, Patricia. Un Derecho penal de Enemigos para los integrantes de organizaciones criminales. La Ley Orgánica 7/2003, de 30 de junio, de medidas de reforma para el cumplimiento íntegro y efectivo de las penas. In: RIVERA BEIRAS, Iñaki (coord). *Política criminal y sistema penal*. Barcelona: Anthropos, 2005. p. 432.

40. RIVERA BEIRAS, Iñaki (coord). *Política criminal y sistema penal*. Barcelona: Anthropos, 2005. p. 11.

41. D'ÁVILA, Fábio Roberto. Liberdade e segurança em direito penal. O problema da expansão em direito penal. *Revista Eletrônica de Direito Penal – AIDP-GB*, ano 1, v. 1, jun. 2013. p. 68.

42. BARATTA, Alessandro. *Criminología y sistema penal*. Buenos Aires: Editorial B de F, 2004. p. 347.

43. DONNA, Edgardo Alberto. ¿Es posible el Derecho penal liberal?In: MUÑOZ CONDE, Francisco; LOSANO, Mario G. (coord). *El derecho ante la globalización y el terrorismo*. Valencia: Tirant lo Blanch, 2004. p. 210.

44. GARCÍA-PABLOS DE MOLINA, Antonio. *Introducción al Derecho Penal:* instituciones, fundamientos e tendencias del derecho penal. v. 1. 5ª ed. Madrid: Editorial Universitaria Ramón Areces,

Um dos pontos nevrálgicos desta legislação é o seu afastamento do princípio da culpabilidade pelo fato e também da abstração e generalidade da norma[45]. Ao se voltar a sujeitos determinados, ao invés de condutas determinadas, a legislação antiterrorista se coaduna com o chamado direito penal do autor e, portanto, com o Direito Penal do Inimigo[46], como bem explica BUSTOS RAMÍREZ:

> La primera consideración que surge ante esta legislación es que afecta el imaginario social. En efecto, no está dirigida desde esta perspectiva a hechos determinados, sino a sujetos determinados, a los terroristas, con lo cual ya el principio básico del derecho penal como un derecho sobre hechos y no sobre autores, resulta afectado. Y la razón clara de esa influencia sobre el imaginario social está en que de partida esta legislación está basada en una relevancia total del elemento subjetivo, la intencionalidad o el ánimo del sujeto es lo fundamental, por eso terrorista. Con ello, desde el inicio también hace surgir en el imaginario social la división entre amigos y enemigos, el terrorista deja de ser un ciudadano más, es un enemigo y la línea divisoria entre unos y otros resulta tenue y arbitraria, pues es puramente subjetiva. [...] **Ya no es el hecho lo que interesa, sino sujetos movidos por esa finalidad, no es el homicidio lo relevante, sino el terrorista**. Desde esta perspectiva ya no sólo el delito mismo afecta la convivencia social, sino también el efecto que provoca el sistema jurídico penal en el imaginario social resulta fundamental. **De esa manera se provoca un quiebre profundo en la vida cotidiana, el terrorista no es simplemente un delincuente más, sino**

2014. p. 190 e 210. Em semelhante raciocínio, está a lição de FARIA COSTA, *in verbis*: O Estado tradicional, o Estado-nação, entrou em crise profunda. E com a crise desse modelo de Estado entrou também em crise uma certa ideia liberal de direito penal. Por todos os cantos se ouvem vozes a reclamar mais direito penal, sobretudo através de neocriminalizações – tantas vezes com um valor meramente simbólico, porquanto é difícil, quando não impossível, aí descobrir a protecção de qualquer bem jurídico –, e ainda por meio da exasperação das penas a que não falta também a ideia de uma clara diminuição das garantias processuais. E quer isso tudo em cada um dos Estados. **E porquê? Porque há um inimigo comum. E qual é ele? O terrorismo. Um inimigo sem rosto que está em todo o sítio e em lugar nenhum.** E se esta é retórica política que se propala não se pense que não há a dimensão estritamente jurídico-penal a tentar legitimar "cientificamente" uma tal maneira de ver e interpretar estes tempos de desconfiança e de medo de todos contra todos. **O chamado direito "penal do inimigo" é a tentativa de resposta uma tal exigência de securitarismo"** (sem grifos no original). Cf. FARIA COSTA, José de. O direito penal, a linguagem e o mundo globalizado. Babel ou esperanto universal? In: D'ÁVILA, Fábio Roberto (Org). *Direito penal e política criminal no terceiro milênio*: perspectivas e tendências. Porto Alegre: EDIPUCRS, 2011. p. 22.

45. BARATTA, Alessandro. *Criminología y sistema penal*. Buenos Aires: Editorial B de F, 2004. p. 309.

46. "En el ámbito del Derecho penal de enemigos se incluyen delitos que, se dice, niegan frontalmente los principios básicos del modelo de convivencia en las sociedades occidentales, como son los crímenes de Estado y los cometidos en el ámbito de organizaciones criminales, incluyendo el terrorismo". Cf. FARALDO CABANA, Patricia. Un Derecho penal de Enemigos para los integrantes de organizaciones criminales. La Ley Orgánica 7/2003, de 30 de junio, de medidas de reforma para el cumplimiento íntegro y efectivo de las penas. In: RIVERA BEIRAS, Iñaki (coord). *Política criminal y sistema penal*. Barcelona: Anthropos, 2005. p. 403. Vide também BUSTOS RAMÍREZ, Juan. Inseguridad y lucha contra el terrorismo. In: MUÑOZ CONDE, Francisco; LOSANO, Mario G. (coord). *El derecho ante la globalización y el terrorismo*. Valencia: Tirant lo Blanch, 2004. p. 407-408.

una especie diferente, revive así con fuerza el planteamiento del positivismo naturalista lombrosiano[47] (sem grifos no original).

Na concepção do Direito Penal do Inimigo, como paira sobre o terrorista uma insegurança cognitiva de que vá se comportar como pessoa, "[...] não só não pode esperar ser tratado ainda como pessoa, mas o Estado não 'deve' tratá-lo, como pessoa, já que do contrário vulneraria o direito à segurança das demais pessoas[48]". Sob esta perspectiva, o tratamento penal antiterror deve ser o mais rigoroso possível, suprimindo garantias não só na esfera processual, mas alcançando a execução penal.

Na pretensão de "[...] procurar uma especial seguridad cognitiva[49]", a finalidade da pena já não seria mais a prevenção especial positiva, mas sim a prevenção especial negativa[50], "porque con respecto al terrorista, la cárcel de máxima seguridad no tiene ninguna ambición de reinsertar, simplemente trata de neutralizar al infractor[51]", como conclui BARATTA. Trata-se, portanto, de um fenômeno eminentemente orientado pelo "direito penal de terceira velocidade[52]".

---

47. BUSTOS RAMÍREZ, Juan. Inseguridad y lucha contra el terrorismo. In: MUÑOZ CONDE, Francisco; LOSANO, Mario G. (coord). *El derecho ante la globalización y el terrorismo.* Valencia: Tirant lo Blanch, 2004. p. 407-408.

48. CANCIO MELIÁ, Manuel; JAKOBS, Günther. *Direito penal do inimigo*: noções e críticas. 2. ed. Porto Alegre: Livraria do Advogado, 2007. p. 42.

49. FARALDO CABANA, Patricia. Un Derecho penal de Enemigos para los integrantes de organizaciones criminales. La Ley Orgánica 7/2003, de 30 de junio, de medidas de reforma para el cumplimiento íntegro y efectivo de las penas. In: RIVERA BEIRAS, Iñaki (coord). *Política criminal y sistema penal.* Barcelona: Anthropos, 2005. p. 404.

50. BARATTA, Alessandro. *Criminología y sistema penal.* Buenos Aires: Editorial B de F, 2004. p. 376-377. FARALDO CABANA, Patricia. Un Derecho penal de Enemigos para los integrantes de organizaciones criminales. La Ley Orgánica 7/2003, de 30 de junio, de medidas de reforma para el cumplimiento íntegro y efectivo de las penas. In: RIVERA BEIRAS, Iñaki (coord). *Política criminal y sistema penal.* Barcelona: Anthropos, 2005. p. 404.

51. BARATTA, Alessandro. *Criminología y sistema penal.* Buenos Aires: Editorial B de F, 2004. p. 452.

52. CANCIO MELIÁ, Manuel; JAKOBS, Günther. *Direito penal do inimigo*: noções e críticas. 2. ed. Porto Alegre: Livraria do Advogado, 2007. p. 69. A expressão "terceira velocidade" foi cunhada por SILVA SANCHÉZ, o qual explica o significado da mesma, *in verbis*: "una primera velocidad, representada por el Derecho penal 'de la cárcel', en el que habrían de mantenerse rígidamente los principios político-criminales clásicos, las reglas de imputación y los principios procesales; y una segunda velocidad, para los casos en que, por no tratarse ya de la cárcel, sino de penas de privación de derechos o pecuniarias, aquellos principios y reglas podrían experimentar una flexibilización proporcionada a la menor intensidad de la sanción. La pregunta que hay que plantear, en fin, es la de si puede admitirse una 'tercera velocidad' del Derecho penal, en la que el 'Derecho penal de la cárcel concurra con una amplia relativización de garantías político-criminales, reglas de imputación y criterios procesales'". Cf. SILVA SANCHÉZ, Jesús-María. *La expansión del derecho penal.* Aspectos de la política criminal en las sociedades postindustriales. 2. ed. rev. e ampl. Madrid: Civitas, 2001. p. 163.

Contudo, o tolhimento dessas garantias tem se revelado um artifício incapaz na intimidação do terrorismo, podendo até trazer um efeito contraproducente, de estímulo a tal atividade, como sustenta MUÑOZ CONDE:

> No parece que los terroristas, narcotraficantes, o miembros de asociaciones mafiosas, a los que principalmente se dirige, se sientan especialmente amenazados por este Derecho penal especial, sin garantías. Puede ser que incluso les legitime en sus ataques al Estado que ya de antemano los excluye y los califica como «no personas»[53].

Porém, as demandas cidadãs parecem desconsiderar tais dados. Creem que"[...] la represión, el terror, es la manera para lograr el desarrollo de las libertades, la igualdad y la justicia[54]", e acabam seduzidas por um direito penal de exceção, supondo que ele será aplicado exclusivamente a terroristas[55]. Neste caminho, conforme D´ÁVILA,

> Pode-se dizer, em tom de ironia, que o antigo princípio, "melhor dez culpados livres a um inocente condenado" converte-se hoje em "mais vale 10 inocentes presos a um terrorista solto". Uma lógica bizarra, absurda, que muito lembra as justificativas do crime de Raskólhnikov (de Dostoiévski), mas que, com alguma habilidade argumentativa, torna-se, nos dias de hoje, assustadoramente sedutora[56].

Neste contexto marcado pelos signos do *pro securitate* e *contra libertatem*[57], resta ponderar sobre os seguintes questionamentos feitos por MUÑOZ CONDE:

> ¿Qué pasaría si después de convertirse este Derecho penal del enemigo en realidad habitual y corriente en nuestras democracias, siguen cometiéndose o incluso se incrementan las acciones terroristas y las respuestas también terroristas del Estado a las mismas? ¿Se reintroducirá la tortura como medio de investigación?; ¿se abrirán campos de concentración para los enemigos?; ¿se admitirá la detenci-

53. MUÑOZ CONDE, Francisco. El nuevo Derecho penal autoritario. In: MUÑOZ CONDE, Francisco; LOSANO, Mario G. (coord). *El derecho ante la globalización y el terrorismo*. Valencia: Tirant lo Blanch, 2004. p. 175.

54. BUSTOS RAMÍREZ, Juan. Inseguridad y lucha contra el terrorismo. In: MUÑOZ CONDE, Francisco; LOSANO, Mario G. (coord). *El derecho ante la globalización y el terrorismo*. Valencia: Tirant lo Blanch, 2004. p. 410.

55. Segundo BUSTOS RAMÍREZ, tal quadro projeta uma imagem "[...] fuertemente despolitizadora, en cuanto pretende que el ciudadano sea indiferente frente a la ley antiterrorista, pues se va a aplicar exclusivamente a otros, a una especie diferente [...]". Cf. BUSTOS RAMÍREZ, Juan. Inseguridad y lucha contra el terrorismo. In: MUÑOZ CONDE, Francisco; LOSANO, Mario G. (coord). *El derecho ante la globalización y el terrorismo*. Valencia: Tirant lo Blanch, 2004. p. 408.

56. D'ÁVILA, Fábio Roberto. Liberdade e segurança em direito penal. O problema da expansão em direito penal. *Revista Eletrônica de Direito Penal – AIDP-GB*, ano 1, v. 1, jun. 2013. p. 68.

57. FARALDO CABANA, Patricia. Un Derecho penal de Enemigos para los integrantes de organizaciones criminales. La Ley Orgánica 7/2003, de 30 de junio, de medidas de reforma para el cumplimiento íntegro y efectivo de las penas. In: RIVERA BEIRAS, Iñaki (coord). *Política criminal y sistema penal*. Barcelona: Anthropos, 2005. p. 397-398.

ón policial, sin intervención judicial?; ¿se generalizará la aplicación de la pena de muerte y se encargarán de ello Tribunales militares de excepción?[58]

A par de todos esses aspectos, resta claro que, a luta contra o terrorismo, em nome da defesa do Estado de Direito[59], "[...] es más bien la lucha contra el Derecho penal, contra los límites al poder penal del Estado[60]", ou seja, uma tentativa de "desinformalizarlo y despojarlo de garantías y principios que, se dice, dificultan el castigo de este tipo de criminalidad[61]". É, ao fim e ao cabo, o olvido de que "[...] el Estado de Derecho no es un fin sino un medio y 'no puede defenderse mediante su negación'[62]". Para FERRAJOLI,

> La cuestión es de importancia central para una doctrina garantista del derecho penal. Se piense lo que se piense sobre el terrorismo y en general de los fenómenos criminales de gravedad excepcional, sólo las dos respuestas apuntadas son compatibles con la lógica del estado de derecho, la cual excluye que se pueda considerar la razón de estado como razón jurídica. La razón jurídica del estado de derecho, en efecto, no conoce enemigos y amigos, sino sólo culpables e inocentes. No admite excepción a las reglas más que como hecho extra o antijurídico, dado que las reglas – si se las toma en serio como reglas y no como simples técnicas – no pueden ser doblegadas cada vez que conviene. Y en la jurisdicción el fin nunca justifica los medios, dado que los medios, es decir, las reglas y las formas, son las garantías de verdad y de libertad y como tales tienen valor para los momentos difíciles más que para los fáciles; en cambio, el fin no es ya el éxito a toda costa sobre el enemigo, sino la verdad procesal obtenida sólo por su medio y prejuzgada por su abandono[63].

Porém, mesmo diante de todas as dificuldades aqui apontadas, impende empregar esforços por uma resposta refreadora aos avanços terroristas. Afinal, como bem conclui BRAVO LIRA, "el mundo no puede quedar a merced de la violencia, sea de quien sea, terroristas, guerrilleros o una superpotencia. Es urgente retomar la tarea, siempre inconclusa, de hacer prevalecer el derecho sobre la violencia[64]".

---

58. MUÑOZ CONDE, Francisco. El nuevo Derecho penal autoritario. In: MUÑOZ CONDE, Francisco; LOSANO, Mario G. (coord). *El derecho ante la globalización y el terrorismo*. Valencia: Tirant lo Blanch, 2004. p. 176.
59. FARALDO CABANA, op. cit., p. 432.
60. BUSTOS RAMÍREZ, Juan. Inseguridad y lucha contra el terrorismo. In: MUÑOZ CONDE, Francisco; LOSANO, Mario G. (coord). *El derecho ante la globalización y el terrorismo*. Valencia: Tirant lo Blanch, 2004. p. 410.
61. FARALDO CABANA, op. cit., p. 397-398.
62. FERRAJOLI, Luigi. *Derecho y razón*: teoría del garantismo penal. 5. ed. Madrid: Trotta, 2001. p. 432.
63. FERRAJOLI, Luigi. *Derecho y razón*: teoría del garantismo penal. 5. ed. Madrid: Trotta, 2001. p. 830.
64. BRAVO LIRA, Bernardino. Fiat ius, ne pereat mundus: el Derecho frente a la globalización de la violencia. In: MUÑOZ CONDE, Francisco; LOSANO, Mario G. (coord). *El derecho ante la globalización y el terrorismo*. Valencia: Tirant lo Blanch, 2004. p. 143.

3.3 PREVENÇÃO GERAL NEGATIVA E O TERRORISTA SUICIDA

Como pontua HARDY, "el terrorismo [...] encarna a una amenaza subterránea frente a la cual no hay capacidad de disuasión posible[65]". O Direito Penal, portanto, não teria idoneidade técnica para intimidar a prática de tal crime, sendo a prevenção primária a via adequada. Embora não se possa afirmar com exatidão que uma norma denominada simbólica não contribua de forma alguma à dissuasão, pois é difícil ou impossível quantificar ou identificar quantos crimes deixaram de ser cometidos em virtude do suposto efeito preventivo-geral negativo[66], há de se apontar que, em se tratando de terrorismo suicida, a crítica a esta finalidade da pena angaria mais consenso.

Para DERSHOWITZ, por exemplo, enquanto "algunos terroristas son exquisitos calculadores y sólo emprenderán el camino del terrorismo si los beneficios (según ellos los definen) superan a los costes (también según ellos los definen)[67]", os mártires seguirão seu intento inadvertidamente, pois a dissuasão contra eles não funciona[68]. Diante disso, comenta que a pena só teria, em tese, utilidade, quando direcionada a outrem que não o próprio agente do fato, o que claramente afronta ao princípio da pessoalidade, *in verbis*:

> Pero el deseo del martirio no elimina necesariamente todas las posibilidades de disuadir del acto mediante la amenaza de un severo castigo. Requiere solamente que el castigo grave se dirija directamente contra alguien o algo distinto del mismo mártir potencial, como puede ser su causa, o los que le dan cobijo. En teoría el castigo podría dirigirse también contra su familia, pero esta estrategia suscitaría cuestiones de moralidad y de justicia muy desalentadoras. Al menos en teoría, habría varias medidas que se podrían tomar para disuadir a muchos terroristas suicidas si se estuviera preparado para actuar de manera amoral[69].

Diante da dificuldade em encontrar justificativa apropriada para a cominação de pena ao terrorista suicida, a quem denomina de delinquente ideológico, FLETCHER recorre à noção de moralidade objetiva, desconsi-

---

65. HARDY, Alfredo Toro. *La era de las aldeas: la pequeña aldeã vs aldeã global*. Bogotá: Villeas Editores, 2002. p. 59.

66. GARCÍA ARÁN, Mercedes. El derecho penal simbólico (a propósito del nuevo delito de dopaje en el deporte y su tratamiento mediático)". In: GARCÍA ARÁN, Mercedes; BOTELLA CORRAL, Juan (ed.): *Malas noticias: medios de comunicación, política criminal y garantías penales en España*. Valencia: Tirant lo Blanch, Valencia, 2008. p. 198.

67. DERSHOWITZ, Alan M. *¿Por qué aumenta el terrorismo?* Para comprender la amenaza y responder al desafío. Madrid: Ediciones Encuentro, 2004. p. 36.

68. Ibid., p. 45.

69. Ibid., p. 45.

derando, ao que parece, que o Direito Penal, ausente sua capacidade instrumental, converte-se em pura mensagem de desvalor, isto é, em ferramenta simbólica[70], como segue:

> Delinquentes ideológicos estão tornando-se uma característica comum na paisagem da lei penal. Desde Adolf Hitler, Yigal Amir, Ted Kaczynski, Timothy McVeigh, a Osama Bin Laden, estamos amaldiçoados por um crescente número de delinquentes que são autênticos em seus ódios e em seu compromisso com a violência. **Provavelmente, não há desafio mais sério à teoria do direito penal do que descobrir o que estamos fazendo quando pretendemos punir essas pessoas. [...] se pararmos para refletir sobre o sentido da culpa e da punição nesses casos, nos encontramos em dificuldade. Qual é o sentido de responsabilizar e punir, se os réus se veem como mártires?** O que estamos fazendo para eles quando não têm nenhum sentido de culpa pessoal? Para evitar esta distorção de 'honestidade romântica', devemos fazer algumas reivindicações morais bastante fortes. Em primeiro lugar, temos de afirmar aqui que é um crime de moral objetiva ferir e matar pessoas inocentes. Para qualquer pessoa que leva a sério a realidade moral, isso é um pensamento demasiadamente assustador[71](sem grifos no original).

SALIB, a sua vez, sustenta ser a prevenção por meios diversos à pena a resposta mais recomendável para estes casos, a qual seria materializada pela proteção do sujeito diante da persuasão de líderes (dotados de carisma e paciência), pela erradicação da infraestrutura do terror, pela redução da paranoia global, pelo combate à injustiça derivada de disputas crônicas e pelo auxílio a zonas de desesperança endêmica[72]. Refere que terroristas suicidas foram submetidos a um doutrinamento no qual se incutiu em suas mentes a crença de serem seres imortais aguardados em um paraíso celestial[73].

Supondo também ser a pena um instrumento inócuo de intimidação do terrorismo suicida, argumenta LÓPEZ que o delineamento de meios preventivos para esta hipótese somente será possível após, utilizando

---

70. Sobre a problemática do Direito Penal simbólico, vide: SILVA SANCHÉZ, Jesús-María. *Aproximación al derecho penal contemporáneo.* Barcelona: Jose Maria Bosch, 2002. p. 305. POZUELO PÉREZ, Laura. De nuevo sobre la denominada "expansión" del Derecho penal: una relectura de los planteamientos críticos. In: *Libro Homenaje a Günther Jakobs. El funcionalismo en Derecho Penal.* Tomo II. Santa Fe de Bogotá: Servicio de Publicaciones de la Universidad Externado de Colombia, 2003. pp. 107-133. GARCÍA ARÁN, Mercedes. El derecho penal simbólico (a propósito del nuevo delito de dopaje en el deporte y su tratamiento mediático). In: GARCÍA ARÁN, Mercedes; BOTELLA CORRAL, Juan. (ed.): *Malas noticias: medios de comunicación, política criminal y garantías penales en España.* Valencia: Tirant lo Blanch, 2008. p. 195-196.

71. FLETCHER, George P. *Romantics at war*: glory and guilt in the age of terrorism. New Jersey: Princeton University Press, 2002. p. 154.

72. SALIB, Emad. Suicide terrorism: a case of *folie à plusieurs? The British Journal of Psychiatry*, jun. 2003, nº. 182, UK. pp. 475-476.

73. Ibid., pp. 475-476.

terminologia de BIFFL, uma "autópsia psicológica[74]" para verificação de sentimentos pré-ataque e pré-suicídio[75]. De qualquer sorte, relembrando ponderações sobre terrorismo e ausência de liberdades e, de certo modo, economia, sugere que a melhora de condições político-sociais e econômicas, como a eliminação das causas de humilhação, o resguardo da liberdade de expressão, eleições livres e oportunidades educativas poderiam ser mecanismos hábeis de prevenção[76]. Essas medidas, a propósito, vão ao encontro das propugnadas pela Assembleia Geral das Nações Unidas, no Plano de Ação para Prevenir o Extremismo Violento de 2015, cujo teor, resumidamente, alerta para a necessidade de "[...] creación de sociedades abiertas, equitativas, inclusivas y pluralistas, basadas en el pleno respeto de los derechos humanos y con oportunidades económicas para todos[77]".

Cabe observar que, mesmo em países que contavam com uma lei antiterrorismo rigorosa, de penas altíssimas e supressão de garantias penais e processuais penais, o terrorismo não restou intimidado: suas ações, cada vez mais tendentes a desfechos suicidas, se tornaram frequentes. Isso é um sinal que a prevenção geral, ainda que endurecida, não é suficiente para a dissuasão. Afinal, como reflete LÓPEZ, "[...] con independencia de que la sociedad tenga derecho a defenderse – éste al fin y al cabo es un derecho reconocido a toda comunidad organizada –, la represión del terrorista no es suficiente, si queremos seguir desconociendo las causas que engendran el problema[78]".

3.4 CONSIDERAÇÕES FINAIS DO CAPÍTULO

O panorama político-criminal atual compreende dois movimentos frente ao terrorismo: um que oferece ao fenômeno um tratamento trivial tal qual o de um crime comum, e outro que propõe uma reação desproporcionada.

Diante da magnitude ou atrocidade dos atentados, o medo vem tomando espaço e, neste compasso, demandas por soluções imediatistas,

74. BIFFL, Elizabeth. Psychological autopsies: do they belong in the courtroom? *American Journal of Criminal Law*, fall 1996. pp.123-146.

75. LÓPEZ LÓPEZ, Ángeles. El terrorismo homicida-suicida islámico. In: ÁVILES GÓMEZ, Manuel (coord.). *El terrorismo integrista*. ¿Guerras de religión?: ¿guerras de religión? Alicante: Editorial Club Universitario, 2004. p. 300-301.

76. Ibid., p. 300-301.

77. ASEMBLEA GENERAL. Plan de Acción para Prevenir el Extremismo Violento. 2015. *Naciones Unidas*. Disponível em: <http://www.un.org/es/comun/docs/?symbol=A/70/674>. Acesso em: 30 ago. 2016.

78. LÓPEZ LÓPEZ, Ángeles. El terrorismo homicida-suicida islámico. In: ÁVILES GÓMEZ, Manuel (coord.). *El terrorismo integrista*. ¿Guerras de religión?: ¿guerras de religión? Alicante: Editorial Club Universitario, 2004. p. 300-301.

especialmente de orientação radical. Os meios de comunicação de massa contribuem para esta sensação, provocando até nos receptores que estão em países que não possuem ou possuem mínima probabilidade de tornarem-se alvos a percepção de que são potencialmente vítimas (todavia, não se descura que possam ser vítimas enquanto turistas ou residentes no estrangeiro). Dentre outros sintomas desencadeados, consoante a literatura penal e a Psicologia da Comunicação, estão a insegurança, a tristeza, a animosidade, a *mixofobia*, etc.

Neste cenário de medo difuso, é fomentada uma cultura de controle sobre os cidadãos, a qual foi materializada por alguns países ante a adoção do sistema *Passenger Name Record* (PNR), por exemplo. No campo jurídico-penal, por sua vez, normas de emergência e exceção são apresentadas, resultando num rigoroso tratamento marcado pelo tolhimento de garantias penais e processuais penais. Como o terrorista causa insegurança cognitiva de que se comportará como pessoa, é imposto a ele o Direito Penal do Inimigo, um "direito penal de terceira velocidade", que, segundo alguns estudiosos do tema, é de duvidosa capacidade de dissuasão e que pode até estimular a conduta criminosa. Tampouco o terrorismo suicida, que tem se tornado cada vez mais frequente, é passível de ser elidido por esta espécie de diretiva penal. Nota-se, pois, que não parece ser um Direito Penal nestes moldes a solução mais adequada.

Relembra-se que uma norma penal, ainda que possa, em curto prazo, cumprir com uma suposta tarefa de integração[79] ou coesão social[80], conectando-se à "[...] función de satisfacción de necesidades de psicología social[81]" (que, embora não legitime o Direito Penal[82], é apontada como uma

79. "[...] la promulgación de un nuevo precepto penal, por meramente simbólico que éste sea, puede despertar en la ciudadanía la conciencia acerca de la importancia del bien jurídico protegido, produciendo una suerte de asunción» del mismo, esto es, una integración. Ahora bien, es lo cierto que, por mucha que sea la trascendencia de lo simbólico en nuestro entorno social, a la larga lo simbólico no es suficiente. Así, una nueva norma o un incremento de penalidad que, en principio, han tenido importantes efectos en cuanto al establecimiento o restablecimiento de la confianza de la población en el Ordenamiento jurídico, a medio o largo plazo pierden toda fiabilidad con su inaplicación o su ineficacia". Cfr. SILVA SANCHÉZ, Jesús-María. *Aproximación al derecho penal contemporáneo.* Barcelona: Jose Maria Bosch, 2002. p. 306-308.

80. A pena, segundo DURKHEIM, "[...] não serve, ou não serve senão muito secundariamente, para corrigir o culpado ou para intimidar a seus imitadores possíveis; deste duplo ponto de vista, a sua eficácia é justamente duvidosa e, em qualquer caso, medíocre. A sua verdadeira função é manter intacta a coesão social, mantendo toda sua vitalidade à consciência comum". Cf. DURKHEIM, Emile. *A divisão do trabalho social.* v. I., 2ª ed., Lisboa: Editorial Presença, 1984. passim.

81. SILVA SANCHÉZ, Jesús-María. *Aproximación al derecho penal contemporáneo.* Barcelona: Jose Maria Bosch, 2002. p. 308.

82. Ibid., p. 308.

das facetas deste[83]), necessita, para ser legítima, conter capacidade instrumental, ou seja, revelar-se capaz de dissuadir o comportamento que reprova[84], não se esgotando na mensagem de desvalor de comportamento.

De qualquer sorte, tanto os *mass media* quanto políticos insistem em propalar que a repressão, especialmente severa, é o melhor caminho para alcançar a prevenção e a justiça, incutindo também a crença de que tal tratamento será aplicado somente a terroristas, sem haver o perigo de se expandir pelo sistema. E tal ilusão, desafortunadamente, angaria adeptos.

Tal crítica, ressalta-se, não significa que o terrorismo imprescinda de resposta refreadora. Porém, não é crível admitir que, nesta sedução punitiva, os fundamentos e limites do Direito Penal e, neste tanto, do Estado Democrático de Direito, volvam-se fragilizados.

83. Ibid., p. 308.

84. Ibid., p. 306.

4

TICKING BOMB SCENARIO THEORY: A CAIXA DE PANDORA DA TORTURA

SUMÁRIO • 4.1 *Ticking Bomb Scenario Theory:* definição e pressupostos – 4.2 Críticas aos pressupostos da teoria – 4.3 A *Ticking Bomb* sob o ponto de vista jurídico-penal: considerações sobre estado de necessidade, legítima defesa de terceiros, autorização *ex ante* e excusa ou justificação *ex post facto:* 4.3.1 Estado de necessidade; 4.3.2 Legítima defesa de terceiros; 4.3.3 Autorização *ex ante* e excusa ou justificação *ex post facto* – 4.4 *Ticking Bomb* e vedação da tortura ante os direitos humanos – 4.5 *Ticking Bomb* e vedação da tortura ante os planos constitucional e infraconstitucional – 4.6 Considerações finais do capítulo.

Após os atentados de 11 de setembro de 2001 nos Estados Unidos, o terrorismo tornou-se uma preocupação de dimensão internacional. A magnitude do fato, televisado para todos os cantos do mundo, gerou animosidade e, sobretudo, um grande medo difuso. A questão, então, passou a ocupar não só a agenda dos operadores do Direito, mas também da população em geral e dos *mass media*[1].

Neste compasso, vários países trataram de elaborar leis de combate ao terror. Por sua vez, aqueles que já eram alvo de condutas que estimavam ser terroristas, intensificaram o tratamento penal a tal "macrocriminalidade[2]" ou "delinquência expressiva[3]", inclinando-se, alguns, por uma política criminal orientada pelo Direito Penal de Terceira Velocidade[4] e pelo Direito Penal do Inimigo[5].

---

1. Sobre os efeitos dos meios de comunicação na agenda cidadã e na agenda política, vide POZUELO PÉREZ, Laura. *Política criminal mediática: génesis, desarrollo y costes.* Madrid: Marcial Pons, 2013. ALMEIDA, Débora de Souza de Almeida; GOMES, Luiz Flávio. *Populismo penal midiático: caso mensalão, mídia disruptiva e direito penal crítico.* São Paulo: Saraiva, 2013.

2. Referida expressão consta em SILVA SANCHÉZ, Jesús-María. *La expansión del derecho penal. Aspectos de la política criminal en las sociedades postindustriales.* 2. ed. rev. ampl. Madrid: Civitas Ediciones, 2001. p. 83 e 99.

3. GARCÍA-PABLOS DE MOLINA, Antonio. *Introducción al Derecho Penal:* instituciones, fundamientos e tendencias del derecho penal. v. 1. 5ª ed. Madrid: Editorial Universitaria Ramón Areces, 2014. p. 190 e 210.

4. Para mais detalhes sobre o Direito Penal de Terceira Velocidade, ler SILVA SANCHÉZ, Jesús-María. *La expansión del derecho penal. Aspectos de la política criminal en las sociedades postindustriales.* 2. ed. rev. ampl. Madrid: Civitas Ediciones, 2001. p. 163.

5. JAKOBS, Günther; MELIÁ, Manuel Cancio. *Derecho penal del enemigo.* Madrid: Civitas, 2003. Vide também: FARALDO CABANA, Patricia. Un Derecho penal de Enemigos para los integrantes de or-

No panorama da discussão, algumas propostas nem disfarçam seu "[...] intento de incluir la propia excepción en el orden jurídico[6]". Dentre elas, a aplicação da *Ticking Bomb Scenario Theory*, cuja formulação oferece uma resposta extrema (tortura) a uma situação também extrema e de emergência (bomba-relógio), e que pode parecer, *prima facie*, sedutora, sendo capaz de atrair inclusive a aceitação de aqueles que se dizem liberais, especialmente quando estes creem em um estado puro desenhado pelos pressupostos da teoria.

O certo é que ao abrir esta discussão, foi aberta a caixa de Pandora[7], a qual trouxe questionamentos complexos. Como observa LEVINSON: "estamos olhando para o abismo, e ninguém pode escapar à necessidade de uma resposta[8]".

De fato, a autorização da tortura em casos excepcionais como de *Ticking Bomb Scenario*, constitui um dilema não apenas jurídico, mas, sobretudo, ético e moral. Retrata uma tensão entre os direitos do indivíduo e da coletividade ou de vários indivíduos considerados[9]; ou, ainda, um conflito moral entre o direito a não ser torturado e o direito à vida[10]. Com efeito, se o terrorismo é uma bomba-relógio, não se pode olvidar, como sublinha SCARRY, que também "a tortura é em si mesma uma bomba-relógio [...][11]".

---

ganizaciones criminales. La Ley Orgánica 7/2003, de 30 de junio, de medidas de reforma para el cumplimiento íntegro y efectivo de las penas. In: RIVERA BEIRAS, Iñaki (coord). *Política criminal y sistema penal*. Barcelona: Anthropos, 2005. p. 403. BUSTOS RAMÍREZ, Juan. Inseguridad y lucha contra el terrorismo. In: MUÑOZ CONDE, Francisco; LOSANO, Mario G. (coord). *El derecho ante la globalización y el terrorismo*. Valencia: Tirant lo Blanch, 2004. p. 407-408.

6. AGAMBEN, Giorgio. *Estado de excepción*. Buenos Aires: Hidalgo Editora, 2005. p. 63. Segundo LAMARCA PÉREZ, "las leyes antiterroristas también forman parte de la propia lógica del terrorismo, y en cierto modo lo que expresan es una autonegación del Estado de Derecho que se busca directamente, de propósito. Si uno se fija en la evolución de este género de normativa, cabe constatar que desde hace tiempo se viene produciendo una dialéctica agresión-legislación; cada vez que se produce un atentado inmediatamente el Estado crea o endurece una legislación cada vez más autoritaria y más fuerte pudiendo decirse que, en general. La respuesta adopta el mismo sistema que la producción de estos fenómenos, un carácter totalmente excepcional y en la mayoría de los casos con un claro contenido antidemocrático". Cf. LAMARCA PÉREZ, Carmen. Noción de terrorismo y clases. Evolución legislativa y político-criminal. In: DORADO, Carmen Juanatey; ESTRADA, Cristina Fernández-Pacheco (dirs.). *El nuevo panorama del terrorismo en España: perspectiva penal, penitenciaria y social*. San Vicente del Raspeig: Universidad de Alicante, 2013. p. 39.

7. Vide o título "torture", mais especificamente o ponto 1, de SHUE, Henry. *Flying hurt: rule and exception in torture war*. Oxford: Oxford University Press, 2016.

8. Esta é a frase final do artigo de LEVINSON, Sanford. Contemplating torture: an introduction. In: LEVINSON, Sanford (ed.). *Torture: a collection*. New York: Oxford University Press, 2004. pp. 23-39.

9. FARREL, Michelle. *The prohibition of torture in exceptional circumstances*. United Kingdom: Cambridge University Press, 2013. p. 224.

10. Ibid., p. 224.

11. SCARRY, Elaine. Five errors in the reasoning of Alan Dershowitz. In: LEVINSON, Sanford (ed.). *Torture: a collection*. New York: Oxford University Press, 2004. p. 288.

Assim, levando em consideração a contemporaneidade da questão da *Ticking Bomb Scenario*, trataremos adiante sobre sua definição, pressupostos e pontos frágeis, abordando ainda os argumentos favoráveis e contrários à teoria.

4.1 *TICKING BOMB SCENARIO THEORY:* DEFINIÇÃO E PRESSUPOSTOS

A chamada *Ticking Bomb Scenario Theory* (em português, "Teoria do Cenário da Bomba-Relógio") é uma formulação que visa, por meio da tortura de suspeitos de conhecer ou integrar planos de ataques terroristas, a obtenção pelo Estado de informações específicas[12] e essenciais[13] em prol da resolução de uma situação extrema que põe em perigo a vida de um grande número de pessoas[14]. Trata-se, portanto, de uma técnica em caráter de emergência que objetiva prevenir[15] e/ou combater atos terroristas iminentes, desativando o "cenário da bomba-relógio".

Com o fim de buscar justificação (e, nesta linha, aprovação social), a teoria traz à discussão a seguinte provocação, aqui exposta por LUHMANN:

> Imagine: você é um oficial de polícia de alto nível. Em seu país – poderia ser a Alemanha, num futuro não muito distante – há muitos terroristas de direita e de esquerda – todos os dias há assassinatos, bombas incendiárias, morte e lesão de inúmeras pessoas inocentes. Você capturou o líder de dito grupo. É de se supor que, se o torturasse, poderia salvar muitas vidas – 10, 100, 1000 – podemos variar a situação. Você faria isso? [...] Para complicar a decisão, e torná-la em última instância indecidível, pode-se variar o caso hipotético. Os terroristas têm uma bomba nuclear, e que deve ser encontrada e desarmada. Você utilizaria a tortura?[16]

Dado seu forte apelo emocional, não é tão simples que uma resposta seja prontamente emitida, especialmente se a hipótese for considerada em seu estado puro.

Neste caminho, convém apontar no que consiste uma situação real de *Ticking Bomb Scenario*, a qual é identificada por 10 pressupostos, como segue:

---

12. PFIFFNER, James P. *Power Play*: *the Bush Presidency and the Constitution*. Washington: Brookings Institution Press, 2008. p. 136.
13. PFIFFNER, James P. *Power Play*: *the Bush Presidency and the Constitution*. Washington: Brookings Institution Press, 2008. p. 137.
14. SIEGEL, Larry. *Criminology*. Wasworth: Cengage Learning, 2012. p. 382. PFIFFNER, James P. *Power Play*: The Bush Presidency and the Constitution. Washington: Brookings Institution Press, 2008. p. 134.
15. SIEGEL, Larry. *Criminology*. Wasworth: Cengage Learning, 2012. p. 382.
16. LUHMANN, Niklas. Are still indispensable norms in our society? *Sociale Systeme*, n. 14, 2008. p. 18-19.

1. Sabe-se que há um plano de ataque específico.
2. O ataque acontecerá em um prazo muito curto (é "iminente").
3. O ataque matará a um grande número de pessoas.
4. A pessoa sob custódia está envolvida no ataque.
5. A pessoa tem informações que impedirão o ataque.
6. Torturando a pessoa se obterá a tempo informações para evitar o ataque.
7. Não há outro meio de conseguir as informações a tempo.
8. Nenhuma outra ação poderia ser tomada para impedir o ataque.

O cenário também pressupõe:

9. A motivação do torturador é apenas conseguir informações, com a genuína intenção de salvar vidas, e nada mais.
10. Esta é uma situação isolada, que não se repetirá com frequência[17].

PFINNER, por exemplo, concorda com a aplicação da proposta, uma vez presente um cenário que retrate fielmente todos os seus requisitos:

> Vou admitir aqui, para fins de argumentação, que, em uma situação real de *Ticking bomb*, a tortura pode ser justificada para obter informações específicas que quase certamente salvaria vidas inocentes. Mas, se as condições prévias para a situação de *Ticking bomb* acima mencionadas não forem rigorosamente respeitadas, qualquer situação tática poderá levar à tortura[18].

Porém, e salvo melhor juízo, parece arriscado definir, de forma segura, quando se está diante de uma situação verdadeiramente retratadora da *Ticking Bomb*. Para HUNSINGER, por exemplo, um cenário destes é "[...] extremamente hipotético. E em qualquer situação realmente existente, nem todas as condições postuladas são prováveis de ocorrer[19]". Já para SCARRY, o que torna o cenário da bomba-relógio improvável não é precisamente a existência de dito artefato, senão a noção de que o conhecimento no mundo onde vivemos é tão ordinariamente imperfeito[20], que

---

17. ASSOCIATION FOR THE PREVENTION OF TORTURE. *Defusing the ticking bomb scenario: why we must say no to torture, always*. Geneva: Association for the Prevention of Torture (APT), 2007. p. 4-5.

18. PFIFFNER, James P. *Power Play*: The Bush Presidency and the Constitution. Washington: Brookings Institution Press, 2008. p. 136.

19. HUNSINGER, George. Torture is ticking bomb: why the necessity defense fails. In: HUNSINGER, George (ed). *Torture is a moral issue*: christians, jews, muslisms and people of conscience. Cambrigde: William B. Eedermans Publishing Company, 2008. p. 57.

20. SCARRY, Elaine. Five errors in the reasoning of Alan Dershowitz. In: LEVINSON, Sanford (ed.). *Torture*: a collection. New York: Oxford University Press, 2004. p. 281. Esta observação relativa ao conhecimento imperfeito também está em: LUBAN, George. Liberalism, torture, and the Ticking

temos erros de cálculo e incapacidade para resolver mistérios[21]. Como exemplifica: "fomos à guerra contra um país que foi 'conhecido' por ter armas de destruição em massa, só para descobrir que não tinha nenhuma[22]". Sem embargo, ainda que todas as premissas da *Ticking Bomb* estivessem presentes, sua aplicação, segundo a ASSOCIATION FOR THE PREVENTION OF TORTURE – APT (em português, "Associação para Prevenção da Tortura"), ainda assim não seria justificável, "[...] não importando quão extremas ou graves as circunstâncias[23]".

Todavia, é inegável que a problemática implica um grande dilema. E é precisamente por este viés que a *Ticking Bomb* se torna uma proposta tão sedutora[24], como esclarece LUBAN:

> Wittgenstein escreveu uma vez que a confusão surge quando nos tornamos enfeitiçados por uma imagem. Ele quis dizer que é fácil ficar seduzido por exemplos simplistas que parecem convincentes, mas que, em verdade, deturpam o mundo em que vivemos. Se o assunto é a moralidade da tortura, confusões filosóficas podem ter consequências de vida ou morte. Acredito que a *Ticking Bomb* é a imagem que nos enfeitiça[25].

Esta fascinação é reforçada pela ideia de que, *in casu*, há dois papéis bem estabelecidos: de um lado, o torturador, que longe de ser um indivíduo cruel ou sádico, é um funcionário público herói, "disposto a fazer coisas desesperadas só porque a situação é tão desesperadora e tantas vidas inocentes estão pesando sobre sua consciência[26]"; de outro, o torturado, é indubitavelmente um inimigo, um sujeito insensível, que possui informações necessárias e aptas para interromper a tragédia. Tal linha de raciocínio, cabe observar, não atenta ao fato de que o torturador está dentro de uma organização, consistindo num executor de decisões[27], e que o torturado nem sempre está envolvido na ameaça terrorista ou quando está, talvez não tenha ou não queira repassar as informações desejadas, como veremos adiante.

Bomb. In: GREENBERG, Karen J. (ed.). *The torture debate in America*. New York: Cambridge University Press, 2006. p. 46.

21. SCARRY, Elaine. Five errors in the reasoning of Alan Dershowitz. In: LEVINSON, Sanford (ed.). *Torture: a collection*. New York: Oxford University Press, 2004. p. 284.
22. Ibid., p. 284.
23. ASSOCIATION FOR THE PREVENTION OF TORTURE. *Defusing the ticking bomb scenario: why we must say no to torture, always*. Geneva: Association for the Prevention of Torture (APT), 2007. p. 17.
24. LUBAN, George. Liberalism, torture, and the Ticking Bomb. In: GREENBERG, Karen J. (ed.). *The torture debate in America*. New York: Cambridge University Press, 2006. p. 45.
25. Ibid., p. 45.
26. Ibid., p. 44-45.
27. Ibid., p. 49.

De qualquer sorte, a atração exercida pela retórica da *Ticking Bomb* é tão forte que pode inclusive restar acolhida pelos autodenominados liberais, como bem explica LUBAN:

> A *Ticking Bomb* é oferecida contra os liberais que acreditam numa proibição absoluta da tortura. A ideia é forçar ao proibicionista liberal a admitir que sim, que ele mesmo reconhece a tortura em pelo menos esta situação. Uma vez admitindo isso, em seguida, admitiu que a sua oposição à tortura não se funda em princípio. Agora que o proibicionista admitiu que seus princípios morais podem ser violados, tudo o que resta é regatear sobre o preço. Não é mais possível ao proibicionista afirmar superioridade moral; ele já não pode colocar o ônus da prova sobre seus adversários. Ele caiu na lama com eles, e a única questão que resta é quão mais baixo vai. Dialeticamente, trazer o proibicionista para o discurso da *Ticking Bomb* é como conseguir com que o vegetariano coma só uma pequena ostra porque ela não tem sistema nervoso. Uma vez que ele faça isso, "mordeu a isca!"[28].

Como sustenta o referido autor, "[...] em um mundo de incertezas e conhecimento imperfeito, o cenário da *Ticking Bomb* não deve formar o ponto de referência[29]". Neste sentido, "o debate real não é entre a dor de um homem culpado e centenas de vidas inocentes. É o debate entre a certeza de angústia e a mera possibilidade de aprender algo vital e salvar vidas[30]".

A estratégia da *Ticking Bomb* nada mais é que "um argumento hipotético com implicações na vida real[31]". Noutras palavras, uma resposta simplista e desarrazoada a um problema complexo, a qual contrapõe, num modelo binário, os direitos dos personagens envolvidos, pondo em xeque a vedação à tortura, relativizando-a. E essa relativização é altamente temerária, na medida em que pode ser expandida, como pontua ROTH:

> [...] o cenário de bomba-relógio é uma metáfora perigosamente expansiva capaz de abranger não só quem possa saber de ataques imediatos, mas também aqueles de tempos futuros não especificados. Depois de tudo, porque só as vítimas de um ataque terrorista iminente são merecedoras de proteção baseada em tortura e maus-tratos? Por que não se usa também tal coação para impedir um ataque terrorista amanhã ou na próxima semana ou no próximo ano? E uma vez sendo o tabu contra a tortura e os maus-tratos quebrado, por quê parar nos supostos terroristas? Por que não torturar e abusar também de suas famílias e pessoas

---

28. LUBAN, George. Liberalism, torture, and the Ticking Bomb. In: GREENBERG, Karen J. (ed.). *The torture debate in America*. New York: Cambridge University Press, 2006. p. 44.
29. Ibid., p. 46.
30. Ibid., p. 46-47.
31. HUNSINGER, George. Torture is ticking bomb: why the necessity defense fails. In: HUNSINGER, George (ed.). *Torture is a moral issue*: christians, jews, muslisms and people of conscience. Cambrigde: William B. Eedermans Publishing Company, 2008. p. 57.

próximas – ou quem mais possa fornecer informações que salvariam vidas? É um caminho que não se sabe onde vai parar[32].

4.2 CRÍTICAS AOS PRESSUPOSTOS DA TEORIA

Considerando que a colisão entre a *Ticking Bomb* e os direitos fundamental e humano de não ser torturado será mais bem analisada nos próximos itens, passa-se, portanto, à abordagem das críticas aos pressupostos da teoria. Neste sentido, e para melhor organização, a análise será esquematizada, indicando primeiramente o pressuposto e, em seguida, a crítica. Veja:

1) Sabe-se que há um plano de ataque específico.

A crítica a esta premissa reside na possibilidade de que não haja, efetivamente, qualquer ataque planejado[33].

2) O ataque acontecerá em um prazo muito curto (é "iminente").

Este pressuposto sofre imprecisão quanto ao lapso temporal indicado. O requisito "iminência" é deveras vago, pois pode se referir a segundos, minutos, horas, dias, meses, etc. Assim, carece estabelecer o que significa ser "iminente"[34].

Outrossim, a depender do tempo compreendido para a configuração desta "iminência", não haveria necessidade de se recorrer à tortura do suspeito, sendo possível servir-se da evacuação do local, desativação da bomba ou de métodos humanitários de interrogatório[35].

3) O ataque matará a um grande número de pessoas.

A premissa em tela também não resta incólume a reprovações, eis que não especifica o número de pessoas apto a justificar o acionamento

32. ROTH, Kenneth. Getting away with torture. In: HUNSINGER, George (ed.). *Torture is a moral issue: christians, jews, muslisms and people of conscience*. Cambrigde: William B. Eedermans Publishing Company, 2008. p. 19.

33. PFIFFNER, James P. *Power Play: the Bush Presidency and the Constitution*. Washington: Brookings Institution Press, 2008. p. 135.

34. ASSOCIATION FOR THE PREVENTION OF TORTURE. *Defusing the ticking bomb scenario: why we must say no to torture, always*. Geneva: Association for the Prevention of Torture (APT), 2007. p. 6.

35. A evacuação do local e a desativação da bomba são meios apresentados pela APT na crítica ao pressuposto 8, mas, salvo melhor critério, também parecem adequadas para o pressuposto 2. Vide ASSOCIATION FOR THE PREVENTION OF TORTURE. *Defusing the ticking bomb scenario: why we must say no to torture, always*. Geneva: Association for the Prevention of Torture (APT), 2007. p. 6 e 10.

da técnica da tortura. Poderiam ser 100, 200 ou 500 pessoas? Aliás, quais seriam as razões para referida técnica não se aplicar estando em perigo uma única pessoa[36]?

4) A pessoa sob custódia está envolvida no ataque.

Esta quarta premissa não é segura, pois o custodiado pode não ter ligação alguma com o terrorismo, ou seja: pode se tratar de alguém que fora capturado por erros de identificação ou por estar no lugar errado, na hora errada[37]. PFIFFNER, a propósito, relembra que os Estados Unidos já capturaram indivíduos inocentes na expectativa de que estariam envolvidos nestas atividades[38].

5) A pessoa tem informações que impedirão o ataque.

Quanto a este requisito, há de se ponderar várias hipóteses, tais como a possibilidade de o suspeito não ter qualquer conhecimento sobre o ataque[39], ou, tendo, não se trate de informações relevantes[40]. Este ponto é temerário, pois se o torturado nada tiver (de pertinente) para confessar ou delatar, seu flagelo tardará mais para cessar, visto que o torturador pode acabar por prolongar a execução na expectativa de obter revelações que supõe existir[41].

Inobstante, o grupo terrorista pode acabar se desviando do que fora combinado ante o receio de que o plano venha a fracassar em virtude de alguma informação repassada pelo torturado[42].

6) Torturando a pessoa se obterá a tempo informações para evitar o ataque.

No que tange a esta afirmação, várias situações podem ser ponderadas.

---

36. ASSOCIATION FOR THE PREVENTION OF TORTURE, op. cit., p. 6.

37. ASSOCIATION FOR THE PREVENTION OF TORTURE. *Defusing the ticking bomb scenario: why we must say no to torture, always*. Geneva: Association for the Prevention of Torture (APT), 2007. p. 7.

38. PFIFFNER, James P. *Power Play*: The Bush Presidency and the Constitution. Washington: Brookings Institution Press, 2008. p. 135.

39. PFIFFNER, James P. *Power Play*: *the Bush Presidency and the Constitution*. Washington: Brookings Institution Press, 2008. p. 135. ASSOCIATION FOR THE PREVENTION OF TORTURE. *Defusing the ticking bomb scenario: why we must say no to torture, always*. Geneva: Association for the Prevention of Torture (APT), 2007. p. 7.

40. SIEGEL, Larry. *Criminology*. Wasworth: Cengage Learning, 2012. p. 383. ASSOCIATION FOR THE PREVENTION OF TORTURE. *Defusing the ticking bomb scenario: why we must say no to torture, always*. Geneva: Association for the Prevention of Torture (APT), 2007. p. 7.

41. ASSOCIATION FOR THE PREVENTION OF TORTURE, op. cit., p. 7.

42. SIEGEL, Larry. *Criminology*. Wasworth: Cengage Learning, 2012. p. 383.

Primeiramente, deve-se considerar a possibilidade de que o torturado, objetivando despistar as autoridades, não transmita as informações corretas, oferecendo, desse modo, tempo hábil para que o ataque seja posto em prática[43]. Outrossim, pode ocorrer de ter sido treinado para resistir à tortura por todo o tempo necessário para a execução do atentado[44].

É possível também que venha a se recusar a prestar informações, o que prolongaria a tortura, aumentando o risco de vir a óbito devido aos ferimentos e levando à consequente perda de informação[45]. De outro lado, não se deve descurar de que o torturado pode acabar dizendo qualquer coisa com o objetivo de dar fim à dor[46], ou, então, por estar exausto ou em delírio[47].

Ademais, a premissa parece não considerar que, dada a organização dos grupos terroristas, ainda que um agente fosse detido, outros estariam aptos a praticar o ato[48].

7) Não há outro meio de conseguir as informações a tempo.

Esta afirmação pode servir de pretexto para que se autorize a tortura contra familiares do suspeito, a fim de que este, coagido emocionalmente, revele todas ou parte das informações pretendidas. Ainda, seria difícil garantir que os demais meios foram realmente aplicados e esgotados[49]. Esta última observação, aliás, também tem emprego no próximo item.

8) Nenhuma outra ação poderia ser tomada para impedir o ataque.

A crítica a este pressuposto, também aplicável ao anterior, reside na lógica de que a evacuação do local ou a desativação de bombas, por exemplo, são medidas que poderiam ser tomadas para elidir o ataque[50].

---

43. ASSOCIATION FOR THE PREVENTION OF TORTURE, op. cit., p. 8.

44. Ibid., p. 8.

45. PFIFFNER, James P. *Power Play*: *the Bush Presidency and the Constitution*. Washington: Brookings Institution Press, 2008. p. 135.

46. Ibid., p. 137.

47. PFIFFNER, James P. *Power Play*: *the Bush Presidency and the Constitution*. Washington: Brookings Institution Press, 2008. p. 138. DERSHOWITZ, Alan. M. *¿Por qué aumenta el terrorismo*? Para comprender la amenaza y responder al desafío. Madrid: Ediciones Encuentro, 2004. p. 156.

48. ASSOCIATION FOR THE PREVENTION OF TORTURE. *Defusing the ticking bomb scenario: why we must say no to torture, always*. Geneva: Association for the Prevention of Torture (APT), 2007. p. 9.

49. A APT tece esta crítica para o pressuposto 8, mas, salvo melhor juízo, também tem encaixe ante o pressuposto 7. Vide ASSOCIATION FOR THE PREVENTION OF TORTURE. *Defusing the ticking bomb scenario: why we must say no to torture, always*. Geneva: Association for the Prevention of Torture (APT), 2007. p. 10.

50. ASSOCIATION FOR THE PREVENTION OF TORTURE, op. cit., p. 10.

Ainda, conforme consta nas considerações à 6ª premissa, nem sempre a tortura é capaz de alcançar "resultados eficientes".

9) A motivação do torturador é apenas conseguir informações, com a genuína intenção de salvar vidas, e nada mais.

Neste tópico, deve haver atenção ao risco de que a verdadeira motivação do torturador talvez não seja puramente a obtenção de informações, mas também a demonstração de poder mediante o medo e a satisfação de anseios de vingança[51]. Assim, não se deve crer num estereótipo de torturador herói[52].

10) Esta é uma situação isolada, que não se repetirá com frequência.

Esta premissa implica a conclusão de que o Estado, para fins de aplicação da estratégia da *Ticking Bomb*, teria que manter sempre à disposição uma classe profissional de torturadores, treinada e atualizada para utilização de variados métodos de flagelo[53]. PFINNER, por exemplo, alerta que "a profissionalização da tortura é um passo muito sério que qualquer nação deve implementar somente após considerar cuidadosamente suas consequências insidiosas e corruptoras[54]". Contudo, não há garantias de que a vedação à tortura, relativizada para os fins da *Ticking Bomb* não se dissemine, o que apresentaria sérios riscos à democracia e a liberdade individual[55].

Assim, apostar nesta 10ª premissa significa transigir com os direitos humanos e fundamentais, depositando no Estado uma confiança inexigível, mormente quando a história recente não só mostra exemplos de países assolados pela ditadura, os quais se utilizavam de práticas de tortura contra seus insurgentes, mas também a experiência inexitosa de Israel, como relata ROTH:

> A experiência de Israel é instrutiva em mostrar quão perigosamente elástica a lógica da *Ticking Bomb* pode se tornar, como descrito pelo grupo de direitos

51. ASSOCIATION FOR THE PREVENTION OF TORTURE. *Defusing the ticking bomb scenario: why we must say no to torture, always*. Geneva: Association for the Prevention of Torture (APT), 2007. p. 10.

52. LUBAN, George. Liberalism, torture, and the Ticking Bomb. In: GREENBERG, Karen J. (ed.). *The torture debate in America*. New York: Cambridge University Press, 2006. p. 44-45.

53. LUBAN, George. Liberalism, torture, and the Ticking Bomb. In: GREENBERG, Karen J. (ed.). *The torture debate in America*. New York: Cambridge University Press, 2006. p. 47. ASSOCIATION FOR THE PREVENTION OF TORTURE. *Defusing the ticking bomb scenario: why we must say no to torture, always*. Geneva: Association for the Prevention of Torture (APT), 2007. p. 21.

54. PFIFFNER, James P. *Power Play: the Bush Presidency and the Constitution*. Washington: Brookings Institution Press, 2008. p. 136.

55. ASSOCIATION FOR THE PREVENTION OF TORTURE, op. cit., p. 10-11 e 21.

humanos de Israel B'Tselem, no seu relatório sobre interrogatórios da Agência de Inteligência de Israel. Em 1987, a comissão oficial do governo, liderada pelo ex-presidente da Suprema Corte, Moshe Landau, recomendou que fosse autorizado o uso de 'pressão física moderada' em situações de *Ticking Bomb*. Como o B'Tselem descreve, a prática inicialmente justificada como rara e excepcional, perpetrada apenas quando necessário para salvar vidas, foi gradualmente se tornando um procedimento padrão do Israeli General Security Service (GSS). Na sequência, 80 a 90% dos palestinos detidos foram torturados, até que, em 1999, a Suprema Corte restringiu a prática[56].

Diante destes aspectos, melhor seria empreender esforços no fomento de serviços de inteligência, ou seja, na prevenção, ao invés de procurar solução em perigosas exceções, porque, como bem observou HUSINGER, ao fim e ao cabo, "o anormal é normalizado, a exceção é regularizada, e o estado de emergência passa a ser interminável[57]".

4.3 A *TICKING BOMB* SOB O PONTO DE VISTA JURÍDICO-PENAL: CONSIDERAÇÕES SOBRE ESTADO DE NECESSIDADE, LEGÍTIMA DEFESA DE TERCEIROS, AUTORIZAÇÃO *EX ANTE* E EXCULPAÇÃO OU JUSTIFICAÇÃO *EX POST FACTO*

No campo da teoria da *Ticking Bomb* muito se questiona se o resguardo da vida de centenas de pessoas ameaçadas pelo cenário da bomba-relógio poderia ou não permitir a utilização da tortura enquanto meio de legítima defesa ou estado de necessidade, legítima defesa de terceiros, prática autorizada *ex ante* ou como exculpação ou justificação *ex post facto*.

4.3.1 Estado de necessidade

Os defensores do estado de necessidade em hipóteses de *Ticking Bomb* sustentam que a persecução de fins valiosos ou um interesse suficientemente intenso faz da tortura um método justificável[58]. Nestes termos, a tortura do suspeito de haver atuado em situação de bomba-relógio se justificaria por ser um mal menor ante a morte de vários inocentes, cujas vidas são, a partir deste raciocínio, um interesse preponderante. Tal lógica, cabe

56. ROTH, Kenneth. Getting away with torture. In: HUNSINGER, George (ed.). *Torture is a moral issue: christians, jews, muslisms and people of conscience*. Cambrigde: William B. Eedermans Publishing Company, 2008. p. 19-20.

57. HUNSINGER, George. Torture is ticking bomb: why the necessity defense fails. In: HUNSINGER, George (ed.). *Torture is a moral issue: christians, jews, muslisms and people of conscience*. Cambrigde: William B. Eedermans Publishing Company, 2008. p. 57.

58. GRECO, Luís. Las reglas detrás de la excepción. Reflexiones respecto de la tortura en los grupos de casos de las ticking time bombs. *InDret*, Barcelona, 27 abr. 2007. p. 232.

dizer, está embasada na "regla de los costes[59]", como assinala GRECO, ou então, na "teoría de la decisión racional[60]", segundo DERSHOWITZ, também chamada de "teoría del mal menor[61]", por IGNATIEFF.

Seguindo o utilitarismo de BENTHAM[62] e as ideias de QUINTON[63], essa premissa busca "[...] elegir entre alternativas razonables – bueno y malo – según el principio del costo-beneficio, o el de sopesar distintas cosas que hay que elegir[64]". Contudo, como alerta DERSHOWITZ, "[...] no nos ensenará cómo elegir entre alternativas irracionales, cuando cada una de estas es tan horrible que nuestra mente se rebela ante la idea de pensar en opciones malas[65]". Sem embargo, visando solucionar a eleição entre alternativas irracionais ou horríveis, IGNATIEFF sustenta que a democracia, quando frente a dois males, deveria escolher, sob controles e limites, aquele mal que supõe produzir menor dano e mais beneficio à comunidade[66].

LEVIN, por exemplo, é um dos que seguem o raciocínio de BENTHAM, a quem é desarrazoado o abandono de inúmeras pessoas para salvar a um criminoso[67]. Preconiza que, se os direitos de um indivíduo são considera-

59. Para mais detalhes, vide GRECO, Luís. Las reglas detrás de la excepción. Reflexiones respecto de la tortura en los grupos de casos de las ticking time bombs. *InDret*, Barcelona, 27 abr. 2007.

60. DERSHOWITZ, Alan M. *¿Por qué aumenta el terrorismo?* Para comprender la amenaza y responder al desafío. Madrid: Ediciones Encuentro, 2004. p. 156.

61. IGNATIEFF, Michael. *El mal menor; ética y política de una era de terror.* Taurus. Madrid, 2005. p. 15-44. DERSHOWITZ, Alan M. *¿Por qué aumenta el terrorismo?* Para comprender la amenaza y responder al desafío. Madrid: Ediciones Encuentro, 2004. p. 155-191. FARREL, Michelle. *The prohibition of torture in exceptional circunstances.* United Kingdom: Cambridge University Press, 2013. p. 288.

62. "Si la tortura de una persona culpable tiene justificación para impedir la tortura de cien personas inocentes, se seguiría – ciertamente, según Bentham, que también estaría justificada para impedir el asesinato de miles de civiles inocentes en el caso de la bomba de relojería". Cf. DERSHOWITZ, Alan. M. *¿Por qué aumenta el terrorismo?* Para comprender la amenaza y responder al desafío. Madrid: Ediciones Encuentro, 2004. p. 168. GINBAR, Yuval. *Why Not Torture Terrorists? Moral, Practical, and Legal Aspects of the 'Ticking Bomb' Justification for Torture.* New York: Oxford University Press. p. 357.

63. GINBAR, Yuval. *Why Not Torture Terrorists? Moral, Practical, and Legal Aspects of the 'Ticking Bomb' Justification for Torture.* New York: Oxford University Press. p. 357.

64. DERSHOWITZ, op. cit., 156.

65. Ibid., p. 156.

66. IGNATIEFF, Michael. *El mal menor; ética y política de una era de terror.* Taurus. Madrid, 2005. p. 15-44. DERSHOWITZ, Alan M. *¿Por qué aumenta el terrorismo?* Para comprender la amenaza y responder al desafío. Madrid: Ediciones Encuentro, 2004. p. 155-191. FARREL, Michelle. *The prohibition of torture in exceptional circunstances.* United Kingdom: Cambridge University Press, 2013. p. 288.

67. BENTHAM, Jeremy. Mss Box 74.b (27 May 1804) *apud* TWINING, Willian; TWINING, P.E. Bentham on torture. *Nothern Ireland Legal Quaterly*, n. 24, 1973. p. 347.

dos importantes, e este seria o máximo argumento contra a tortura, acarretaria reconhecer que os direitos dos indivíduos ameaçados pelo terrorismo também são importantes: "se a vida é tão valiosa que nunca deve ser tomada, as vidas dos inocentes devem ser salvas, ainda à custa de ferir a pessoa que as põe em perigo[68]". E acrescenta:

> Em geral, supõe-se que a tortura é inadmissível, um retrocesso a uma época mais brutal. Sociedades iluminadas rechaçam-na de plano [...]. Creio que esta atitude é imprudente. Há situações nas quais a tortura não é só possível, mas moralmente obrigatória. [...] Se a única maneira de salvar estas vidas é submeter o terrorista à dor mais insuportável que for possível, ¿o que pode haver de motivos para não fazê-lo? Sugiro que não há nenhum. Em qualquer caso, lhe peço para refletir a questão com mente aberta. [...] ¿Torturar o terrorista é inconstitucional? Provavelmente. Mas milhares de vidas seguramente superam a inconstitucionalidade. A tortura é brutal? O homicídio em massa é muito mais brutal [...] Não estou advogando pela tortura como castigo. O castigo dirige-se a fatos passados, irrevogavelmente. Estou defendendo a tortura como uma medida aceitável para prevenir males futuros. Assim entendida, é muito menos objetável que muitos castigos existentes[69].

Assim, segundo PARRY, "[...] a tortura pode ser uma opção legítima – o menor de dois males – em raras circunstâncias[70]" e sempre que não se converta em regra[71].

ALLHOFF, dentre outros, sustenta expressamente que a tortura em casos de bomba-relógio justifica-se pelo estado de necessidade[72], opinião que, a propósito, tem algumas pessoas que integram organizações de direitos humanos que são publicamente contrárias à tortura, segundo um relato exposto por BOWDEN:

> "Se eu, como interrogador, sentir que a pessoa diante de mim tem informação que possa prevenir que uma catástrofe suceda", diz, "imagino que ia fazer o que teria que fazer com o fim de evitar que suceda uma catástrofe. A obrigação do Estado é, em seguida, me julgar, por violar a lei. Então, eu viria e diria que estes eram os atos que eu tinha à minha disposição. Isso é o que eu acreditava naquele momento. Isso é o que eu cria necessário fazer. Posso evocar o estado de necessidade, e, aí, o tribunal decidirá se era ou não razoável eu ter violado a lei com o fim de evitar essa catástrofe[73]".

---

68. LEVIN, Michael. The case for torture. In: *Newsweek*, 7 jun. 1982.
69. LEVIN, Michael. The case for torture. In: *Newsweek*, 7 jun. 1982.
70. PARRY, John T. Escalating and necessity: defining torture at home and abroad. In: LEVINSON, Sanford (ed.). *Torture: a collection*. New York: Oxford University Press, 2004. p. 160.
71. Ibid., p. 159.
72. ALLHOFF, Fritz. *Terrorism, ticking time bombs, and torture: a philosophical analysis*. Chicago: The University of Chicago Press, 2012. p. 193.
73. Este trecho está na seção "The dark art of interrogation" de BOWDEN, Mark, Road *Work: Among Tyrants, Heroes, Rogues, and Beasts*. New York: Atlantic Monthly Press, 2004.

PARRY compartilha desse entendimento[74], como se transcreve:

> A prevenção do terrorismo converteu-se numa das tarefas mais importantes para os governos modernos [...]. Neste contexto, não se pode rechaçar por completo o mal da tortura como método de luta contra o terrorismo, independentemente do que oferece o direito internacional. Se a tortura oferece a última oportunidade que resta para salvar vidas em perigo iminente, o estado de necessidade deve estar disponível para justificar a conduta dos interrogadores[75].

Contudo, nos convida a questionar se a admissão desta excludente para estes casos de exceção seria adequada, pois, mesmo podendo ser amparada em razões estreitas de Direito, corre o risco de tornar-se medida de manipulação política e, nesta via, uma regra, não sendo, portanto, aconselhável sob uma perspectiva mais ampla[76]. Como afirma, "para ser justificável, a tortura deve ser a exceção, não a norma. Sem embargo, as contas de nossas práticas sugerem, ao menos, que o tratamento cruel, desumano ou degradante é a norma[77]". Assim, defende, mais especificamente, que "o argumento de necessidade deve alcançar peso significativo só quando temos informação sobre um ataque específico[78]".

O problema, todavia, é, de um lado, saber se realmente haverá um ataque específico, o que parece ser improvável devido ao conhecimento imperfeito que temos no mundo[79], a nossos erros de cálculo e incapacidade para solucionar mistérios[80]; de outro, é que estejamos efetivamente diante de uma situação que reúna todos os pressupostos da *Ticking Bomb*[81].

Cabe concluir que a linha do estado de necessidade nestes cenários de bomba-relógio apresenta, a partir de um ponto de vista jurídico-filosófico,

---

74. PARRY, John T. *Understanding torture: law, violence and political identity*. United States of America: The University of Michigan Press, 2010. p. 74.
75. PARRY, John T. Escalating and necessity: defining torture at home and abroad. In: LEVINSON, Sanford (ed.). *Torture: a collection*. New York: Oxford University Press, 2004. p. 158.
76. Ibid., p. 159.
77. PARRY, John T. Escalating and necessity: defining torture at home and abroad. In: LEVINSON, Sanford (ed.). *Torture: a collection*. New York: Oxford University Press, 2004. p. 159.
78. Ibid., p. 159.
79. SCARRY, Elaine. Five errors in the reasoning of Alan Dershowitz. In: LEVINSON, Sanford (ed.). *Torture: a collection*. New York: Oxford University Press, 2004. p. 281. Esta observação quanto ao conhecimento imperfeito também está em LUBAN, George. Liberalism, torture, and the Ticking Bomb. In: GREENBERG, Karen J. (ed.). *The torture debate in America*. New York: Cambridge University Press, 2006. p. 46.
80. SCARRY, Elaine. Five errors in the reasoning of Alan Dershowitz. In: LEVINSON, Sanford (ed.). *Torture*: a collection. New York: Oxford University Press, 2004. p. 284.
81. HUNSINGER, George. Torture is ticking bomb: why the necessity defense fails. In: HUNSINGER, George (ed.). *Torture is a moral issue: christians, jews, muslisms and people of conscience*. Cambridge: William B. Eedermans Publishing Company, 2008. p. 57.

uma orientação consequencialista[82], baseada na ideia de que "a dignidade seria algo que unicamente debe respetarse en tanto que los costes de este respeto no sobrepasen un determinado umbral de importancia[83]".

Sob uma perspectiva utilitarista centrada no ato, ou seja, mal da tortura *vs* bem produzido pelas vidas concretas que foram salvas, a justificação, como explica LLOBET ANGLÍ, parece plausível, ainda que haja o risco de que a segurança se converta em único interesse de proteção do Estado[84]. Sem embargo, longe desse caráter utilitário, a lógica do mal menor, segundo esta penalista, mostra-se contraditória, pois, no raciocínio de SILVA SANCHÉZ, o estado de necessidade, "[...] no se trata de salvar el bien más valioso, sino de solventar el conflicto surgido con la menor perturbación posible del «statu quo», es decir, de las condiciones preexistentes en la sociedad antes de la aparición de aquél[85]". Assim, deve haver uma ponderação de interesses de índole técnico-penal com uma análise ético-social (critério de proporcionalidade).

Levando em consideração que a ponderação de males ou de interesses em conflito é central, mas não exclusiva na análise do estado de necessidade[86], cabe abordar outros pontos que interessam à questão, quais sejam: a origem do perigo; atualidade deste perigo; inevitabilidade e o meio adequado ou necessário para afastar dito perigo.

Com relação à origem do perigo, sabe-se que muitas vezes os casos de bomba-relógio são provocados por agressão humana injusta e direta, o que deveria levar à discussão para a legítima defesa e não para o estado de necessidade, posto que, conforme DIAS, "[...] escapa à *ratio* desta causa de justificação [...][87]". Sob esta perspectiva, seria ilegítimo, portanto, invocar o estado de necessidade como causa de justificação da tortura.

---

82. FARREL, Michelle. *The prohibition of torture in exceptional circunstances.* United Kingdom: Cambridge University Press, 2013. p. 288. GRECO, Luís. Las reglas detrás de la excepción. Reflexiones respecto de la tortura en los grupos de casos de las ticking time bombs. *InDret*, Barcelona, 27 abr. 2007. p. 12.

83. GRECO, Luís. Las reglas detrás de la excepción. Reflexiones respecto de la tortura en los grupos de casos de las ticking time bombs. *InDret*, Barcelona, 27 abr. 2007. p. 12.

84. LLOBET ANGLÍ, Mariona. ¿Es posible torturar en legítima defensa de terceros? *InDret*, Barcelona, jul. 2010. p. 23.

85. SILVA SANCHÉZ, Jesús-María. Sobre el estado de necesidad en Derecho penal español. *Anuario de Derecho Penal y Ciencias Sociales,* Tomo 35, n. 3, 1982. p. 665.

86. AMBOS, Kai. *Terrorismo, tortura y derecho penal*: *respuestas en situaciones de emergencia.* Barcelona: Atelier, 2009. p. 52.

87. DIAS, Augusto da Silva. Torturando o inimigo ou libertando da garrafa o gênio do mal? Sobre a tortura em tempos de terror. *Revista do Ministério Público do RS*, Porto Alegre, n. 71, ene. 2012. p. 259.

Não obstante, sequer a submissão de um familiar ou amigo do suspeito à tortura é legítimo, uma vez que tal sacrifício não é coerente sob a lógica consequencialista, visto que aquele pouco ou nada pode saber sobre o ataque, nada servindo para evitá-lo; e, também, não é coerente sob a compreensão ético-moral, em que a dignidade humana é inalienável[88], sendo proibida a reificação[89].

A respeito da atualidade do mal ou perigo, pressuposto temporal do estado de necessidade, deve-se reconhecer que a explosão da bomba-relógio talvez suceda só depois de horas ou dias[90]. Tal suposição, cabe dizer, é um ponto de controvérsia na doutrina, pois, para muitos, não havendo atualidade, não há ameaça a direito próprio ou de terceiro (outro requisito desta causa de justificação); já para outros, um perigo iminente caracteriza um estado de necessidade preventivo[91].

Todavia, a corrente que se adota quanto ao critério da atualidade do perigo, influi na análise da inevitabilidade do mal, condição inerente ao estado de necessidade[92]. Para AMBOS, por exemplo, "[...] el peligro sólo puede considerarse «actual» si una contra-medida posterior no fuera posible o sólo con riesgos mucho mayores[93]". Estando a materialização do perigo distante, é possível que outros meios de investigação ou de inteligência dos órgãos de segurança consigam obter a informação necessária para evitar o dano[94], apresentando-se, assim, como meios mais adequados. Alternativas também possíveis e menos lesivas seriam a desativação da bomba-relógio ou a evacu-

---

88. DIAS, Augusto da Silva. Torturando o inimigo ou libertando da garrafa o gênio do mal? Sobre a tortura em tempos de terror. *Revista do Ministério Público do RS*, Porto Alegre, n. 71, ene. 2012. p. 259-260. Também fundado no raciocínio da dignidade humana vide: GRECO, Luís. Las reglas detrás de la excepción. Reflexiones respecto de la tortura en los grupos de casos de las ticking time bombs. *InDret*, Barcelona, 27 abr. 2007. passim. A APT traz dito argumento em ASSOCIATION FOR THE PREVENTION OF TORTURE. *Defusing the ticking bomb scenario: why we must say no to torture, always*. Geneva: Association for the Prevention of Torture (APT), 2007. p. 12 e 18-21.

89. A reificação, segundo HONNETH, pode, dentre outras possibilidades, ser definida como um "comportamiento humano que quebranta nuestros principio morales o éticos en tanto otros sujetos no son tratados de acuerdo con sus cualidades humanas, sino como objetos insensibles, inertes, como 'cosas' o 'mercancías'". E acrescenta: "la reificación de los seres humanos supone [...] perder de vista o negar el hecho de su reconocimiento previo". Cf. HONNETH, Axel. *Reificación: un estudio en la teoría del reconocimiento*. Buenos Aires: Katz, 2007. p. 17 e 103.

90. DIAS, op. cit., p. 255.

91. FIGUEIREDO DIAS, Jorge de. *Direito penal: parte geral*. Tomo I. 2. ed. Portugal: Coimbra Editora, 2007. p. 443.

92. Sobre esta hipótese, vide ZAFFARONI, Eugenio Raúl; SLOKAR, Alejandro; ALAGIA, Alejandro. *Derecho penal: parte general*. Tomo I. 2. ed., Buenos Aires: Ediar, 2002. p. 634.

93. AMBOS, Kai. *Terrorismo, tortura y derecho penal: respuestas en situaciones de emergencia*. Barcelona: Atelier, 2009. p. 53.

94. AMBOS, Kai. *Terrorismo, tortura y derecho penal: respuestas en situaciones de emergencia*. Barcelona: Atelier, 2009. p. 53.

ação do local onde está dito artefato[95]. Já sob a lógica do estado de necessidade preventivo, mas numa perspectiva exclusivamente enfocada no requisito da inevitabilidade do mal, infere-se que havendo iminência do perigo não haveria razão para acudir a meios menos lesivos, pois a situação de necessidade já estaria presente. Mas levando em conta outros fatores, como a ponderação de interesses de caráter técnico-penal com uma análise ético-social, a tortura não restará justificada nem para esta corrente.

Ante o exposto, cabe dizer que, sob a dogmática penal, não há elementos no cenário de *Ticking Bomb* que possam caracterizar o estado de necessidade[96].

4.3.2 Legítima defesa de terceiros

A corrente favorável à legítima defesa de terceiros está baseada, a partir de um ponto de vista jurídico-filosófico, na "regla de la caducidad[97]", a qual tem essência deontológica. Dita regra, conforme GRECO, sustenta que "la dignidad sería algo que podría perderse por el comportamiento precedente propio[98]", justificando a exceção à proibição da tortura. Se o indivíduo, sob esta perspectiva, pode perder a dignidade em virtude de seu mau comportamento, isto significa que a dignidade não é uma característica inerente ao ser humano (em sentido kantiano), mas acrescentada, e, portanto, resolutória[99]. Nestes termos, como explica FARREL, a tortura não constituiria uma violação de direitos, já que o sujeito, por haver criado a situação de *Ticking Bomb*, os perdeu[100].

Para GRECO, esta regra da caducidade está equivocada não só desde um ponto de vista de proibição de coisificação fundada na dignidade hu-

95. Neste sentido: LLOBLET ANGLÍ, Mariona. Terrorismo y "guerra contra el terror". Límites de punición en un Estado democrático. Tesis doctoral. *Departament de Dret*. Universitat Pompeu Fabra, Barcelona, España, 2008. p. 272.

96. LLOBET ANGLÍ, Mariona. ¿Es posible torturar en legítima defensa de terceros? *InDret*, Barcelona, jul. 2010. p. 25. DIAS, Augusto da Silva. Torturando o inimigo ou libertando da garrafa o gênio do mal? Sobre a tortura em tempos de terror. *Revista do Ministério Público do RS*, Porto Alegre, n. 71, ene. 2012. p. 247-255.

97. GRECO, Luís. Las reglas detrás de la excepción. Reflexiones respecto de la tortura en los grupos de casos de las ticking time bombs. *InDret*, Barcelona, 27 abr. 2007. p. 11.

98. Ibid., p. 11.

99. GRECO, Luís. Las reglas detrás de la excepción. Reflexiones respecto de la tortura en los grupos de casos de las ticking time bombs. *InDret*, Barcelona, 27 abr. 2007. p. 11. Vide também: FARREL, Michelle. *The prohibition of torture in exceptional circunstances*. United Kingdom: Cambridge University Press, 2013. p. 232.

100. FARREL, Michelle. *The prohibition of torture in exceptional circunstances*. United Kingdom: Cambridge University Press, 2013. p. 232.

mana, mas também de legitimidade estatal, pois o Estado, ao exercer o monopólio da violência, detém um poder legítimo que necessita fundamentar numa perspectiva jurídica e moral, a qual atualmente é a representação da vontade dos cidadãos, mais especificamente do querer, e não do conteúdo do que se quer[101]. Neste caminho, a tortura é inadmissível porque "[...] aniquila la condición del ser humano, precisamente, de tener una voluntad, que es presupuesto, como se ha dicho, para el ejercicio legítimo del poder[102]". Nesta linha, a tortura é uma manifestação do Estado de "[...] que la voluntad no le interesa en absoluto[103]", o que mostra ser "[...] contradictorio centrarse en el contenido de la voluntad[104]".

Sob uma perspectiva dogmática, cabe lembrar que a legítima defesa de terceiros, para ter legitimidade, deve fazer com que seus efeitos incidam sobre o responsável pela agressão injusta[105]. Desta maneira, considerando a problemática do conhecimento imperfeito, existe a possibilidade de o suspeito não ser o ofensor, seja por ser um terceiro equivocadamente capturado, seja por ter relações com algum membro do grupo terrorista, mas que nada saiba sobre o atentado. E contra estes não pode haver defesa porque não há por sua parte agressão ilegítima[106].

Ademais, o requisito temporal da iminência ou atualidade da agressão pode estar ausente, o que fará com que a conduta não esteja amparada no estado de necessidade. AMBOS alerta que um cenário em que se utilize uma bomba de tempo, a legítima defesa como causa de justificação normalmente não vai encaixar juridicamente devido à falta do requisito de imediação, posto que, entre a ativação da bomba e sua explosão, pode passar horas, e em legítima defesa devemos falar de minutos[107]. Não havendo

---

101. GRECO, Luís. Las reglas detrás de la excepción. Reflexiones respecto de la tortura en los grupos de casos de las ticking time bombs. *InDret*, Barcelona, 27 abr. 2007. p. 13. Contudo, pondera GRECO, seja "una representación en la cual de ninguna manera puede reconocerse al representado, porque éste ni siquiera es considerado como titular de una voluntad, no es justamente una representación". Cf. GRECO, Luís. Las reglas detrás de la excepción. Reflexiones respecto de la tortura en los grupos de casos de las ticking time bombs. *InDret*, Barcelona, 27 abr. 2007. p. 14.

102. Ibid., p. 14.

103. Ibid., p. 15.

104. Ibid., p. 15.

105. ZAFFARONI, Eugenio Raúl; SLOKAR, Alejandro; ALAGIA, Alejandro. *Derecho penal: parte general.* Tomo I. 2. ed., Buenos Aires: Ediar, 2002. p. 621. FIGUEIREDO DIAS, Jorge de. Direito penal: parte geral. Tomo I. 2. ed. Portugal: Coimbra Editora, 2007. p. 433.

106. ZAFFARONI, Eugenio Raúl; SLOKAR, Alejandro; ALAGIA, Alejandro. *Derecho penal: parte general.* Tomo I. 2. ed., Buenos Aires: Ediar, 2002. p. 622.

107. AMBOS, Kai. *Terrorismo, tortura y derecho penal: respuestas en situaciones de emergencia.* Barcelona: Atelier, 2009. p. 39.

imediação, existem outras medidas adequadas e menos gravosas para evitar a agressão, como métodos humanitários de interrogatório, desativação da bomba ou evacuação do espaço onde ela está[108].

Quando iminente ou atual, a legítima defesa, desde uma perspectiva estritamente de Direito Penal, estará, a juízo de LLOBET ANGLÍ, caracterizada[109], como exemplifica:

> Así, el caso de un explosivo con temporizador que ya está en marcha y listo para estallar, cuando su autor, detenido, es el único que conoce el código para desactivarlo, es estructuralmente idéntico a aquél en el que un sujeto está a punto de apretar el dispositivo de una bomba y un agente de la autoridad le tiene a tiro[110].

Para a autora, se na legítima defesa é justificado matar, também pode está-lo torturar[111](observação que compartilha STEINHOFF[112]). Todavia, o exemplo que descreve não é um caso de tortura, senão de homicídio. Em minha opinião, são ações ou situações incomparáveis. O homicídio poderia ser, com efeito, o único meio disponível e suficiente naquele momento para afastar a agressão, mas o mesmo não se aplicaria à tortura porque, se um agente policial conseguisse apreender o sujeito que estava a ponto de apertar o dispositivo da bomba para consequentemente torturá-lo, estaria excedendo os limites dos meios necessários, visto que a simples detenção já seria suficiente para afastar a agressão. E como recorda DIAS, ainda que os agentes de segurança pública estejam autorizados a "[...] usar a força e inclusive armas de fogo em situações de legítima defesa, própria ou de terceiros, [...] esse uso nunca se pode traduzir no emprego de tortura[113]".

Outro ponto que obstaculiza uma comparação de homicídio com tortura é que, se, de um lado, a morte pode parecer um fato mais grave que os danos à integridade física e psíquica, de outro, há que recordar que o direito de guerra proíbe em absoluto a tortura, e não o matar. Nestes termos, salienta-se que BOBBIO inclusive considera a proibição da tortura um

---

108. ASSOCIATION FOR THE PREVENTION OF TORTURE. *Defusing the ticking bomb scenario: why we must say no to torture, always*. Geneva: Association for the Prevention of Torture (APT), 2007. p. 6 e 10.

109. LLOBET ANGLÍ, Mariona. ¿Es posible torturar en legítima defensa de terceros? *InDret*, Barcelona, jul. 2010. p. 25-26.

110. Ibid., 25.

111. Ibid., p. 26-27.

112. STEINHOFF, Uwe. *On the ethics of torture*. Albany: Suny Press, 2013. p. 33 e 54.

113. DIAS, Augusto da Silva. Torturando o inimigo ou libertando da garrafa o gênio do mal? Sobre a tortura em tempos de terror. *Revista do Ministério Público do RS*, Porto Alegre, n. 71, ene. 2012. p. 248.

direito fundamental absoluto, como veremos adiante[114]. Também, o artigo 2º da Convenção contra a Tortura e Outros Tratamentos ou Penas Cruéis, Desumanos ou Degradantes[115] e o 3º da Declaração sobre a Proteção de Todas as Pessoas Contra a Tortura e Outros Tratamentos ou Penas Cruéis, Desumanos ou Degradantes[116], são expressos ao determinar que quaisquer circunstâncias excepcionais, inclusive a guerra, não podem ser invocadas como justificação da tortura. Para DIAS, esta proibição é absoluta, abarcando tanto "[...] a previsão legal da autorização da tortura como a invocação directa daquelas causas de justificação[117]". A tortura, portanto, encontra obstáculo insuperável na dignidade humana, visto que conduz à reificação do ser humano, transmutando-o em meio ao revés de fim, como será explanado no último item deste capítulo.

LLOBET ANGLÍ, a sua vez, faz uma interpretação que distingue a ponderação de interesses do estado de necessidade daquela da legítima defesa, concluindo que a Convenção contra a Tortura só proíbe a tortura enquanto estado de necessidade, e não como legítima defesa[118]. Talvez por isso que questione, assim como STEINHOFF[119], a vertente que sustenta "[...] la dignidad humana (que resulta atacada por la tortura) como bien de tal calibre

114. BOBBIO, Norberto. *El tiempo de los derechos*. Madrid: Editorial Sistema, 1991. p. 79.

115. BRASIL. Decreto nº 40, de 15 de fevereiro de 1991. Promulga a Convenção Contra a Tortura e Outros Tratamentos ou Penas Cruéis, Desumanos ou Degradantes. In: PLANALTO. *Legislação Republicana Brasileira*. Brasília, 1991. Disponível em: <http://www.planalto.gov.br/ccivil_03/decreto/1990-1994/D0040.htm>. Acesso em: 26 mar. 2015.

116. DECLARAÇÃO SOBRE A PROTECÇÃO DE TODAS AS PESSOAS CONTRA A TORTURA E OUTRAS PENAS OU TRATAMENTOS CRUÉIS, DESUMANOS OU DEGRADANTES. In: Ministério Público Federal – MPF. *Legislação*. Disponível em: <http://pfdc.pgr.mpf.mp.br/atuacao-e-conteudos-de-apoio/legislacao/tortura/declaracao_sobre_protecao_pessoas.pdf>. Acesso em: 26 mar. 2015.

117. DIAS, Augusto da Silva. Torturando o inimigo ou libertando da garrafa o gênio do mal? Sobre a tortura em tempos de terror. *Revista do Ministério Público do RS*, Porto Alegre, n. 71, ene. 2012. p. 247.

118. LLOBLET ANGLÍ, Mariona. Terrorismo y "guerra contra el terror". Límites de punición en un Estado democrático. Tesis doctoral. *Departament de Dret*. Universitat Pompeu Fabra, Barcelona, España, 2008. p. 273.

119. STEINHOFF, Uwe. *On the ethics of torture*. Albany: Suny Press, 2013. p. 33 e 54."Deixe-me primeiramente observar que praticamente todas as publicações recentes dirigidas contra o argumento de *Ticking Bomb* não proporcionam nenhum argumento deontológico plausível para a afirmação de que existe um direito absoluto (ao menos ao que o mundo real se refere) a não ser torturado. Para um argumento plausível, não é suficiente simplesmente brandir os conceitos de 'dignidade humana' ou de 'fins em si mesmos' ou 'direitos humanos'; em vez disso teria que demonstrar porque a tortura em defesa própria deve ser absolutamente proibida ou que viola os direitos humanos ou a dignidade humana, enquanto que matar em defesa própria não o é nem nestes documentos. Obviamente, essa é uma pergunta muito difícil, e em seu desespero alguns oponentes absolutistas recorrem a insistir que todas as formas de tortura são piores que a morte. Bom, não são, como vimos, e como um momento de reflexão pode-se mostrar facilmente: 'prefere a morte aos 30 minutos de afogamento simulado? Ou até um dia todo de *waterboarding*?'" Cf. STEINHOFF, Uwe. *On the ethics of torture*. Albany: Suny Press, 2013. p. 54.

cuyo ataque no es posible de justificar bajo ninguna circunstancia[120]", observando que "[...] no se aporta ningún argumento lo suficientemente sólido e incontrovertido que demuestre que la dignidad o la integridad moral de una persona es un bien de mayor relevancia que su vida[121]". Para esta penalista catalã, "[...] quien intenta cometer un homicidio, una vez comienza la tentativa, pierde la pretensión de que no se le mate y que su derecho a la vida sea respetado[122]". Assim, opina que "[...] hay que argumentar por qué la dignidad humana es un bien superior a la vida que no puede perderse ni por el propio actuar precedente[123]", o que, segundo observa, esta corrente não faz[124]. Neste sentido, nem o argumento da dignidade humana enquanto limite último a qualquer ponderação[125], e, assim, como obstáculo a ações coisificadoras escapa da indagação de LLOBLET ANGLÍ: "¿qué cosifica más a una persona que matarlo, que privarlo de su vida, que otro decida por ti si vives o mueres?[126]".

A ideia de que "a tortura não é tão ruim como a morte[127]" é, segundo EMERICK e WISNEWSKI, uma ilusão que pode resultar sempre na decisão pela tortura. Um exemplo disso é a proposta de STEINHOFF de tornar a tortura legal, sob o argumento de que ela "[...] não é pior que a morte e, provavelmente, não é pior que uma década de encarceramento[128]".

Com efeito, há autores que dizem que a tortura não é sempre pior que a morte, porque creem que aquela nem sempre é severa ou prolongada. Su-

---

120. LLOBET ANGLÍ, Mariona. ¿Es posible torturar en legítima defensa de terceros? *InDret*, Barcelona, jul. 2010. p. 26.

121. Ibid., p. 26.

122. Ibid., p. 26.

123. Ibid., p. 26.

124. Ibid., p. 26.

125. Pese criticar a dignidade humana como argumento último contra a tortura na hipótese de estado de necessidade, a autora não se opõe à ideia de que a tortura atenta contra a dignidade humana, posto que usou tal raciocínio para rechaçar os modelos de valoração *ex ante* e *ex post* da tortura. Vide: "Esta fuera de toda duda que un Estado democrático de Derecho no puede elaborar normas especificas que introduzcan excepciones a la prohibición de la tortura, tengan que aplicarse *ex ante* o *ex post*, tanto por razones normativas como iusfilosóficas: la tortura atenta contra la dignidad humana. Por tanto, no está legitimada la regulación de autorizaciones judiciales o gubernamentales que posibiliten su práctica. Ahora bien, tampoco pueden establecerse exenciones y procedimientos concretos para supuestos de torturas, aplicables *a posteriori*". Cf. LLOBLET ANGLÍ, Mariona. Terrorismo y "guerra contra el terror". Límites de punición en un Estado democrático. Tesis doctoral. *Departament de Dret*. Universitat Pompeu Fabra, Barcelona, España, 2008. p. 260.

126. LLOBET ANGLÍ, op. cit., p. 26.

127. EMERICK, R. D; WISNEWSKI, Jeremy J.. *The ethics of torture*. New York: Continuum, 2009. p. 61.

128. STEINHOFF, Uwe. Torture: the case for dirty Harry and against Alan Dershowitz. In: WHITE, James E. (ed.). *Contemporany problems: war terrorism, torture and assassination*. 4 ed. Boston: Wadsworth 2012. p. 88.

põem que dificilmente alguém iria preferir ser morto (*eliminação permanente*) a submeter-se a uma inserção de agulhas debaixo das unhas por uma hora (*violação temporal da autonomia*) ou a 30 minutos de afogamento simulado ou a um dia todo de *waterboarding*, resultando um exagero uma afirmação de que seria melhor se lhe tivesse matado[129]. De outro lado, se a tortura fosse em grau mais intenso ou contínuo, o sujeito escolheria a morte[130].

Contudo, "a tortura é uma arte, não uma ciência[131]", como aduz REJALI. Uma tortura científica, dosada e controlada é, quiçá, uma utopia, não tendo nada a ver com "[...] o estudo empírico dos instrumentos de tortura[132]". E dita realidade não seria diferente numa tortura preventiva. A tortura é experimentar a morte em vida[133]. É ter o desejo de que o corpo morra para que o intenso sofrimento psicológico e físico cesse. E não sendo possível suicidar-se durante o ato, muitos rogam para que lhes matem[134]. Saindo vivos da tortura, continuam torturados pelas graves sequelas, sobretudo emocionais[135], que podem culminar inclusive em suicídio[136] ante a dificuldade de *elaboração* do trauma[137]. Assim, como observam EMERICK e WISNEWSKI, "a pergunta que deve ser feita, portanto, não é o que se prefere: a tortura ou a morte; a questão, mais honesta, é a seguinte: o que é preferível, uma morte imediata ou a tortura, seguida da vida angustiante de quem foi torturado?[138]"

Não obstante, cabe observar que o argumento que tacha o deontológico de retórico, também pode ser assim tachado, como adverte LA TORRE: "el argumento es circular: funciona – dentro de sus estrictos límites no jurídicos

129. Neste sentido, vide respectivamente: FROWE, Helen. *The ethics of war and peace: an introduction*. 2. ed. New York: Routledge, 2011. p. 204-205. ALLHOFF, Fritz. *Terrorism, ticking time bombs, and torture: a philosophical analysis*. Chicago: The University of Chicago Press, 2012. p. 130. STEINHOFF, Uwe. *On the ethics of torture*. Albany: Suny Press, 2013. p. 54.

130. DAVIS, Michael. Justifying torture as an act of war. In: MAY, Larry (ed.). *War: essays in politics*. New York: Cambridge University Press, 2008. p. 192-193.

131. REJALI, Darius. *Torture and Democracy*. New Jersey: Princeton University Press, 2007. p. 28.

132. Ibid., 28.

133. EMERICK, R. D; WISNEWSKI, Jeremy J.. *The ethics of torture*. New York: Continuum, 2009. p. 62-63.

134. VAN GEMERT, Lia. Severing what was joined together: debates about pain in the Seventeenth-Century Dutch Republic. In: VAN DIJKHUIZEN, Jan Frans; ENENKEL, Karl A. E (ed.). *The sense of suffering: construction of physical pain in early modern culture*. Leinden: Brill, 2009. p. 446. EMERICK, R. D; WISNEWSKI, Jeremy J.. *The ethics of torture*. New York: Continuum, 2009. p. 57-58.

135. Sobre os inúmeros efeitos gerados pela tortura, vide O'MARA, Shane. *Why torture doesn't work: the neuroscience of interrogation*. Cambridge: Harvard University Press, 2015.

136. EMERICK; WISNEWSKI, op. cit., p. 57-58.

137. A respeito do processo de *elaboração*, vide FREUD, Sigmund. *Inhibición, síntoma y angustia*. v. 20. Argentina: Amorrotu Editores, 1999.

138. EMERICK, R. D; WISNEWSKI, Jeremy J.. *The ethics of torture*. New York: Continuum, 2009. p. 61-62.

– sólo si ya se asume que la tortura sea un mal menor con respeto a la muerte o al asesinado[139]". E adiciona: "[...] el argumento tendría que demostrar proprio esta menor gravedad del tormento, es decir su calidad de 'mal menor', y no simplemente reiterarla de manera retórica como de hecho se propone[140]".

Esse professor italiano alerta ainda que a ponderação dignidade *vs* dignidade também tem caráter retórico, porque "la ponderación sin embargo funciona entre principios, no entre reglas. [...] las reglas sobre tortura en general son de carácter rígidamente imperativo. Son prohibiciones estrictas. Así que no serían pasibles de ponderación[141]". Ademais, a dignidade, segundo entende, "[...] es un principio que no puede ponderarse con sí misma o contra sí misma. En efecto, no es un simple derecho individual, sino la base de todo los derechos y tiene un carácter inmediatamente universal[142]".

De todo modo, buscando um raciocínio que considera mais consistente que o deontológico, LLOBLET ANGLÍ reflete: "[...] si la prohibición absoluta de esta práctica se fundamenta en el mero atentado contra la dignidad de las personas, la tortura cometida por particular también debería ser típica, puesto que la conducta en sí es idéntica y vulnera el mismo bien jurídico[143]". Contudo, "[...] la tortura sólo se castiga como forma de violencia patrocinada por el Estado, esto es, cuando el sujeto activo es un funcionario público[144]"; quando levada a cabo por particulares é punida como lesão, ameaça e delitos contra a integridade moral[145]. E é aí que está o que supõe ser o verdadeiro perigo: "[...] hay que mantener la tortura desterrada de los ordenamientos jurídicos democráticos no tanto por el bien jurídico individual atacado en sí, sino, principalmente, por quién y cómo se vulnera[146]", pois existe o risco de tal prática, quando institucionalizada, resultar em abusos estatais, acarretando o "[...] fin de las normas que rigen una democracia[147]" (esta crítica, em sua totalidade, não tem aplicação universal,

139. LA TORRE, Massimo. Amistades peligrosas. Tortura y derecho. *Derechos y Libertades*, n. 28, Época II, enero 2013. p. 35.

140. Ibid., p. 35.

141. Ibid., p. 35.

142. Ibid., p. 36.

143. LLOBET ANGLÍ, Mariona. ¿Es posible torturar en legítima defensa de terceros? *InDret*, Barcelona, jul. 2010. p. 27.

144. Ibid., p. 27.

145. Ibid., p. 27.

146. LLOBET ANGLÍ, Mariona. ¿Es posible torturar en legítima defensa de terceros? *InDret*, Barcelona, jul. 2010. p. 27.

147. LLOBET ANGLÍ, Mariona. ¿Es posible torturar en legítima defensa de terceros? *InDret*, Barcelona, jul. 2010. p. 27. Também neste sentido: ROTH, Kenneth. Getting away with torture. In: HUNSIN-

pois no Brasil o sujeito ativo da tortura pode ser qualquer pessoa – classificação que segue também a Itália no projeto de inclusão deste delito em seu ordenamento[148]; nestes casos, portanto, só é válida a parte referente ao risco de institucionalização de tal prática e suas possíveis consequências).

Inclusive AMBOS aborda estas questões, ponderando sobre o conflito dignidade humana do suspeito *versus* dignidade humana da vítima, interesses de igual valor[149]. Reconhece que "[...] un Estado que categóricamente prohíbe la tortura parece abandonar en este caso a la víctima y, de ese modo, violar su dignidad humana[150]", mas afirma que não se pode responsabilizar o Estado por um fato cometido por outra pessoa, e por não haver usado uma técnica proibida por leis nacional e internacionais[151]. Assim, aponta que a razão central que impossibilita a tortura é a contradição de uma ordem ou permissão desta prática com os princípios do Estado de Direito[152]: se a legítima defesa fizesse da tortura um ato legal, esta não seria antijurídica, o que "[...] crearía una contradicción irreconciliable entre sostener la prohibición a nivel estatal y abandonarla a nivel de justificación individual[153]"; também,

---

GER, George (ed.). *Torture is a moral issue*: *christians, jews, muslisms and people of conscience*. Cambrigde: William B. Eedermans Publishing Company, 2008. p. 19.

148. Esta tipificação da tortura na Lei 9.455 de 1997, do Brasil, é objeto de divergência na doutrina brasileira: uma corrente entende que é inconstitucional porque segundo a Convenção Contra a Tortura e Outros Tratamentos ou Penas Cruéis, Desumanos ou Degradantes e a Convenção Interamericana para Prevenir e Sancionar a Tortura, os quais trazem a definição de tortura, tal crime deveria ser próprio, ou seja, somente possível de ser cometido por agentes do Estado; outra corrente afirma, a sua vez, que a parte final do artigo 1º da Convenção Contra a Tortura e Outros Tratamentos ou Penas Cruéis, Desumanos ou Degradantes, que também define o que é tortura, é claro ao assinalar que "o presente artigo se entenderá sem prejuízo de qualquer instrumento internacional ou legislação nacional que contenha ou possa conter disposições de maior alcance", o que permite à lei interna tipificar a tortura como delito comum, buscando tutelar, assim, de forma suficiente a integridade física, psíquica e moral da vítima (alcance que nenhum outro tipo penal teria), posto que a tortura segue sendo tortura inclusive quando praticada por particulares. Cabe assinalar que Itália, que ainda não tipificou a tortura em seu ordenamento, inclina-se por considerá-la um delito comum. Vide respectivamente: BRASIL. Lei 9.455 de 7 de abril de 1997. Define os crimes de tortura e dá outras providências. In: *Planalto. Legislação Republicana Brasileira*. Brasília, 1997. Disponível em: <http://www.planalto.gov.br/ccivil_03/leis/L94

55.htm>. Acesso em: 19 jun. 2016. ITALIA. Atto Senato n. 849. Introduzione del delitto di tortura nell'ordinamento italiano. In: *Senato della Repubblica*. Disponível em: <http://www.senato.it/leg/17/BGT/Schede/Ddliter/41371.htm>. Acesso em: 19 jun. 2016.

149. AMBOS, Kai. *Terrorismo, tortura y derecho penal*: *respuestas en situaciones de emergencia*. Barcelona: Atelier, 2009. p. 44-45.

150. Ibid., p. 45.

151. Ibid., p. 48.

152. Ibid., p. 46-47.

153. AMBOS, Kai. *Terrorismo, tortura y derecho penal*: *respuestas en situaciones de emergencia*. Barcelona: Atelier, 2009. p. 47.

"[...] la víctima no podría defenderse contra el ataque que el torturador realiza a su dignidad humana, sino que tendría que tolerarlo ya que la legítima defensa presupone un ataque ilícito[154]". Ademais, "si la tortura no puede ser lícita para el Estado, no puede serlo tampoco para el investigador policial como representante del Estado[155]". Portanto, como conclui AMBOS, "[...] el reconocimiento de la tortura como un acto lícito convertiría en definitiva la tortura en algo legal y socialmente aceptable[156]".

Disto, infere-se que LLOBLET ANGLÍ e AMBOS preferem orientar-se por um ponto de vista jurídico-político, ao invés de uma perspectiva jurídico-filosófica, baseando-se principalmente no rechaço do pressuposto de número 10 da *Ticking Bomb Scenario Theory*. De qualquer modo, no fim das contas, tanto o ponto de vista jurídico-político quanto o jurídico-filosófico resultarão numa essencial conclusão: a tentativa de fazer frente com a tortura a um mal maior, materializado na ameaça de morte de vários inocentes num cenário de bomba-relógio, leva a um mal muito maior, de debilitar ou por fim às normas que regem a democracia ou que fundam o Estado Democrático de Direito.

4.3.3 Autorização *ex ante* e exculpação ou justificação *ex post facto*

DERSHOWITZ, quem crê que "la realidad trágica es que la tortura algunas veces funciona, por mucho que mucha gente desee que no sea así[157]", não interpreta a tortura no cenário da bomba-relógio como uma possibilidade de estado de necessidade ou de legítima defesa de terceiros. Em sua opinião, a tortura neste caso deve ser fruto de uma autorização judicial ou executiva prévia, a qual chama de "mandado de tortura[158]", e só pode ser dirigida a não inocentes. Sua proposta, portanto, é de aproximação não consequencialista, ainda que pareça, *prima facie*, consequencialista[159].

---

154. Ibid., p. 47.

155. Ibid., p. 47.

156. Ibid., p. 47.

157. DERSHOWITZ, Alan M. *¿Por qué aumenta el terrorismo?* Para comprender la amenaza y responder al desafío. Madrid: Ediciones Encuentro, 2004. p. 161. Para ele, "hay numerosos casos en los que la tortura ha producido información comprobable por sí misma, verdadera, que era necesario para impedir daños civiles". Cf. DERSHOWITZ, Alan M. *¿Por qué aumenta el terrorismo?* Para comprender la amenaza y responder al desafío. Madrid: Ediciones Encuentro, 2004. p. 161.

158. DERSHOWITZ, Alan M. *¿Por qué aumenta el terrorismo?* Para comprender la amenaza y responder al desafío. Madrid: Ediciones Encuentro, 2004. p. 166-187.

159. FARREL advoga que "[...] pese al razonamiento de Dershowitz parecer consecuencialista, es, en general, no consecuencialista" porque é contrário à tortura de inocentes. E é a não admissão da tortura de inocentes que faz com que FARREL efetivamente classifique DERSHOWITZ como não consequencialista, como segue: "al no torturar a la madre sospechosos porque ella es inocente, a

SCARRY, a sua vez, entende que essa proposta é um erro, porque é questionável se "[...] um juiz ou um funcionário do Poder Executivo, atuando sob a pressão de uma bomba-relógio, será capaz de discriminar entre casos aceitáveis e inaceitáveis[160]". A autora se diz cética quanto a uma discriminação coerente[161], perguntando se, sob este mandado de tortura, "são aceitáveis os casos que implicam essas armas de destruição massiva (e, portanto, dezenas de milhões de mortos) e [...] inaceitáveis aqueles que implicam um menor número de lesões? Ou é algum fator que não seja o número de pessoas a chave [...]?[162]". Neste sentido, propugna que a atuação do torturador, ao invés de ser autorizada *ex ante* por um juiz, seja valorada *ex post* por pares, isto é, por jurados de iguais[163] (no modelo espanhol, segundo LLOBLET ANGLÍ, a decisão, em ambos os casos, seria tomada por magistrados[164]. No Brasil, o julgamento seria realizado por magistrados, salvo havendo crime doloso contra a vida[165]).

GROSS também defende a exculpa *ex post*, mas com algumas diferenças. Após esclarecer que a proibição absoluta da tortura deve ser mantida no ordenamento jurídico, sustenta que, ao mesmo tempo, deve ser reconhecida a possibilidade de que os agentes estatais rompam com esta regra em casos extremos e catastróficos, como os de *Ticking Bomb*, buscando posterior ratificação para o seu atuar ilegal[166]. Este atuar, que chama de "desobediência legal" (*official disobedience*), deverá ser valorado *a posteriori* por parte da sociedade desde um ponto de vista legal

---

pesar de que, como se infiere, su tortura podría producir la información necesaria, como se mencionó anteriormente, se da a entender que debido a la culpabilidad de los sospechosos, la tortura es de alguna manera merecida o, al menos, moralmente más justificable, ya que el sospechoso ha perdido sus propios derechos de participar en actos moralmente condenables". Cf. FARREL, Michelle. *The prohibition of torture in exceptional circunstances*. United Kingdom: Cambridge University Press, 2013. p. 232.

160. SCARRY, Elaine. Five errors in the reasoning of Alan Dershowitz. In: LEVINSON, Sanford (ed.). *Torture: a collection*. New York: Oxford University Press, 2004. p. 286.

161. Ibid., p. 285-286.

162. Ibid., p. 286.

163. SCARRY, Elaine. Five errors in the reasoning of Alan Dershowitz. In: LEVINSON, Sanford (ed.). *Torture*: a collection. New York: Oxford University Press, 2004. p. 285-286. No mesmo sentido é o rodapé 160 do capítulo 5 intitulado "The interior of structure of the artifact" de SCARRY, Elaine. *The body in pain: the making and unmaking of the world*. New York: Oxford University, 1985.

164. LLOBLET ANGLÍ, Mariona. Terrorismo y "guerra contra el terror". Límites de punición en un Estado democrático. Tesis doctoral. *Departament de Dret*. Universitat Pompeu Fabra, Barcelona, España, 2008. p. 253.

165. Art. 5º, XXXVIII,alínea "d" da Constituição Federal.

166. GROSS, Oren. The Prohibition on Torture and the Limits of the Law. In: LEVINSON, Sanford (ed.). *Torture: a collection*. New York: Oxford University Press, 2004. p. 244.

ou, inclusive, moral[167]. Sua proposta, como crê, além de assegurar que o funcionário não está acima da lei, devendo assumir o risco de seu atuar ilegal, "[...] enfatiza uma ética da responsabilidade, não só por parte dos funcionários públicos, mas também ao público em geral[168]". Contudo, reconhece que "[...] embora a tortura possa ser ratificada a nível nacional, pode ser objeto de um juízo diferente no plano internacional[169]", devido às normas internacionais de direitos humanos.

Esta exculpação ou justificação *ex post* sustentada por SCARRY, e também por GROSS[170], sofre críticas na medida em que implica insegurança aos funcionários públicos encarregados da tortura, pois estes, na impossibilidade de saber se estão atuando conforme o direito ou não[171], e de adivinhar qual será a decisão judicial com respeito a isso[172], poriam em risco sua liberdade[173] (fato que poderia inibir sua conduta[174]). De outro lado, oferecem um perigo à sociedade posto que, ao menos nos Estados Unidos, segundo DERSHOWITZ, há um contexto de "cegueira voluntária[175]" (ou "cegueira deliberada[176]"), "uma espécie de 'não pergunte, não conte'[177]", em que o governo e o procurador geral cerram seus olhos diante do uso de tortura, o que resulta na dificuldade de estes casos serem perseguidos e julgados[178](razão pela qual DERSHOWITZ prefere a autorização *ex ante*).

---

167. GROSS, Oren. The Prohibition on Torture and the Limits of the Law. In: LEVINSON, Sanford (ed.). *Torture: a collection*. New York: Oxford University Press, 2004. p. 240-241.

168. LLOBLET ANGLÍ, Mariona. Terrorismo y "guerra contra el terror". Límites de punición en un Estado democrático. Tesis doctoral. *Departament de Dret*. Universitat Pompeu Fabra, Barcelona, España, 2008. p. 242ss.

169. Ibid., p. 246.

170. Ibid., p. 229-254.

171. Ibid., p. 254.

172. Ibid., p. 254.

173. DERSHOWITZ, Alan M. *Shouting fire: civil liberties in a turbulent age*. New York: Little, Brown and company, 2002. p. 476-477.

174. LLOBLET ANGLÍ, op. cit., p. 254.

175. DERSHOWITZ, Alan M. Tortured Reasoning. In: LEVINSON, Sanford (ed.). *Torture: a collection*. New York: Oxford University Press, 2004. p. 265.

176. É a expressão utilizada por LLOBLET ANGLÍ, Mariona. Terrorismo y "guerra contra el terror". Límites de punición en un Estado democrático. Tesis doctoral. *Departament de Dret*. Universitat Pompeu Fabra, Barcelona, España, 2008. p. 258.

177. DERSHOWITZ, op. cit., p. 265.

178. DERSHOWITZ, Alan M. Tortured Reasoning. In: LEVINSON, Sanford (ed.). *Torture: a collection*. New York: Oxford University Press, 2004. p. 265. LLOBLET ANGLÍ, Mariona. Terrorismo y "guerra contra el terror". Límites de punición en un Estado democrático. Tesis doctoral. *Departament de Dret*. Universitat Pompeu Fabra, Barcelona, España, 2008. p. 258.

Não obstante, LLOBLET ANGLÍ assinala que o modelo de valoração *ex ante* permite ao torturador ter plena segurança de que está atuando de acordo com o ordenamento jurídico, mas isto não significa que acarrete mais torturas, porque estas podem ser denegadas antes de praticadas[179]. Com relação à valoração por jurados de iguais, a professora catalã alerta que

> [...] dejar la decisión *ex post facto* sobre si la tortura es necesaria o no en manos de unos ciudadanos a quienes la Administración Bush atemoriza continuamente con el fantasma del terrorismo y que, mayoritariamente, consideran que la seguridad es, en la actualidad, de mayor calado que la libertad, tampoco se presenta como una postura idónea. En este sentido, algunos abogados defensores en casos de terrorismo han puesto de relieve que el modelo de proceso judicial posterior al 11 de septiembre, con el que el Gobierno quiere enviar un falso mensaje a la nación de que los EEUU están a salvo, se caracteriza por inducir al jurado a ir en la dirección errónea. Así, la fiscalía introduce pruebas que muestran la amenaza del terrorismo y, a continuación, relaciona esa amenaza con los acusados (cfr. The New York Times y The Washington Post y ambos de 17 de agosto de 2007)[180].

Nestes termos, ainda que a supracitada autora repute que entre estes dois modelos, o de valoração prévia seja o mais propício a diminuir a tortura, observa que eles geram um dano ao sistema democrático porque burlam de forma extralegal ou extraoficial uma proibição que foi eleita pela maioria[181] e "[...] dan a entender al Estado que puede actuar de dicho modo, es decir, que existen argumentos que legitiman tal conducta en aras a prevenir futuros atos terroristas[182]", o que gera o risco de a tortura, que é uma ofensa à dignidade humana, ser implantada como política de Estado[183], olvidando que há limites ao poder da comunidade sobre os indivíduos[184].

4.4 *TICKING BOMB* E VEDAÇÃO DA TORTURA ANTE OS DIREITOS HUMANOS

Chegado a este ponto, faz-se importante analisar a possibilidade de a teoria da *Ticking Bomb Scenario* ser admitida ou não no Direito à luz dos direitos humanos.

Na contramão de todo o conjunto protetor no âmbito de Direitos Humanos, as práticas de tortura, além de existirem no plano da clandestinida-

179. LLOBLET ANGLÍ, Mariona. Terrorismo y "guerra contra el terror". Límites de punición en un Estado democrático. Tesis doctoral. *Departament de Dret.* Universitat Pompeu Fabra, Barcelona, España, 2008. p. 254.

180. Ibid., p. 258.

181. Ibid., p. 254-257.

182. Ibid., p. 257.

183. Ibid., p. 260.

184. Ibid., p. 257.

de, correm o risco de serem manejadas de forma institucional no combate ao terrorismo, ainda que sua aplicação seja criticável sob os pontos de vista jurídico, ético e moral.

A sociedade, atemorizada pelas notícias transmitidas pelos *mass media*, vem aplaudindo a persecução a qualquer preço de terroristas, manifestando inclusive uma grande simpatia à supressão de garantias penais e processuais penais destes. Neste terreno, não é de causar surpresa argumentos apaixonados em prol da institucionalização da *Ticking Bomb Theory*, cuja sistemática foi aqui abordada. Contudo, mesmo diante do anseio de uma maioria, não se deve desrespeitar ou eliminar os direitos humanos (e fundamentais) individuais. Este preceito, ressalta-se, é basilar numa democracia substancial.

A proteção dos direitos humanos, especialmente a proibição absoluta da tortura, revela-se consubstanciada no direito internacional, constituindo-se em "[...] norma geral (consuetudinária) [...], obrigatória a todos os Estados[185]". Dentre os principais documentos estão: a Declaração Universal dos Direitos Humanos, a qual faz constar em seu artigo 5 que "ninguém será submetido a tortura, nem a tratamento ou castigo cruel, desumano ou degradante[186]"; o Pacto Internacional sobre Direitos Civis e Políticos, cujo artigo 7 traz o mesmo conteúdo do dispositivo supracitado[187]; a Convenção Interamericana para Prevenir e Punir a Tortura, que contempla comandos sobre prevenção e repressão da tortura[188]; a Declaração sobre a Proteção de Todas as Pessoas Contra a Tortura e Outros Tratamentos ou Penas Cruéis, Desumanos ou Degradantes, que, dentre outras disposições, impõe aos Estados, no artigo 4, a tomada de "[...] medidas efectivas para impedir que se pratiquem dentro da sua jurisdição torturas ou outras penas ou tratamentos cruéis, desumanos ou degradantes[189]", e, ainda, a Convenção Con-

---

185. ASSOCIATION FOR THE PREVENTION OF TORTURE. *Defusing the ticking bomb scenario: why we must say no to torture, always*. Geneva: Association for the Prevention of Torture (APT), 2007. p. 17.

186. DECLARAÇÃO UNIVERSAL DOS DIREITOS HUMANOS (1948). In: UNESCO. Disponível em: <http://unesdoc.unesco.org/images/0013/001394/139423por.pdf>. Acesso em: 26 mar. 2015.

187. BRASIL. Decreto nº. 592, de 6 de julho de 1992. Atos Internacionais. Pacto Internacional sobre Direitos Civis e Políticos. Promulgação. In: PLANALTO. *Legislação Republicana Brasileira*. Brasília, 1992. Disponível em: <http://www.planalto.gov.br/ccivil_03/decreto/1990-1994/D0592.htm>. Acesso em: 26 mar. 2015.

188. BRASIL. Decreto nº. 98.386, de 9 de dezembro de 1989. Promulga a Convenção Interamericana para Prevenir e Punir a Tortura. In: PLANALTO. *Legislação Republicana Brasileira*. Brasília, 1989. Disponível em: <http://www.planalto.gov.br/ccivil_03/decreto/1980-1989/D98386.htm>. Acesso em: 26 mar. 2015.

189. DECLARAÇÃO SOBRE A PROTECÇÃO DE TODAS AS PESSOAS CONTRA A TORTURA E OUTRAS PENAS OU TRATAMENTOS CRUÉIS, DESUMANOS OU DEGRADANTES. In: Ministério Público Federal – MPF. *Legislação*. Disponível em: <http://pfdc.pgr.mpf.mp.br/atuacao-e-con

tra a Tortura e Outros Tratamentos ou Penas Cruéis, Desumanos ou Degradantes, cujo art. 1º define tortura como

> [...] qualquer ato pelo qual dores ou sofrimentos agudos, físicos ou mentais, são infligidos intencionalmente a uma pessoa a fim de obter, dela ou de terceira pessoa, informações ou confissões, bem como "castigá-la por ato que ela ou terceira pessoa tenha cometido ou seja suspeita de ter cometido; de intimidar ou coagir esta pessoa ou outras pessoas; ou por qualquer motivo baseado em discriminação de qualquer natureza; quando tais dores ou sofrimentos são infligidos por um funcionário público ou outra pessoa no exercício de funções públicas, ou por sua instigação, ou com o seu consentimento ou aquiescência[190].

Salienta-se que o artigo 2º da Convenção contra a Tortura e Outros Tratamentos ou Penas Cruéis, Desumanos ou Degradantes traz uma redação visivelmente contrária aos postulados da *Ticking Bomb Scenario*: "em nenhum caso, poderão se invocar circunstâncias excepcionais tais como estado de guerra ou ameaça de guerra, instabilidade política interna ou qualquer outra emergência pública como justificação da tortura[191]". O artigo 3 da Declaração sobre a Proteção de Todas as Pessoas Contra a Tortura e Outros Tratamentos ou Penas Cruéis, Desumanos ou Degradantes segue mesma linha:

> Art. 3º Nenhum Estado permitirá ou tolerará a tortura ou outras penas ou tratamentos cruéis, desumanos ou degradantes. Não poderão ser invocadas circunstâncias excepcionais tais como o estado de guerra ou de ameaça de guerra, a instabilidade política interna ou qualquer outra emergência pública como justificação para a tortura ou de outras penas ou tratamentos cruéis, desumanos ou degradantes[192].

Contudo, como refere BOBBIO, "hoy, frente al recrudecimiento del terrorismo político, se va manifestando una tendencia contraria incluso en los Estados liberales y de Derecho, cuya manifestación más evidente es la apa-

---

teudos-de-apoio/legislacao/tortura/declaracao_sobre_protecao_pessoas.pdf>. Acesso em: 26 mar. 2015.

190. BRASIL. Decreto nº 40, de 15 de fevereiro de 1991. Promulga a Convenção Contra a Tortura e Outros Tratamentos ou Penas Cruéis, Desumanos ou Degradantes. In: PLANALTO. *Legislação Republicana Brasileira*. Brasília, 1991. Disponível em: <http://www.planalto.gov.br/ccivil_03/decreto/1990-1994/D0040.htm>. Acesso em: 26 mar. 2015

191. BRASIL. Decreto nº 40, de 15 de fevereiro de 1991. Promulga a Convenção Contra a Tortura e Outros Tratamentos ou Penas Cruéis, Desumanos ou Degradantes. In: PLANALTO. *Legislação Republicana Brasileira*. Brasília, 1991. Disponível em: <http://www.planalto.gov.br/ccivil_03/decreto/1990-1994/D0040.htm>. Acesso em: 26 mar. 2015.

192. DECLARAÇÃO SOBRE A PROTECÇÃO DE TODAS AS PESSOAS CONTRA A TORTURA E OUTRAS PENAS OU TRATAMENTOS CRUÉIS, DESUMANOS OU DEGRADANTES. In: Ministério Público Federal – MPF. *Legislação*. Disponível em: <http://pfdc.pgr.mpf.mp.br/atuacao-e-conteudos-de-apoio/legislacao/tortura/declaracao_sobre_protecao_pessoas.pdf>. Acesso em: 26 mar. 2015.

rición de leyes excepcionales[193]", as quais, segundo vários autores, podem acabar se expandindo pelo sistema[194].

Curioso observar que a proposta de tortura de suspeitos no cenário de *Ticking Bomb* parece seguir um *processo de dominação total*, o qual foi explicado por ARENDT, mas para outro contexto. Segundo a filósofa alemã, um processo assim começa com a destruição da *pessoa jurídica* (excluindo determinadas categorias de pessoas da proteção da lei), logo da *pessoa moral* (a singularidade humana) e, ao final, da individualidade[195], culminando em

> [...] torturas profundamente inimaginables, calculadas no para matar al cuerpo, en cualquier caso no para matarle rápidamente. El propósito de estos métodos, en todas las ocasiones, es manipular el cuerpo humano – con sus infinitas posibilidades de sufrimiento – de tal manera que sea destruida tan inexorablemente la persona humana como lo consiguen ciertas enfermedades mentales de origen orgánico[196].

Neste marco, é necessário destacar que qualquer tentativa de legitimação da tortura ofende a humanidade[197], haja vista que reifica o torturado, causando danos a sua integridade física e/ou psíquica, quando não o leva à morte. É, em definitivo, "un olvido de reconocimiento[198]", na linha de HONNETH. Eleger a tortura, portanto, significa adotar os mesmos princípios morais do terrorismo[199]. Como resume MUÑOZ CONDE: "es decir, frente al terrorismo contra el Estado, el terrorismo de Estado. *Tertium non datur*[200]".

Deste modo, a tortura é claramente um fato reprovável, que caracteriza crime sob uma ótica de direito internacional, havendo inclusive um "[...] consenso entre os Estados de que todo torturador deverá ser submetido à justiça a qualquer tempo, não importando o lugar do mundo onde for capturado[201]".

---

193. BOBBIO, Norberto. *El tiempo de los derechos*. Madrid: Editorial Sistema, 1991. p. 240.

194. Vide, por ejemplo, SIEGEL, Larry. *Criminology*. Wasworth: Cengage Learning, 2012. p. 383. ROTH, Kenneth. Getting away with torture. In: HUNSINGER, George (ed.). *Torture is a moral issue: christians, jews, muslisms and people of conscience*. Cambrigde: William B. Eedermans Publishing Company, 2008, p. 19.

195. ARENDT, Hannah. *Los orígenes del totalitarismo*. Madrid: Grupo Santillana de Ediciones, 1998. p. 361-363.

196. Ibid., p. 363.

197. ASSOCIATION FOR THE PREVENTION OF TORTURE. *Defusing the ticking bomb scenario: why we must say no to torture, always*. Geneva: Association for the Prevention of Torture (APT), 2007. p. 17-22.

198. HONNETH, Axel. *Reificación: un estudio en la teoría del reconocimiento*. Buenos Aires: Katz, 2007. p. 17 e 103 e 136.

199. ASSOCIATION FOR THE PREVENTION OF TORTURE. *Defusing the ticking bomb scenario: why we must say no to torture, always*. Geneva: Association for the Prevention of Torture (APT), 2007. p. 6.

200. MUÑOZ CONDE, Francisco. De las prohibiciones probatorias al derecho procesal penal del enemigo. *Revista Penal*, Huelva, n. 23, enero 2009. p. 112.

201. ASSOCIATION FOR THE PREVENTION OF TORTURE, op. cit., p. 17.

Ademais, de acordo com BEDDARD e BOBBIO, o direito de não sofrer tortura, assim como o direito de não ser escravizado, são direitos humanos absolutos[202], como explana o último autor:

> **Entiendo por «valor absoluto» el *status* que compete a poquísimos derechos humanos, valederos en todas las situaciones y para todos los hombres sin distinción. Se trata de un *status* privilegiado que depende de una situación que se verifica muy raramente: es la situación en la que se encuentran derechos fundamentales que no entran en concurrencia con otros derechos también fundamentales.** Hay que partir de la obvia afirmación de que se puede instituir un derecho a favor de una categoría de personas sin suprimir un derecho de otras categorías de personas. El derecho de no ser sometido a esclavitud implica la eliminación del derecho a poseer esclavos, **así como el derecho a no ser torturado implica la supresión del derecho de torturar. Pues bien, estos derechos pueden ser considerados absolutos porque la acción que se considera ilícita como consecuencia de su institución y protección es condenada universalmente. Prueba de ello es que en el Convenio europeo de derechos humanos ambos derechos están excluidos de la suspensión de la tutela que afecta a todos los demás en caso de guerra o de otro peligro**[203](sin destaques en el original).

Esses direitos, como argumenta, por não concorrerem com outros direitos fundamentais, gozam de *status* privilegiado[204], não podendo sofrer limites[205].

Não obstante, não se pode olvidar que a tortura está proibida no ordenamento jurídico brasileiro, seja no plano constitucional, seja no plano infraconstitucional, como veremos abaixo.

4.5 *TICKING BOMB* E VEDAÇÃO DA TORTURA ANTE OS PLANOS CONSTITUCIONAL E INFRACONSTITUCIONAL

De acordo art. 5º da Constituição Federal, "ninguém será submetido à tortura nem a tratamento desumano ou degradante[206]", e "não haverá penas: [...] de morte, salvo em caso de guerra declarada, nos termos do art. 84, XIX, [...][207]" e cruéis[208]. Inobstante, ressalta o texto que "é assegurado aos presos o respeito à integridade física e moral[209]" e que "a lei considerará crimes inafiançáveis e insuscetíveis de graça ou anistia a prática da tortura

202. BOBBIO, Norberto. *El tiempo de los derechos*. Madrid: Editorial Sistema, 1991. p. 79. BEDDARD, Ralph. *Human rights and Europe*. 3. ed. Cambridge: Cambridge University Press, 1993. p. 189.

203. BOBBIO, Norberto. *El tiempo de los derechos*. Madrid: Editorial Sistema, 1991. p. 79.

204. Ibid., p. 79.

205. Ibid., p. 58.

206. Art. 5º, III da Constituição Federal.

207. Art. 5º, XLVII, alínea "a" da Constituição Federal.

208. Art. 5º, XLVII, alínea "e" da Constituição Federal.

209. Art. 5º, XLIX da Constituição Federal.

[...] por eles respondendo os mandantes, os executores e os que, podendo evitá-los, se omitirem[210]".

Além dos direitos à vida, à integridade física e moral, e, claro, do princípio da humanidade, a proibição da tortura salvaguarda os direitos à igualdade, à defesa e à presunção de inocência[211]. Neste caminho, encontra obstáculo no direito a não autoincriminação[212]. Como assinala MUÑOZ CONDE, o princípio *nemo tenetur* surgiu no processo penal justamente para proibir que a tortura seja admitida como meio de prova[213], posto que seu emprego tem, em geral, "[...] como finalidad obtener la confesión del acusado y con ello su condena[214]". Assim, uma confissão obtida por meio de tortura será considerada inválida, perdendo, portanto, seu caráter de prova[215]. Igualmente, caracterizará o delito de tortura, previsto no art. 1º da Lei 9.455 de 1997, *in verbis*:

> Art. 1º Constitui crime de tortura: I – constranger alguém com emprego de violência ou grave ameaça, causando-lhe sofrimento físico ou mental: a) com o fim de obter informação, declaração ou confissão da vítima ou de terceira pessoa; b) para provocar ação ou omissão de natureza criminosa; c) em razão de discriminação racial ou religiosa; II – submeter alguém, sob sua guarda, poder ou autoridade, com emprego de violência ou grave ameaça, a intenso sofrimento físico ou mental, como forma de aplicar castigo pessoal ou medida de caráter preventivo. Pena – reclusão, de dois a oito anos[216].

Esclarece o dispositivo que também estará sujeito à pena de 2 a 8 anos aquele que submeter "[...] pessoa presa ou sujeita a medida de segurança a sofrimento físico ou mental, por intermédio da prática de ato não previsto em lei ou não resultante de medida legal[217]".

Adiante, o diploma traz um tipo específico para autoridades, como se transcreve: "aquele que se omite em face dessas condutas, quando tinha o

---

210. Art. 5º, XLVII da Constituição Federal.

211. Sobre isto, vide: RODRÍGUEZ, Laura Zuñiga. El tipo penal de tortura en la legislación española, a la luz de la jurisprudencia nacional e internacional. In: PÉREZ ÁLVAREZ, Fernando (ed.). *Universitas vitae: homenaje a Rupero Núñez Barbero*. Salamanca: Ediciones Universidad Salamanca, 2007.

212. MUÑOZ CONDE, Francisco. De las prohibiciones probatorias al derecho procesal penal del enemigo. *Revista Penal*, Huelva, n. 23, enero 2009. p. 75.

213. Ibid., p. 102.

214. Ibid., p. 75.

215. Ibid., p. 76.

216. BRASIL. Lei nº 9.455, de 7 de abril de 1997. Define os crimes de tortura e dá outras providências. In: PLANALTO. *Legislação Republicana Brasileira*. Brasília, 1997. Disponível em: <http://www.planalto.gov.br/ccivil_03/leis/L9455.htm>. Acesso em: 26 mar. 2015.

217. Art. 1º, §1º da Lei 9.455 de 1997.

dever de evitá-las ou apurá-las, incorre na pena de detenção de um a quatro anos[218]". Diferentemente das demais figuras tratadas pelo diploma, neste caso o agente não iniciará o cumprimento da pena em regime fechado[219].

A qualificadora da tortura resulta da morte ou da lesão corporal de natureza grave ou gravíssima, sendo cominada pena de 8 a 16 anos, e de 4 a 10 anos, respectivamente[220]. Com relação às majorantes, a pena sofrerá o aumento de 1/6 a 1/3 quando a infração for cometida por agente público ou contra vulneráveis (criança, gestante, portador de deficiência, adolescente ou maior de 60 anos) ou mediante sequestro[221].

O crime de tortura, também segundo esta lei, é inafiançável e insuscetível de graça ou anistia[222]. Sua persecução obedece ao princípio da extraterritorialidade condicionada, pois inclusive o crime cometido fora do território nacional será processado pela lei brasileira, desde que a vítima seja brasileira ou encontrando-se o agente em local sob a jurisdição brasileira[223]. A condenação, por seu turno, implicará perda do cargo, função ou emprego público, além da interdição para o seu exercício pelo dobro do prazo da pena aplicada[224].

Logo, consideradas as normas de direitos humanos, de direito interno e os aportes doutrinários citados, cabe concluir neste ponto que qualquer tentativa de inclusão da tortura no ordenamento jurídico, ainda que sob o pretexto de fazer frente ao terrorismo, resulta indubitavelmente desarrazoável.

4.6 CONSIDERAÇÕES FINAIS DO CAPÍTULO

Em que pese as conclusões dos itens deste capítulo estarem ao final de cada um deles, cabe aqui resumir as principais razões pelas quais a *Ticking Bomb Scenario Theory* não tem encaixe num Estado Democrático de Direito.

Primeiramente, observou-se que todos os 10 pressupostos da teoria apresentam debilidades, colocando em dúvida a possibilidade de existir uma situação real de bomba-relógio. Por isso, muitos críticos afirmam tratar-se de um cenário hipotético, porém capaz de trazer consequências para a vida real;

---

218. Art. 1º, §2º da Lei 9.455 de 1997.

219. Art. 1º, §7º da Lei 9.455 de 1997.

220. Art. 1º, §3º da Lei 9.455 de 1997.

221. Art. 1º, §4º, incisos I, II e III da Lei 9.455 de 1997.

222. Art. 1º, §6º da Lei 9.455 de 1997.

223. Art. 2º da Lei 9.455 de 1997.

224. Art. 1º, §5º da Lei 9.455 de 1997.

outros, sustentam que é um fato que pode suceder, mas o problema maior é identificá-lo, o que poderia desencadear equívocos nas ações de persecução.

Sem embargo, encantados pelo canto da sereia de um estado puro de *Ticking Bomb*, assim como de seus supostos benefícios, alguns autodenominados liberais já "morderam a isca", buscando alternativas de aplicação de tal formulação. Dentre elas, estão conhecidas causas de justificação, mais especificamente o estado de necessidade e a legítima defesa de terceiros, além de medidas de valoração *ex ante* ou *ex post facto*. À luz de uma perspectiva estritamente dogmática, a tortura poderia parecer uma prática aceitável ou não, a depender do ponto de partida do raciocínio do intérprete (mais *stricto* ou mais *lato*). Porém, a partir de um ponto de vista jurídico-político ou jurídico-filosófico, todas estas propostas são incapazes de torná-la admissível no ordenamento jurídico.

Ainda que a formulação da Teoria do cenário da bomba-relógio implique grande dilema ético e moral, fazendo até com que o mais firme defensor da proibição absoluta da tortura, questione, em suas íntimas reflexões, se sua postura não é demasiadamente radical, devemos buscar respostas que não reajam somente ao imediato, mas também a médio e longo prazos.

Flexibilizar a proibição absoluta da tortura é uma ação prejudicial não apenas para o suspeito, mas também para toda a sociedade. O Estado teria que manter sempre à disposição uma classe profissional de torturadores, treinada e atualizada para utilização de variados métodos de flagelo, profissionalizando a tortura. Uma situação assim supõe uma confiança inexigível no Estado, especialmente quando a história recente não só nos mostra exemplos de países assolados pela ditadura, que torturavam seus insurgentes, mas também a experiência inexitosa de Israel, onde houve una expansão do método. E, por isso, cabe dizer: não há garantias de que a proibição da tortura, relativizada para os fins de *Ticking Bomb*, não se dissemine no sistema. Noutras palavras: a exceção pode se tornar regra; ou ainda: o combate a um denominado mal maior pode levar a outro mal muito maior.

A proposta da Teoria do cenário da bomba-relógio é, em efeito, demasiada arriscada para a democracia, pois implica graves retrocessos na órbita dos direitos humanos e fundamentais, de forma a debilitar ou a pôr fim às normas que regem o sistema democrático ou que fundam o Estado Democrático de Direito.

Nestes termos, a teoria da *Ticking Bomb Scenario* pode ser entendida como a caixa de Pandora da tortura: uma vez aberta, pode trazer males frente aos quais provavelmente não saberemos como lidar. Males estes que podem espalhar-se.

5

TIPIFICAÇÃO E TRATAMENTO PENAL DO TERRORISMO

SUMÁRIO • 5.1 O Terrorismo no direito comparado: 5.1.1 Estados Unidos; 5.1.2 Reino Unido; 5.1.3 Israel; 5.1.4 Espanha – 5.2 Elementos essenciais na tipificação do terrorismo – 5.3 Considerações finais do capítulo.

Atualmente, cumpre alertar, o terrorismo não possui um conceito jurídico uniforme em âmbito mundial[1], haja vista que cada país confere uma definição técnico-legal distinta ao fenômeno. A ONU, no intuito de chegar a um consenso sobre a conceituação, realizou várias assembleias, as quais, no entanto, não lograram êxito, provavelmente devido a diferenças de cunho ideológico, histórico, político e geográfico que marcam cada Estado participante.

Na lição de OCAÑA, "tratar de determinar una definición clara y expresa del concepto de 'terrorismo' resulta una tarea ardua y complicada, puesto que la misma no existe como unitaria y unánimemente aceptada[2]". Com efeito, as legislações atuais que tratam sobre o tema padecem de uma dificuldade na tipificação, a qual sempre resulta vaga, confusa e ampla, de acordo com BUSTOS RAMÍREZ:

> **En definitiva, toda esta legislación tiene por objeto el fenómeno terrorista, pero faltan una serie de precisiones al respecto que impidan que con ella se socaven los fundamentos mismos de un Estado democrático y social de Derecho. En primer lugar en cuanto al concepto propiamente dicho, éste queda vago y confuso y muy bien entonces puede confundirse simple banda armada con banda terrorista.** Más aún, el mero añadido del carácter político no es suficiente, ya que todavía ello es demasiado amplio, como por ejemplo cuando se expresa que «terrorismo político es la utilización o la amenaza de utilización de violencia por un individuo o grupo, ya sea actuando por o en oposición a la au-

1. OCAÑA, Mónica Aranda. La política criminal en materia de terrorismo. In: RIVERA BEIRAS, Iñaki (coord). *Política criminal y sistema penal*. Barcelona: Anthropos, 2005. p. 367. GLOBAL TERRORISM INDEX 2015: MEASURING AND UNDERSTANDING THE IMPACT OF TERRORISM. *Institute for Economics & Peace*. New York, 2015. Disponível em: <http://economicsandpeace.org/wp-content/uploads/2015/11/Global-Terrorism-Index-2015.pdf>. Acesso em: 30 ago. 2016.
2. OCAÑA, Mónica Aranda. La política criminal en materia de terrorismo. In: RIVERA BEIRAS, Iñaki (coord). *Política criminal y sistema penal*. Barcelona: Anthropos, 2005. p. 367.

> toridad establecida, cuando tal acción está encaminada a crear angustia extrema y/o miedo – produciendo efectos en un grupo más grande que las víctimas inmediatas, con el propósito de coaccionar a tal grupo para acceder a las demandas políticas de los ejecutores[3] (sem grifos no original).

Ao que tudo indica, a definição trata-se de uma decisão eminentemente política[4], a qual, diante de intenções escusas ou imediatistas, pode vir a descambar em artifício retórico para justificar a supressão de direitos e garantias fundamentais.

5.1 O TERRORISMO NO DIREITO COMPARADO

Considerado os aspectos supramencionados, é salutar conhecer como o direito comparado concebe e trata o terrorismo, limitando neste espaço a análise às legislações dos Estados Unidos, Reino Unido, Israel e Espanha, territórios que foram alvo de condutas que estimam terroristas.

5.1.1 Estados Unidos

Após o atentado ao World Trade Center, em 11 de setembro de 2001, os Estados Unidos visivelmente intensificaram a luta contra o terror. Com a publicação do longo USA Patriot Act[5] alguns dias após o ataque, o governo e as agências de controle foram dotados de mais recursos e maior flexibilidade no enfrentamento ao terrorismo[6].

Neste caminho, foi permitida uma série de medidas, como por exemplo: o uso de novas tecnologias para fins investigatórios; a utilização de ferramentas já disponíveis para a investigação do crime organizado e de tráfico de drogas, como a interceptação telefônica; a emissão de mandados de busca contra suspeitos de terrorismo no intuito de evitar fuga, destruição de provas, intimidação ou homicídio de testemunhas; o acesso, mediante autorização judicial, a dados bancários para verificar quem está enviando dinheiro para terroristas; o acesso, também precedido de autorização

3. BUSTOS RAMÍREZ, Juan. Estado y control: la ideología del control y el control de la ideología. In: BERGALLI, Roberto. *El pensamiento criminológico*. v. II. Bogotá: Editorial Temis, 1983. p. 27.
4. PIZARRO LEONGÓMEZ, Eduardo. *Una democracia asediada*: balance y perspectivas del conflicto armado en Colombia. Bogotá: Grupo Editorial Norma, 2004. p. 134.
5. Para visualizar a íntegra do documento, acesse: UNITING AND STRENGTHENING AMERICA BY PROVIDING APPROPRIATE TOOLS REQUIRED TO INTERCEPT AND OBSTRUCT TERRORISM (USA PATRIOT ACT) ACT OF 2001. In: *USA Departament's of Justice*. Disponível em: <http://www.gpo.gov/fdsys/pkg/PLAW-107publ56/pdf/PLAW-107publ56.pdf>. Acesso em: 4 nov. 2015.
6. SETTY, Sudha N. The United States. In: ROACH, Kent. *Comparative counter-terrorism Law*. New York: Cambridge University Press, 2015. p. 50-51.

judicial, a registros de vendas de lojas para apurar quem comprou materiais para fabricação de explosivos; a facilitação de compartilhamento de informações e cooperação entre agências do governo; e, ainda, o auxílio a vítimas no combate a *hackers*[7].

Ademais, ao entender que "os americanos são ameaçados tanto pelo terrorista que paga a bomba quanto por aquele que aperta o botão[8]", o USA Patriot Act endureceu significativamente as penas para os apoiadores do terrorismo. Dentre as condutas de apoio, cabe destacar, estão a de dar abrigo a quem tenha cometido ou esteja na iminência de cometer uma variedade de infrações terroristas, desde que tenha ciência da situação do abrigado[9].

Quanto à tipificação do crime de terrorismo, o texto previu um rol de condutas, como: "destruição de aeronaves; uso de agentes nucleares, químicos, biológicos ou armas; uso de armas de destruição em massa; bombardeio de propriedade do governo; sabotagem de instalações nucleares e aeronaves, e pirataria[10]". Neste enredo, também criminalizou o ataque bioterrorista, o atentado contra os sistemas de transporte de massa, e o que denominou de "terrorismo doméstico", consistente em

> Atos perigosos para a vida humana que são uma violação das leis criminais dos Estados Unidos ou de qualquer Estado [que] parecem ter a intenção de intimidar ou coagir uma população civil; para influenciar a política de um governo por intimidação ou coerção; ou para afetar a conduta de um governo por meio de destruição em massa, homicídio, ou o sequestro; e ocorrem principalmente no âmbito da jurisdição territorial dos Estados Unidos[11].

---

7. THE USA PATRIOT ACT: Preserving Life and Liberty (Uniting and Strengthening America by Providing Appropriate Tools Required to Intercept and Obstruct Terrorism). In: *USA Departament's of Justice*. Disponível em: http://www.justice.gov/archive/ll/what_is_the_patriot_act.pdf>. Acesso em: 4 nov. 2015.

8. THE USA PATRIOT ACT: Preserving Life and Liberty (Uniting and Strengthening America by Providing Appropriate Tools Required to Intercept and Obstruct Terrorism). In: *USA Departament's of Justice*. Disponível em: http://www.justice.gov/archive/ll/what_is_the_patriot_act.pdf>. Acesso em: 4 nov. 2015.

9. THE USA PATRIOT ACT: Preserving Life and Liberty (Uniting and Strengthening America by Providing Appropriate Tools Required to Intercept and Obstruct Terrorism). In: *USA Departament's of Justice*. Disponível em: http://www.justice.gov/archive/ll/what_is_the_patriot_act.pdf>. Acesso em: 4 nov. 2015.

10. THE USA PATRIOT ACT: Preserving Life and Liberty (Uniting and Strengthening America by Providing Appropriate Tools Required to Intercept and Obstruct Terrorism). In: *USA Departament's of Justice*. Disponível em: http://www.justice.gov/archive/ll/what_is_the_patriot_act.pdf>. Acesso em: 4 nov. 2015.

11. UNITING AND STRENGTHENING AMERICA BY PROVIDING APPROPRIATE TOOLS REQUIRED TO INTERCEPT AND OBSTRUCT TERRORISM (USA PATRIOT ACT) ACT OF 2001. In: *USA Departament's of Justice*. Disponível em: <http://www.gpo.gov/fdsys/pkg/PLAW-107publ56/pdf/PLAW-107publ56.pdf>. Acesso em: 4 nov. 2015.

Não obstante, o USA Patriot Act, que manteve um fundo de indenização e assistência para vítimas[12], aumentou a pena máxima de vários crimes que considera "[...] suscetíveis de serem cometidos por terroristas, como o incêndio, a destruição de instalações de energia, o apoio material a terroristas e organizações terroristas e a destruição de materiais de defesa nacional[13]".

Neste compasso, pode-se verificar que os Estados Unidos tipificaram o terrorismo de inúmeras formas, mas sempre com os seguintes elementos básicos: "premeditação, motivação política ou religiosa, prática de violência, alvos civis e atores como grupos subnacionais ou agentes clandestinos[14]".

Contudo, tal catálogo antiterror não restou incólume a críticas: segundo alguns especialistas, o texto vigente é propositalmente amplo e vago para que possa ser aplicado a diferentes condutas de acordo com a conveniência do governo, restringindo as liberdades civis, e, assim, trazendo o risco de criminalizar movimentos sociais[15].

5.1.2 Reino Unido

Desde sua formação na primeira década do século XX, o Irish Republican Army (em português: Exército Republicano Irlandês) causou no Reino Unido uma grande preocupação[16]. Sob a justificativa de reintegrar a Irlanda do Norte à República da Irlanda, este grupo separatista, conhecido como IRA, cometeu vários atentados[17].

---

12. UNITING AND STRENGTHENING AMERICA BY PROVIDING APPROPRIATE TOOLS REQUIRED TO INTERCEPT AND OBSTRUCT TERRORISM (USA PATRIOT ACT) ACT OF 2001. In: *USA Departament's of Justice*. Disponível em: <http://www.gpo.gov/fdsys/pkg/PLAW-107publ56/pdf/PLAW-107publ56.pdf>. Acesso em: 4 nov. 2015.

13. THE USA PATRIOT ACT: Preserving Life and Liberty (Uniting and Strengthening America by Providing Appropriate Tools Required to Intercept and Obstruct Terrorism). In: *USA Departament's of Justice*. Disponível em: http://www.justice.gov/archive/ll/what_is_the_patriot_act.pdf>. Acesso em: 4 nov. 2015.

14. SETTY, Sudha N. The United States. In: ROACH, Kent. *Comparative counter-terrorism Law*. New York: Cambridge University Press, 2015. p. 50.

15. SETTY, Sudha N. The United States. In: ROACH, Kent. *Comparative counter-terrorism Law*. New York: Cambridge University Press, 2015. USA PATRIOT ACT: AN ATTACK TO ALL OUR RIGHTS. *Justice*, nº. 28, jan. 2002. Disponível em: <http://www.socialistalternative.org/911-and-the-war-on-terror/usa-patriot-act-attack-to-all-our-rights/>. Acesso em: 20 abr. 2016. LECLERC, Patrice; GOULD, Kenneth. The US Patriot Act and the Future of Social Movements. *American Sociological Association*, Montreal Convention Center, Montreal, Quebec, Canada, Aug 11, 2006.

16. ALONSO, Rogerio. *Irlanda del Norte*: una historia de guerra y la búsqueda de la paz. Madrid: Editorial Complutense, 2001. p. 109.

17. AZAR, Celso Martins; FONSECA, Maria Guadalupe Piragibe da (org). *Constituição, Estado e Direito*: reflexões contemporâneas. Rio de Janeiro: Qualitymark, 2009. p. 195. ALONSO, Rogerio.

O Parlamento, que já havia editado no ano de 2000 o Terrorism Act, aprovou, passado o atentado contra as torres gêmeas nova-iorquinas, o Anti-terrorism, Crime and Security Act, de 2001[18]. Posteriormente ao ataque ao sistema de transportes deLondres, em 2005, os parlamentares publicaram uma série de leis antiterror, quais sejam: a Prevention of Terrorism Act, de 2005; a Terrorism (Northern Ireland) Act, de 2006; a Terrorism Act, também de 2006; a Counter-Terrorism Act, de 2008; a Terrorism Prevention and Investigation Measures Act, de 2011; e, em 2015, a Counter-Terrorism and Security Act[19].

Porém, dada a visível amplitude da supracitada normativa, serão analisados na sequência dois documentos que, salvo melhor juízo, se mostram suficientes para expor a definição e o tratamento conferido ao terrorismo em solo britânico. São eles o Terrorism Act, de 2000 e o Counter-Terrorism and Security Act, de 2015.

a) *Terrorism Act, de 2000*

De acordo com o Terrorism Act, vigente desde o ano 2000, consideram-se atos de terrorismo a conduta ou ameaça que: "[...] é destinada a influenciar o governo ou intimidar o público ou uma parte dele[20]"; "[...] é realizada para efeitos de promoção política, religiosa ou ideológica[21]"; "envolve violência grave contra uma pessoa; [...] envolve sérios danos à propriedade; [...] põe em perigo a vida de uma pessoa, que não seja a do autor da ação[22]"; "cria um risco grave para a saúde ou a segurança do público ou de uma parte deste; ou [...] é concebida para interferir seriamente ou perturbar gravemente um sistema eletrônico[23]".

Irlanda del Norte: una historia de guerra y la búsqueda de la paz. Madrid: Editorial Complutense, 2001. passim.

18. AZAR, Celso Martins; FONSECA, Maria Guadalupe Piragibe da (org). *Constituição, Estado e Direito*: reflexões contemporâneas. Rio de Janeiro: Qualitymark, 2009. p. 195.

19. LEGISLATION.GOV.UK. *The National Archives* – Ministry of Justice, United Kingdom. Disponível em: <http://www.legislation.gov.uk/all?title=terrorism>. Acesso em: 1 jul. 2015.

20. COUNTER-TERRORISM AND SECURITY ACT 2015. In: Legislation.gov.uk. *The National Archives* – Ministry of Justice, United Kingdom. Disponível em: <http://www.legislation.gov.uk/ukpga/2000/11/pdfs/ukpga_20000011_en.pdf>. Acesso em: 1 jul. 2015.

21. COUNTER-TERRORISM AND SECURITY ACT 2015. In: Legislation.gov.uk. *The National Archives* – Ministry of Justice, United Kingdom. Disponível em: <http://www.legislation.gov.uk/ukpga/2000/11/pdfs/ukpga_20000011_en.pdf>. Acesso em: 1 jul. 2015.

22. COUNTER-TERRORISM AND SECURITY ACT 2015. In: Legislation.gov.uk. *The National Archives* – Ministry of Justice, United Kingdom. Disponível em: <http://www.legislation.gov.uk/ukpga/2000/11/pdfs/ukpga_20000011_en.pdf>. Acesso em: 1 jul. 2015.

23. COUNTER-TERRORISM AND SECURITY ACT 2015. In: Legislation.gov.uk. *The National Archives* – Ministry of Justice, United Kingdom. Disponível em: <http://www.legislation.gov.uk/ukpga/2000/11/pdfs/ukpga_20000011_en.pdf>. Acesso em: 1 jul. 2015.

Ainda, constituem crimes, dentre outros: incitar o cometimento de atos de terrorismo no Reino Unido; fornecer, receber ou convidar a receber instrução ou formação no fabrico ou utilização de armas de fogo, explosivos, armas químicas, biológicas ou nucleares; comunicar, publicar ou tentar extrair informações que possam ser úteis para o terrorismo; usar, receber, fornecer e convidar outrem a fornecer dinheiro e outros bens para fins que saiba ou suspeite serem terroristas; dirigir, integrar ou declarar que integra uma organização terrorista; e a lavagem de capitais e o financiamento para fins de terrorismo[24].

A organização terrorista é aquela que: "(A) compromete-se ou participa de atos de terrorismo, (B) prepara-se para o terrorismo, (C) promove ou incentiva o terrorismo, ou (D) é de outra forma ligada ao terrorismo[25]". Já os bens dos terroristas, que devem ser aprendidos ou confiscados pelas autoridades competentes, são entendidos como "(A) dinheiro ou outra propriedade susceptível de ser utilizada para efeitos do terrorismo (incluindo todos os recursos de uma organização proibida), (B) os rendimentos da prática de atos de terrorismo, e (C) receitas de atos praticados para fins de terrorismo[26]".

Por fim, o Terrorism Act enuncia que diante de razoável suspeita, um policial pode entrar em instalações e procurar indícios que apontem para práticas de terrorismo, facultando também a prisão sem mandado, bem como a revista, desde que do mesmo sexo do suspeito, para verificar se traz consigo qualquer objeto que possa constituir indícios de que é terrorista[27].

b) *Counter-Terrorism and Security Act, de 2015*

O Counter-Terrorism and Security Act, publicado em 2015 traz, dentre suas determinações, que os passaportes de pessoas suspeitas de envolvimento com o terrorismo sejam apreendidos e retidos; que autoridades especificadas impeçam as pessoas de serem atraídas para o terrorismo; que

24. COUNTER-TERRORISM AND SECURITY ACT 2015. In: Legislation.gov.uk. *The National Archives* – Ministry of Justice, United Kingdom. Disponível em: <http://www.legislation.gov.uk/ukpga/2000/11/pdfs/ukpga_20000011_en.pdf>. Acesso em: 1 jul. 2015.

25. COUNTER-TERRORISM AND SECURITY ACT 2015. In: Legislation.gov.uk. *The National Archives* – Ministry of Justice, United Kingdom. Disponível em: <http://www.legislation.gov.uk/ukpga/2000/11/pdfs/ukpga_20000011_en.pdf>. Acesso em: 1 jul. 2015.

26. COUNTER-TERRORISM AND SECURITY ACT 2015. In: Legislation.gov.uk. *The National Archives* – Ministry of Justice, United Kingdom. Disponível em: <http://www.legislation.gov.uk/ukpga/2000/11/pdfs/ukpga_20000011_en.pdf>. Acesso em: 1 jul. 2015.

27. COUNTER-TERRORISM AND SECURITY ACT 2015. In: Legislation.gov.uk. *The National Archives* – Ministry of Justice, United Kingdom. Disponível em: <http://www.legislation.gov.uk/ukpga/2000/11/pdfs/ukpga_20000011_en.pdf>. Acesso em: 1 jul. 2015.

as autoridades locais garantam a vigência de um comitê de pessoas para avaliar o grau de vulnerabilidade para arrastamento ao terrorismo de indivíduos identificados pela autoridade policial, e que prepare um plano de ação para reduzir a vulnerabilidade detectada, etc[28].

Embora expresse que considera atos de terrorismo qualquer ação destinada para fins terroristas nos termos do Terrorism Act, de 2000, o diploma de 2015 registra que o envolvimento em atividade relacionada ao terrorismo consiste em qualquer dos seguintes:

> (A) a comissão, preparação ou instigação de atos de terrorismo; (B) conduta que facilita a execução, preparação ou instigação de tais atos, ou destina-se a fazê-lo; (C) conduta que oferece incentivo para a comissão, a preparação ou a instigação de tais atos, ou se destina a fazê-lo; (D) conduta que oferece apoio ou assistência a indivíduos que são conhecidos ou que se acredita pela pessoa interessada de estar envolvido em conduta abrangida pelo parágrafo "a"[29].

Por derradeiro, o documento assenta que "é irrelevante se os atos de terrorismo em questão são atos específicos de terrorismo ou atos de terrorismo em geral[30]".

5.1.3 Israel

Em Israel, o terrorismo é motivo de preocupação desde 1945, ano que em que a Palestina ainda estava sob o mandato britânico (*British Mandate*)[31], porém apresentando resistência. Diante deste contexto, o governo britânico instituiu o Defense (Emergency) Regulations 1945 (Regulamentos de Emergência de 1945), o qual contava com disposições detalhadas e draconianas, como o poder de demolir casas, de deportar pessoas e de decretar prisões administrativas[32].

Três anos depois, o país já independente viu-se em meio à luta contra palestinos e países árabes que se opunham à estabilização do novo

---

28. COUNTER-TERRORISM AND SECURITY ACT 2015. In: Legislation.gov.uk. *The National Archives* – Ministry of Justice, United Kingdom. Disponível em: <http://www.legislation.gov.uk/ukpga/2015/6/pdfs/ukpga_20150006_en.pdf>. Acesso em: 1 jul. 2015.

29. COUNTER-TERRORISM AND SECURITY ACT 2015. In: Legislation.gov.uk. *The National Archives* – Ministry of Justice, United Kingdom. Disponível em: <http://www.legislation.gov.uk/ukpga/2015/6/pdfs/ukpga_20150006_en.pdf>. Acesso em: 1 jul. 2015.

30. COUNTER-TERRORISM AND SECURITY ACT 2015. In: Legislation.gov.uk. *The National Archives* – Ministry of Justice, United Kingdom. Disponível em: <http://www.legislation.gov.uk/ukpga/2015/6/pdfs/ukpga_20150006_en.pdf>. Acesso em: 1 jul. 2015.

31. BARAK-EREZ, Daphne. Israel's antiterrorism law: past, present and future. In: RAMRAJ, Victor V.; HOR, Michel; ROACH, Kent *et al. Global anti-terrorism law and policy.* 2 ed. New York: Cambridge University Press, 2012. p. 597-598.

32. Ibid., p. 598.

Estado[33]. Igualmente, teve que combater grupos extremistas judeus, os quais continuaram fazendo uso dos métodos que dispunham contra o domínio britânico (tal grupo, segundo BARAK-EREZ, é responsável pelo assassinato de um mediador da ONU, chamado Conde Bernadotte)[34]. Frente a tais ameaças, o Estado israelense aprovou a primeira Portaria de Prevenção ao Terrorismo (Prevention of Terrorism Ordinance 1948), a qual foi submetida a diversas atualizações e expansões, estando ainda em vigência[35]. Nos termos originais deste diploma, poderia o governo declarar um grupo como terrorista, criminalizando também a adesão e o apoio a tal organização[36].

Um dado curioso da legislação antiterrorista de Israel, conforme a professora BARAK-EREZ, é a sua formação, composta por normas elaboradas em diferentes períodos históricos[37]. Tais normas, segundo explica, foram incluídas no ordenamento para auxiliar no combate a situações emergenciais específicas, mas acabaram integrando o quadro regular devido ao prolongamento do cenário de emergência[38]. A criticada Defense Regulations, de 1945 é, a propósito, um exemplo disso: o governo israelense, ao invés de revogá-la, optou por reformá-la, retirando o dispositivo que tratava do poder para a deportação, mas mantendo o atinente às prisões administrativas[39], cuja decretação, segundo a Emergency Power (Detentions) Law, de 1979, não mais estaria a cargo de militares, mas sim do Ministro da Defesa[40].

Inobstante, embora o modelo normativo-israelense de combate ao terrorismo seja pautado pela legislação, tem o governo a possibilidade de publicar alguns regulamentos especiais de emergência, os quais terão a vigência máxima de 3 meses[41]. Ultrapassado este prazo, se houver necessidade de manter o regulamento, seu conteúdo deverá ser submetido e aprovado pelo Poder Legislativo, convertendo-se em lei[42]. Todavia, frisa

33. Ibid., p. 598.
34. Ibid., p. 598.
35. Ibid., p. 599.
36. Ibid., p. 599.
37. Ibid., p. 598.
38. Ibid., p. 598.
39. Ibid., p. 599.
40. Ibid., p. 599.
41. BARAK-EREZ, Daphne. Israel's antiterrorism law: past, present and future. In: RAMRAJ, Victor V.; HOR, Michel; ROACH, Kent *et al. Global anti-terrorism law and policy*. 2 ed. New York: Cambridge University Press, 2012. p. 599.
42. Ibid., p. 599-600.

BARAK-EREZ, que o governo costuma recorrer a medidas já previstas em lei, preferindo, portanto, não elaborar regulamentos emergenciais[43].

Dadas a impossibilidade de um regulamento emergencial ser prorrogado sem avaliação parlamentar, e a existência de uma ameaça contínua de terrorismo, Israel não mais redigiu leis que exigiam a declaração de um estado de emergência para serem aplicadas (condição esta presente na Prevention of Terrorism Ordinance e na Emergency Power [Detentions] Law)[44]. Uma ilustração desta nova diretiva é a Incarceration of Unlawful Combatants Law 2002 (Lei de Encarceramento de Combatentes Ilegais, de 2002)[45].

Quanto ao conteúdo da legislação antiterrorista de Israel, esclarece BARAK-EREZ que a distinção entre prevenção e repressão é fundamental para o seu entendimento[46], pois seu bojo, além de criminalizar o terrorismo e atividades de apoio, confere uma significativa ênfase à prevenção por meio de medidas administrativas[47]. No campo da repressão, o teor está

> [...] baseado na aplicação do direito penal (delitos comuns que protegem a vida e a propriedade, e delitos especiais ligados a atividades relacionadas com as organizações terroristas) ao lado de leis especiais que concedem poderes ao governo para a tomada de medidas administrativas de prevenção (como a detenção de suspeitos de terrorismo)[48].

O discurso de apoio ao terrorismo está, de certa maneira, tipificado em solo israelense desde o Defense (Emergency) Regulations 1945, o qual, embora não cunhasse a palavra "terrorismo", criminalizava o incitamento ao envolvimento em atividades de oposição ao governo e ao país[49]. Tal diretiva também constava no Criminal Code Ordinance 1936 (Código Criminal de 1936), no Palestine Gazzette n.. 652 (Diário Oficial da Palestina n.. 652) e no Israeli Penal Law (Lei Penal Israelense)[50].

Posteriormente, a Seção 4 do Prevention of Terrorism Ordinance também tratou da apologia, mas em relação ao terrorismo, descrevendo-o como:

---

43. Ibid., p. 600.
44. Ibid., p. 600. Nota 10.
45. Ibid., p. 600. Nota 10.
46. Ibid., p. 601.
47. Ibid., p. 601.
48. Ibid., p. 598.
49. BARAK-EREZ, Daphne. Israel's antiterrorism law: past, present and future. In: RAMRAJ, Victor V.; HOR, Michel; ROACH, Kent *et al. Global anti-terrorism law and policy*. 2 ed. New York: Cambridge University Press, 2012. p. 605 e Nota 38.
50. Ibid., p. 605. Nota 38.

> Uma pessoa que – (a) publica, por escrito ou oralmente, palavras de elogio, simpatia ou incentivo para atos de violência calculados para causar a morte ou ferimentos a uma pessoa ou para ameaças de tais atos de violência; ou (b) publica, por escrito ou oralmente, palavras de elogio ou simpatia ou um pedido de ajuda ou apoio a uma organização terrorista... (g) comete um ato que expressa identificação com uma organização terrorista ou simpatia para com ela, como agitar uma bandeira, indicar um símbolo ou um *slogan*, ou recitar um hino ou um *slogan*, ou qualquer ato manifesto semelhante, que revele claramente identificação ou simpatia em um lugar público ou de uma forma que as pessoas que estão presentes em um lugar público possam ver ou ouvir tal expressão de identificação ou simpatia[51].

O financiamento ao terrorismo, por sua vez, recebeu tratamento específico por meio da Lei de Proibição de Financiamento do Terrorismo (Prohibition on Terror Financiation Law), de 2005[52].

Importante destacar que Israel observa, ao lado de seu conjunto normativo, diplomas internacionais que regulam questões sobre terrorismo[53]. A influência desta normativa internacional vem avançando sobre a legislação interna, sobretudo porque muitas das ameaças que este país sofre não advêm de seu espaço interno, mas de territórios vizinhos ocupados ou controlados por terroristas[54].

Outrossim, em que pese não possuir uma Constituição escrita e formal devido à herança britânica, Israel está em meio a um movimento de constitucionalização do Direito, desencadeado pela publicação de duas leis básicas orientadas pela proteção dos direitos humanos, quais sejam: Basic Law: Freedom of Occupation e a Basic Law: Human Dignity and Liberty, ambas de 1992[55]. Estas duas leis determinam o respeito à dignidade da pessoa humana e à liberdade, incidindo sobre diplomas que tenham sido publicados e atualizados após sua entrada em vigor[56].

Por fim, registra-se que o Ministério de Justiça de Israel, após os atentados de 11 de setembro dos Estados Unidos, tem empreendido esforços na consolidação e atualização de um projeto de lei antiterrorismo, o qual está em debate[57]. Enquanto tal lei não for aprovada, caberá à Suprema Cor-

---

51. Ibid., p. 605.
52. Ibid., p. 605.
53. Ibid., p. 598.
54. Ibid., p. 608-609.
55. BARAK-EREZ, Daphne. Israel's antiterrorism law: past, present and future. In: RAMRAJ, Victor V.; HOR, Michel; ROACH, Kent *et al. Global anti-terrorism law and policy*. 2 ed. New York: Cambridge University Press, 2012. p. 600.
56. Ibid., p. 600.
57. Ibid., p. 600.

te Israelense continuar buscando um equilíbrio entre a salvaguarda da segurança nacional e dos direitos humanos[58].

5.1.4 Espanha

O terrorismo é um fenômeno que causa grande inquietude na Espanha, sendo objeto histórico de preocupação.

Em 1959, em meio à ditadura franquista, a nação espanhola deparou-se com a criação do *Euzkadi Ta Askatasuna* (Pátria Basca e Liberdade), mais conhecido como ETA[59], que abandonou a atividade armada em 20 de outubro de 2012[60]. Apontado como terrorista[61], o grupo separatista basco cometeu uma série de crimes, como sequestros e dezenas de mortes[62], desencadeando, após o assassinato brutal de Miguel Ángel Blanco, jovem vereador do Partido Popular (PP), uma mobilização social sem precedentes naquele país[63].

Em 11 de março de 2004, os espanhóis viram-se duramente abalados, mas não pelas mãos do ETA. Uma sequência de explosões à rede ferroviária de Madrid, atingindo as estações Atocha, Santa Eugenia e El Pozo del Tío Raimundo[64], resultou em 191 mortos e cerca de 1500 feridos[65]. Mais

---

58. Ibid., p. 616.

59. Sobre o tema, vide SILVA, Francisco Carlos Teixeira da; MEDEIROS, Sabrina; VIANNA, Alexander Martins (org). *Enciclopédia de guerras e revoluções*. v. III. Rio de Janeiro: Elsevier Editora, 2015.

60. BENAVENT, Javier Mira. Noción de terrorismo y clases. Evolución legislativa y político-criminal. In: DORADO, Carmen Juanatey; ESTRADA, Cristina Fernández-Pacheco (dirs.). *El nuevo panorama del terrorismo en España: perspectiva penal, penitenciaria y social*. San Vicente del Raspeig: Universidad de Alicante, 2013. p. 49.

61. FARRÉS, Juan Avilés. *El terrorismo en España*: de ETA al Al-Qaeda. Madrid: Arco Libros, 2010. p. 16. PEREIRA-MURO, Carmen. *Culturas de España*. 2 ed. Stamford: Cengage Learning, 2015. p. 247. p. URIBES, José Manuel Rodríguez. *Las víctimas del terrorismo en España*. Madrid: Dykinson, 2014. p. 139.

62. URIBES, José Manuel Rodríguez. *Las víctimas del terrorismo en España*. Madrid: Dykinson, 2014. p. 139.

63. PEREIRA-MURO, *Carmen. Culturas de España*. 2 ed. Stamford: Cengage Learning, 2015. p. 247.

64. OCAÑA, Mónica Aranda. La política criminal en materia de terrorismo. In: RIVERA BEIRAS, Iñaki (coord). *Política criminal y sistema penal*. Barcelona: Anthropos, 2005. p. 389-390.

65. As notícias sobre o 11-M não apresentam consenso quanto ao número de feridos. A rede televisiva Antena3 e os jornais El Mundo e El País informam que foram 1500 pessoas, enquanto outros portais, como BBC Mundo e RTVE, assinalam 1800. Para tanto, vide: VARIAS BOMBAS COLOCADAS EN TRENES DE CERCANÍAS DE MADRID MATAN A 191 PERSONAS. *Antena3*, Madrid, sem data. Disponível em: <http://www.antena3.com/especiales/noticias/en-un-mes-de/marzo/varias-bombas-colocadas-trenes-cercanias-madrid-matan-191-personas_2012022100094.html>. Acesso em: 29 jun. 2015. APARICIO, Sonia. El mayor atentado de la Historia de España. *El Mundo*, Madrid, sem data. Disponível em: <http://www.elmundo.es/documentos/2004/03/espana/atentados11m/hechos.html>. Acesso em: 29 jun. 2015. 11M, EL JUICIO. *El País*, Madrid, sem data. Disponível em: <http://

conhecido como 11-M, o atentado, cuja autoria foi posteriormente reivindicada pelo Al-Qaeda[66], foi o maior sofrido não só pela Espanha, mas por toda a Europa. Por tal motivo, a data foi declarada pela Eurocâmara como o "día de las víctimas de terrorismo[67]".

Tal país, que conta desde o fim do século XIX com legislação antiterrorista, quando visou, sob a Ley de 10 de Julio de 1894, reprimir o anarquismo[68], tem hoje à sua disposição uma tríade formada pelo Novo Código Penal, a Ley 12/2003 de Prevención y Bloqueo de Financiación del Terrorismo e a Ley 10/2010 de Prevención de Blanqueo de Capitales y de la Financiación del Terrorismo[69].

Para melhor entendimento destes mecanismos atuais de combate, discorreremos abaixo sobre cada um.

---

www.elpais.com/comunes/2007/juicio_11m/>. Acesso em: 29 jun. 2015. ZAMORANO, Abraham. 11M: las incógnitas que quedan a diez años de los atentados de Madrid. *BBC Mundo*, Grã-Bretanha, 11 mar. 2014. Disponível em: <http://www.bbc.com/mundo/noticias/2014/03/140310_espana_aniversario_11m_az>. Acesso em: 29 jun. 2015. PLAZA, Ana Martin. Los atentados del 11M que sacudieron España. *RTVE*, Madrid, 11 mar. 2014. Disponível em: <http://www.rtve.es/noticias/20140311/atentados-del-11m-sacudieron-espana/893543.shtml>. Acesso em: 29 jun. 2015.

66. Segundo Ocaña, "la primera versión oficial de los hechos la ofrece el, entonces Ministro de Interior, Sr. Ángel Acebes señalando que se trata de un atentado de ETA (en víspera de elecciones generales), puesto que los explosivos hallados son los que comúnmente utiliza la banda, a pesar de que por el momento no han reivindicado el mismo. Las primeras imágenes que se ofrecen han sido obtenidas por un fotógrafo colaborador habitual de Antena 3 televisión y son del todo escalofriantes, probablemente quien escribe no podrá encontrar nunca calificativos con los que poder describirlas (desconcierto, indignación, impotencia, repugnancia...) – Otra de las intervenciones que desearía destacar fue la realizada por el entonces candidato a la presidencia del gobierno en España, el Sr. Rajoy, quien destacó: «Están desafiando a todos los españoles, y los españoles no nos doblegaremos» (TVE), todo ello, cuando se mantenía aún la autoría de ETA. No fue hasta primera hora de la tarde de ese fatídico día que ETA rechaza la autoría del atentado a través de dos llamadas a Euskal Televista y al diario Gara y cuando aparece una carta en un diario árabe con sede en Londres donde se reivindica la autoría por parte del grupo terrorista islámico Al-Qaeda. A pesar de ello, esa misma tarde el Consejo de Seguridad de Naciones Unidas aprueba una resolución de condena de los atentados apuntando como autor a ETA y, durante esa misma tarde, la entonces Ministra de Exteriores, Sra. Ana Palacio, remite un comunicado a las embajadas españolas instruyéndolas para que resaltaran la autoría de ETA («Coses que pasen», TV3, 11: 15 hs del 12 de marzo)". Cf. OCAÑA, Mónica Aranda. La política criminal en materia de terrorismo. In: RIVERA BEIRAS, Iñaki (coord). *Política criminal y sistema penal.* Barcelona: Anthropos, 2005. p. 389-390.
67. OCAÑA, Mónica Aranda. La política criminal en materia de terrorismo. In: RIVERA BEIRAS, Iñaki (coord). *Política criminal y sistema penal.* Barcelona: Anthropos, 2005. p. 389-390.
68. Ibid., p. 367.
69. O Estatuto de la víctima del delito (Ley 4/2015, de 27 de abril) não será objeto de análise, uma vez que suas disposições não recaem sobre supostos terroristas, mas sobre suas vítimas.

a) *Novo Código Penal*

Seguindo a linha de seu antecessor (Ley Orgánica 10/1995), o Novo Código Penal espanhol (Ley Orgánica 1/2015 e alterações da Ley Orgánica 2/2015), que entrou em vigor em julho de 2015, conta com um texto repleto de disposições antiterroristas.

O Capítulo VII, que trata das organizações e grupos terroristas e dos delitos de terrorismo, assenta, em seu art. 571, que são organizações ou grupos terroristas todas aquelas agrupações que tenham por finalidade ou por objeto a comissão de algum dos crimes previstos nos arts. 573 a 579, os quais abrigam as condutas de terrorismo. Na sequência, estabelece que a promoção, a constituição, a organização ou a direção destas organizações ou grupos, bem como a integração ou a participação ativa, serão punidas, respectivamente, com penas de 8 a 14 anos e de 6 a 12 anos de prisão, sendo prevista ainda a inabilitação especial para emprego ou cargo público, de 8 a 15 anos e de 6 a 12 anos[70].

Da leitura do art. 573, constata-se que o legislador optou pela técnica do tipo misto cumulativo como forma de descrever comportamentos que reputa terroristas, *in verbis*:

> 1. Se considerarán delito de terrorismo la comisión de cualquier delito grave contra la vida o la integridad física, la libertad, la integridad moral, la libertad e indemnidad sexuales, el patrimonio, los recursos naturales o el medio ambiente, la salud pública, de riesgo catastrófico, incendio, contra la Corona, de atentado y tenencia, tráfico y depósito de armas, municiones o explosivos, previstos en el presente Código, y el apoderamiento de aeronaves, buques u otros medios de transporte colectivo o de mercancías, cuando se llevaran a cabo con cualquiera de las siguientes finalidades: 1.ª Subvertir el orden constitucional, o suprimir o desestabilizar gravemente el funcionamiento de las instituciones políticas o de las estructuras económicas o sociales del Estado, u obligar a los poderes públicos a realizar un acto o a abstenerse de hacerlo. 2.ª Alterar gravemente la paz pública. 3.ª Desestabilizar gravemente el funcionamiento de una organización internacional. 4.ª Provocar un estado de terror en la población o en una parte de ella. 2. Se considerarán igualmente delitos de terrorismo los delitos informáticos tipificados en los artículos 197 bis y 197 ter y 264 a 264 quater cuando los hechos se cometan con alguna de las finalidades a las que se refiere el apartado anterior. 3. Asimismo, tendrán la consideración de delitos de terrorismo el resto de los delitos tipificados en este Capítulo[71].

---

70. ESPAÑA. Código Penal. In: *Agencia Estatal Boletín Oficial del Estado – BOE*. Disponible en: <https://www.boe.es/buscar/act.php?id=BOE-A-1995-25444>. Acesso em: 1 jul. 2015.

71. ESPAÑA. Código Penal. In: *Agencia Estatal Boletín Oficial del Estado – BOE*. Disponible en: <https://www.boe.es/buscar/act.php?id=BOE-A-1995-25444>. Acesso em: 1 jul. 2015.

A tais delitos são cominadas penas de alta duração, dentre elas: 40 anos se derivar morte; 20 a 25 anos quando do sequestro ou detenção ilegal não se ter notícia sobre o paradeiro do refém; 15 a 20 anos havendo aborto não consentido ou anuído mediante erro, fraude ou violência; 15 a 20 anos para sequestro; 15 a 20 anos para lesões corporais que acarretem perda, inutilidade ou deformidade de órgão, membro principal ou sentido; 15 a 20 anos para incêndios gerados por explosões ou que importe em risco à vida e integridade física de outrem; 10 a 15 anos para qualquer outra lesão, detenção ilegal, ameaça ou coação a outrem (art. 573 bis). Todas essas penas serão aumentadas pela metade quando o delito se referir ao parágrafo 1 do art. 573, bem como quando atingir membros das Forças e Corpos de Segurança, das Forças Armadas, do Governo, dos Conselhos de Governo das Comunidades Autônomas, do Congresso dos Deputados, do Senado ou das Assembleias Legislativas, de Corporações locais, do Conselho Geral do Poder Judicial, Magistrado do Tribunal Constitucional, juiz, membro do Ministério Público e empregados públicos que prestem serviço em instituições penitenciárias[72].

O art. 574 determina, por sua vez, que "[...] el depósito de armas o municiones, la tenencia o depósito de sustancias o aparatos explosivos, inflamables, incendiarios o asfixiantes, o de sus componentes [...][73]", assim como "[...] su fabricación, tráfico, transporte o suministro de cualquier forma, y la mera colocación o empleo de tales sustancias o de los medios o artificios adecuados[74]" são punidos, quando forem cometidos com qualquer das finalidades expressadas no primeiro parágrafo do art. 573, com pena privativa de liberdade de 8 a 15 anos. O dispositivo impõe ainda pena de 10 a 20 anos para aqueles que, também com as finalidades indicadas no parágrafo primeiro do art. 573, "[...] desarrollen armas químicas o biológicas, o se apoderen, posean, transporten, faciliten a otros o manipulen materiales nucleares, elementos radioactivos o materiales o equipos productores de radiaciones ionizantes[75]", prevendo igual castigo "[...] cuando se trate de armas, sustancias o aparatos nucleares, radiológicos, químicos o biológicos, o cualesquiera otros de similar potencia destructiva[76]".

---

72. ESPAÑA. Código Penal. In: *Agencia Estatal Boletín Oficial del Estado – BOE*. Disponible en: <https://www.boe.es/buscar/act.php?id=BOE-A-1995-25444>. Acesso em: 1 jul. 2015.

73. ESPAÑA. Código Penal. In: *Agencia Estatal Boletín Oficial del Estado – BOE*. Disponible en: <https://www.boe.es/buscar/act.php?id=BOE-A-1995-25444>. Acesso em: 1 jul. 2015.

74. ESPAÑA. Código Penal. In: *Agencia Estatal Boletín Oficial del Estado – BOE*. Disponible en: <https://www.boe.es/buscar/act.php?id=BOE-A-1995-25444>. Acesso em: 1 jul. 2015.

75. ESPAÑA. Código Penal. In: *Agencia Estatal Boletín Oficial del Estado – BOE*. Disponible en: <https://www.boe.es/buscar/act.php?id=BOE-A-1995-25444>. Acesso em: 1 jul. 2015.

76. ESPAÑA. Código Penal. In: *Agencia Estatal Boletín Oficial del Estado – BOE*. Disponible en: <https://www.boe.es/buscar/act.php?id=BOE-A-1995-25444>. Acesso em: 1 jul. 2015.

No que tange ao artigo subsequente, cujo teor tipifica a capacitação no terrorismo, nota-se que o Código rumou à repressão de atos preparatórios, como se extrai:

> Artículo 575. 1. Será castigado con la pena de prisión de dos a cinco años quien, con la finalidad de capacitarse para llevar a cabo cualquiera de los delitos tipificados en este Capítulo, reciba adoctrinamiento o adiestramiento militar o de combate, o en técnicas de desarrollo de armas químicas o biológicas, de elaboración o preparación de sustancias o aparatos explosivos, inflamables, incendiarios o asfixiantes, o específicamente destinados a facilitar la comisión de alguna de tales infracciones. 2. Con la misma pena se castigará a quien, con la misma finalidad de capacitarse para cometer alguno de los delitos tipificados en este Capítulo, lleve a cabo por sí mismo cualquiera de las actividades previstas en el apartado anterior. Se entenderá que comete este delito quien, con tal finalidad, acceda de manera habitual a uno o varios servicios de comunicación accesibles al público en línea o contenidos accesibles a través de internet o de un servicio de comunicaciones electrónicas cuyos contenidos estén dirigidos o resulten idóneos para incitar a la incorporación a una organización o grupo terrorista, o a colaborar con cualquiera de ellos o en sus fines. Los hechos se entenderán cometidos en España cuando se acceda a los contenidos desde el territorio español. Asimismo se entenderá que comete este delito quien, con la misma finalidad, adquiera o tenga en su poder documentos que estén dirigidos o, por su contenido, resulten idóneos para incitar a la incorporación a una organización o grupo terrorista o a colaborar con cualquiera de ellos o en sus fines. 3. La misma pena se impondrá a quien, para ese mismo fin, o para colaborar con una organización o grupo terrorista, o para cometer cualquiera de los delitos comprendidos en este Capítulo, se traslade o establezca en un territorio extranjero controlado por un grupo u organización terrorista[77].

O manejo de bens ou valores para fins de utilização em ações terroristas, bem como a responsabilidade das pessoas jurídicas, não foram descurados: o art. 576, por exemplo, comina pena de 5 a 10 anos de prisão e multa do triplo ao quíntuplo de seu valor ao agente que, direta ou indiretamente, por qualquer meio, arrecade, "[...] adquiera, posea, utilice, convierta, transmita o realice cualquier otra actividad con bienes o valores de cualquier clase con la intención de que se utilicen, o a sabiendas de que serán utilizados, en todo o en parte, para cometer cualquiera de los delitos [...][78]" do Capítulo 2. Se esses bens ou valores forem colocados à disposição do responsável pelo delito terrorista, a pena poderá ser fixada em grau superior; porém, se forem empregados na execução, poderá configurar coautoria ou participação. Quando se tratar de pessoa jurídica, a pena será

77. ESPAÑA. Código Penal. In: *Agencia Estatal Boletín Oficial del Estado – BOE*. Disponible en: <https://www.boe.es/buscar/act.php?id=BOE-A-1995-25444>. Acesso em: 1 jul. 2015.

78. ESPAÑA. Código Penal. In: *Agencia Estatal Boletín Oficial del Estado – BOE*. Disponible en: <https://www.boe.es/buscar/act.php?id=BOE-A-1995-25444>. Acesso em: 1 jul. 2015.

de multa de 2 a 5 ou de 1 a 3 anos quando previsto para pessoa física pena de prisão superior a 5 ou 2 anos, respectivamente. Neste caminho, também é previsto sanção, mesmo que em grau menor, àquele que, obrigado legalmente a colaborar com a prevenção de atividades de financiamento do terrorismo, agiu com grave imprudência em suas obrigações[79].

A continuação, o art. 577 enumera como atos de colaboração não só a informação ou vigilância de pessoas, bens ou instalações, mas a construção, acondicionamento, cessão ou utilização de alojamentos ou depósitos, além da ocultação, acolhimento ou traslado de pessoas. Inclui, ainda, a organização de práticas de treinamento ou a assistência, bem como a prestação de serviços tecnológicos e qualquer outra forma equivalente de cooperação ou ajuda às organizações ou grupos terroristas. A pena, portanto, é de 5 a 10 anos e multa de 18 a 24 meses para quem arrecada ou facilita qualquer destes atos, sendo passível de aumento quando houver perigo à vida, à integridade física, à liberdade ou ao patrimônio das vítimas. É também sujeito a este *quantum* punitivo quem, intencional ou sabidamente: capacitar, doutrinar ou treinar pessoas para cometerem qualquer dos crimes compreendidos no Capítulo VII; facilitar o treinamento ou instrução sobre a fabricação ou uso de explosivos, armas de fogo ou outras armas ou substâncias nocivas ou perigosas; facilitar o treinamento ou instrução sobre métodos ou técnicas especialmente adequadas para comissão dos crimes do art. 573. Essas condutas terão penas aumentadas pela metade quando os atos forem dirigidos a menores de idade, a pessoas portadores de deficiência que necessitem de especial proteção ou a mulheres traficadas para serem convertidas em cônjuges, companheiras ou escravas sexuais dos autores do delito, sem prejuízo da punição pelos delitos cometidos contra a liberdade sexual[80].

O art. 578, por seu turno, assinala que o enaltecimento ou justificação públicos das condutas dos arts. 572 a 577, ou de quem tenha participado na execução de atos que impliquem descrédito, menosprezo ou humilhação de vítimas de terrorismo ou de seus familiares, serão reprimidos com pena de 1 a 3 anos de prisão e multa de 12 a 18 meses, salvo se forem perpetrados através dos meios de comunicação, da internet, de serviços de comunicações eletrônicas ou mediante o uso de tecnologias da informação, quando terão então a pena aumentada de metade. A punição poderá ser ainda superior "cuando los hechos, a la vista de sus circunstancias, resul-

79. ESPAÑA. Código Penal. In: *Agencia Estatal Boletín Oficial del Estado – BOE*. Disponible en: <https://www.boe.es/buscar/act.php?id=BOE-A-1995-25444>. Acesso em: 1 jul. 2015.

80. ESPAÑA. Código Penal. In: *Agencia Estatal Boletín Oficial del Estado – BOE*. Disponible en: <https://www.boe.es/buscar/act.php?id=BOE-A-1995-25444>. Acesso em: 1 jul. 2015.

ten idóneos para alterar gravemente la paz pública o crear un grave sentimiento de inseguridad o temor a la sociedad o parte de ella [...][81]".

Ademais, poderá o julgador determinar cautelar ou definitivamente que livros, arquivos, documentos, artigos ou qualquer outro suporte pelo qual foi cometido o delito, sejam destruídos, apagados ou inutilizados. Se a prática delitiva houver se dado por meio de tecnologias da informação ou da comunicação, será acordada a retirada dos conteúdos; mas se foi por serviços ou conteúdos acessíveis pela internet ou por comunicações eletrônicas, poderá, atendendo à gravidade dos fatos ou à relevância da informação e necessidade de evitar sua difusão, ser ordenada a retirada do material, com a exclusão dos conteúdos ilícitos pelos prestadores de serviços de hospedagem, supressão de seus *links* pelos motores de busca, e impedimento de acesso a tais conteúdos e serviços ilícitos por provedores de serviços de comunicações eletrônicas[82].

Prosseguindo, verifica-se que o diploma também considera punível a provocação, conspiração, proposição ou incitação pública ao cometimento de algum dos delitos do Capítulo VII, assim como a difusão pública de mensagens ou senhas capazes de ou com finalidade de incitar tais delitos (art. 579).

O art. 579 bis traz, por sua vez, algumas disposições gerais para todos os crimes do Capítulo, como: diminuição de pena em caso de confissão espontânea ou colaboração premiada; aplicação de liberdade vigiada de 5 a 10 anos, e de 1 a 5 anos se a pena privativa de liberdade for menos grave (esta medida poderá deixar de ser aplicada quando o agente for primário e se tratar de um só delito que não seja grave, em atenção a sua menor periculosidade); inabilitação absoluta ou inabilitação especial para profissão ou ofício educativo, nos âmbitos docente, desportivo e de lazer por um tempo superior a 6 e 20 anos da pena fixada[83].

E o catálogo antiterrorismo não cessa neste ponto: quem souber da comissão de um delito de terrorismo e intervir após sua execução, ajudando os supostos responsáveis a eludir a investigação ou a subtrair-se de sua busca ou captura, será punido com pena de 6 meses a 3 anos de prisão (art. 451); já aquele que, amparando-se na existência de organizações ou grupos terroristas, calunie, injurie, coaja ou ameace os membros de cor-

81. ESPAÑA. Código Penal. In: *Agencia Estatal Boletín Oficial del Estado – BOE*. Disponible en: <https://www.boe.es/buscar/act.php?id=BOE-A-1995-25444>. Acesso em: 1 jul. 2015.

82. ESPAÑA. Código Penal. In: *Agencia Estatal Boletín Oficial del Estado – BOE*. Disponible en: <https://www.boe.es/buscar/act.php?id=BOE-A-1995-25444>. Acesso em: 1 jul. 2015.

83. ESPAÑA. Código Penal. In: *Agencia Estatal Boletín Oficial del Estado – BOE*. Disponible en: <https://www.boe.es/buscar/act.php?id=BOE-A-1995-25444>. Acesso em: 1 jul. 2015.

porações locais será punido em grau superior a 6 meses a 1 ano de prisão (art. 505). Não obstante, nos termos do art. 611, incorrerá numa pena de 10 a 15 anos de prisão, sem prejuízo da que corresponda aos resultados produzidos, quem, em ocasião de conflito armado, realizar ou ordenar ataques indiscriminados ou excessivos ou tornar a população civil objeto de ataques, represálias ou atos ou ameaças de violência, cuja finalidade principal seja o de aterrorizá-la[84].

Inobstante, destaca-se que os delitos de terrorismo, quando causarem a morte de uma pessoa, são imprescritíveis (art. 131). Em tais circunstâncias, inclusive as penas não podem, segundo o art. 133, prescrever. Todavia, os gravames decorrentes da prática de algum dos crimes constantes no Capítulo VII não se cingem à imprescritibilidade. Ao longo do texto do Código Penal, estão previstas uma série de implicações, dentre as quais estão: o confisco judicial de bens, títulos e lucros do condenado diante de indícios fundados e objetivos de sua origem ilícita (art. 127 bis); a tomada de amostras biológicas do condenado, quando, das circunstâncias do fato, dos antecedentes, da personalidade ou outra informação disponível se possa valorar que existe um perigo relevante de reiteração delitiva (art. 129 bis); a inscrição dos identificadores de DNA, coletados inclusive de maneira forçada quando houver recusa por parte do condenado, na base de dados policial (art. 129 bis); a equiparação de sentenças estrangeiras para fins de aplicação da agravante da reincidência (art. 580); e a expulsão de estrangeiro condenado, mesmo que tenha residido no território espanhol durante 10 anos anteriores (art. 89).

Estão previstas ainda a suspensão da execução da pena, inclusive da prisão permanente revisável, e a concessão de liberdade condicional quando o apenado mostrar sinais inequívocos de haver abandonado os fins e os meios da atividade terrorista e tiver colaborado ativamente com as autoridades, seja para impedir a produção de outros delitos por parte da organização ou grupo terrorista, seja para atenuar os efeitos de seu delito, ou, ainda, para identificar, capturar e processar os responsáveis de delitos terroristas, ou para obter provas ou impedir a atuação ou desenvolvimento das organizações ou associações a que tenha pertencido ou colaborado. Isto poderá ser feito por uma declaração expressa de repúdio de suas atividades delitivas e de abandono da violência, uma petição expressa de perdão às vítimas de seu delito, ou por informes técnicos que acreditem que está realmente desvinculado da organização terrorista e de atividades de

84. ESPAÑA. Código Penal. In: *Agencia Estatal Boletín Oficial del Estado – BOE*. Disponible en: <https://www.boe.es/buscar/act.php?id=BOE-A-1995-25444>. Acesso em: 1 jul. 2015.

associações e coletividades ilegais que a rodeiam, bem como sua colaboração com as autoridades (arts. 90 e 92).

Registra-se que quando a pena fixada for superior a 5 anos, a classificação do condenado no terceiro grau de tratamento penitenciário só será efetuada, em regra, após o cumprimento da metade (art. 36); o tempo máximo de cumprimento efetivo da pena a crimes cujo preceito secundário for superior a 20 anos será de 40 anos (art. 76); e se este lapso temporal for inferior à metade da pena fixada, poderá ser acordado, via judicial, que o cômputo para concessão da liberdade condicional e classificação no terceiro grau penitenciário seja feito com base no *quantum* total da condenação, desde que, havendo prognóstico individualizado e favorável de reinserção social, e ouvidos o Ministério Público, as Instituições Penitenciárias e as demais partes, reste por cumprir, quanto ao primeiro benefício, uma oitava parte do limite máximo de cumprimento da pena, e para o segundo, uma quinta parte (art. 78). Os limites mínimos de cumprimento da pena para acesso ao terceiro grau de classificação serão: de 24 anos nos casos de condenação por vários delitos cujo total exceda a 5 ou 15 anos, desde que recaia sobre um deles a prisão permanente revisável; de 32 anos quando as várias condenações ultrapassarem 25 anos, e dois ou mais dos crimes praticados sejam punidos com pena de prisão permanente; nestes casos, a suspensão da execução do restante da pena está condicionada ao cumprimento de no mínimo 28 e 35 anos de prisão (art. 78 bis).

b) *Ley 12/2003, de 21 de mayo, de prevención y bloqueo de la financiación del terrorismo*

Pautada na Resolução 1373/2001 do Conselho de Segurança das Nações Unidas, a qual recomenda aos Estados a adoção de medidas necessárias para prevenir e reprimir o terrorismo, e também no Plano de Ação contra o Terrorismo, elaborado pelo Conselho Extraordinário de Chefes de Estado e de Governo europeus, a Ley 12/2003 visa obstaculizar o financiamento ao terrorismo, mediante o bloqueio e análise de qualquer tipo de fluxo financeiro suspeito[85].

Para os efeitos deste diploma, poderão ser consideradas vinculadas a um grupo ou organização terrorista as seguintes pessoas ou entidades:

---

85. ESPAÑA. Ley 12/2003, de 21 de mayo, de prevención y bloqueo de la financiación del terrorismo. In: *Agencia Estatal Boletín Oficial del Estado – BOE*. Disponible en: <http://www.boe.es/buscar/act.php?id=BOE-A-2003-10289>. Acesso em: 26 jun. 2015.

> Artículo 7. [...] a) Aquéllas cuya vinculación con un grupo u organización terrorista haya sido reconocida en una resolución judicial, en una disposición o resolución adoptadas por el órgano competente de la Unión Europea o de cualquier organización internacional de la que España sea parte. b) Las que actúen como administradores de hecho o de derecho o en nombre, interés, por cuenta o representación legal o voluntaria de la organización o de cualquier persona o entidad integrada o controlada por un grupo terrorista. c) Aquellas entidades en cuyo órgano de gestión o administración o en cuyo capital o dotación participen, con influencia significativa, otras personas o entidades integradas o controladas por una organización terrorista. d) Las que constituyan una unidad de decisión con un grupo u organización terrorista, bien porque alguna de ellas ostente o pueda ostentar, directa o indirectamente, el control de las demás, bien porque dicho control corresponda a una o varias personas o entidades que actúen sistemáticamente o en concierto con el grupo u organización. e) Las personas y entidades creadas o interpuestas por una organización terrorista con la finalidad de ocultar la verdadera identidad de los ordenantes o beneficiarios de una transacción económica o de las partes en cualquier negocio o contrato. f) Las que, no estando incluidas en ninguno de los párrafos anteriores, coadyuven o favorezcan económicamente a una organización terrorista. g) Las personas o entidades respecto de las cuales, a la vista de las personas que las rigen o administran, o de cualesquiera otras circunstancias, se considere que constituyen materialmente una continuación o sucesión en la actividad de cualquier persona o entidad prevista en los párrafos anteriores, todo ello con independencia de la forma o título jurídico utilizados para dicha continuación o sucesión. 2. En todo caso, tratándose de sociedades mercantiles, se estará a lo dispuesto en el artículo 4 de la Ley 24/1988, de 28 de julio, del Mercado de Valores, en cuanto a la consideración de las entidades que pertenecen a un mismo grupo empresarial[86].

Nessa linha, a Ley 12/2003 propõe-se não só a identificar a natureza de fundos, sua origem, sua localização e movimentos, mas também a identidade dos envolvidos. O encarregado desta tarefa, assim como da consequente proibição de abertura de contas bancárias no país (arts. 1º e 2º), é a Comisión de Vigilancia de Actividades de Financiación del Terrorismo, órgão colegiado ligado ao Ministério do Interior (art. 9º). Seus membros, assim como os especialistas convocados para assessoramento em algum tema específico, estão submetidos a um regime jurídico de responsabilidade, só podendo fazer uso das informações por eles conhecidas para a consecução de suas atribuições legais (art. 9º). A identidade dos funcionários intervenientes será, contudo, de caráter confidencial tanto na esfera administrativa quanto na seara judicial (art. 2º).

Uma vez encontrados indícios razoáveis, a Comisión de Vigilancia de Actividades de Financiación del Terrorismo fará o bloqueio de saldos, contas ou movimentos financeiros, incluídos os bens depositados em caixas-

86. ESPAÑA. Ley 12/2003, de 21 de mayo, de prevención y bloqueo de la financiación del terrorismo. In: *Agencia Estatal Boletín Oficial del Estado – BOE*. Disponible en: <http://www.boe.es/buscar/act.php?id=BOE-A-2003-10289>. Acesso em: 26 jun. 2015.

-fortes (art. 2º). Tal medida, que tem caráter exclusivamente preventivo, não assentando qualquer juízo penal de culpabilidade, proíbe "[...] realizar cualquier movimiento, transferencia, alteración, utilización o transacción de capitales o activos financieros que dé o pueda dar lugar a un cambio de volumen, importe, localización, propiedad, posesión [...]" ou "[...] naturaleza o destino de dichos capitales o activos, o de cualquier otro cambio que pudiera facilitar su utilización, incluida la gestión de una cartera de valores[87]" (art. 1º).

Este bloqueio, que poderá ser realizado sem a prévia audiência do titular se houver receio de que a efetividade da medida ou o interesse público resultem gravemente afetados, não impedirá a cobrança, pagamento ou transferências destinadas à satisfação de créditos trabalhistas, tributários, previdenciários e outros que possam acarretar prejuízo de terceiros de boa-fé, desde que autorizada pela Comissão (art. 2º).

Assim que a Comissão verificar que os bens afetados não guardam relação com o financiamento de atividades terroristas, deverá cessar o bloqueio (art. 2º), mas se constatar algum indicativo de delito deverá informar imediatamente ao órgão judicial competente (art. 3º). Frente à necessidade de prolongar a medida diante de complexas operações de comprovação, a Comissão deverá solicitá-la ao órgão jurisdicional antes do escoamento do prazo[88], sendo mantida a eficácia do bloqueio inicial até o advento de tal autorização (art. 2º). Se houver um procedimento penal em andamento, caberá ao órgão jurisdicional a competência para decidir sobre a continuação do bloqueio, bem como acerca da incidência de eventuais medidas cautelares (art. 3º). À Comissão, cujas decisões são passíveis de recurso judicial que tramitará em regime de preferência, competirá, por sua vez, informar ao juízo sobre quaisquer medidas adotadas em via administrativa e auxiliá-lo nas funções que lhe são próprias (art. 3º).

Convém apontar que todos os objetivos apontados pela lei dependem da colaboração das administrações públicas e das instituições financeiras, as quais são submetidas a algumas exigências, como dispõe o art. 4º, *in verbis*:

> a) Impedir cualquier acto u operación que suponga disposición de saldos y posiciones de cualquier tipo, dinero, valores y demás instrumentos vinculados a

87. ESPAÑA. Ley 12/2003, de 21 de mayo, de prevención y bloqueo de la financiación del terrorismo. In: *Agencia Estatal Boletín Oficial del Estado – BOE*. Disponible en: <http://www.boe.es/buscar/act.php?id=BOE-A-2003-10289>. Acesso em: 26 jun. 2015.

88. ESPAÑA. Ley 12/2003, de 21 de mayo, de prevención y bloqueo de la financiación del terrorismo. In: *Agencia Estatal Boletín Oficial del Estado – BOE*. Disponible en: <http://www.boe.es/buscar/act.php?id=BOE-A-2003-10289>. Acesso em: 26 jun. 2015.

> movimientos de capitales u operaciones de pago o transferencia bloqueados, a excepción de aquéllos por los que afluyan nuevos fondos y recursos a cuentas bloqueadas. b) Comunicar a la Comisión de Vigilancia cualquier tipo de ingreso que se pueda realizar a la cuenta bloqueada, sin perjuicio de realizar la operación. c) Comunicar a la Comisión de Vigilancia, por iniciativa propia, cualquier solicitud o petición que reciban en la que el ordenante, emisor, titular, beneficiario o destinatario sea una persona o entidad respecto a la que la Comisión de Vigilancia haya adoptado alguna medida. d) Facilitar a la citada Comisión la información que ésta requiera para el ejercicio de sus competencias. e) No revelar ni al cliente ni a terceros que se ha transmitido información a la Comisión de Vigilancia[89].

Não serão consideradas violadas as referidas exigências quando forem adotadas quaisquer medidas adotadas de boa-fé (art. 5º), e o seu não cumprimento acusado por relatórios de inspeção será levado pelo Comité Permanente de la Comisión de Prevención del Blanqueo de Capitales e Infracciones Monetarias ao conhecimento da Comisión de Vigilancia (art. 6º).

As administrações tributárias, as entidades gestoras, a Tesouraria Geral de Previdência Social, a Comissão Nacional de Mercado de Valores, a Direção Geral de Seguros e Fundos de Pensões, o Banco da Espanha, bem como os demais órgãos ou organismos supervisores em matéria financeira, estão obrigados a ceder, mediante requerimento do presidente da Comisión de Vigilancia, informações de caráter pessoal e aquelas que tiverem obtido no exercício de suas funções (art. 8º). Os registros coletados pela Comisión de Vigilancia serão de titularidade pública (art. 8º).

Inobstante, em consonância com a Ley de Prevención del Blanqueo de Capitales y de la Financiación del Terrorismo, cujo teor será adiante exposto, o Servicio Ejecutivo de la Comisión de Prevención del Blanqueo de Capitales e Infracciones Monetarias informará nas reuniões da Comisión de Vigilancia "[...] hechos u operaciones que presenten indicios o certeza de relación con la financiación del terrorismo y, en especial,de los informes de inteligencia financiera que hubiera elaborado en relación con esta materia[90]". Nota-se, pois, que ambas as comissões colaboram fortemente entre si.

c) *Ley 10/2010, de 28 de abril, de prevención del blanqueo de capitales y de la financiación del terrorismo*

Coexistente à Ley 12/2003, que trata do congelamento ou bloqueio de fundos potencialmente vinculados ao terrorismo, e que reproduz os co-

---

89. ESPAÑA. Ley 12/2003, de 21 de mayo, de prevención y bloqueo de la financiación del terrorismo. In: *Agencia Estatal Boletín Oficial del Estado – BOE*. Disponible en: <http://www.boe.es/buscar/act.php?id=BOE-A-2003-10289>. Acesso em: 26 jun. 2015.

90. ESPAÑA. Ley 12/2003, de 21 de mayo, de prevención y bloqueo de la financiación del terrorismo. In: *Agencia Estatal Boletín Oficial del Estado – BOE*. Disponible en: <http://www.boe.es/buscar/act.php?id=BOE-A-2003-10289>. Acesso em: 26 jun. 2015.

mandos da Ley 19/1993, a Ley 10/2010 tem por escopo regular de forma unitária a prevenção da lavagem de capitais e o financiamento do terrorismo, protegendo a integridade do sistema financeiro e de outros setores de atividade econômica (art. 1º).

Para efeitos desta lei, serão reconhecidos como financiamento do terrorismo,

> [...] el suministro, el depósito, la distribución o la recogida de fondos o bienes, por cualquier medio, de forma directa o indirecta, con la intención de utilizarlos o con el conocimiento de que serán utilizados, íntegramente o en parte, para la comisión de cualquiera de los delitos de terrorismo tipificados en el Código Penal. Se considerará que existe financiación del terrorismo aun cuando el suministro o la recogida de fondos o bienes se hayan desarrollado en el territorio de otro Estado[91].

Enquanto o bloqueio de transações suspeitas será realizado pela Comisión de Vigilancia de Actividades de Financiación del Terrorismo, à Comisión de Prevención del Blanqueo de Capitales e Infracciones Monetarias, órgão ligado à Secretaria de Estado de Economía, caberá o impulso e a coordenação de atividades de prevenção de utilização do sistema financeiro, bem como de outros setores da atividade econômica, para lavagem de capitais e financiamento do terrorismo (art. 44).

Esta lei, no intuito de restar eficaz, impõe a uma série de sujeitos, pessoas físicas ou jurídicas, obrigações de colaboração. Dentre eles, estão entidades de crédito, entidades seguradoras e seus corretores, entidades gestoras de fundos de pensões, operadores de câmbio, auditores de contas, contabilistas, advogados, notários, registradores, etc. (art. 7º), podendo ser excluídos, entretanto, pessoas que realizem atividades de caráter ocasional e de ínfimo risco de lavagem de capitais ou de financiamento do terrorismo.

Os sujeitos obrigados deverão aplicar medidas de diligência devida quando se depararem com indícios de lavagem de capitais ou de financiamento do terrorismo, "[...] con independencia de cualquier excepción, exención o umbral, o cuando existan dudas sobre la veracidad o adecuación de los datos obtenidos con anterioridad[92]" (art. 7º). Essas medidas, entretanto, poderão ser simplificadas quanto a clientes, produtos ou operações que comportem risco reduzido de incidir em condutas combatidas

---

91. ESPAÑA. Ley 10/2010, de 28 de abril, de prevención del blanqueo de capitales y de la financiación del terrorismo. In: *Agencia Estatal Boletín Oficial del Estado – BOE*. Disponible en: <http://www.boe.es/buscar/act.php?id=BOE-A-2010-6737>. Acesso em: 26 jun. 2015.

92. ESPAÑA. Ley 10/2010, de 28 de abril, de prevención del blanqueo de capitales y de la financiación del terrorismo. In: *Agencia Estatal Boletín Oficial del Estado – BOE*. Disponible en: <http://www.boe.es/buscar/act.php?id=BOE-A-2010-6737>. Acesso em: 26 jun. 2015.

por esta lei(arts. 9º e 10). De outro lado, se presente um alto risco, poderão ser reforçadas (art. 11).

Competirá igualmente aos sujeitos obrigados, o exame de transações que, independentemente da quantia, sejam não usuais, sem aparente propósito econômico ou lícito ou, então, que possam constituir fraude (art. 17). Inobstante, terão de prestar "[...] especial atención a todo riesgo [...] que pueda derivarse de productos u operaciones propicias al anonimato, o de nuevos desarrollos tecnológicos [...][93]", impedindo que estes sejam utilizados para fins de condutas perseguidas por esta lei. Após uma análise acurada destes riscos, os resultados deverão ser documentados e postos à disposição das autoridades competentes, sendo ainda conservados por 10 anos (arts. 16 e 25).

Os dirigentes, funcionários e agentes deverão estar em constante atualização, participando de "[...] cursos específicos de formación permanente orientados a detectar las operaciones que puedan estar relacionadas con el blanqueo de capitales o la financiación del terrorismo e instruirles sobre la forma de proceder en tales casos[94]" (art. 29). Deverão ainda, em seu lavoro, manter a confidencialidade das informações conhecidas, sendo inadmitido, porém, opô-la às autoridades competentes, quando estas, em sede de prevenção ou persecução penal, necessitarem consultar ou ser informadas do conteúdo dos registros (arts. 24 e 33).

O Servicio Ejecutivo de la Comisión de Prevención del Blanqueo de Capitales e Infracciones Monetarias deverá, sob pena de infração gravíssima (art. 51), ser comunicado sobre fatos ou operações, inclusive tentados, que importem indício ou certeza de estarem relacionados com a lavagem ou com o financiamento do terrorismo (arts. 18 e 48). Periodicamente, receberá também, independentemente dos resultados, informações de todas as operações analisadas pelos sujeitos obrigados (art. 20). Tais comunicações, em caráter sigiloso, procederão dos obrigados, sendo possível ainda, na primeira hipótese, ser diretamente feita por diretores ou empregados destes sujeitos (arts. 18, 20, 24 e 48).

Não obstante, entidades de crédito deverão manter um registro de titularidades financeiras, repassando periodicamente ao Servicio Ejecutivo

93. ESPAÑA. Ley 10/2010, de 28 de abril, de prevención del blanqueo de capitales y de la financiación del terrorismo. In: *Agencia Estatal Boletín Oficial del Estado – BOE*. Disponible en: <http://www.boe.es/buscar/act.php?id=BOE-A-2010-6737>. Acesso em: 26 jun. 2015.

94. ESPAÑA. Ley 10/2010, de 28 de abril, de prevención del blanqueo de capitales y de la financiación del terrorismo. In: *Agencia Estatal Boletín Oficial del Estado – BOE*. Disponible en: <http://www.boe.es/buscar/act.php?id=BOE-A-2010-6737>. Acesso em: 26 jun. 2015.

de la Comisión informações sobre abertura ou cancelamento de contas correntes, contas-poupança e depósitos a prazo (art. 43). Terão acesso a este registro, mediante pedido fundamentado e exclusivamente para fins de prevenção e repressão da lavagem de dinheiro e financiamento ao terrorismo, a Agência Estatal de Administração Tributária, os juízes de instrução, o Ministério Público e as Forças e Corpos de Segurança, esta última com a autorização do Ministério Público (art. 43). Se das informações recebidas o Servicio Ejecutivo de la Comisión constatar a presença de indícios ou certeza de lavagem de capitais ou financiamento do terrorismo, providenciará o envio de um informe de inteligência financeira ao Ministério Público, aos órgãos judiciais, policiais ou administrativos competentes (art. 46). Por este motivo, os sujeitos obrigados devem adotar medidas adequadas para manter a confidencialidade da identidade de funcionários que tenham realizado alguma comunicação sobre operações suspeitas, protegendo-os também, por meio de medidas apropriadas, de qualquer ameaça ou ação hostil (art. 30).

Por fim, nos termos previstos pelos regulamentos comunitários ou por acordo do Conselho de Ministros, as sanções previstas pelas Resoluções do Conselho de Segurança das Nações Unidas relativas à prevenção, supressão e vedação da proliferação de armas de destruição massiva e de seu financiamento, serão de aplicação obrigatória para qualquer pessoa física ou jurídica (art. 42). O Conselho de Ministros poderá impor ainda contramedidas financeiras a países que ofereçam riscos mais elevados de lavagem de capitais, financiamento do terrorismo ou da proliferação de armas de destruição massiva (art. 42).

5.2 ELEMENTOS ESSENCIAIS NA TIPIFICAÇÃO DO TERRORISMO

Distinguir crimes de terrorismo de crimes comuns não é uma tarefa fácil. Até porque muitos dos crimes considerados como terroristas já estão, de uma forma ou outra, tipificados na legislação penal, trazendo os mesmos verbos nucleares, mesmos objetos materiais, etc[95]. Neste cenário,

95. Esta aparente correspondência é uma situação comum em leis antiterrorismo, como se extrai da observação de Lamarca Pérez: "La verdad es que para hacer frente al terrorismo desde la legislación de carácter estrictamente penal poco más se puede hacer que lo que hace el propio Código, es decir agravar las conductas delictivas o, en algún caso, crear algún tipo específico. Porque el terrorismo, como todos sabemos, se exterioriza a través de la realización de los delitos más comunes del Código: homicidio, asesinato, detenciones ilegales, secuestros. amenazas, etcétera. Lo que ocurre es que si se realizan con determinada finalidad [...], o se lleva a cabo por determinadas organizaciones, lo que se hace es agravar la pena". Cf. LAMARCA PÉREZ, Carmen. Noción de terrorismo y clases. Evolución legislativa y político-criminal. In: DORADO, Carmen Juanatey; ESTRADA, Cristina Fernández-Pacheco (dirs.). *El nuevo panorama del terrorismo en España: perspectiva penal,*

uma equivocada classificação de um crime como ato terrorista pode trazer resultados danosos não só ao agente, mas à sociedade como um todo.

Diante disso, é salutar a observância de requisitos essenciais para a descrição legal do crime de terrorismo. A proposta que ora se apresenta é a de CANCIO MELIÁ, mas com algumas observações, pois, salvo melhor juízo, é a que atualmente se revela mais adequada dogmaticamente.

De acordo com o aludido jurista espanhol, o crime de terrorismo deve conter três elementos essenciais, quais sejam: a utilização de intimidação massiva, o caráter armado[96] e a chamada "projeção estratégica[97]". Estes requisitos expressam, respectivamente, os meios específicos de atuação, o significado político e a necessidade de organização[98].

A intimidação massiva, também denominada "terrorismo instrumental", é caracterizada pelo uso da violência que, inobstante desafiar o Estado em termos militares, propaga um verdadeiro estado de alarme ou de insegurança social[99]. Este elemento trata-se de uma estratégia de comunicação terrorista[100], em que os agentes, no intuito de provocar mais medo e insegurança, selecionam a vítima por critérios específicos (membros da segurança pública ou representantes políticos, por exemplo) ou genéricos (os ocidentais, os norte-americanos, os infiéis, etc.)[101]. Porém, tal seleção, como ensina o professor espanhol, é "[....] *personalmente aleatoria*: el ataque no se dirige contra el funcionário de policia X, contra el consejal Y o el bebé Z en cuanto seres humanos, sino contra la categoría de personas [...] que representa[102]".

O caráter armado, por sua vez, seria um elemento *sine qua non* para a materialização da intimidação massiva e, portanto, para o delito de ter-

---

penitenciaria y social. San Vicente del Raspeig: Universidad de Alicante, 2013. p. 41. MESTRE DELGADO reforça esta noção, indicando que, sob o prisma objetivo, a conduta rotulada como terrorismo geralmente já encontra previsão em alguma lei penal, e, para diferir-se dos crimes comuns, deve abrigar um elemento subjetivo especial do tipo e exigir que seja perpetrada por organização terrorista. Cf. MESTRE DELGADO, Esteban. *Delincuencia terrorista y audiência nacional*. Madrid: Centro de publicaciones, 1987. p. 27-58.

96. CANCIO MELIÁ, Manuel. *Los delitos de terrorismo*: estructura típica e injusto. Madrid: Editorial Reus, 2010. p. 167.

97. Ibid., p. 176.

98. Ibid., p. 197.

99. Ibid., p. 167.

100. CANCIO MELIÁ, Manuel. *Los delitos de terrorismo*: estructura típica e injusto. Madrid: Editorial Reus, 2010. p. 167.

101. Ibid., p. 168.

102. Ibid., p. 168.

rorismo. Neste sentido, somente o uso intenso ou repetitivo de armas de fogo ou de explosivos seria capaz de conferir violência à conduta, notadamente gravíssima[103]. Todavia, há de se recordar que alguns estudiosos não consideram o caráter armado um requisito para o ato terrorista, pois, com efeito, o terrorismo pode ser perpetrado sem que se recorra a armamentos: com os avanços da era digital, o uso de mecanismos de inteligência por si só já seria capaz de causar estragos significativos. Um exemplo disso é a possibilidade de um terrorista manipular ou "derrubar" o sistema de controle de tráfego aéreo, causando uma grande tragédia, como a queda de aviões. Nota-se, que a ação não é armada, mas o resultado continua sendo alta e tangivelmente violento.

Resultados impalpáveis, desprovidos de violência física à vida, provocam, por sua vez, maior inquietude entre os estudiosos do tema, mas alguns os admitem[104] por entender que as liberdades de expressão e de informação quando atingidas implicam alto dano à democracia, podendo causar terror social ou generalizado, como o caso de ciber-ataque à cadeia de televisão francesa TV5, cujo controle de seus 11 canais, portais na *internet* e páginas nas redes sociais esteve por horas nas mãos do Estado Islâmico. De qualquer forma, cabe reconhecer que os dados levantados pelo Institute for Economics & Peace, conferem maior razão à visão do aludido professor espanhol: entre 2010 e 2014, em 60% dos atentados houve o uso de explosivos; em 30%, armas de fogo; e, em 10%, outras armas[105].

Por derradeiro, tem-se a denominada "projeção estratégica", que, para CANCIO MELIÁ, se trataria de mais um elemento essencial na tipificação penal do terrorismo. Sob esta perspectiva, não seriam perquiridos, para a caracterização da conduta terrorista, os desejos ou objetivos individuais do agente, mas sim o seu dolo orientado para os fins da or-

---

103. GONZÁLEZ CALLEJA, Eduardo. Definiciones e interpretación del fenómeno terrorista. In: GONZÁLEZ CALLEJA, Eduardo (ed.). *Políticas del miedo: un balance del terrorismo en Europa*. Madrid: Biblioteca Nueva, 2002. p. 43. CANCIO MELIÁ, Manuel. *Los delitos de terrorismo*: estructura típica e injusto. Madrid: Editorial Reus, 2010. p. 168-169.

104. Vide, dentre outros, PULIDO, Luis Alberto Villamarin. *ISIS*. Estado Islámico: yihad, terrorismo e barbarie. New York: Luis Alberto Villamarin Pulido, 2015. p. 83. MATA Y MARTÍN sustenta que o ciberterrorismo necessita ser cometido por grupo terrorista para ser configurado. Cf. MATA Y MARTÍN, Ricardo M. Delitos cometidos mediante sistemas informáticos (estafas, difusión de materiales pornográficos y terrorismo). In: *Delito e informática: algunos aspectos*. Cuadernos penales. n. 4. Bilbao: Universidad Deusto, 2007. p. 157ss.

105. GLOBAL TERRORISM INDEX 2015: MEASURING AND UNDERSTANDING THE IMPACT OF TERRORISM. *Institute for Economics & Peace*. New York, 2015. Disponível em: <http://economicsandpeace.org/wp-content/uploads/2015/11/Global-Terrorism-Index-2015.pdf>. Acesso em: 30 ago. 2016.

ganização, ou seja, para fins coletivos[106] (por exemplo: a subversão da ordem constitucional[107]). Isto pressupõe, logicamente, que a organização conta com um programa de atuação e que o agente irá praticar atividades típicas desta[108]. Neste sentido, a integração do agente a uma organização terrorista seria um pressuposto para o crime de terrorismo[109]. Isso não significa que o agente deva ser punido por simplesmente pertencer a uma organização com estes fins (pois, *in casu*, tratar-se-ia de antecipação da tutela penal e, neste caminho, punição de atos preparatórios, algo próprio do direito penal do autor), mas sim pelo fato por ele praticado e que fora orientado pelo programa de atuação desta organização (os meios devem ser idôneos para alcançar tal fim[110]).

A jurisprudência espanhola ao deparar-se com este caso, isto é, um ato terrorista de um membro de uma organização terrorista, afirmou tratar-se de concurso material de condutas, sem atentar que tal raciocínio configura *bis idem*, eis que o agente acaba respondendo duas vezes pelo mesmo desvalor já que a configuração do ato terrorista imprescinde que o agente integre uma organização desta espécie[111]. Como aponta CANCIO MELIÁ, uma decisão nestes moldes "[...] sólo se explica con base en la introducción de una protuberancia punitiva: se categoriza al sujeto como enemigo, y ya no es decisivo qué ha hecho, sino quién es[112]". Neste sentido, sugere o catedrático espanhol que somente o ato terrorista (delito instrumental) seja punido, já que o fato de pertencer a uma organização com tais fins consiste em pressuposto daquele[113]. Situação diversa, entretanto, seria a condenação por um delito instrumental posterior a outra condenação por participação em organização terrorista. Para o citado catedrático, neste caso, "[...] podrá producirse una condena por el ulterior delito instrumental, detrayendo de la pena correspondiente aquel segmento que ya ha sido

106. CANCIO MELIÁ, Manuel. *Los delitos de terrorismo*: estructura típica e injusto. Madrid: Editorial Reus, 2010. p. 176-183.

107. Ibid., p. 182-183.

108. Ibid., p. 181.

109. Neste sentido, vide MESTRE DELGADO, Esteban. *Delincuencia terrorista y audiência nacional*. Madrid: Centro de publicaciones, 1987. p. 58.

110. CANCIO MELIÁ, op. cit.,p. 174-175.

111. CANCIO MELIÁ, Manuel. El delito de pertenencia a una organización terrorista en el código penal español. *REJ – Revista de Estudios de la Justicia*, Facultad de Derecho de Universidad de Chile, n. 12, 2010. p. 154.

112. Ibid., p. 154.

113. CANCIO MELIÁ, Manuel. El delito de pertenencia a una organización terrorista en el código penal español. *REJ – Revista de Estudios de la Justicia*, Facultad de Derecho de Universidad de Chile, n. 12, 2010. p. 154.

penado en el procedimiento anterior a través de la pena impuesta por el delito de integración[114]".

Não obstante, deve-se observar que, a depender da corrente conceitual de lobo (*lone wolf*) ou rato (*rat wolf*)[115] ou agente solitário (*lone actor*)[116], o aludido requisito da projeção estratégica poderia obstaculizar a punição de atos terroristas praticados por este tipo de agente. Relembra-se que há, na literatura criminológica, autores que consideram o lobo ou rato ou agente solitário uma subespécie de terrorista individual, enquanto outros reputam tratar-se de figuras diferentes, havendo, inclusive, quem afirme serem idênticas[117]. Neste caminho, observa-se que à luz da vertente que entende ser o lobo ou rato ou agente solitário um fenômeno distinto ou uma subespécie de terrorismo individual, o requisito da projeção prejudicaria sua sanção com base em lei antiterrorismo, pois o agente, ao não integrar uma organização terrorista, não teria, numa primeira análise, o programa de atuação dessa organização em seu dolo.

Ademais, mesmo que se pudesse dizer que o requisito da projeção estratégica não responde completamente à complexidade atual do fenômeno

---

114. Ibid.,p. 154.

115. O FBI (*Federal Bureau of Investigation*) atualmente denomina o lobo solitário (*lone wolf*) como rato solitário (*rat wolf*), por entender que a primeira expressão oferece certa glamorização. Cf. SPEECHES. In: THE FBI, United States of America. Disponível em: <https://www.fbi.gov/news/speeches/the-fbi-and-the-adl-working-toward-a-world-without-hate/>. Acesso em: 26 fev. 2016. FBI DIRECTOR ON THREAT OF ISIS, CYBERCRIME. In: *CBS News*, New York, 5 out. 2014. Disponível em: <http://www.cbsnews.com/news/fbi-director-james-comey-on-threat-of-isis-cybercrime/>. Acesso em: 26 fev. 2016. BYRMAN, Daniel. *Al Qaeda, the Islamic State and the global jihadist movement: what everyone needs to know*. New York: Oxford University Express, 2015. p. 57.

116. A Europol distingue *lone actors* de *solo terrorists*. Vide: EUROPOL. The EU Terrorism Situation and Trend Report (TE-SAT-2012). In: *European Police Office*, Netherlands, 2012. Disponível em: <https://www.europol.europa.eu/sites/default/files/publications/europoltsat2012.pdf> Acesso em: 26 fev. 2016.

117. Vide, por exemplo: SPAAIJ, Ramón. *Understanding lone wolf terrorism: global patterns, motivations and prevention*. Melbourne: Springer, 2012. p. 17. KAPLAN, Jeffrey. *Leaderless resistance*. In: *Journal of terrorism and political violence*, v. 9, issue 3, 1997. p. 80. BURTON, Fred; STEWART, Scott. The 'Lone Wolf' Disconnect. In: *Stratfor*, Austin, 30 jan. 2008. Disponível em: <https://www.stratfor.com/weekly/lone_wolf_disconnect>. Acesso em: 27 fev. 2016. BAKKER, Edwin; GRAAF, Beatrice de. Preventing Lone Wolf Terrorism: some CT Approaches Addressed. In: *Perspectives on Terrorism*, Massachusetts, v. 5, n. 5-6,2011. Disponível em: <http://www.terrorismanalysts.com/pt/index.php/pot/article/view/preventing-lone-wolf/html>. Acesso em: 27 fev. 2016. BAKKER, Edwin; GRAAF, Beatrice de. Lone Wolves How to Prevent This Phenomenon? In: *International Centre for Counter--Terrorism – The Hague*, Netherlands, nov. 2010. Disponível em: <http://www.icct.nl/download/file/ICCT-Bakker-deGraaf-EM-Paper-Lone-Wolves.pdf>. Acesso em: 27 fev. 2016. MARÍA BLANCO, José. El concepto del lobo solitario. In: *CISDE Observatorio*. Observatorio de Inteligencia, Seguridad y Defensa. Madrid, 21 ago. 2012. Disponível em: <http://observatorio.cisde.es/archivo/el-concepto--de-lobo-solitario/>. Acesso em: 26 fev. 2016. FRAMIS, Andrea Giménez-Salinas; ÁLVAREZ, José Luís González. *Investigacióncriminal: principios, técnicas y aplicaciones*. Madrid: LID Editorial, 2016.

terrorista diante da percepção de que lobos ou ratos solitários, mesmo sem pertencer a uma organização terrorista, praticam em essência terrorismo, ou diante da noção de que numa era digital com tantas revistas, *sites* e outros meios de propaganda de ideologia terrorista facilmente acessíveis, não seria realmente necessário ter o agente pertencido a uma organização nestes moldes para absorver e ter em seu dolo os fins propostos pelo programa de atuação, há de se reconhecer que: não há uma verdadeira essência de ato terrorista se cada país o define de acordo com suas diferenças ideológicas, históricas, geográficas ou políticas; e não há como assegurar que uma pessoa isolada tenha introjetado de forma adequada o programa da organização. Assim, o requisito da projeção estratégia comparece como um elemento seguro para que não se confunda crimes comuns, ainda que atrozes, com crimes de terrorismo.

5.3 CONSIDERAÇÕES FINAIS DO CAPÍTULO

A definição de terrorismo, que sofreu vários contornos no decorrer da história, é atualmente objeto de uso inflacionário, e ainda não atingiu na esfera técnico-legal um consenso. Isto se deve provavelmente a diferenças de cunho ideológico, histórico, político e geográfico que marcam cada Estado.

De qualquer sorte, da análise das legislações citadas, verificou-se uma utilização ampla e expansiva da figura terrorismo, somada a um alto grau repressivo, e que, muitas vezes, não observa aos critérios da utilização de intimidação massiva, do caráter armado e da projeção estratégica, os quais, salvo melhor juízo, fornecem elementos seguros para a caracterização deste crime, de forma a diferenciá-los de crimes comuns.

Por fim, não se descura que diante da complexidade do terrorismo, ainda que tenhamos boas sugestões de requisitos essenciais para sua tipificação penal, tal conduta, quiçá, nunca será descrita em perfeição. De qualquer sorte, resta reconhecer que, se não temos elementos suficientes para um ponto de chegada, temos, ao menos, para o de partida.

6

A PROBLEMÁTICA DO TERRORISMO NO DIREITO BRASILEIRO

Chegado a este ponto, é momento de abordar o tratamento dispensado ao terrorismo em solo nacional. Nesta senda, passa-se primeiramente à análise da evolução legislativa, para, na sequência, adentrar à discussão sobre a necessidade de uma lei antiterrorismo no Brasil. Os comentários sobre cada um dos dispositivos da Lei 13.260/16 constarão na parte II deste livro.

6.1 EVOLUÇÃO LEGISLATIVA NO COMBATE AO TERRORISMO NO BRASIL

Inúmeras são as leis brasileiras que fazem ou fizeram menção a terrorismo. Destas, nem todas compõem a legislação de contraterrorismo. Diante disso, e para fins de delimitação analítica, este subcapítulo irá ilustrar as normas de enfrentamento ao problema que já vigeram e que ainda vigem em território nacional.

No período em que era colônia de Portugal, o Brasil foi submetido aos ditames das Ordenações Filipinas, de 1603[1], as quais tipificavam, dentre outras condutas, os crimes de Lesa Majestade, cometidos contra a pessoa do monarca ou contra seu Real Estado[2], e que, à época, poderiam ser interpretados como provocadores de terror.

Com o advento do Código Criminal do Império, de 1831, houve "[...] indicativos da repressão aos delitos contra a segurança nacional e a ordem política [...][3]" no título sobre crimes públicos e nos atinentes aos "[...]

1. ORDENAÇÕES FILIPINAS. Portugal: Universidade de Coimbra. Disponível em: <http://www1.ci.uc.pt/ihti/proj/filipinas/l5ind.htm>. Acesso em: 15 mar. 2016.
2. PIERANGELLI, José Henrique. *Códigos Penais do Brasil*: evolução histórica. São Paulo: Revista dos Tribunais, 2001. p. 120.
3. GUIMARÃES, Marcello Ovídio Lopes. *O Tratamento Penal do Terrorismo*. São Paulo: Quartier Latin, 2007. p. 80.

crimes contra o livre exercício dos poderes políticos e dos crimes contra a segurança interna do Império e pública tranquilidade[4]", como afirma Guimarães. Contudo, o texto não fez qualquer menção às expressões "terror" ou "terrorismo"[5].

Em 1890, passou a vigorar o Código Penal Republicano, o qual contemplou dois títulos ligados à segurança nacional, denominados "Dos crimes contra a Existência Política da República" e "Dos crimes contra a Segurança Interna da República", que foram, segundo Guimarães, mantidos "[...] praticamente na íntegra na Consolidação das Leis Penais, de 1932[6]". Assim como na codificação anterior, nesta **não foram** identificadas referências expressas aos termos "terror" ou "terrorismo"[7].

Em 1921, seguindo o modelo europeu da época[8], o Brasil publicou o Decreto 469 de 1921, criminalizando o anarquismo[9]. Entendia-se que o país estava sob a ameaça de um terrorismo anarquista e que, portanto, era necessário reprimi-lo[10]. Dentre os crimes elencados, o art. 6º, devido à finalidade da conduta, é o que, na opinião de Guimarães,

> [...] indica semelhança em relação ao que parcialmente se compreende na noção de terrorismo. [...] deixando claro que a intenção do legislador era de prevenir e reprimir atentados à bomba que tivessem por escopo provocar medo generalizado e insegurança coletiva, enfim, com algum esforço, o terror na comunidade local[11].

Diante de tal observação, faz-se mister, para fins de conhecimento, colacionar a redação do citado artigo:

> Art. 6º Fabricar bombas de dynamite ou de outros explosivos iguaes ou semelhantes, em seus effeitos, aos da dynamite, com o intuito de causar tumulto, alar-

---

4. Ibid., p. 80.

5. BRASIL. Lei de 16 de dezembro de 1830. Manda executar o Codigo Criminal. In: PLANALTO. *Legislação Republicana Brasileira*. Brasília, 1830. Disponível em: <http://www.planalto.gov.br/ccivil_033/leis/LIM/LIM-16-12-1830.htm>. Acesso em: 15 mar. 2016.

6. GUIMARÃES, Marcello Ovídio Lopes. *O Tratamento Penal do Terrorismo*. São Paulo: Quartier Latin, 2007. p. 80.

7. BRASIL. Decreto 847, de 11 de outubro de 1890. Promulga o Codigo Penal. In: PLANALTO. *Legislação Republicana Brasileira*. Brasília, 1890. Disponível em: <https://www.planalto.gov.br/ccivil_03/decreto/1851-1899/d847.htm >. Acesso em: 15 mar. 2016.

8. FRAGOSO, Heleno Cláudio. *Terrorismo e criminalidade política*. Rio de Janeiro: UERJ, 1981. p. 107.

9. BRASIL. Decreto nº. 4.269, de 17 de janeiro de 1921. Regula a Repressão do Anarchismo. In: SENADO FEDERAL. *Secretaria de Informação legislativa*. Brasília, 1921. Disponível em: <http://legis.senado.gov.br/legislacao/ListaTextoIntegral.action?id=29074>. Acesso em: 9 mar. 2016.

10. FRAGOSO, Heleno Cláudio. *Terrorismo e criminalidade política*. Rio de Janeiro: UERJ, 1981. p. 15.

11. GUIMARÃES, Marcello Ovídio Lopes. *O Tratamento Penal do Terrorismo*. São Paulo: Quartier Latin, 2007, p. 81.

ma, ou desordem, ou de commetter alguns dos crimes indicados no art. 1º ou de auxiliar a sua execução: Pena: prisão cellular por seis mezes a dous annos[12].

No ano de 1935, foi incluída no ordenamento jurídico a Lei 38, que definiu crimes contra a ordem política e social[13] e, por este viés, compreendida por alguns penalistas como a primeira Lei de Segurança Nacional[14]. Esta lei não definiu terrorismo, porém esculpiu no art. 17 uma descrição que, segundo Guimarães, é aproximada da conduta[15]. A par disso, vide o teor do dispositivo: "Art. 17. Incitar ou preparar attentado contra pessoa ou bens, por motivos doutrinarios, politicos ou religiosos. Pena – De 1 a 3 annos de prisão cellular[16]".

Prosseguindo na abordagem sobre a evolução legislativa contraterrorista, constata-se que o primeiro diploma nacional a cunhar o termo "terror" foi a Lei 1 de 1938[17], responsável por emendar o art. 122, n. 13 da Constituição de 1937[18]. Compondo o título "Dos direitos e garantias individuais", este art. 122 estabelecia que:

> Art 122 – A Constituição assegura aos brasileiros e estrangeiros residentes no País o direito à liberdade, à segurança individual e à propriedade, nos termos seguintes: [...] 13) Não haverá penas corpóreas perpétuas. As penas estabelecidas ou agravadas na lei nova não se aplicam aos fatos anteriores. Além dos casos previstos na legislação militar para o tempo de guerra, a pena de morte será aplicada nos seguintes crimes: [...] h) atentar contra a segurança do Estado praticando devastação, saque, incêndio, depredação ou quaisquer atos destinados a suscitar terror; [...][19].

---

12. BRASIL. Decreto nº. 4.269, de 17 de janeiro de 1921. Regula a Repressão do Anarchismo. In: SENADO FEDERAL. *Secretaria de Informação legislativa*. Brasília, 1921. Disponível em: <http://legis.senado.gov.br/legislacao/ListaTextoIntegral.action?id=29074>. Acesso em: 9 mar. 2016.
13. BRASIL. Decreto nº. 38, de 4 de abril de 1935. Define crimes contra a ordem política e social. In: SENADO FEDERAL. *Secretaria de Informação legislativa*. Brasília, 1935. Disponível em: <http://www.planalto.gov.br/ccivil_03/leis/1930-1949/L0038.htm>. Acesso em: 9 mar. 2016.
14. FRAGOSO, Heleno Cláudio. *Terrorismo e criminalidade política*. Rio de Janeiro: UERJ, 1981. p. 107.
15. GUIMARÃES, Marcello Ovídio Lopes. *O Tratamento Penal do Terrorismo*. São Paulo: Quartier Latin, 2007. p. 82.
16. BRASIL. Decreto nº. 38, de 4 de abril de 1935. Define crimes contra a ordem política e social. In: SENADO FEDERAL. *Secretaria de Informação legislativa*. Brasília, 1935. Disponível em: <http://www.planalto.gov.br/ccivil_03/leis/1930-1949/L0038.htm>. Acesso em: 9 mar. 2016.
17. BRASIL. Lei nº 1, de 16 de maio de 1938. Emenda o art. 122, nº 13, da Constituição. In: PLANALTO. *Legislação Republicana Brasileira*. Brasília, 1938. Disponível em: <http://www.planalto.gov.br/ccivil_03/LEIS/LCT/LCT001.htm>. Acesso em: 10 mar. 2016.
18. BRASIL. Constituição dos Estados Unidos do Brasil (de 10 de novembro de 1937). In: PLANALTO. *Leis Constitucionais*. Brasília, 1937. Disponível em: <http://www.planalto.gov.br/ccivil_03/Constituicao/Constituicao37.htm>. Acesso em: 10 mar. 2016.
19. BRASIL. Constituição dos Estados Unidos do Brasil (de 10 de novembro de 1937). In: PLANALTO. *Leis Constitucionais*. Brasília, 1937. Disponível em: <http://www.planalto.gov.br/ccivil_03/Constituicao/Constituicao37.htm>. Acesso em: 10 mar. 2016.

No plano infraconstitucional, a expressão "terror" foi acolhida pelo Decreto-Lei 431 de 1938, que definia "[...] crimes contra a personalidade internacional, a estrutura e a segurança do Estado e contra a ordem social[20]". Nos termos de seu art. 8º, era crime "[...] praticar devastação, saque, incêndio, depredação ou quaisquer atos destinados a suscitar terror, com o fim de atentar contra a segurança do Estado e a estrutura das instituições[21]".

Em 1953, o citado decreto-lei foi revogado pela Lei 1.802, cujo art. 4º dispunha ser crime "praticar: [...] II – devastação, saque, incêndio, depredação, desordem de modo a causar danos materiais ou a suscitar terror, com o fim de atentar contra a segurança do Estado; Pena: – reclusão de 3 a 8 anos aos cabeças, e de 2 a 6 anos aos demais agentes[22]". Este mesmo diploma, que na época era o responsável por definir os crimes contra o Estado e a Ordem Política e Social, também estampou o vocábulo "terror" no art. 16, como se verifica:

> Art. 16. Fabricar, ter sob a sua guarda ou à sua disposição, possuir, importar, exportar, comprar ou vender, trocar, ceder ou emprestar transporte por conta própria ou de outrem, substâncias ou engenhos explosivos ou armas de guerra ou utilizáveis como instrumento de destruição ou terror, tudo em quantidade e mais condições indicativas de intenção criminosa. Pena: – reclusão de 1 a 4 anos. Parágrafo único. A pena – será de três meses a um ano de detenção, quando os explosivos, embora sem licença da autoridade competente, se destinarem a fins industriais lícitos, fazendo-se a gradação pelo vulto do negócio e pela quantidade encontrada. Se as armas de guerra estiverem já fora de uso, ou, em qualquer hipótese, em número, qualidade e mais circunstâncias que justifiquem a sua posse para a defesa pessoal ou do domicílio do morador rural, a pena limitar-se-á à sua apreensão para imediato registro, que não poderá ser negado, sem motivo justificado, sob pena de responsabilidade da autoridade e imediata relevação da apreensão[23].

No ano de 1965, passou a viger o Ato Institucional n. 2, que, alterando o art. 108 da Constituição de 1946, transferiu a competência para proces-

---

20. BRASIL. Decreto-Lei 431, de 18 de maio de 1938. Define crimes contra a personalidade internacional, a estrutura e a segurança do Estado e contra a ordem social. In: PLANALTO. *Legislação Republicana Brasileira*. Brasília, 1938. Disponível em: <http://www.planalto.gov.br/ccivil_03/decreto-lei/1937-1946/Del0431.htm>. Acesso em: 10 mar. 2016.

21. BRASIL. Decreto-Lei 431, de 18 de maio de 1938. Define crimes contra a personalidade internacional, a estrutura e a segurança do Estado e contra a ordem social. In: PLANALTO. *Legislação Republicana Brasileira*. Brasília, 1938. Disponível em: <http://www.planalto.gov.br/ccivil_03/decreto-lei/1937-1946/Del0431.htm>. Acesso em: 10 mar. 2016.

22. BRASIL. Lei nº. 1.802, de 5 de janeiro de 1953. Define os crimes contra o Estado e a Ordem Política e Social, e dá outras providências. In: PLANALTO. *Legislação Republicana Brasileira*. Brasília, 1953. Disponível em: <http://www.planalto.gov.br/Ccivil_03/leis/1950-1969/L1802.htm>. Acesso em: 10 mar. 2016.

23. BRASIL. Lei nº. 1.802, de 5 de janeiro de 1953. Define os crimes contra o Estado e a Ordem Política e Social, e dá outras providências. In: PLANALTO. *Legislação Republicana Brasileira*. Brasília, 1953. Disponível em: <http://www.planalto.gov.br/Ccivil_03/leis/1950-1969/L1802.htm>. Acesso em: 10 mar. 2016.

samento e julgamento dos crimes da Lei 1.802/53 para a Justiça Militar[24], como segue:

> Art. 8º - O §1º do art. 108 da Constituição passa a vigorar com a seguinte redação: "§1º - Esse foro especial poderá estender-se aos civis, nos casos expressos em lei para repressão de crimes contra a segurança nacional ou as instituições militares." §1º - Competem à Justiça Militar, na forma da legislação processual, o processo e julgamento dos crimes previstos na Lei 1.802, de 5 de janeiro de 1953[25].

Em 1967, o Decreto-Lei 314 evidenciou a intenção de criminalizar o terrorismo, incluindo referido termo na descrição de seu art. 25. Entretanto, o delito de terrorismo não resultou definido, consubstanciando-se, ao fim e ao cabo, numa cláusula aberta, como se infere:

> Art. 25. Praticar massacre, devastação, saque, roubo, seqüestro, incêndio ou depredação, atentado pessoal, ato de sabotagem ou terrorismo; impedir ou dificultar o funcionamento de serviços essenciais administrados pelo Estado ou mediante concessão ou autorização: Pena – reclusão, de 2 a 6 anos[26].

Praticamente dois anos depois, sob a égide do Ato Institucional n. 5, o Decreto-Lei 898/69 mostrou-se mais uma tentativa frustrada de tipificação do terrorismo. Cingindo-se a invocar a expressão "terrorismo", o art. 28 olvidou de especificar no que consistia a conduta, cristalizando-se, consequentemente, avesso ao princípio da taxatividade, *in verbis*:

> Art. 28. Devastar, saquear, assaltar, roubar, sequestrar, incendiar, depredar ou praticar atentado pessoal, ato de massacre, sabotagem ou terrorismo: Pena: reclusão, de 12 a 30 anos. Parágrafo único. Se, da prática do ato, resultar morte: Pena: prisão perpétua, em grau mínimo, e morte, em grau máximo[27].

---

24. Art. 8º, §1º do Ato Institucional nº. 2. Cf. BRASIL. Ato Institucional nº. 2, de 27 de outubro de 1965. Mantem a Constituição Federal de 1946, as Constituições Estaduais e respectivas Emendas, com as alterações introduzidas pelo Poder Constituinte originário da Revolução de 31.03.1964, e dá outras providências. In: PLANALTO. *Legislação Republicana Brasileira*. Brasília, 1965. Disponível em: <http://www.planalto.gov.br/ccivil_03/AIT/ait-02-65.htm>. Acesso em: 10 mar. 2016.

25. Art. 8º, §1º do Ato Institucional nº. 2. Cf. BRASIL. Ato Institucional nº. 2, de 27 de outubro de 1965. Mantem a Constituição Federal de 1946, as Constituições Estaduais e respectivas Emendas, com as alterações introduzidas pelo Poder Constituinte originário da Revolução de 31.03.1964, e dá outras providências. In: PLANALTO. *Legislação Republicana Brasileira*. Brasília, 1965. Disponível em: <http://www.planalto.gov.br/ccivil_03/AIT/ait-02-65.htm>. Acesso em: 10 mar. 2016.

26. BRASIL. Decreto-Lei 314, de 1967. Define os crimes contra a segurança nacional, a ordem política e social, estabelece seu processo e julgamento e dá outras providências. In: PLANALTO. *Legislação Republicana Brasileira*. Brasília, 1967. Disponível em: <http://www.planalto.gov.br/ccivil_03/decreto-lei/1965-1988/Del0314.htm>. Acesso em: 10 mar. 2016.

27. BRASIL. Decreto-Lei 898, de 29 de setembro de 1969. Define os crimes contra a segurança nacional, a ordem política e social, estabelece seu processo e julgamento e dá outras providências. In: PLANALTO. *Legislação Republicana Brasileira*. Brasília, 1969. Disponível em: <http://www.planalto.gov.br/ccivil_03/decreto-lei/1965-1988/Del0898.htm>. Acesso em: 10 mar. 2016.

Neste mesmo diploma, cabe assinalar, "terror" continuava sendo palavra abrigada[28], como segue:

> Art. 46. Importar, fabricar, ter em depósito ou sob sua guarda, comprar, vender, doar ou ceder, transportar ou trazer consigo armas de fogo ou engenhos privativos das Fôrças Armadas ou quaisquer instrumentos de destruição ou terror, sem permissão da autoridade competente: Pena: reclusão, de 5 a 10 anos[29].

A Lei 6.620/78 objetivou, igualmente à supracitada lei que revogou, tipificar penalmente o terrorismo. Para tanto, utilizou-se dos mesmos termos do diploma revogado, acrescentando, entretanto, a finalidade atentatória à Segurança Nacional. Vide:

> Art. 26. Devastar, saquear, assaltar, roubar, seqüestrar, incendiar, depredar ou praticar atentado pessoal, sabotagem ou terrorismo, com finalidades atentatórias à Segurança Nacional. Pena: reclusão, de 2 a 12 anos. Parágrafo único – Se, da prática do ato, resultar lesão corporal crave ou morte. Pena: reclusão, de 8 a 30 anos[30].

Da leitura do art. 26 supracitado, resta visível que a Lei 6.620/78 representou mais uma tentativa infrutífera de criminalização do fenômeno, pois não basta abrigar o termo: deve-se, em nome do princípio da taxatividade, determinar os seus contornos[31].

A continuação, no segundo semestre de 1980, o termo "terrorismo" apareceu numa lei que definia a situação do estrangeiro no Brasil, a Lei 6.815. Sob o art. 77, §3º, estava a seguinte diretiva relativa à extradição[32]:

---

28. Em 1969, o Código Penal Militar incluiu tal palavra em seu art. 42, mas não com sentido criminalizante. Vide: "Art. 42. Não há crime quando o agente pratica o fato: I – em estado de necessidade; II – em legítima defesa; III – em estrito cumprimento do dever legal; IV – em exercício regular de direito. Parágrafo único. Não há igualmente crime quando o comandante de navio, aeronave ou praça de guerra, na iminência de perigo ou grave calamidade, compele os subalternos, por meios violentos, a executar serviços e manobras urgentes, para salvar a unidade ou vidas, ou evitar o desânimo, o terror, a desordem, a rendição, a revolta ou o saque". Cf. BRASIL. Decreto-lei nº 1.001, de 21 de outubro de 1969. Código Penal Militar. In: PLANALTO. *Legislação Republicana Brasileira*. Brasília, 1969. Disponível em: <http://www.planalto.gov.br/ccivil_03/Decreto-Lei/Del1001Compilado.htm>. Acesso em: 10 mar. 2016.

29. BRASIL. Decreto-Lei 898, de 29 de setembro de 1969. Define os crimes contra a segurança nacional, a ordem política e social, estabelece seu processo e julgamento e dá outras providências. In: PLANALTO. *Legislação Republicana Brasileira*. Brasília, 1969. Disponível em: <http://www.planalto.gov.br/ccivil_03/decreto-lei/1965-1988/Del0898.htm>. Acesso em: 10 mar. 2016.

30. BRASIL. Lei nº. 6.620, de 17 de dezembro de 1978. Define os crimes contra Segurança Nacional, estabelece sistemática para o seu processo e julgamento e dá outras providências. In: PLANALTO. *Legislação Republicana Brasileira*. Brasília, 1978. Disponível em: <http://www.planalto.gov.br/ccivil_03/LEIS/1970-1979/L6620.htm#art55>. Acesso em: 24 mar. 2016.

31. Neste sentido, vide: GUIMARÃES, Marcello Ovídio Lopes. *O Tratamento Penal do Terrorismo*. São Paulo: Quartier Latin, 2007. p. 86.

32. A indicação do artigo já considera a renumeração feita pela Lei 6.994/81. Cf. BRASIL. Lei nº. 6.994, de 9 de dezembro de 1981. Altera disposições da Lei nº 6.815, de 19 de agosto de 1980, que "define

> O Supremo Tribunal Federal poderá deixar de considerar crimes políticos os atentados contra Chefes de Estado ou quaisquer autoridades, bem assim os atos de anarquismo, terrorismo, sabotagem, seqüestro de pessoa, ou que importem propaganda de guerra ou de processos violentos para subverter a ordem política ou social[33].

A Lei de Segurança Nacional (Lei 7.170/83), revogadora da Lei 6.620/78, consistiu em mais uma tentativa de definição do terrorismo, e, do mesmo modo que as anteriores, não logrou êxito. Limitando-se a cunhar, em seu art. 20, a expressão "atos de terrorismo", sem quaisquer especificações, recebeu críticas pela imprecisão e vagueza[34], sendo denominada uma violação ao princípio da taxatividade (*lex certa*), corolário do princípio da legalidade. Vide, a propósito o teor deste art. 20:

> Art. 20 – Devastar, saquear, extorquir, roubar, sequestrar, manter em cárcere privado, incendiar, depredar, provocar explosão, praticar atentado pessoal ou atos de terrorismo, por inconformismo político ou para obtenção de fundos destinados à manutenção de organizações políticas clandestinas ou subversivas. Pena: reclusão, de 3 a 10 anos. Parágrafo único – Se do fato resulta lesão corporal grave, a pena aumenta-se até o dobro; se resulta morte, aumenta-se até o triplo[35].

Convém observar que nem o art. 1º, que esclarece o objeto da referida lei, foi capaz de afastar esta mácula de cláusula aberta. Apenas para fins de ilustração, este dispositivo expõe que a Lei de Segurança Nacional prevê os crimes que lesam ou expõe a perigo de lesão "I – a integridade territorial e a soberania nacional; II – o regime representativo e democrático, a Federação e o Estado de Direito; III – a pessoa dos chefes dos Poderes da União[36]".

Após quase um quinquênio da publicação da ainda vigente Lei de Segurança Nacional, foi promulgada a atual Constituição Federal. Nesta Carta Magna, de 1988, há dois artigos que mencionam o terrorismo, embora não o definam: o art. 4º, que elenca o repúdio ao terrorismo como um dos

---

a situação jurídica do estrangeiro no Brasil, cria o Conselho Nacional de Imigração, e dá outras providências" In: PLANALTO. *Legislação Republicana Brasileira*. Brasília, 1981. Disponível em: <http://www.planalto.gov.br/ccivil_03/leis/L6964.htm#ART11>. Acesso em: 24 mar. 2016.

33. BRASIL. Lei nº. 6.815, de 19 de agosto de 1980. Define a situação jurídica do estrangeiro no Brasil, cria o Conselho Nacional de Imigração. In: PLANALTO. *Legislação Republicana Brasileira*. Brasília, 1980. Disponível em: <http://www.planalto.gov.br/ccivil_03/LEIS/1970-1979/L6620.htm#art55>. Acesso em: 24 mar. 2016.

34. Neste sentido, vide: FRAGOSO, Heleno Cláudio. A Nova Lei de Segurança Nacional. *Revista de Direito Penal e Criminologia*, nº. 35, Forense, Rio de Janeiro, jan.-jun. 1983. p. 65; FRAGOSO, Heleno Cláudio. *Terrorismo e criminalidade política*. Rio de Janeiro: UERJ, 1981. p. 99; PRADO, Luiz Regis; CARVALHO, Érika Mendes de. Delito político e terrorismo: uma aproximação conceitual. *Revista dos Tribunais*, v. 771, ano 89, jan. 2000. p. 434.

35. Art. 20 da Lei de Segurança Nacional.

36. Art. 1º da Lei de Segurança Nacional.

princípios pelos quais a República Federativa do Brasil rege-se nas suas relações internacionais[37]; e o art. 5º, inc. XLIII que enumerou o terrorismo como um dos crimes equiparados a hediondo, ceifando a possibilidade de fiança, de graça e anistia, além de assinalar que por eles respondem "[...] os mandantes, os executores e os que, podendo evitá-los, se omitirem[38]".

A Lei de Crimes Hediondos (Lei 8.072/90) também não definiu terrorismo, mas trouxe as seguintes disposições: determinou em seu art. 2º que este crime equiparado a hediondo é insuscetível de anistia, graça e indulto, além de fiança[39]; acrescentou ao art. 83 do Código Penal o inc. V, cujo teor estabelece que o condenado por terrorismo ou qualquer outro crime hediondo ou equiparado deve cumprir mais de dois terços da pena quando não for reincidente específico em crimes dessa natureza[40]; e, por fim, cominou no art. 8º pena de 3 a 6 anos de reclusão para o crime do art. 288 do Código Penal, quando se tratar de terrorismo ou outro crime hediondo ou equiparado[41].

Em 1998, foi publicada a Lei 9.613, que, além de criar o Conselho de Controle de Atividades Financeiras (COAF), dispôs sobre os crimes de lavagem ou ocultação de bens, direitos e valores, e, igualmente, sobre prevenção da utilização do sistema financeiro para os ilícitos por ela previstos. Segundo o art. 1º desse diploma, configurava crime "ocultar ou dissimular a natureza, origem, localização, disposição, movimentação ou propriedade de bens, direitos ou valores provenientes, direta ou indiretamente, de crime: [...] II - de terrorismo[42]".

---

37. Art. 4º da Constituição Federal: "a República Federativa do Brasil rege-se nas suas relações internacionais pelos seguintes princípios: [...] VIII – repúdio ao terrorismo e ao racismo".

38. Art. 5º da Constituição Federal: "a lei considerará crimes inafiançáveis e insuscetíveis de graça ou anistia a prática da tortura, o tráfico ilícito de entorpecentes e drogas afins, o terrorismo e os definidos como crimes hediondos, por eles respondendo os mandantes, os executores e os que, podendo evitá-los, se omitirem".

39. Art. 2º da Lei de Crimes Hediondos: "os crimes hediondos, a prática da tortura, o tráfico ilícito de entorpecentes e drogas afins e o terrorismo são insuscetíveis de: I – anistia, graça e indulto; II – fiança".

40. Art. 5º da Lei de Crimes Hediondos: "ao art. 83 do Código Penal é acrescido o seguinte inciso: 'Art. 83 [...] V – cumprido mais de dois terços da pena, nos casos de condenação por crime hediondo, prática da tortura, tráfico ilícito de entorpecentes e drogas afins, e terrorismo, se o apenado não for reincidente específico em crimes dessa natureza'".

41. Art. 8º da Lei de Crimes Hediondos: "será de três a seis anos de reclusão a pena prevista no art. 288 do Código Penal, quando se tratar de crimes hediondos, prática da tortura, tráfico ilícito de entorpecentes e drogas afins ou terrorismo".

42. BRASIL. Lei nº. 9.613, de 3 de março de 1998. Dispõe sobre os crimes de "lavagem" ou ocultação de bens, direitos e valores; a prevenção da utilização do sistema financeiro para os ilícitos previstos nesta Lei; cria o Conselho de Controle de Atividades Financeiras – COAF, e dá outras provi-

Em 2003, a Lei 10.701 alterou a Lei 9.613/98, acrescentando ao art. 1º, inc. II, o financiamento do terrorismo, como segue: "ocultar ou dissimular a natureza, origem, localização, disposição, movimentação ou propriedade de bens, direitos ou valores provenientes, direta ou indiretamente, de crime: [...] II – de terrorismo e seu financiamento[43]".

Em 2012, a Lei 9.613/98 sofreu nova alteração, desta vez, bastante radical. Dentre as várias modificações impostas pela Lei 12683/12, está a substituição de "crime" por "infração penal" no art. 1º, *caput*, assim como a supressão de todos seus incisos, inclusive aquele que listava o terrorismo e seu financiamento[44].

A Lei 10.744/03, por sua vez, também procurou definir terrorismo. De acordo com o seu art. 1º, §4º, "entende-se por ato terrorista qualquer ato de uma ou mais pessoas, sendo ou não agentes de um poder soberano, com fins políticos ou terroristas, seja a perda ou dano dele resultante acidental ou intencional[45]". Todavia, esclarece o art. 3º que "caberá ao Ministro de Estado da Defesa, ouvidos os órgãos competentes, atestar que a despesa a que se refere o art. 1º desta Lei ocorreu em virtude de atentados terroristas, atos de guerra ou eventos correlatos[46]". Relembra-se que tal diploma é conhecido por ter previsto, sob a modalidade da Teoria do Risco Inte-

---

dências. In: PLANALTO. *Legislação Republicana Brasileira*. Brasília, 1998. Disponível em: <http://www.planalto.gov.br/ccivil_03/leis/L9613.htm>. Acesso em: 16 mar. 2016.

43. BRASIL. Lei nº. 10.701, de 9 de julho de 2003. Altera e acrescenta dispositivos à Lei nº 9.613, de 3 de março de 1998, que dispõe sobre os crimes de lavagem ou ocultação de bens, direitos e valores; a prevenção da utilização do sistema financeiro para os ilícitos previstos nesta Lei; cria o Conselho de Controle de Atividades Financeiras – Coaf, e dá outras providências. In: PLANALTO. *Legislação Republicana Brasileira*. Brasília, 2003. Disponível em: <http://www.planalto.gov.br/ccivil_03/leis/2003/L10.701.htm#art1art1ii>. Acesso em: 16 mar. 2016

44. "Art. 1º – Ocultar ou dissimular a natureza, origem, localização, disposição, movimentação ou propriedade de bens, direitos ou valores provenientes, direta ou indiretamente, de infração penal. I – (revogado); II – (revogado); [...]". Cf. BRASIL. Lei nº. 12.683, de 9 de julho de 2012. Altera a Lei 9.613, de 3 de março de 1998, para tornar mais eficiente a persecução penal dos crimes de lavagem de dinheiro. In: PLANALTO. *Legislação Republicana Brasileira*. Brasília, 2012. Disponível em: <http://www.planalto.gov.br/ccivil_03/_Ato2011-2014/2012/Lei/L12683.htm#art2>. Acesso em: 16 mar. 2016.

45. BRASIL. Lei nº. 10.744, de 9 de outubro de 2003. Dispõe sobre a assunção, pela União, de responsabilidades civis perante terceiros no caso de atentados terroristas, atos de guerra ou eventos correlatos, contra aeronaves de matrícula brasileira operadas por empresas brasileiras de transporte aéreo público, excluídas as empresas de táxi aéreo. In: PLANALTO. *Legislação Republicana Brasileira*. Brasília, 2003. Disponível em: <http://www.planalto.gov.br/ccivil_03/leis/2003/L10.744.htm>. Acesso em: 16 mar. 2016.

46. BRASIL. Lei nº. 10.744, de 9 de outubro de 2003. Dispõe sobre a assunção, pela União, de responsabilidades civis perante terceiros no caso de atentados terroristas, atos de guerra ou eventos correlatos, contra aeronaves de matrícula brasileira operadas por empresas brasileiras de transporte aéreo público, excluídas as empresas de táxi aéreo. In: PLANALTO. *Legislação Republicana*

gral Administrativo, a responsabilidade civil da União perante terceiros em caso de danos provocados por atentado terrorista contra aeronave de matrícula brasileira operada por empresa brasileira de transporte aéreo público, excluída as empresas de táxi aéreo[47].

Em 2005, foi aprovado pelo Decreto 5484 a Política de Defesa Nacional, a qual exara, em seu item 2.6, que "os delitos transnacionais de natureza variada e o terrorismo internacional são ameaças à paz, à segurança e à ordem democrática, normalmente, enfrentadas com os instrumentos de inteligência e de segurança dos Estados[48]". Neste caminho, ratifica que o repúdio ao terrorismo é um dos princípios orientadores do Estado nas relações internacionais[49], como segue:

> 4.8 A Constituição Federal de 1988 tem como um de seus princípios, nas relações internacionais, o repúdio ao terrorismo. O Brasil considera que o terrorismo internacional constitui risco à paz e à segurança mundiais. Condena enfaticamente suas ações e apóia as resoluções emanadas pela ONU, reconhecendo a necessidade de que as nações trabalhem em conjunto no sentido de prevenir e combater as ameaças terroristas[50].

Dentre as orientações estratégicas desta Política, está o item 6.18, o qual reza que, "com base na Constituição Federal e nos atos internacionais

---

Brasileira. Brasília, 2003. Disponível em: <http://www.planalto.gov.br/ccivil_03/leis/2003/L10.744.htm>. Acesso em: 16 mar. 2016.

47. "Art. 1º: Fica a União autorizada, na forma e critérios estabelecidos pelo Poder Executivo, a assumir despesas de responsabilidades civis perante terceiros na hipótese da ocorrência de danos a bens e pessoas, passageiros ou não, provocados por atentados terroristas, atos de guerra ou eventos correlatos, ocorridos no Brasil ou no exterior, contra aeronaves de matrícula brasileira operadas por empresas brasileiras de transporte aéreo público, excluídas as empresas de táxi aéreo". Cf. BRASIL. Lei nº. 10.744, de 9 de outubro de 2003. Dispõe sobre a assunção, pela União, de responsabilidades civis perante terceiros no caso de atentados terroristas, atos de guerra ou eventos correlatos, contra aeronaves de matrícula brasileira operadas por empresas brasileiras de transporte aéreo público, excluídas as empresas de táxi aéreo. In: PLANALTO. *Legislação Republicana Brasileira*. Brasília, 2003. Disponível em: <http://www.planalto.gov.br/ccivil_03/leis/2003/L10.744.htm>. Acesso em: 16 mar. 2016.

48. BRASIL. Decreto nº 5.484, de 30 de junho de 2005. Aprova a Política de Defesa Nacional, e dá outras providências. In: PLANALTO. *Legislação Republicana Brasileira*. Brasília, 2005. Disponível em: <http://www.planalto.gov.br/ccivil_03/_Ato2004-2006/2005/Decreto/D5484.htm>. Acesso em: 16 mar. 2016.

49. BRASIL. Decreto nº 5.484, de 30 de junho de 2005. Aprova a Política de Defesa Nacional, e dá outras providências. In: PLANALTO. *Legislação Republicana Brasileira*. Brasília, 2005. Disponível em: <http://www.planalto.gov.br/ccivil_03/_Ato2004-2006/2005/Decreto/D5484.htm>. Acesso em: 16 mar. 2016.

50. BRASIL. Decreto nº 5.484, de 30 de junho de 2005. Aprova a Política de Defesa Nacional, e dá outras providências. In: PLANALTO. *Legislação Republicana Brasileira*. Brasília, 2005. Disponível em: <http://www.planalto.gov.br/ccivil_03/_Ato2004-2006/2005/Decreto/D5484.htm>. Acesso em: 16 mar. 2016.

ratificados, que repudiam e condenam o terrorismo, é imprescindível que o País disponha de estrutura ágil, capaz de prevenir ações terroristas e de conduzir operações de contraterrorismo[51]". Esta observação parece, aliás, ser complementada pela seguinte diretriz:

> 7.1 As políticas e ações definidas pelos diversos setores do Estado brasileiro deverão contribuir para a consecução dos objetivos da Defesa Nacional. Para alcançá-los, devem-se observar as seguintes diretrizes estratégicas: [...] XI - dispor de estrutura capaz de contribuir para a prevenção de atos terroristas e de conduzir operações de contraterrorismo[52].

Atualmente, a Lei de Organizações Criminosas (Lei 12.850/13), alterada pela Lei Antiterrorismo, afirma em seu art. 1º, §1º, inc. II ser aplicável "às organizações terroristas, entendidas como aquelas voltadas para a prática dos atos de terrorismo legalmente definidos". Contudo, antes desta nova redação, o referido dispositivo enunciava o seguinte:

> Art. 1º [...] §2º Esta Lei se aplica também: [...] II – às organizações terroristas internacionais, reconhecidas segundo as normas de direito internacional, por foro do qual o Brasil faça parte, cujos atos de suporte ao terrorismo, bem como os atos preparatórios ou de execução de atos terroristas, ocorram ou possam ocorrer em território nacional[53].

A expressão "atos terroristas", constante na redação original da Lei 12.850/13, também foi utilizada por outro diploma normativo, cuja publicação ocorreu em 2015. Trata-se da Lei 13.170/15, que em seu art. 10 determina:

> Art.10. O juiz providenciará a imediata intimação da União quanto ao cumprimento do disposto nos arts. 5º, 7º, 8º e 9º desta Lei, bem como de sentenças condenatórias relacionadas à prática de atos terroristas. Parágrafo único. O Ministério da Justiça transmitirá o rol das informações de que trata o caput ao Ministério das Relações Exteriores, para que sejam encaminhadas ao CSNU, quando necessário[54].

---

51. BRASIL. Decreto nº 5.484, de 30 de junho de 2005. Aprova a Política de Defesa Nacional, e dá outras providências. In: PLANALTO. *Legislação Republicana Brasileira*. Brasília, 2005. Disponível em: <http://www.planalto.gov.br/ccivil_03/_Ato2004-2006/2005/Decreto/D5484.htm>. Acesso em: 16 mar. 2016.

52. BRASIL. Decreto nº 5.484, de 30 de junho de 2005. Aprova a Política de Defesa Nacional, e dá outras providências. In: PLANALTO. *Legislação Republicana Brasileira*. Brasília, 2005. Disponível em: <http://www.planalto.gov.br/ccivil_03/_Ato2004-2006/2005/Decreto/D5484.htm>. Acesso em: 16 mar. 2016.

53. BRASIL. Decreto nº 12.850, de 2 de agosto de 2013. Define organização criminosa e dispõe sobre a investigação criminal, os meios de obtenção da prova, infrações penais correlatas e o procedimento criminal; altera o Decreto-Lei 2.848, de 7 de dezembro de 1940 (Código Penal); revoga a Lei 9.034, de 3 de maio de 1995; e dá outras providências. In: PLANALTO. *Legislação Republicana Brasileira*. Brasília, 2013. Disponível em: <http://www.planalto.gov.br/ccivil_03/_ato2011-2014/2013/lei/l12850.htm>. Acesso em: 16 mar. 2016.

54. BRASIL. Lei nº. 13.170, de 16 de outubro de 2015. Disciplina a ação de indisponibilidade de bens, direitos ou valores em decorrência de resolução do Conselho de Segurança das Nações Unidas – CSNU.

Neste caminho, relembra-se que os tratados internacionais de combate ao terrorismo que foram ratificados pelo Brasil, bem como as resoluções obrigatórias do Conselho de Segurança da Organização das Nações Unidas (ONU) e de outras organizações internacionais, também integram, conforme LASMAR, a legislação doméstica[55]:

> De fato, o Brasil ratificou pelo menos 15 convenções e protocolos internacionais de combate ao terrorismo. São eles: Convenção Relativas às Infrações e Certos Outros Atos Cometidos a Bordo de Aeronaves; Convenção para Repressão ao Apoderamento Ilícito de Aeronaves; Convenção para Prevenir e Punir os Atos de Terrorismo Configurados em Delitos contra as Pessoas e a Extorsão Conexa Quando Tiverem Eles Transcendência Internacional; Convenção para a Repressão de Atos Ilícitos contra a Segurança da Aviação Civil; Convenção sobre a Prevenção e Punição de Infrações contra Pessoas que Gozam de Proteção Internacional, incluindo os Agentes Diplomáticos; Convenção contra a Tomada de Reféns; Convenção sobre a Proteção Física dos Materiais Nucleares; Protocolo para a Supressão de Atos Ilícitos de Violência nos Aeroportos a Serviço da Aviação Civil; Convenção sobre a Marcação dos Explosivos Plásticos para Fins de Detecção; Convenção Interamericana Contra a Fabricação e o Tráfico Ilícito de Armas de Fogo, Munições, Explosivos e Outros Materiais Correlatos; Convenção Internacional sobre a Supressão de Atentados Terroristas com Bombas (com reserva ao parágrafo 1 do artigo 20); Convenção Internacional para a Supressão do Financiamento do Terrorismo; Convenção Interamericana Contra o Terrorismo; Convenção para a Supressão de Atos Ilícitos contra a Segurança da Navegação Marítima; Protocolo para a Supressão de Atos Ilícitos contra a Segurança de Plataformas Fixas localizadas na Plataforma Continental. Ademais, o Brasil assinou, em 13 de abril de 2005, a Convenção Internacional para a Supressão de Atos de Terrorismo Nuclear, mas ainda não a ratificou[56].

Complementando o supracitado, o Brasil conta ainda com os seguintes diplomas: o Decreto 8.521, de 28 de setembro de 2015, que dispõe sobre a execução, no território nacional, da Resolução 2161 (2014), de 17 de junho de 2014, do Conselho de Segurança das Nações Unidas, que trata de sanções a indivíduos, grupos, iniciativas e entidades da Al-Qaeda e associados[57]; o

---

In: PLANALTO. *Legislação Republicana Brasileira*. Brasília, 2015. Disponível em: <http://www.planalto.gov.br/ccivil_03/_Ato2015-2018/2015/Lei/L13170.htm>. Acesso em: 16 mar. 2016.

55. LASMAR, Jorge Mascarenhas. A legislação brasileira de combate e prevenção do terrorismo quatorze anos após 11 de Setembro: limites, falhas e reflexões para o futuro. In: *Revista de Sociologia e Política*, v. 23, n. 53, mar. 2015. p. 58-59.

56. LASMAR, Jorge Mascarenhas. A legislação brasileira de combate e prevenção do terrorismo quatorze anos após 11 de Setembro: limites, falhas e reflexões para o futuro. In: *Revista de Sociologia e Política*, v. 23, n. 53, mar. 2015. p. 58-59.

57. BRASIL. Decreto nº 8.521, de 28 de setembro de 2015, que dispõe sobre a execução, no território nacional, da Resolução 2161 (2014), de 17 de junho de 2014, do Conselho de Segurança das Nações Unidas, que trata de sanções a indivíduos, grupos, iniciativas e entidades da Al-Qaeda e associados. In: PLANALTO. *Legislação Republicana Brasileira*. Brasília, 2015. Disponível em: <http://www.planalto.gov.br/ccivil_03/_Ato2015-2018/2015/Decreto/D8521.htm>. Acesso em: 11 mar. 2016.

Decreto 8.522, de 28 de setembro de 2015, que dispõe sobre a execução, no território nacional, da Resolução 2160 (2014), de 17 de junho de 2014, do Conselho de Segurança das Nações Unidas, que renova o regime de sanções aplicável ao Talibã e dá outras disposições[58]; e, os Decretos n. 8.526, de 28 de setembro de 2015 e n. 8.799, de 6 de julho de 2016 que dispõem sobre a execução, no território nacional, da Resolução 2199 (2015), de 12 de fevereiro de 2015, do Conselho de Segurança das Nações Unidas, atualizando e fortalecendo as sanções da Resolução 1267 (1999), além de reafirmarem obrigações impostas aos Estados-membros para combater o terrorismo e o financiamento do terrorismo e para coibir o comércio de armas e materiais conexos com o Estado Islâmico no Iraque e no Levante, com a Frente Al-Nusra e com indivíduos, grupos, empresas e entidades associados à Al-Qaeda[59].

Todavia, mesmo diante de todo este arcabouço normativo, o terrorismo, além de até pouco tempo não dispor de um tipo penal próprio, não possuía uma descrição jurídico-penal adequada, pois as várias tentativas sempre resultavam amplas e genéricas, cingindo-se a estampar a expressão "atos de terrorismo" sem especificá-los.

Ademais, da análise de projetos de lei, verificou-se que muitos classificavam qualquer conduta como terrorismo. Desde 1991, quando tramitou na Câmara de Deputados o primeiro projeto de lei sobre o tema, a 2016, quando finalmente a Lei Antiterrorismo foi publicada[60], houve, no total, 25 anos de divergência legislativa sobre o tema, materializada em mais de uma centena

---

58. BRASIL. Decreto nº 8.522, de 28 de setembro de 2015, que dispõe sobre a execução, no território nacional, da Resolução 2160 (2014), de 17 de junho de 2014, do Conselho de Segurança das Nações Unidas, que renova o regime de sanções aplicável ao Talibã e dá outras disposições. In: PLANALTO. *Legislação Republicana Brasileira. Brasília*, 2015. Disponível em: <http://www.planalto.gov.br/ccivil_03/_Ato2015-2018/2015/Decreto/D8522.htm>. Acesso em: 11 mar. 2016.

59. BRASIL. Decreto nº 8.526, de 28 de setembro de 2015, quedispõe sobre a execução, no território nacional, da Resolução 2199 (2015), de 12 de fevereiro de 2015, do Conselho de Segurança das Nações Unidas, que reafirma obrigações impostas aos Estados-membros para combater o terrorismo e o financiamento do terrorismo e para coibir o comércio de armas e materiais conexos com o Estado Islâmico no Iraque e no Levante, com a Frente Al-Nusra e com indivíduos, grupos, empresas e entidades associados à Al-Qaeda. In: PLANALTO. *Legislação Republicana Brasileira*. Brasília, 2015. Disponível em: <http://www.planalto.gov.br/ccivil_03/_Ato2015-2018/2015/Decreto/D8526.htm>. Acesso em: 11 mar. 2016. BRASIL. Decreto nº 8.799, de 6 de julho de 2016, que dispõe sobre a execução, no território nacional, da Resolução 2253 (2015), de 17 de dezembro de 2015, do Conselho de Segurança das Nações Unidas, que atualiza e fortalece o regime de sanções, imposto pela Resolução 1267 (1999), relativo ao Estado Islâmico no Iraque e no Levante e à Al-Qaeda. In: PLANALTO. *Legislação Republicana Brasileira*. Brasília, 2016. Disponível em: <http://www.planalto.gov.br/ccivil_03/_Ato2015-2018/2016/Decreto/D8799.htm>. Acesso em: 11 set. 2016.

60. BRASIL. Lei nº 13.260, de 16 de março de 2016. Regulamenta o disposto no inciso XLIII do art. 5º da Constituição Federal, disciplinando o terrorismo, tratando de disposições investigatórias e processuais e reformulando o conceito de organização terrorista; e altera as Leis nºs 7.960, de 21 de dezembro de 1989, e 12.850, de 2 de agosto de 2013. In: PLANALTO. *Legislação Republicana*

de propostas que visavam tipificar ou utilizar o terrorismo para embasar outras leis. E este impasse dava-se não apenas pela observação de que o Brasil não se via realmente sob a ameaça de sofrer um ataque terrorista[61], mas, sobretudo, pela confusão que ocorre em muitos países entre método e ideologia terrorista[62], e que culmina em sugestões de incluir crimes comuns e até manifestações políticas e movimentos sociais nesta categoria penal.

6.2 A (DES)NECESSIDADE DE UMA LEI ANTITERRORISMO NO BRASIL

A necessidade de uma lei antiterrorismo no Brasil é um tema que divide opiniões.

Os favoráveis à ideia encontram suporte na constatação de que o país, além de possuir em seu território os denominados "[...] alvos tradicionais do terrorismo [...] (representações diplomáticas, estabelecimentos religiosos, culturais e educacionais de comunidades-alvo) ou em trânsito (autoridades estrangeiras em visita ou com presença temporária)[63]", é sede de alguns eventos internacionais de grande visibilidade[64], como foi a Copa do Mundo de 2014 e os Jogos Olímpicos Rio 2016. Neste cenário, não se poderia também desprezar o risco de eventual agressão à "[...] infraestrutura crítica do país [...][65]" ou à "[...] autoridades ou personalidades importantes, produzindo comoção nacional[66]".

Brasileira. Brasília, 2016. Disponível em: <http://www.planalto.gov.br/ccivil_03/_Ato2015-2018/2016/Lei/L13260.htm#art19>. Acesso em: 18 mar. 2016.

61. Tal afirmação não descura da mensagem publicada na conta do Twitter de um integrante do Estado Islâmico, a qual referia que o Brasil seria o próximo alvo. Sobre este fato, vide ABIN CONFIRMA AUTENTICIDADE DE AMEAÇA TERRORISTA CONTRA O BRASIL. In: *Agência Brasil EBC*, Brasília, 14 abr. 2016. Disponível em: <http://agenciabrasil.ebc.com.br/geral/noticia/2016-04/abin-confirma-autenticidade-de-ameaca-terrorista-contra-o-brasil>. Acesso em: 24 maio 2016.

62. Esta confusão entre método e ideologia terrorista também ocorreu na Espanha, como denunciou FARALDO CABANA em relação à Ley Orgánica 7/2003: "[...] aprovechan para meter en el mismo saco del terrorismo la delincuencia organizada y los delitos graves, lo que pone de manifiesto la capacidad expansiva de esta legislación de excepción" Cf. FARALDO CABANA, Patricia. Un Derecho penal de Enemigos para los integrantes de organizaciones criminales. La Ley Orgánica 7/2003, de 30 de junio, de medidas de reforma para el cumplimiento íntegro y efectivo de las penas. In: RIVERA BEIRAS, Iñaki (coord). *Política criminal y sistema penal*. Barcelona: Anthropos, 2005. p. 397.

63. EDITORIAL. A atividade de inteligência na prevenção da ameaça terrorista. *Revista Brasileira de Inteligência*, v. 3, n. 4, Brasília, set. 2007. Disponível em: <http://www.abin.gov.br/modules/mastop_publish/files/files_48581dbdd7d04.pdf>. Acesso em: 24 jun. 2015.

64. EDITORIAL. A atividade de inteligência na prevenção da ameaça terrorista. *Revista Brasileira de Inteligência*, v. 3, n. 4, Brasília, set. 2007. Disponível em: <http://www.abin.gov.br/modules/mastop_publish/files/files_48581dbdd7d04.pdf>. Acesso em: 24 jun. 2015.

65. EDITORIAL. A atividade de inteligência na prevenção da ameaça terrorista. *Revista Brasileira de Inteligência*, v. 3, n. 4, Brasília, set. 2007. Disponível em: <http://www.abin.gov.br/modules/mastop_publish/files/files_48581dbdd7d04.pdf>. Acesso em: 24 jun. 2015.

66. EDITORIAL. A atividade de inteligência na prevenção da ameaça terrorista. *Revista Brasileira de Inteligência*, v. 3, n. 4, Brasília, set. 2007. Disponível em: <http://www.abin.gov.br/modules/mastop_publish/files/files_48581dbdd7d04.pdf>. Acesso em: 24 jun. 2015.

Tal argumento é, por vezes, reforçado pela lembrança de que, em novembro de 2015, um integrante do Estado Islâmico postou em sua conta pessoal do *Twitter* que o Brasil seria o próximo alvo do grupo. A autenticidade do perfil e da mensagem foi inclusive confirmada pela Agência Brasileira de Inteligência (ABIN), cujo então diretor do Departamento de Contraterrorismo informou que a probabilidade do país ser vitimado havia se elevado nos últimos meses devido aos episódios ocorridos noutros países e ao aumento da aderência de brasileiros à ideologia do referido grupo[67].

Para além de uma análise fática, esta corrente aponta que o Brasil é signatário da Convenção Internacional para Supressão do Financiamento do Terrorismo, promulgada pelo Decreto 5.640 de 26 de dezembro de 2005[68], e que, nestes termos, deve, sob pena de sanção, observar as exigências do Grupo de Ação Financeira contra a Lavagem de Dinheiro e o Financiamento do Terrorismo (GAFI/FATF)[69], como a instituição de uma lei de combate ao financiamento de atividades terroristas[70], que, a sua vez, imprescindiria da definição técnico-legal de terrorismo para ser aplicada.

Neste caminho, funda-se ainda na concepção de que o art. 5º, inc. XLIII da Constituição Federal, enquanto mandado explícito de criminalização[71] e, portanto, norma de eficácia limitada[72], necessitava ser complementado por uma

---

67. ABIN CONFIRMA AUTENTICIDADE DE AMEAÇA TERRORISTA CONTRA O BRASIL. In: *Agência Brasil EBC*, Brasília, 14 abr. 2016. Disponível em: <http://agenciabrasil.ebc.com.br/geral/noticia/2016-04/abin-confirma-autenticidade-de-ameaca-terrorista-contra-o-brasil>. Acesso em: 24 maio 2016.

68. BRASIL. Decreto 5640, de 26 de dezembro de 2005. Promulga a Convenção Internacional para Supressão do Financiamento do Terrorismo, adotada pela Assembleia-Geral das Nações Unidas em 9 de dezembro de 1999 e assinada pelo Brasil em 10 de novembro de 2001. In: PLANALTO. *Legislação Republicana Brasileira*. Brasília, 2005. Disponível em: <http://www.planalto.gov.br/ccivil_03/_Ato2004-2006/2005/Decreto/D5640.htm>. Acesso em: 5 nov. 2015.

69. FINANCIAMENTO AO TERRORISMO. *COAF – Ministério da Fazenda*. Disponível em: <http://www.coaf.fazenda.gov.br/menu/pld-ft/financiamento-ao-terrorismo>. Acesso em: 3 nov. 2015.

70. O documento da Estratégia Global das Nações Unidas contra o Terrorismo, de julho de 2016, reitera "[...] que los Estados Miembros tienen la obligación de prevenir y reprimir la financiación de actos de terrorismo, así como de tipificar como delito la provisión o recaudación intencionales de fondos, por cualquier medio, directa o indirectamente, por sus nacionales o en su territorio con la intención de que dichos fondos se utilicen, o con conocimiento de que dichos fondos se utilizarán, para cometer actos de terrorismo". Cf. ASAMBLEA GENERAL. Examen de la Estrategia Global de las Naciones Unidas contra el Terrorismo. *Naciones Unidas*, 1 jul. 2016. Disponível em: <http://www.un.org/es/comun/docs/?symbol=A/70/L.55>. Acesso em: 30 ago. 2016.

71. FELDENS, Luciano. *Direitos fundamentais e direito penal*: garantismo, deveres de proteção, princípio da proporcionalidade, jurisprudência constitucional penal, jurisprudência dos tribunais de direitos humanos. Porto Alegre: Livraria do Advogado Editora, 2008. p. 43-48.

72. Sobre normas de eficácia plena, limitada e contida ver SILVA, José Afonso da. *Comentário contextual à Constituição*. 4 ed. São Paulo: Malheiros, 2007. SILVA, José Afonso da. *Aplicabilidade das normas constitucionais*. 3 ed. rev. e ampl. São Paulo: Malheiros, 1998.

lei infraconstitucional para que viesse lograr plena aplicação. E o crime de terrorismo, até então, era o único que não contava com regulamentação.

De outro lado, existem aqueles que consideram ser no Brasil desnecessário a adoção de uma lei de enfrentamento ao terrorismo. O terrorismo, com efeito, não é uma realidade brasileira e, apesar de haver alvos tradicionais ou em trânsito, assim como eventos internacionais de grande visibilidade, somados à infraestrutura crítica do país[73], é difícil concebê-lo como uma ameaça concreta. E se a intolerância é uma das causas impulsionadoras do fenômeno, cabe observar, conforme a ABIN, que "[...] poucos países no mundo detêm um estágio tão avançado de integração entre etnias, nacionalidades e confissões religiosas como o Brasil[74]", embora seja cediço que a tolerância neste espaço ainda não atingiu o grau adequado ou almejado.

No que tange à esfera jurídica, a vertente em comento sustenta que a nossa legislação penal já tem catalogada todas as condutas descritas na Lei 13.260/16 e, que, por isso, é desarrazoada a adoção de um específico diploma normativo que, inobstante mais gravoso, é amplo e impreciso, intimidando e possibilitando a criminalização de manifestações políticas e movimentos sociais[75].

---

73. EDITORIAL. A atividade de inteligência na prevenção da ameaça terrorista. *Revista Brasileira de Inteligência*, v. 3, n. 4, Brasília, set. 2007. Disponível em: <http://www.abin.gov.br/modules/mastop_publish/files/files_48581dbdd7d04.pdf>. Acesso em: 24 jun. 2015.

74. EDITORIAL. A atividade de inteligência na prevenção da ameaça terrorista. *Revista Brasileira de Inteligência*, v. 3, n. 4, Brasília, set. 2007. Disponível em: <http://www.abin.gov.br/modules/mastop_publish/files/files_48581dbdd7d04.pdf>. Acesso em: 24 jun. 2015.

75. Vide, por exemplo: ANISTIA INTERNACIONAL. Nota pública: Anistia Internacional lamenta aprovação de projeto de lei 2016/15 que tipifica crime de terrorismo no Brasil, 25 fev. 2016. Disponível em: <https://anistia.org.br/noticias/nota-publica-anistia-internacional-lamenta-aprovacao-de-projeto-de-lei-201615-que-tipifica-crime-de-terrorismo-brasil/>. Acesso em: 20 mar. 2016. ÁTILA, Roque. A fabricação do medo: leis antiterror e a ameaça à democracia. *Anistia Internacional*, 2 mar. 2016. Disponível em: <https://anistia.org.br/fabricacao-medo-leis-antiterror-e-ameaca-democracia/>. Acesso em: 20 mar. 2016. NAÇÕES UNIDAS NO BRASIL – ONUBR. Brasil: Escritório de direitos humanos da ONU critica aprovação de lei antiterrorismo, 26 fev. 2016. Disponível em: <https://nacoesunidas.org/brasil-escritorio-direitos-humanos-da-onu-critica-aprovacao-lei-antiterrorismo/>. Acesso em: 20 mar. 2016. MST – MOVIMENTO DOS TRABALHADORES RURAIS SEM TERRA. Em nota, MST repudia Lei antiterrorismo e exige o veto completo do projeto. *Página do MST*, 25 fev. 2016. Disponível em: <http://www.mst.org.br/2016/02/25/em-nota-mst-repudia-lei-antiterrorismo-e-exige-o-veto-completo-do-projeto.html>. Acesso em: 20 mar. 2016. ABONG. Abong defende veto integral de Projeto de Lei que define crime de terrorismo no Brasil. *Notas Públicas*, 1 mar. 2016, Osasco. Disponível em: <http://www.abong.org.br/nottas_publicas.php?id=9511>. Acesso em: 20 mar. 2016. CONECTAS DIREITOS HUMANOS. Razões para o veto. *Notícias*, 09 mar. 2016. Disponível em: <http://www.conectas.org/pt/acoes/justica/noticia/42588-razoes-para-o-veto>. Acesso em: 20 mar. 2016. CONECTAS DIREITOS HUMANOS. Veto parcial ao PL antiterrorismo. *Notícias*, 17, mar. 2016, São Paulo. Disponível em: <http://www.conectas.org/pt/acoes/justica/noticia/42598-veto-parcial-ao-pl-antiterrorismo>. Acesso em: 20 mar. 2016. NEXO JORNAL. Por que, mesmo com mudan-

Ainda, cabe aqui ponderar que a coerência de um mandado explícito de criminalização pode não resistir a estudos criminológicos, os quais, por seu turno, oferecem diretivas para a política criminal. O terrorismo é um fenômeno complexo, e, nessa linha, um problema político e social que requer prevenção. Frente a ele, o Direito Penal não possui eficácia preventiva[76], ou seja, capacidade instrumental, convertendo-se em mera mensagem de desvalor e, portanto, em artefato ilegítimo[77]. E num cenário onde o terrorismo suicida se torna cada vez mais frequente, o Direito Penal realmente nada tem a oferecer, exceto se avançar ao terreno da antecipação da tutela, violando o princípio da ofensividade[78], ou abrigar medidas que deturpariam outros princípios reitores[79]. E é descabido, sob o pretexto de observar ao princípio da proporcionalidade[80], em sua faceta de proibição de insuficiência

---

ças, a lei sobre terrorismo ainda é criticada, São Paulo, 25 fev. 2016. Disponível em: <https://www.nexojornal.com.br/expresso/2016/02/25/Por-que-mesmo-com-mudan%C3%A7as-a-lei--sobre-terrorismo-ainda-%C3%A9-criticada>. Acesso em: 20 mar. 2016.

76. MUÑOZ CONDE, Francisco. El nuevo Derecho penal autoritario. In: MUÑOZ CONDE, Francisco; LOSANO, Mario G. (coord). *El derecho ante la globalización y el terrorismo*. Valencia: Tirant lo Blanch, 2004. p. 175. HARDY, Alfredo Toro. *La era de las aldeas: la pequeña aldeã vs aldeã global*. Bogotá: Villeas Editores, 2002. p. 59.

77. Sobre a ilegitimidade de uma norma desprovida de capacidade instrumental, vide: POZUELO PÉREZ, Laura. De nuevo sobre la denominada "expansión" del Derecho penal: una relectura de los planteamientos críticos. In: *Libro Homenaje a Günther Jakobs. El funcionalismo en Derecho Penal*. Tomo II. Santa Fe de Bogotá: Servicio de Publicaciones de la Universidad Externado de Colombia, 2003. pp. 107-133. GARCÍA ARÁN, Mercedes. El derecho penal simbólico (a propósito del nuevo delito de dopaje en el deporte y su tratamiento mediático). In: GARCÍA ARÁN, Mercedes; BOTELLA CORRAL, Juan. (ed.): *Malas noticias: medios de comunicación, política criminal y garantías penales en España*. Valencia: Tirant lo Blanch, 2008. p. 195-196. SILVA SANCHÉZ, Jesús-María. *Aproximación al derecho penal contemporáneo*. Barcelona: Jose Maria Bosch, 2002. p. 305-306.

78. D'AVILA, Fábio Roberto. O direito penal na "luta contra o terrorismo". In: COSTA ANDRADE, Manuel da; FARIA COSTA, José de; MIRANDA RODRIGUES, Anabela *et al*. (org.). Direito Penal. Fundamentos dogmáticos e político-criminais. Homenagem ao Prof. Peter Hünerfeld. 1. ed. Coimbra: Coimbra Editora, 2013. pp. 185-209.

79. DERSHOWITZ, Alan M. *¿Por qué aumenta el terrorismo?* Para comprender la amenaza y responder al desafío. Madrid: Ediciones Encuentro, 2004. p. 45.

80. Enquanto a proporcionalidade, para ALEXY, é regra, para ÁVILA trata-se de um postulado normativo aplicativo. AFONSO DA SILVA, por sua vez, não considera um equívoco denominá-la como princípio, referindo que "no Brasil, o termo mais difundido para designar o objeto do presente estudo é o princípio da proporcionalidade, aceito sem grandes controvérsias terminológicas. Em vista disso, e em vista da própria plurivocidade do termo 'princípio', não há como esperar que tal termo seja usado como contraposto à regra jurídica. Não há como querer, por exemplo, que expressões como 'princípio da anterioridade' ou 'princípio da legalidade' sejam abandonadas, pois, quando se trata de palavras de forte carga semântica, como é o caso do termo 'princípio', qualquer tentativa de uniformidade terminológica está fadada ao insucesso... Mais importante do que a ingênua ambição de querer uniformizar a utilização do termo 'princípio' é deixar claro que ele, na expressão 'princípio da proporcionalidade', não tem o mesmo significado de 'princípio' na distinção entre regras e princípios, na acepção de Robert Alexy". Vide respectivamente: ALEXY, Robert. *Teoría de los derechos fundamentales*. Madrid: Centro de Estudios Constitucionales, 1997.

(*Untermassverbot*), admitir um Direito Penal ineficaz (meio não adequado para alcançar o resultado desejado) e que atinge ao princípio da proporcionalidade em seu viés de proibição do excesso (*Übermassverbot*) ante o abandono de garantias tão caras de um Estado Democrático de Direito.

De qualquer sorte, diante da complexidade do fenômeno e das consequências de cada caminho eleito para enfrentá-lo, o certo é que deveria haver uma discussão com a comunidade acadêmica, profissionais especialistas e com a sociedade civil (sendo esta previamente informada sobre os prós e contras de cada um dos argumentos acima elencados). BARATTA, aliás, é enfático quanto a esta necessidade, *in verbis*:

> Problemas "criminológicos" de grandes dimensiones como [...] el terrorismo son ante todo problemas políticos que no pueden ser afrontados confiándoselos a "técnicos" o, por lo menos, que no pueden ser confiados sólo a ellos. Se trata de problemas que tienen que ver con la actividad de los órganos de representación política y con todos los ciudadanos, los partidos políticos, los sindicatos, los movimientos sociales, en función de participación política; problemas que hacen parte del objeto de la lucha de las clases subalternas para liberarse de la opresión de las clases dominantes, de la lucha por la justicia social y por la democracia[81].

Neste sentido procedeu mal o legislador que, em regime de urgência, aprovou a Lei. 13.260/16 tolhendo o imprescindível debate sobre a necessidade, contornos e implicações de uma lei nesta matéria. Disso, resultou um diploma eivado de incorreções técnicas, como será visto na parte II deste livro. No final, tem-se uma lei de duvidosa aptidão para fazer frente ao terrorismo[82], mas hábil a intimidar (e, em alguns pontos, até mesmo facultar a criminalização de) manifestações políticas e movimentos sociais e congêneres.

---

p. 83-87. ÁVILA, Humberto Bergmann. *Teoria dos Princípios*. 4. ed., São Paulo: Malheiros Editores, 2005. AFONSO DA SILVA, Luis Virgílio. O proporcional e o razoável. *Revista dos Tribunais*, São Paulo, ano 91, v. 798, abr. 2002. p. 24-26.

81. BARATTA, Alessandro. *Criminología y sistema penal*. Buenos Aires: Editorial B de F, 2004. p. 353.

82. O grau "[...] de ineficacia material, puede provenir de varios factores: su incorrección técnica, la inexistencia de instrumentos para aplicarla, etc., pero también de la falta de aptitud de la norma penal para abordar el conflicto". Cfr. GARCÍA ARÁN, Mercedes. El derecho penal simbólico (a propósito del nuevo delito de dopaje en el deporte y su tratamiento mediático). In: GARCÍA ARÁN, Mercedes; BOTELLA CORRAL, Juan. (ed.). *Malas noticias: medios de comunicación, política criminal y garantías penales en España*. Valencia: Tirant lo Blanch, 2008. p. 197-198.

PARTE II

COMENTÁRIOS À LEI 13.260/16

DÉBORA DE SOUZA DE ALMEIDA
FÁBIO ROQUE ARAÚJO
LUIZ FLÁVIO GOMES
ROGÉRIO SANCHES CUNHA
RONALDO BATISTA PINTO

LEI 13.260, DE 16 DE MARÇO DE 2016.

Lei Antiterrorismo

Regulamenta o disposto no inciso XLIII do art. 5º da Constituição Federal, disciplinando o terrorismo, tratando de disposições investigatórias e processuais e reformulando o conceito de organização terrorista; e altera as Leis 7.960, de 21 de dezembro de 1989, e 12.850, de 2 de agosto de 2013.

DÉBORA DE SOUZA DE ALMEIDA
E FÁBIO ROQUE ARAÚJO

Art. 1º Esta Lei regulamenta o disposto no inciso XLIII do art. 5º da Constituição Federal [1], disciplinando o terrorismo [2], tratando de disposições investigatórias e processuais [3] e reformulando o conceito de organização terrorista [4].

[1] REGULAMENTAÇÃO DO DISPOSITIVO CONSTITUCIONAL

Em 17 de março de 2016, foi publicada em solo nacional a Lei 13.260/16, mais conhecida como Lei Antiterrorismo[1]. Este diploma, que entrou em vigor no mesmo dia de sua publicação[2], regulamenta o disposto no inciso XLIII do art. 5º da Constituição Federal, disciplinando o terrorismo e tratando de suas disposições investigatórias e processuais, além de reformular o conceito de organização terrorista. Neste caminho também alterou as Leis 7.960/89 e 12.850/13, que tratam, respectivamente, sobre prisão temporária e organizações criminosas.

---

1. BRASIL. Lei nº 13.260, de 16 de março de 2016. Regulamenta o disposto no inciso XLIII do art. 5º da Constituição Federal, disciplinando o terrorismo, tratando de disposições investigatórias e processuais e reformulando o conceito de organização terrorista; e altera as Leis nºs 7.960, de 21 de dezembro de 1989, e 12.850, de 2 de agosto de 2013. In: PLANALTO. *Legislação Republicana Brasileira*. Brasília, 2016. Disponível em: <http://www.planalto.gov.br/ccivil_03/_Ato2015-2018/2016/Lei/L13260.htm#art19>. Acesso em: 18 mar. 2016.
2. Art. 20 da Lei 13.260/16.

Como cediço, o art. 5º, XLIII da Constituição Federal trata-se de um mandado explícito de criminalização[3], e, na condição de norma de eficácia limitada[4], necessitava ser complementado por lei infraconstitucional para ter plena aplicação. Consoante redação deste dispositivo constitucional,

> A lei considerará crimes inafiançáveis e insuscetíveis de graça ou anistia a prática da tortura, o tráfico ilícito de entorpecentes e drogas afins, o terrorismo e os definidos como crimes hediondos, por eles respondendo os mandantes, os executores e os que, podendo evitá-los, se omitirem[5].

Constata-se, portanto, que o constituinte equiparou três crimes a hediondos: o tráfico de drogas, a tortura e o terrorismo. Destes, o único que até então não contava com tipificação e cominação de pena era o terrorismo.

[2] TERRORISMO

A despeito do pouco tempo de vigência da Lei 13.260/16, já existe divergência doutrinária quanto ao tipo penal em que está alocado o crime de terrorismo e, neste caminho, acerca de quais os delitos sofrem equiparação a hediondo. Há duas correntes:

1ª) O crime de terrorismo está apenas no art. 2º e é o único da Lei 13.260/16 equiparado a hediondo (posição da coautora Débora de Souza de Almeida);

2ª) Todos os tipos penais da Lei 13.260/16 são terrorismo e, portanto, todos são equiparados a hediondo (posição dos coautores Rogério Sanches Cunha e Ronaldo Batista Pinto).

2.1 CORRENTE 1: O CRIME DE TERRORISMO ESTÁ APENAS NO ART. 2º E É O ÚNICO DA LEI 13.260/16 EQUIPARADO A HEDIONDO

A Lei Antiterrorismo (Lei 13.260/16) surgiu com o fim de regulamentar o art. 5º, XLIII da Constituição Federal, definindo terrorismo e tratando

---

3. Segundo FELDENS, "ao estabelecer mandados de penalização, o constituinte, onde o fez, afastou do âmbito de liberdade de configuração do legislador a decisão sobre merecerem, ou não, os bens ou interesses envolvidos, a tutela jurídico-penal. Essa decisão está previamente tomada, de modo afirmativo e imperativo, pela constituição". Cf. FELDENS, Luciano. *Direitos fundamentais e direito penal*: garantismo, deveres de proteção, princípio da proporcionalidade, jurisprudência constitucional penal, jurisprudência dos tribunais de direitos humanos. Porto Alegre: Livraria do Advogado Editora, 2008. p. 47.

4. Sobre normas de eficácia plena, limitada e contida ver SILVA, José Afonso da. *Comentário contextual à Constituição.* 4 ed. São Paulo: Malheiros, 2007. SILVA, José Afonso da. *Aplicabilidade das normas constitucionais.* 3 ed. rev. e ampl. São Paulo: Malheiros, 1998.

5. Art. 5º, XLIIIda Constituição Federal

de disposições investigatórias e processuais, além de reformular o conceito de organização terrorista. Neste embalo, foram também tipificadas condutas relacionadas ao terrorismo, as quais foram alocadas nos arts. 3º a 6º. Tal conclusão, ressalta-se, advém das interpretações literal, restritiva, teleológica, sistemática e histórica, abaixo comentadas.

INTERPRETAÇÃO LITERAL OU GRAMATICAL: Da leitura do art. 5º, XLIII da Constituição Federal, verifica-se que o mandado explícito de criminalização determina que "a lei considerará crimes inafiançáveis e insuscetíveis de graça ou anistia a prática da tortura, o tráfico ilícito de entorpecentes e drogas afins, o terrorismo e os definidos como crimes hediondos [...]". O imperativo de tutela e, sobretudo, a equiparação a crime hediondo, deve, em interpretação literal, recair sobre o terrorismo, e não a condutas a este relacionadas.

Sob uma interpretação gramatical e restritiva da Lei 13.260/16, somente o art. 2º deve ser considerado crime de terrorismo, haja vista que a sua redação visa expressamente definir o que é terrorismo: "art. 2º **O terrorismo consiste na prática** por um ou mais indivíduos **dos atos previstos neste artigo** [...]" (sem grifos no original), passando, então, a elencar o que considera atos de terrorismo: "§1º São atos de terrorismo: [...]". Ato de terrorismo, então, foi a forma que o diploma elegeu para indicar como o terrorismo se dá em ação.

Reforçando este argumento, tem-se o art. 19 da mesma lei. Considerando que a finalidade de uma organização terrorista é, ao fim e ao cabo, perpetrar terrorismo, este art. 19 evidencia que terrorismo, na concepção da Lei 13.260/16, são os atos de terrorismo: "O art. 1º da Lei 12.850, de 2 de agosto de 2013, passa a vigorar com a seguinte alteração: 'II – às organizações terroristas, entendidas como aquelas **voltadas para a prática dos atos de terrorismo** legalmente definidos'" (sem grifos no original). A propósito, se todos os crimes da lei fossem, conforme pretende a visão ampliativa, terrorismo, este art. 19 estaria assim redigido: "O art. 1º da Lei 12.850, de 2 de agosto de 2013, passa a vigorar com a seguinte alteração: 'II – às organizações terroristas, entendidas como aquelas **voltadas para a prática dos crimes definidos na Lei. 13.260/2016**'". Nota-se, portanto, que o art. 19 da Lei Antiterrorismo é nitidamente pontual ao afirmar que organizações terroristas são aquelas que praticam atos de terrorismo, e referidos atos, como se verifica, estão elencados no §1º do art. 2º.

Outros artigos da Lei 13.260/2016 contribuem para a posição que ora se sustenta. O art. 3º evidencia claramente que não tipifica o crime de terrorismo, mas sim a promoção, a constituição, a integração ou a prestação de auxílio, pessoal ou por interposta pessoa a organização terrorista, a qual, conforme o art. 19, é voltada para a prática de atos de terrorismo, que, a sua vez, estão enumerados no art. 2º, §1º. Vide: "Art. 3º Promover, constituir, integrar ou prestar auxílio, pessoalmente ou por interposta pessoa, a organização terrorista".

O art. 5º também mostra que seu preceito primário não abriga o crime de terrorismo, mas sim atos preparatórios deste crime. No *caput,* observe que na descrição "realizar atos preparatórios **de terrorismo com o propósito inequívoco de consumar tal delito** (sem grifos no original)" a expressão "tal delito" reporta-se a "terrorismo"; se reescrito, assim resultaria: "realizar atos preparatórios **de terrorismo com o propósito inequívoco de consumar o delito de terrorismo**". O §1º, ao estabelecer que "Incorre nas mesmas penas o agente que, **com o propósito de praticar atos de terrorismo**: I – recrutar [...]; II – fornecer [...](sem grifos no original)", revela que não tipifica o terrorismo, mas condutas preparatórias aos atos do art. 2º, §1º.

O art. 6º igualmente não esculpe o crime de terrorismo, mas uma série de condutas dirigidas ao planejamento, preparação e execução deste ou aos demais crimes previstos na Lei 13.260/2016, como se transcreve:

> Art. 6º Receber, prover, oferecer, obter, guardar, manter em depósito, solicitar, investir, de qualquer modo, direta ou indiretamente, recursos, ativos, bens, direitos, valores ou serviços de qualquer natureza, para o planejamento, a preparação ou a execução dos crimes previstos nesta Lei.

Neste horizonte, conclui-se queo art. 2º é o responsável por buscar tipificar o terrorismo, crime equiparado a hediondo[6]. Os demais delitos

6. ARAS e CAVALCANTI, ao comentarem sobre o PL 2016/2015 apontam que o crime de terrorismo está no art. 2º: "nos limites estreitos deste artigo, focaremos nossa atenção no núcleo de ambos os projetos (o original da Câmara e o substituto do Senado). No centro do debate está o artigo 2º do texto, que tipifica o crime de terrorismo". Em escrito individual, ARAS sinaliza mais uma vez este entendimento, referindo que o art. 2º conceitua terrorismo e atos de terrorismo, tipificando no §1º o crime de terrorismo: "O projeto 2.016/2015 foi aprovado em 13/ago na Câmara dos Deputados e agora vai ao Senado. **Basicamente, o novo diploma: a) conceitua terrorismo e atos de terrorismo (art. 2º); b) tipifica o crime de terrorismo, com penas de 12 a 30 anos (art. 2º, §1º)**; c) cria causa de excludente de ilicitude relacionado ao direito de protesto e reivindicação (art. 2º, §2º); d) tipifica o crime de associação em organização terrorista, inclusive o recrutamento de terroristas, com penas de 5 a 8 anos reclusão e multa (art. 3º); e) tipifica o crime de favorecimento pessoal (art. 3º, §1º); f) tipifica o crime de apologia a ato terrorista ou a seu autor (art. 4º) e de incitação ao terrorismo (§1º), inclusive por meio da Internet (§2º); g) pune atos preparatórios de conduta terrorista (art. 5º); h) tipifica o recrutamento de terroristas e o treinamento de terroristas (art. 5º, §1º); i) tipifica o crime de financiamento do terrorismo (art. 6º)[...]" (sem grifos no original). Vide respectivamente ARAS, Vladimir; CAVALCANTI, José Robalinho. A tipificação do terrorismo. In: Associação Nacional dos Procuradores da República – ANPR, 25 nov. 2015. Disponível em: <http://anpr.org.br/artigo/86/>. Acesso em: 20 mar. 2016. ARAS,

da lei, não tipificam o terrorismo, mas condutas a ele relacionadas[7] (e, por isso, não são equiparados a hediondos). Nesta relação, é mantida a autonomia de cada tipo penal, mas que encontra na vigência e validade do art. 2º um pressuposto abstrato para sua aplicação, por exemplo: para que reste caracterizado o crime de integrar uma organização terrorista, exige-se que esta esteja voltada para a prática do art. 2º, §1º (art. 3º c/c art. 19); para que seja configurado o delito de fornecer ou receber treinamento em país distinto daquele de sua residência ou nacionalidade, deve o agente ter o propósito de praticar algum dos atos do art. 2º, §1º (art. 5º, §1º, II); para que se incorra no crime do art. 6º, a conduta precisa estar voltada para o planejamento, a preparação ou execução dos crimes previstos nesta Lei, o que significa estar voltada para o art. 2º ou aos demais delitos que, por seu turno, têm no art. 2º um pressuposto abstrato.

Sob esta noção, o art. 2º é o que pretende oferecer a definição de terrorismo e especificar seus atos, enquanto os arts. 3º a 6º não são terrorismo, mas condutas autônomas e a ele relacionadas. Logo, se o art. 2º for declarado inválido, todos os demais crimes da Lei 13.260/16 tornar-se-ão inaplicáveis por ausência de seu pressuposto abstrato.

INTERPRETAÇÃO RESTRITIVA: Partindo do pressuposto de que, em se tratando de Direito Penal, a interpretação deve ser restritiva quando o texto legal puder ser prejudicial ao réu, é desarrazoado o argumento de que todos os crimes da Lei 13.260/16 são terrorismo pelo simples fato de a ementa registrar que "regulamenta o disposto no inciso XLIII do art. 5º da Constituição Federal, disciplinando o terrorismo [...]", sem mencionar que trata também de condutas a ele relacionadas. Logicamente, seria mais adequado que o legislador tivesse sido mais claro. Porém, como não o foi, reputa-se que, diante dos gravames previstos na citada lei, mais seguro e

---

Vladimir. O projeto de lei de criminalização do terrorismo, *Blog do Vlad*,16 ago. 2015. Disponível em: <https://blogdovladimir. wordpress.com/2015/08/16/o-projeto-de-lei-de-criminalizacao -do-terrorismo/>. Acesso em: 20 mar. 2016.

7. A ARTIGO 19, a Justiça Global e o Instituto de Defensores de Direitos Humanos também entendem que o crime de terrorismo está no art. 2º, indicando que os demais delitos da Lei Antiterrorismo são "colaterais". Entretanto, colateral envolve uma ideia de paralelismo e não, propriamente, de vínculo ou de relação, e mais especificamente, de pressuposto. De qualquer modo, segue trecho que traz a opinião das referidas organizações: "A ARTIGO 19, a Justiça Global e o Instituto de Defensores de Direitos Humanos (DDH) vêm a público manifestar o seu mais profundo repúdio à sanção presidencial da **lei 13.260/16, que institui o crime de "terrorismo" e delitos colaterais**. [...] **Em linhas gerais, o crime de terrorismo (art. 2º)** [...]" (sem grifos no original). Cf. ARTIGO 19 BRASIL. Nota oficial sobre a sanção do PL Antiterrorismo, São Paulo, 18 mar. 2016. Disponível em: <http://artigo19.org/blog/2016/03/18/nota-oficial-sobre-a-sanca -do-pl-antiterrorismo/>. Acesso em: 20 mar. 2016.

adequado é percorrer por uma via estrita. E, sob este viés, cabe tecer algumas considerações. Vejamos.

De acordo com a Lei complementar n. 95/98, que dispõe sobre a elaboração, a redação, a alteração e a consolidação das leis, "a ementa será grafada por meio de caracteres que a realcem e explicitará, **de modo conciso** e sob a forma de título, o objeto da lei[8]". Conciso, significa sucinto ou breve[9], e não exaustivo. Neste viés, pode-se dizer que a ementa da Lei 13.260/16 indicou de modo conciso o objeto da lei, qual seja, disciplinar o terrorismo, reformular o conceito de organização terrorista, além de tratar de disposições investigatórias e processuais, alterando as Leis 7.960/89 e 12.850/13. Embora pudesse ter sido mais clara, apontando que também trata de crimes relacionados ao de terrorismo, a ementa não tem, como visto, obrigação de ser exaustiva.

Inobstante, a ementa não possui força vinculante, pois assim como o preâmbulo e a epígrafe, integra a parte preliminar da lei, como esclarece a Lei complementar n. 95/98:

> Art. 3º A lei será estruturada em três partes básicas: I – parte preliminar, compreendendo a epígrafe, a ementa, o preâmbulo, o enunciado do objeto e a indicação do âmbito de aplicação das disposições normativas; II – parte normativa, compreendendo o texto das normas de conteúdo substantivo relacionadas com a matéria regulada; III – parte final, compreendendo as disposições pertinentes às medidas necessárias à implementação das normas de conteúdo substantivo, às disposições transitórias, se for o caso, a cláusula de vigência e a cláusula de revogação, quando couber[10].

Registra-se, todavia, que a função da ementa difere do preâmbulo, pois enquanto este serve para auxiliar na interpretação, aquela serve para sintetizar o objeto da lei, conforme sustenta BARROS DE CARVALHO:

> Direi que o preâmbulo tende mais para o lado dos valores que a mensagem normativa pretende implantar, ressaltada por isso mesmo sua tonalidade retórica;

8. É a redação do art. 15 de BRASIL. Lei complementar nº 95, de 26 de fevereiro de 1998. Dispõe sobre a elaboração, a redação, a alteração e a consolidação das leis, conforme determina o parágrafo único do art. 59 da Constituição Federal, e estabelece normas para a consolidação dos atos normativos que menciona. In: PLANALTO. *Legislação Republicana Brasileira*. Brasília, 1998. Disponível em: <http://www.planalto.gov.br/ccivil_03/leis/lcp/lcp95.htm>. Acesso em: 30 abr. 2016.

9. A definição é extraída do Dicionário Aurélio.

10. BRASIL. Lei complementar nº 95, de 26 de fevereiro de 1998. Dispõe sobre a elaboração, a redação, a alteração e a consolidação das leis, conforme determina o parágrafo único do art. 59 da Constituição Federal, e estabelece normas para a consolidação dos atos normativos que menciona. In: PLANALTO. *Legislação Republicana Brasileira*. Brasília, 1998. Disponível em: <http://www.planalto.gov.br/ccivil_03/leis/lcp/lcp95.htm>. Acesso em: 30 abr. 2016.

ao passo que a ementa visa, antes de tudo, a resumir o produto legislado, extratando-o, reduzindo-o à sua expressão mais simples[11].

A parte normativa da lei trará o objeto que fora exposto de forma resumida na ementa, mas não necessita se cingir a ele. De acordo com a Lei complementar n. 95/98, matéria vinculada ao objeto por afinidade, pertinência ou conexão também pode compor a lei, como segue:

> Art. 7º O primeiro artigo do texto indicará o objeto da lei e o respectivo âmbito de aplicação, observados os seguintes princípios: I – excetuadas as codificações, **cada lei tratará de um único objeto**; II – **a lei não conterá matéria estranha a seu objeto ou a este não vinculada por afinidade, pertinência ou conexão**; III – o âmbito de aplicação da lei será estabelecido de forma tão específica quanto o possibilite o conhecimento técnico ou científico da área respectiva; IV – **o mesmo assunto não poderá ser disciplinado por mais de uma lei**, exceto quando a subseqüente se destine a complementar lei considerada básica, vinculando-se a esta por remissão expressa[12](sem grifos no original).

Neste sentido, é permitido que a Lei 13.260/16, ao disciplinar terrorismo, trate de matéria que esteja a ele vinculada por afinidade, pertinência ou conexão. E a técnica legislativa não exige que a matéria vinculada ao objeto esteja expressa na ementa, dado o caráter sucinto deste elemento da técnica legislativa. Desse modo, infere-se que o terrorismo foi acolhido pelo art. 2º, estando os seguintes tipos penais a ele vinculados por afinidade, pertinência ou conexão.

E ainda que reste alguma dúvida quanto a isso, é útil recorrer novamente à Lei complementar n. 95/98, desta vez ao seu art. 11:

> Art. 11. As disposições normativas serão redigidas com clareza, precisão e ordem lógica, observadas, para esse propósito, as seguintes normas: [...] III – para a obtenção de ordem lógica: [...] b) restringir o conteúdo de cada artigo da lei a um único assunto ou princípio; c) expressar por meio dos parágrafos os aspectos complementares à norma enunciada no caput do artigo e as exceções à regra por este estabelecida[13].

---

11. BARROS DE CARVALHO, Paulo de. O preâmbulo e a prescritividade constitutiva dos textos jurídicos. *Revista Direito GV*, v. 6, nº. 1, São Paulo Jan./Jun.2010. Disponível em: <http://www.scielo.br/scielo.php?script=sci_arttext&pid=S1808-24322010000100014>. Acesso em: 20 mar. 2016.

12. BRASIL. Lei complementar nº 95, de 26 de fevereiro de 1998. Dispõe sobre a elaboração, a redação, a alteração e a consolidação das leis, conforme determina o parágrafo único do art. 59 da Constituição Federal, e estabelece normas para a consolidação dos atos normativos que menciona. In: PLANALTO. *Legislação Republicana Brasileira*. Brasília, 1998. Disponível em: <http://www.planalto.gov.br/ccivil_03/leis/lcp/lcp95.htm>. Acesso em: 30 abr. 2016.

13. BRASIL. Lei complementar nº 95, de 26 de fevereiro de 1998. Dispõe sobre a elaboração, a redação, a alteração e a consolidação das leis, conforme determina o parágrafo único do art. 59 da Constituição Federal, e estabelece normas para a consolidação dos atos normativos que menciona. In: PLANALTO. *Legislação Republicana Brasileira*. Brasília, 1998. Disponível em: <http://www.planalto.gov.br/ccivil_03/leis/lcp/lcp95.htm>. Acesso em: 30 abr. 2016.

O dispositivo supracitado indica que, para fins de obtenção de uma ordem lógica, cada artigo de uma lei deve trazer em seu bojo um único assunto ou princípio, ocupando-se os parágrafos de aspectos complementares e de exceções ao *caput*.

Constata-se, então, que a Lei 13.260/16 pautou-se por tal ordem, como cristaliza o art. 2º, *in verbis*: "o terrorismo consiste na prática por um ou mais indivíduos dos atos previstos neste artigo [...]. §1º São atos de terrorismo: [...]. §2º O disposto neste artigo não se aplica [...]." Assim, levando em consideração que a definição de terrorismo está no *caput*, e que os atos de terrorismo estão enumerados no §1º e a causa excludente no §2º, depreende-se que o crime de terrorismo foi realmente estampado neste art. 2º, e que os tipos penais da sequência trazem condutas que com ele guardam relação, ou seja, vínculo de afinidade, pertinência ou conexão.

INTERPRETAÇÃO TELEOLÓGICA: Numa análise dos documentos legislativos que conduziram à Lei Antiterrorismo, verifica-se, à luz da interpretação teleológica, que o terrorismo sempre foi citado como tipo penal do art. 2º.

Dentre vários exemplos, recorda-se que, em 5 de agosto de 2015, em parecer proferido no Plenário na Câmara de Deputados, o voto do então relator da Comissão de Constituição e Justiça e de Cidadania assim referia: "Eis o teor do idealizado tipo penal de terrorismo: Terrorismo. Art. 2º Para efeitos desta lei considera terrorismo: [...][14]". O documento em questão[15], o substitutivo ao PL 2016/15, trazia a mesma técnica legislativa da Lei 13.260/16, isto é, buscava definir terrorismo no *caput* do art. 2º e passava a expor os atos de terrorismo no §1º. Embora incriminasse outras condutas ao lado deste art. 2º, sua ementa cingia-se a dispor: "regulamenta o

14. Vide página 9 do arquivo constante em BRASIL. Comissão de Constituição e Justiça e de Cidadania. Projeto de Lei nº. 2016, de 2015. In: CÂMARA DOS DEPUTADOS. *Proposições legislativas*. Disponível em: <http://www.camara.gov.br/proposicoesWeb/prop_mostrarintegra;jsessionid=1430C8BF21E9EA2F03B851A636D9FBE8.proposicoesWeb1?codteor=1367523&filename=PPP+1+CCJC+%3D%3E+PL+2016/2015>. Acesso em: 20 mar. 2016.

15. "Art. 2º O terrorismo consiste na prática, por um ou mais indivíduos, dos atos previstos neste artigo quando cometidos com a finalidade de: I – intimidar Estado, organização internacional ou pessoa jurídica, nacional ou estrangeira, ou representações internacionais, ou coagi-los a ação ou omissão; II – provocar terror, expondo a perigo pessoa, patrimônio, a paz pública e incolumidade pública. §1º São atos de terrorismo: I – usar ou ameaçar usar [...]". Cf. BRASIL. Comissão de Constituição e Justiça e de Cidadania. Projeto de Lei nº. 2016, de 2015. In: CÂMARA DOS DEPUTADOS. *Proposições legislativas*. Disponível em: <http://www.camara.gov.br/proposicoesWeb/prop_mostrarintegra;jsessionid=1430C8BF21E9EA2F03B851A636D9FBE8.proposicoesWeb1?codteor=1367523&filename=PPP+1+CCJC+%3D%3E+PL+2016/2015>. Acesso em: 20 mar. 2016.

disposto no inciso XLIII do art. 5º da Constituição Federal, disciplinando o terrorismo e reformulando o conceito de organização terrorista[16]".

No Senado, foram apresentadas emendas ao PLC 101/15, dentre elas as de n. 3, 4 e 13, que assinalam que o crime de terrorismo está tipificado no art. 2º, como segue: "sugere-se nova redação ao artigo 2º para definir o crime de terrorismo como sendo [...][17]" (Emenda 3, cujo art. 1º e ementa "define terrorismo e infrações penais correlatas[18]"); "a emenda proposta sugere nova redação ao artigo 2º para definir o crime de terrorismo como sendo [...][19]" (Emenda 4); "A presente emenda altera o preceito secundário, reduzindo a pena mínima em respeito ao princípio da proporcionalidade, já que a pena do crime de terrorismo (12 a 30 anos) seria menor do que a de financiamento (15 a 30 anos, na redação dada pela Câmara)[20]" (Emenda 13).

---

16. BRASIL. Comissão de Constituição e Justiça e de Cidadania. Projeto de Lei nº. 2016, de 2015. In: CÂMARA DOS DEPUTADOS. *Proposições legislativas*. Disponível em: <http://www.camara.gov.br/proposicoesWeb/prop_mostrarintegra;jsessionid=1430C8BF21E9EA2F03B851A636D9FBE8.proposicoesWeb1?codteor=1367523&filename=PPP+1+CCJC+%3D%3E+PL+2016/2015>. Acesso em: 20 mar. 2016.

17. BRASIL. Emendas apresentadas no prazo único, previsto no art. 122, II, "b", combinado com o art. 375, I, do Regimento interno, ao Projeto de Lei da Câmara nº 101, de 2015 (n. 2.016/2015, na Casa de origem), de iniciativa do Presidente da República, que regulamenta o disposto no inciso XLIII do art. 5º da Constituição Federal, disciplinando o terrorismo, tratando de disposições investigatórias e processuais e reformulando o conceito de organização terrorista; e altera as Leis nºS 7.960, de 21 de dezembro de 1989, e 12.850, de 2 de agosto de 2013. In: SENADO FEDERAL. *Atividade legislativa*. Disponível em: <http://www.senado.leg.br/atividade/rotinas/materia/getPDF.asp?t=176881&tp=1>. Acesso em: 20 mar. 2016.

18. BRASIL. Emendas apresentadas no prazo único, previsto no art. 122, II, "b", combinado com o art. 375, I, do Regimento interno, ao Projeto de Lei da Câmara nº 101, de 2015 (n. 2.016/2015, na Casa de origem), de iniciativa do Presidente da República, que regulamenta o disposto no inciso XLIII do art. 5º da Constituição Federal, disciplinando o terrorismo, tratando de disposições investigatórias e processuais e reformulando o conceito de organização terrorista; e altera as Leis nºS 7.960, de 21 de dezembro de 1989, e 12.850, de 2 de agosto de 2013. In: SENADO FEDERAL. *Atividade legislativa*. Disponível em: <http://www.senado.leg.br/atividade/rotinas/materia/getPDF.asp?t=176881&tp=1>. Acesso em: 20 mar. 2016.

19. BRASIL. Emendas apresentadas no prazo único, previsto no art. 122, II, "b", combinado com o art. 375, I, do Regimento interno, ao Projeto de Lei da Câmara nº 101, de 2015 (n. 2.016/2015, na Casa de origem), de iniciativa do Presidente da República, que regulamenta o disposto no inciso XLIII do art. 5º da Constituição Federal, disciplinando o terrorismo, tratando de disposições investigatórias e processuais e reformulando o conceito de organização terrorista; e altera as Leis nºS 7.960, de 21 de dezembro de 1989, e 12.850, de 2 de agosto de 2013. In: SENADO FEDERAL. *Atividade legislativa*. Disponível em: <http://www.senado.leg.br/atividade/rotinas/materia/getPDF.asp?t=176881&tp=1>. Acesso em: 20 mar. 2016.

20. BRASIL. Emendas apresentadas no prazo único, previsto no art. 122, II, "b", combinado com o art. 375, I, do Regimento interno, ao Projeto de Lei da Câmara nº 101, de 2015 (n. 2.016/2015, na Casa de origem), de iniciativa do Presidente da República, que regulamenta o disposto no inciso XLIII do art. 5º da Constituição Federal, disciplinando o terrorismo, tratando de disposições investigatórias e processuais e reformulando o conceito de organização terrorista; e altera as Leis nºS 7.960, de 21 de dezembro de 1989, e 12.850, de 2 de agosto de 2013. In: SENADO FEDERAL. *Atividade legislativa*. Disponível em: <http://www.senado.leg.br/atividade/rotinas/materia/getPDF.asp?t=176881&tp=1>. Acesso em: 20 mar. 2016.

Por ocasião da apreciação dessas emendas pelos pareceres de Plenário, observa-se que o terrorismo continuava apontado como crime do art. 2º, sendo as demais condutas entendidas como relacionadas. Vide algumas passagens: "o Projeto de Lei da Câmara (PLC) n. 101, de 2015, define o terrorismo como sendo a prática dos atos que especifica nos incisos do § 1º do seu art. 2º [...][21]"; "[...] contemplamos o mandamento constitucional de considerar o crime de terrorismo como inafiançável e insuscetível de graça ou anistia. [...] Contudo, essa regra não seria aplicável para o crime de incitação ao terrorismo, previsto no art. 3º [...][22]"; "[...] consideramos que o crime de terrorismo, por abarcar uma diversidade de condutas, demanda uma faixa de pena – entre a mínima e a máxima – mais ampla do que o financiamento ao terrorismo[23]"; "[...] optamos por definir o crime de terrorismo a partir da previsão simplificada de uma ação humana, representada por um verbo no infinitivo ('atentar contra pessoa'). [...] Esse foi, portanto, o núcleo do tipo penal (art. 2º, caput)[24]".

---

21. BRASIL. Parecer nº., 2015. De Plenário, em substituição às Comissões de Relações Exteriores e Defesa Nacional e de Constituição, Justiça e Cidadania, sobre o Projeto de Lei da Câmara (PLC) nº 101, de 2015, do(a) Presidente da República, que regulamenta o disposto no inciso XLIII do art. 5º da Constituição Federal, disciplinando o terrorismo, tratando de disposições investigatórias e processuais e reformulando o conceito de organização terrorista; e altera as Leis nºs 7.960, de 21 de dezembro de 1989, e 12.850, de 2 de agosto de 2013. In: SENADO FEDERAL. *Atividade legislativa*. Disponível em: <http://www.senado.leg.br/atividade/rotinas/materia/getPDF.asp?t=181870&tp=1>. Acesso em: 20 mar. 2016.

22. BRASIL. Parecer nº., 2015. De Plenário, em substituição às Comissões de Relações Exteriores e Defesa Nacional e de Constituição, Justiça e Cidadania, sobre o Projeto de Lei da Câmara (PLC) nº 101, de 2015, do(a) Presidente da República, que regulamenta o disposto no inciso XLIII do art. 5º da Constituição Federal, disciplinando o terrorismo, tratando de disposições investigatórias e processuais e reformulando o conceito de organização terrorista; e altera as Leis nºs 7.960, de 21 de dezembro de 1989, e 12.850, de 2 de agosto de 2013. In: SENADO FEDERAL. *Atividade legislativa*. Disponível em: <http://www.senado.leg.br/atividade/rotinas/materia/getPDF.asp?t=181870&tp=1>. Acesso em: 20 mar. 2016.

23. BRASIL. Parecer nº., 2015. De Plenário, em substituição às Comissões de Relações Exteriores e Defesa Nacional e de Constituição, Justiça e Cidadania, sobre o Projeto de Lei da Câmara (PLC) nº 101, de 2015, do(a) Presidente da República, que regulamenta o disposto no inciso XLIII do art. 5º da Constituição Federal, disciplinando o terrorismo, tratando de disposições investigatórias e processuais e reformulando o conceito de organização terrorista; e altera as Leis nºs 7.960, de 21 de dezembro de 1989, e 12.850, de 2 de agosto de 2013. In: SENADO FEDERAL. *Atividade legislativa*. Disponível em: <http://www.senado.leg.br/atividade/rotinas/materia/getPDF.asp?t=179604&tp=1>. Acesso em: 20 mar. 2016.

24. BRASIL. Complementação de voto. De Plenário, em substituição às Comissões de Relações Exteriores e Defesa Nacional e de Constituição, Justiça e Cidadania, sobre o Projeto de Lei da Câmara (PLC) nº 101, de 2015, do(a) Presidente da República, que regulamenta o disposto no inciso XLIII do art. 5º da Constituição Federal, disciplinando o terrorismo, tratando de disposições investigatórias e processuais e reformulando o conceito de organização terrorista; e altera as Leis nºs 7.960, de 21 de dezembro de 1989, e 12.850, de 2 de agosto de 2013. In: SENADO FEDERAL. *Atividade legislativa*. Disponível em: <http://www.senado.leg.br/atividade/rotinas/materia/getPDF.asp?t=181912&tp=1>. Acesso em: 20 mar. 2016.

Na tramitação, o Senado Federal aprovou o Substitutivo ao PLC 101/2015, cuja redação deixava nítido que o terrorismo estava incriminado pelo art. 2º: "art. 7º O crime previsto no art. 2º desta Lei é inafiançável e insuscetível de graça ou anistia[25]". Ao apreciar tal documento, voto da Câmara de Deputados indicou seguir mesma linha, *in verbis*: "em seu art. 2º propõe-se redação diversa para o tipo penal de terrorismo[26]".

Enfim, do processo que culminou na Lei 13.260/16, são muitos os exemplos que se pode extrair para demonstrar que, sob uma interpretação teleológica, o terrorismo é identificado como tipo penal do art. 2º, ao passo que as demais infrações penais são tidas como a ele relacionadas.

INTERPRETAÇÃO HISTÓRICA: Recorrendo à interpretação histórica, verifica-se que, ao longo da história legislativa brasileira, o vocábulo "atos de terrorismo" (e, inclusive, "suscitar terror") foi utilizado no intuito de tipificar o terrorismo, mas o resultado sempre era criticado por vir desacompanhado da definição de terrorismo e da especificação de seus atos[27] (vide subcapítulo 6.2 da parte I deste livro).

Desse modo, chega-se à conclusão de que a expressão "atos de terrorismo", constante no art. 2º da Lei 13.260/16, traduz-se em forte indicativo de que o legislador objetivou abrigar o terrorismo apenas neste tipo penal, tomando o cuidado desta vez em enumerar no que consiste estes atos e em apresentar uma acepção de terrorismo.

INTERPRETAÇÃO SISTEMÁTICA: no tocante à interpretação sistemática, cabe recordar o exemplo da Convenção Internacional para Supressão do Financiamento do Terrorismo, internacionalizada sob o Decreto 5.640/05. Seu preâmbulo, como segue, evidencia entender pela existência de condutas autônomas ao terrorismo, porém a ele relacionadas: "observando que o número e a gravidade de atos terroristas internacionais dependem do

---

25. Vide a páginas 2 e 9 do documento constante em BRASIL. Comissão de Constituição e Justiça e de Cidadania. Substituto do Senado Federal ao Projeto de Lei nº. 2016, de 2015. In: CÂMARA DOS DEPUTADOS. *Proposições legislativas*. Disponível em: <http://www.camara.gov.br/proposicoesWeb/prop_mostrarintegra;jsessionid=1430C8BF21E9EA2F03B851A636D9FBE8.proposicoesWeb1?codteor=1436040&filename=PPP+2+CCJC+%3D%3E+PL+2016/2015>. Acesso em: 20 mar. 2016.

26. Vide a páginas 2 e 9 do documento constante em BRASIL. Comissão de Constituição e Justiça e de Cidadania. Substituto do Senado Federal ao Projeto de Lei nº. 2016, de 2015. In: CÂMARA DOS DEPUTADOS. *Proposições legislativas*. Disponível em: <http://www.camara.gov.br/proposicoesWeb/prop_mostrarintegra;jsessionid=1430C8BF21E9EA2F03B851A636D9FBE8.proposicoesWeb1?codteor=1436040&filename=PPP+2+CCJC+%3D%3E+PL+2016/2015>. Acesso em: 20 mar. 2016.

27. As leis anteriores faziam menção a "atos de terrorismo", sem, contudo, especificá-los. Tal situação foi objeto de crítica por FRANCO, Alberto Silva. *Crimes hediondos*: *notas sobre a lei 8.072/90*. 3. ed. rev. e ampl. São Paulo: Revista dos Tribunais, 1994. p. 67.

financiamento que os terroristas venham a obter[28]". Ora, tal redação denota que os atos de terrorismo dependem do financiamento, e não que financiamento é terrorismo em ação. Por este prisma, fica claro mais uma vez a hipótese de que as condutas dos arts. 3º a 6º da Lei 13.260/16 não são terrorismo, mas a ele relacionadas. O art. 2º é que buscou tipificar o crime de terrorismo e, portanto, é o único dessa lei que pode ser equiparado a crime hediondo.

EQUIPARAÇÃO A CRIME HEDIONDO NA LEI 13.260/16

Visto isso, resta a seguinte questão: todos os tipos penais da Lei 13.260/16 são equiparados a hediondo? Partindo da premissa de que somente o art. 2º é o que buscou tipificar terrorismo, a resposta é negativa.

Primeiramente, deve-se observar que esta noção não implica déficit de tutela, isto é, ofensa ao princípio da proporcionalidade em sua faceta de proibição de insuficiência (*Untermassverbot*), haja vista que atende ao mandado expresso de criminalização disposto no art. 5º, XLIII da Constituição Federal: define (em tese) terrorismo, tipifica-o, e confere um tratamento mais gravoso enquanto delito equiparado a hediondo.

Quanto aos demais tipos penais da sequência da Lei 13.260/16, não cabe rotulá-los de equiparados a hediondo, pois não tratam do crime de terrorismo, o qual está, sob as interpretações literal, restritiva, histórica, sistemática e teleológica, no art. 2º.

Ainda, interessa ponderar que, se o imperativo de tutela visa na equiparação a crime hediondo exprimir que considera uma conduta tão reprovável a ponto de dotá-la de tratamento mais severo, sua incidência sobre todos os tipos penais da Lei 13.260/16, que não somente o art. 2º, seria injustificável. E diz-se injustificável porque violaria o princípio da proporcionalidade[29], em sua faceta de proibição do excesso (*Übermassverbot*), pois constituir uma organização terrorista (art. 3º), por exemplo, é um ato preparatório; e realizar atos preparatórios de terrorismo (art. 5º, *caput*),

---

28. BRASIL. Decreto nº 5.640, de 26 de dezembro de 2005. Promulga a Convenção Internacional para Supressão do Financiamento do Terrorismo, adotada pela Assembléia-Geral das Nações Unidas em 9 de dezembro de 1999 e assinada pelo Brasil em 10 de novembro de 2001. In: PLANALTO. *Legislação Republicana brasileira*. Brasília, 2005. Disponível em: <http://www.planalto.gov.br/ccivil_03/_Ato2004-2006/2005/Decreto/D5640.htm>. Acesso em: 10 mar. 2016.

29. Discute-se, a partir de ALEXY, se a proporcionalidade é um princípio ou regra. Para ÁVILA, a proporcionalidade não seria um princípio, mas um postulado normativo aplicativo. Para mais detalhes, vide ÁVILA, Humberto Bergmann. *Teoria dos Princípios*. 4. ed., São Paulo: Malheiros Editores, 2005.

resulta, por sua vez, em curiosa "criminalização da preparação da preparação", permitindo, dada a descrição genérica deste tipo penal, a subsunção de praticamente qualquer conduta sob sua égide, até mesmo o envio de uma simples mensagem por *WhatsApp*, cujo teor possa, segundo a subjetividade do intérprete da lei, denotar alguma relação com o terrorismo.

Neste cenário, o crime de financiamento ou custeio ao terrorismo (art. 6º) é o que pode ensejar maior inquietação, não apenas pelo desvalor da ação ou do resultado, mas, sobretudo, se comparado com o art. 36 da Lei de Drogas (Lei 11.343/06). À vista do critério do desvalor, é razoável que o delito do art. 6º da Lei Antiterrorismo possua um tratamento rigoroso, pois é cediço que o financiamento contribui sobremaneira para que o terrorismo se desenvolva[30]. Atenta a este detalhe, a Lei 13.260/16 inclusive cominou para este art. 6º um preceito secundário bem elevado, qual seja, de 15 a 30 anos. Isso, porém, não permite que o financiamento ou custeio ao terrorismo seja classificado como crime equiparado a hediondo, mesmo que se busque assemelhá-lo à situação do financiamento ou custeio da Lei de Drogas. Trata-se de questões distintas: a Lei 11.343/06 não define expressamente o que é tráfico ilícito de entorpecentes e drogas afins, cedendo tacitamente à doutrina e à jurisprudência tal incumbência; estas, neste enredo, acabaram equiparando o art. 36 a tráfico, e, nesta linha, a crime hediondo por equiparação, argumentando ser isto uma medida razoável já que o financiamento ou custeio é punido mais gravemente que a conduta financiada ou custeada. A Lei Antiterrorismo, por sua vez, não permite tal alargamento interpretativo, visto que não deixa dúvidas quanto à definição e alcance do mandado de criminalização, definindo expressamente em seu art. 2º o que entende por terrorismo, além de especificar na sequência quais são os atos de terrorismo.

Assim, não estando o crime de financiamento ou custeio ao terrorismo elencado no mandado expresso de criminalização, não deve ser concebido como crime equiparado a hediondo. E, se existe necessidade de receber tratamento mais rigoroso que aquele destinado a um crime comum, que seja então, via legislativo, incluído no rol de crimes hediondos, a fim de consistir crime hediondo.

Por fim, há de se apontar que a incidência dos consectários da Lei 8.072/90 sobre o crime de terrorismo resulta em consequência lógica, revelando-se desnecessário, portanto, o comando do art. 17 da Lei 13.260/16.

---

30. ASEMBLEA GENERAL. Plan de Acción para Prevenir el Extremismo Violento, *Naciones Unidas*, 24 dez. 2015. Disponível em: <http://www.un.oorg/es/comun/docs/?symbol=A/70/674>. Acesso em: 22 mar. 2016.

Quanto aos demais tipos penais da Lei Antiterrorismo, considerando que não são crimes hediondos e tampouco equiparados a hediondos, a previsão do art. 17 é incoerente.

2.2 CORRENTE 2: TODOS OS TIPOS PENAIS DA LEI 13.260/16 SÃO TERRORISMO E, PORTANTO, TODOS SÃO EQUIPARADOS A HEDIONDO.

A Lei 8.072/90, no *caput* do art. 2.º, previu (seguindo mandamento constitucional) três figuras não propriamente hediondas, mas a elas equiparadas. Trata-se da tortura, disciplinada pela Lei 9.455/97, do tráfico ilícito de drogas, regulamentada pela Lei 11.343/06, e do terrorismo, finalmente disciplinada pela Lei em comento. Quais crimes desta Lei 13.260/16 devem ser equiparados a hediondo?

Em que pese posição exposta pela coautora desta obra, Débora, no sentido de que somente o art. 2º. deve ser etiquetado como tal, ousamos dela discordar.

Percebam que a Lei em comento, como um todo, regulamenta o art. 5º., XLIII, da CF/88 (art. 1º.). Diferentemente da Lei 12.850/13, que define a organização criminosa **e outras infrações acessórias,** a Lei 13.260/16 regulamenta o terrorismo em todos os tipos, sem admitir que as figuras típicas seguintes ao art. 2º. sejam rotuladas como meramente coadjuvantes. Trata-se de verdadeira lei de regência e como tal cria um sistema de prevenção e repressão ao terrorismo (antiterror).

Dentro desse espírito, a expressão *terrorismo* anunciada na Carta Maior está impregnada em todas as figuras criminosas da Lei 13.260/16. Não sem razão o art. 17, comentado mais adiante, manda aplicar os consectários da Lei 8.072/90 aos *crimes* previstos nesta Lei (não se limitando ao *crime* plurinuclear do art. 2º.).

Interpretação diversa redunda numa falta de razoabilidade quando, por exemplo, se compara os arts. 2º. e 6º. Obviamente que o financiamento ao terrorismo (art. 6º.) é crime ainda mais grave do que o ato terrorista (art. 2º.), tanto que punido mais rigorosamente. Como pode, então, a infração penal menos grave sofrer os rigores da Lei 8.072/90, e a mais grave não?

A extensão que estamos dando é legítima e possível sempre que a aplicação restrita da norma penal resulta num escândalo por sua notória irracionalidade. É dentro dos limites da resistência da flexibilidade semântica do texto que se mostram possíveis interpretações mais amplas da punibilidade.

A nossa conclusão baseia-se, como se nota, no princípio da proibição da proteção deficiente (imperativo de tutela): todos os crimes da Lei 13.260/16 são equiparados a hediondo. Da mesma forma que não se deseja uma hipertrofia da punição, deve-se buscar evitar a proteção deficiente do Estado na tutela dos bens jurídicos indispensáveis à convivência do homem em sociedade, especialmente no caso de crimes como os aqui tipificados, de massa, com vítimas indefinidas ou indeterminadas.

Transformando-se o Estado, antes absenteísta, em guardião dos direitos fundamentais do cidadão, passou este a ter como função precípua a proteção dos direitos fundamentais de todas as dimensões (individuais e metaindividuais), o que acarreta o surgimento de um novo modelo de proteção de direitos, que vem exatamente acompanhar a sua evolução histórico-social.

Por esta razão dizer-se que não mais se pode falar em uma função exclusivamente negativa do Estado, como outrora, o que STRECK chama de garantismo negativo, devendo ser exigido, do mesmo modo, a partir de uma interpretação sistemática do direito, à luz dos mandamentos constitucionais, a defesa dos cidadãos contra os poderes sociais de fato. Segundo BARATTA, esse novo modelo de Estado deverá dar a resposta para as necessidades de segurança de todos os direitos, inclusive de ordem prestacional (direitos sociais, econômicos e culturais), e não somente daqueles direitos chamados de prestação de proteção, em particular contra agressões de natureza delitiva praticada por determinadas pessoas[31].

Nessa linha, reconhecendo a dupla face de garantias, decidiu o STF "que os direitos fundamentais não podem ser considerados apenas como proibições de intervenção (Eingriffsverbote), expressando também um postulado de proteção (Schutzgebote). Pode-se dizer que os direitos fundamentais expressam não apenas uma proibição do excesso (Übermassverbote), como também podem ser traduzidos como proibições de proteção insuficiente ou imperativos de tutela (Untermassverbote)." (HC 104.410/RS).

[3] DISPOSIÇÕES INVESTIGATÓRIAS E PROCESSUAIS

As disposições investigatórias e processuais estão previstas nos arts. 11 a 20 da Lei Antiterrorismo (Lei 13.260/16), razão pela qual se remete o leitor aos comentários de cada um destes dispositivos.

---

31. **GAVIÃO, VENTURELLA NAHAS, Juliana.** *A proibição da proteção deficiente*. Revista do Ministério Público do Rio Grande do Sul – n. 61. Porto Alegre. Maio de 2008 – outubro de 2008. p. 95.

[4] CONCEITO DE ORGANIZAÇÃO TERRORISTA

O conceito de organização terrorista está disposto no art. 19 da Lei Antiterrorismo (Lei 13.260/16), o qual estabelece ser aquela voltada à prática de atos de terrorismo. Para mais detalhes, vide os comentários ao art. 19.

DÉBORA DE SOUZA DE ALMEIDA E FÁBIO ROQUE ARAÚJO

Art. 2º O terrorismo [1-4] **consiste na prática por um ou mais indivíduos** [5] **dos atos previstos neste artigo, por razões** [6-7]**de xenofobia** [8], **discriminação ou preconceito** [9] **de raça** [10], **cor** [11], **etnia** [12] **e religião** [13], **quando cometidos com a finalidade de provocar terror social ou generalizado** [14], **expondo a perigo pessoa, patrimônio, a paz pública ou a incolumidade pública** [15]. **§1º São atos de terrorismo: I – usar ou ameaçar usar, transportar, guardar, portar ou trazer consigo explosivos, gases tóxicos, venenos, conteúdos biológicos, químicos, nucleares ou outros meios capazes de causar danos ou promover destruição em massa** [16-24]; **II – (VETADO); III – (VETADO)** [25]; **IV – sabotar o funcionamento ou apoderar-se, com violência, grave ameaça a pessoa ou servindo-se de mecanismos cibernéticos, do controle total ou parcial, ainda que de modo temporário, de meio de comunicação ou de transporte, de portos, aeroportos, estações ferroviárias ou rodoviárias, hospitais, casas de saúde, escolas, estádios esportivos, instalações públicas ou locais onde funcionem serviços públicos essenciais, instalações de geração ou transmissão de energia, instalações militares, instalações de exploração, refino e processamento de petróleo e gás e instituições bancárias e sua rede de atendimento** [26-34]; **V – atentar contra a vida ou a integridade física de pessoa** [35-43]: **Pena – reclusão, de doze a trinta anos, além das sanções correspondentes à ameaça ou à violência** [44-45]. **§2º O disposto neste artigo não se aplica à conduta individual ou coletiva de pessoas em manifestações políticas, movimentos sociais, sindicais, religiosos, de classe ou de categoria profissional, direcionados por propósitos sociais ou reivindicatórios, visando a contestar, criticar, protestar ou apoiar, com o objetivo de defender direitos, garantias e liberdades constitucionais, sem prejuízo da tipificação penal contida em lei** [46-47][32].

32. Art. 2º da Lei 13.260/16.

[1] O CRIME DE TERRORISMO (ART. 2º)

O art. 2º é o cerne da Lei Antiterrorismo. Contemplando 9 (nove) verbos nucleares, cujas condutas, de uma forma e outra, já encontravam (aparente) correspondência na legislação penal brasileira, o dispositivo visa tipificar e definir o crime de terrorismo. E diz-se aparente porque esta situação de correspondência é comum em leis antiterrorismo, como se extrai da observação de LAMARCA PÉREZ:

> La verdad es que para hacer frente al terrorismo desde la legislación de carácter estrictamente penal poco más se puede hacer que lo que hace el propio Código, es decir agravar las conductas delictivas o, en algún caso, crear algún tipo específico. Porque el terrorismo, como todos sabemos, se exterioriza a través de la realización de los delitos más comunes del Código: homicidio, asesinato, detenciones ilegales, secuestros, amenazas, etcétera. Lo que ocurre es que si se realizan con determinada finalidad, [...] o se lleva a cabo por determinadas organizaciones, lo que se hace es agravar la pena[33].

O legislador brasileiro optou então por descrever o terrorismo em tipo penal específico, compondo-o com condutas já catalogadas na legislação, mas diferindo-o pela adição de um elemento subjetivo especial (via previsível na tipificação deste delito, mas não suficiente[34]).

E, assim, diferentemente de outras leis penais brasileiras que ao longo da história se limitaram a estampar o vocábulo "terrorismo" ou "atos de terrorismo" sem quaisquer especificações, abrigando-o sob um mesmo tipo penal de outras condutas (vide o subcapítulo 6.1 da parte I deste livro), a Lei 13.260/16 ofereceu ao problema um tipo penal próprio, especificando quais atos considera terrorismo.

Contudo, a descrição esculpida no art. 2º não resta incólume a críticas: além de esculpir, sob a mesma pena, condutas de diferentes graus lesivos, o tipo penal revela-se em vários pontos vago e impreciso, sobretudo quanto ao elemento subjetivo especial, o que, certamente, acarretará dificuldades (ou arbitrariedades) em sua aplicação; a causa excludente contemplada no §2º, que resguarda a ação de manifestações políticas, de movimentos so-

---

33. LAMARCA PÉREZ, Carmen. Noción de terrorismo y clases. Evolución legislativa y político-criminal. In: DORADO, Carmen Juanatey; ESTRADA, Cristina Fernández-Pacheco (dirs.). *El nuevo panorama del terrorismo en España: perspectiva penal, penitenciaria y social*. San Vicente del Raspeig: Universidad de Alicante, 2013.p. 41.

34. Vide o subcapítulo 5.2 da parte I deste livro. MESTRE DELGADO reforça esta noção, indicando que, sob o prisma objetivo, a conduta rotulada como terrorismo geralmente já encontra previsão em alguma lei penal, e, para diferir-se dos crimes comuns, abriga um elemento subjetivo especial do tipo, podendo exigir que sua prática se dê por organização terrorista. Cf. MESTRE DELGADO, Esteban. *Delincuencia terrorista y audiencia nacional*. Madrid: Centro de publicaciones, 1987. p. 57-58.

ciais e congêneres, não deveria limitar-se às condutas do art. 2º, mas ser estendida a toda a Lei Antiterrorismo[35]; e, ainda, a pena prevista em abstrato é significativamente alta (reclusão, de 12 a 30 anos, além das sanções correspondentes à ameaça ou à violência), o que, de um lado, denota que o legislador quis transmitir uma mensagem de tamanho desvalor da ação e de resultado[36], mas, de outro, incorreu em excesso[37], ferindo o princípio da proporcionalidade (*poena debet commensurari delicto*) na fase da predeterminação da pena[38].

Este tortuoso quadro certamente deriva do regime de urgência com que a Lei foi aprovada, o qual obstou a necessária discussão com a sociedade civil, acadêmicos e profissionais especialistas diante de um tema tão complexo.

A Organização das Nações Unidas, por meio de seu secretário geral, já alertava para o não uso de definições amplas para tratar do terrorismo, pois além de ferir o princípio da taxatividade, "[...] são muitas vezes utilizadas para criminalizar as ações legítimas de grupos de oposição, organizações da sociedade civil e defensores dos direitos humanos[39]". A inobservância dessa orientação, aliás, vai de encontro ao pilar fundamental do Plano de Ação e da Estratégia Global das Nações Unidas contra o Terrorismo, consistentes na salvaguarda dos direitos humanos e do Estado de Direito[40].

---

35. Segundo o Fundo Monetário Internacional, alguns países, receosos com a definição genérica de atos terroristas, preferiram acrescentar ao texto legal que protestos e movimentos não constituem atos de terrorismo. Cf. INTERNATIONAL MONETARY FUND. *Represión del financiamiento del terrorismo: manual para redacción de leyes*. Washington: Internation Monetary Fund Publications Services, 2003. p. 44 e 49.

36. Segundo FIGUEIREDO DIAS, "por desvalor da acção compreende-se o conjunto de elementos subjectivos que conformam o tipo de ilícito (subjectivo) e o tipo de culpa, nomeadamente a finalidade delituosa, a atitude interna do agente que ao facto preside e a parte do comportamento que exprime facticamente este condjunto de elementos. Por desvalor de resultado compreende-se a criação de um estado juridicamente desaprovado e, assim, o conjunto de elementos objectivos do tipo ilícito (eventualmente também do tipo de culpa) que perfeccionam a figura do delito". Cf. FIGUEIREDO DIAS, Jorge de. *Direito penal. Parte geral.* Tomo I: questões fundamentais. A doutrina do crime. 2ª ed. Portugal: Coimbra Editora, 2007. p. 285-286.

37. Para FERRAJOLI, a pena privativa de liberdade não deve ter duração superior a 10 anos. Cf. FERRAJOLI, Luigi. *Derecho y razón*: teoría del garantismo penal. 5. ed. Madrid: Trotta, 2001. p. 414.

38. Sobre o principio da proporcionalidade, vide FERRAJOLI, Luigi. *Derecho y razón*: teoría del garantismo penal. 5. ed. Madrid: Trotta, 2001. p. 505-508.

39. UNITED NATIONS. UN Secretary-General's Remarks at General Assembly Presentation of the Plan of Action to Prevent Violent Extremism [As Delivered]. Secretary-general Ban Ki-Moon, 15 jan. 2016. Disponível em: <https://www.un.org/sg/en/content/sg/statement/2016-01-15/un-secretary-generals-remarks-general-assembly-presentation-plan>. Acesso em: 20 mar. 2016.

40. ASAMBLEA GENERAL. Examen de la Estrategia Global de las Naciones Unidas contra el Terrorismo. *Naciones Unidas*, 1 jul. 2016. Disponível em: <http://www.un.org/es/comun/docs/?symbol=A/70/L.55>. Acesso em: 29 ago. 2016.

Ademais, a Convenção Interamericana contra o Terrorismo de Barbados[41] (internalizada pelo Decreto 5.639/05) é clara ao enunciar que a lei antiterrorismo estabelecida por cada Estado signatário deve estar em conformidade com suas disposições constitucionais, observando os direitos humanos e liberdades fundamentais.

Porém, este *dever ser* não está fielmente refletido no *ser* da Lei 13.260/16, repleta de pontos problemáticos, questionáveis, capaz de gerar sérios gravames ao réu. Imperativo, portanto, um juízo crítico deste diploma antiterrorista, pois do contrário, haveria a primazia da vigência sobre a validade.

FERRAJOLI, aliás, ressalta a dicotomia entre a vigência e a validade da norma, uma vez que esta pode obedecer à forma, mas o seu conteúdo pode ser inválido por não acolher as garantias fundamentais, vinculando o julgador a uma análise crítica e não à mera aplicação da lei vigente[42]. Desse modo, aponta que o sistema garantista (SG), que se contrapõe ao modelo juspaleopositivista, não se satisfaz com o princípio da legalidade em sentido lato, também denominada mera legalidade, mas sim com o princípio em sentido estrito[43]. O princípio da mera legalidade expõe, numa visão mecanicista, que toda norma vigente implica punição, independentemente de seu conteúdo[44]. Já o princípio da estrita legalidade exige que o magistrado, através de uma filtragem axiológica, analise a validade da norma vigente, submetendo-a ao controle de constitucionalidade[45].

E concentrando o foco na combinação do *caput* com o §1º do art. 2º, infere-se, diante de sua insuficiente clareza, certeza e precisão, que há violação à segurança jurídica e à taxatividade[46], cujo princípio determina que "[...] o legislador deve redigir a disposição legal de modo suficiente-

41. Vide artigos 3 e 15 da Convenção Interamericana contra o Terrorismo de Barbados em BRASIL. Decreto nº 5.639, de 26 de dezembro de 2005. Promulga a Convenção Interamericana contra o Terrorismo, assinada em Barbados, em 3 de junho de 2002. In: PLANALTO. *Legislação Republicana brasileira.* Brasília, 2005. Disponível em: <http://www.planalto.gov.br/ccivil_03/_Ato2004-2006/2005/Decreto/D5639.htm>. Acesso em: 10 mar. 2016.

42. FERRAJOLI, Luigi. O direito como sistema de garantias. In: OLIVEIRA JÚNIOR, José Alcebíades (org.) *O novo em direito e política.* Porto Alegre: Livraria do Advogado, 1997. p. 94.

43. Uma análise resumida da teoria é encontrada em ALMEIDA, Débora de Souza de. A Teoria do Garantismo Penal em questão: o olhar anti-inquisitorial da axiologia de Luigi Ferrajoli. *Revista do Instituto de Direito Brasileiro da Faculdade de Direito da Universidade de Lisboa*, v. 07, ano 2, 2013. pp. 6147-6168.

44. FERRAJOLI, Luigi. *Derecho y razón: teoria del Garantismo penal.* 5 ed. Madrid: Trotta, 2001. p. 374-378.

45. FERRAJOLI, op. cit., 1997.p. 94-102.

46. ROXIN, Claus. *Derecho penal: parte general.* Tomo I. Fundamentos. La estructura de la teoría del delito. Madrid: Civitas, 1997. p. 169.

mente determinado para uma mais perfeita descrição do fato típico (*lex certa*)[47]", apresentando, "assim, uma função garantista, pois o vínculo do juiz a uma lei taxativa o bastante constitui autolimitação do poder punitivo-judiciário e uma garantia de igualdade[48]". Como preconiza ROXIN,

> Una ley indeterminada o imprecisa y, por ello poco clara no puede proteger al ciudadano de la arbitrariedad, porque no implica una autolimitación del *ius puniendi* estatal a la que se pueda recurrir; además es contraria al principio de la separación de poderes, porque permite al juez hacer cualquier interpretación que quiera e invadir con ello el terreno legislativo[49].

Inobstante, tal inconsistência não contribui satisfatoriamente para a dissuasão, constituindo-se em norma simbólica[50], pois "si el fin de la conminación penal consiste en la intimidación de potenciales delincuentes, la determinación psíquica que se pretende sólo se puede lograr si antes del hecho se fija en la ley del modo más exacto posible cuál es la acción prohibida[51]". Logo, "[...] si falta una ley previa o ésta espoco clara, no se podrá producir el efecto intimidatorio, porque nadie sabrá si su conducta puede acarrear una pena o no[52]".

E diante deste problema há duas alternativas possíveis, segundo ZAFFARONI: declarar a inconstitucionalidade da norma ou recorrer à máxima taxatividade interpretativa. Vide:

> Aunque la ley se expresa en palabras y éstas nunca son totalmente precisas, no por ello debe depreciarse el principio de legalidad, sino que es menester exigir al legislador que agote los recursos técnicos para otorgar la mayor precisión posible a su obra. De allí que no baste que la criminalización primaria se formalice en una ley, sino que la misma debe hacerse en forma taxativa y con la mayor precisión técnica posible, conforme al principio de máxima taxatividad legal. Este principio corre riesgos cada día más graves, como resultado de la *descodificación* de la legislación penal. Aunque se trata de un principio elemental para la seguridad,

---

47. PRADO, Luiz Regis. *Curso de direito penal brasileiro*. v. 1. 6. ed. São Paulo: RT, 2006. p.133.
48. Ibid., p.133.
49. ROXIN é claro ao apontar que normas penais que padecem destes vícios são inconstitucionais. Cf. ROXIN, Claus. *Derecho penal:* parte general. Tomo I. Fundamentos. La estructura de la teoría del delito. Madrid: Civitas, 1997. p. 169.
50. Numa norma, o grau "[...] de ineficacia material, puede provenir de varios factores: su incorrección técnica, la inexistencia de instrumentos para aplicarla, etc., pero también de la falta de aptitud de la norma *penal* para abordar el conflicto". Cf. GARCÍA ARÁN, Mercedes. El derecho penal simbólico (a propósito del nuevo delito de dopaje en el deporte y su tratamiento mediático)". In: GARCÍA ARÁN, Mercedes; BOTELLA CORRAL, Juan. (ed.): *Malas noticias: medios de comunicación, política criminal y garantías penales en España*, Tirant lo Blanch, Valencia, 2008. p. 197-198.
51. ROXIN, Claus. *Derecho penal:* parte general. Tomo I. Fundamentos. La estructura de la teoría del delito. Madrid: Civitas, 1997. p.146.
52. Ibid., p.146.

> no importa una legitimación del poder punitivo que con el tipo se habilita, pues la arbitrariedad puede producirse en la misma determinación legal. Cuando los limites legales no se establecen de esta forma, cuando el legislador prescinde del verbo típico y cuando establece una escala penal de amplitud inusitada, como cuando remite a conceptos vagos o valorativos de dudosa precisión, el derecho penal tiene dos posibilidades: (a)declarar la inconstitucionalidad de la ley; o (b) aplicar el principio de máxima taxatividad interpretativa[53].

Esta máxima taxatividade da interpretação, explica o referido professor, procura extrair da norma de insuficiente clareza, certeza e precisão o seu sentido mais restritivo possível, orientando-se neste processo pela mesma lógica da qual deriva o princípio *in dubio pro reo*:

> Dentro del alcance semántico de las palabras legales puede haber un sentido más amplio para la incriminación o uno más limitado o restrictivo. Las dudas interpretativas de esta naturaleza deben ser resultas en la forma más limitativa de la criminalización. Se trata de la misma razón que da origen al principio procesal *in dubio pro reo*, que no es pacíficamente aceptada, pues se afirma que no consiste en una regla interpretativa del derecho penal sino en un criterio procesal de valoración de prueba[54].

Entretanto, reconhece o penalista argentino que, nos casos em que este recurso interpretativo resultar inadequado, restará a via da declaração de inconstitucionalidade da norma:

> En principio, debe optarse por la inconstitucionalidad cuando la aplicación de la máxima taxatividad interpretativa resulta demasiado artificiosa, lo que sucede cuando carece de todo punto de apoyo legal, como también cuando la ley contiene una irracionalidad irreductible que no responda a un notorio error material de imprecisión. En estos casos debe preferirse la inconstitucionalidad, porque el otro camino, aunque lo recoja la jurisprudencia, no impide la arbitrariedad selectiva de las agencias ejecutivas[55].

Ainda que a máxima taxatividade interpretativa seja criticável por tentar preservar uma norma tecnicamente defeituosa, que já não cumpre satisfatoriamente suas funções de garantia e de dissuasão, pode-se avistar nela uma medida de redução de danos enquanto não for declarada a inconstitucionalidade da norma sobre a qual incide. É inegável, porém, que tal formulação não está livre do risco de oferecer interpretações equivocadas. Por isso, a melhor alternativa prossegue sendo a submissão da norma ao controle de constitucionalidade.

Visto isso, adentra-se à análise pormenorizada do art. 2º, a qual será dividida em seções próprias, começando pelo *caput* e encerrando em seu último inciso.

---

53. ZAFFARONI, Eugenio Raúl; SLOKAR, Alejandro; ALAGIA, Alejandro. *Derecho penal: parte general.* Tomo I. 2. ed., Buenos Aires: Ediar, 2002. p.116.
54. Ibid., p.119.
55. Ibid., p.117.

[2] CONFLITO COM A LEI DE SEGURANÇA NACIONAL

Devido ao princípio da especialidade (*lex specialis derogat generali*), os atos de terrorismo não devem mais ser enquadrados no art. 20 da Lei de Segurança Nacional (Lei 7.170/1983), cujo teor se transcreve:

> Art. 20 – Devastar, saquear, extorquir, roubar, sequestrar, manter em cárcere privado, incendiar, depredar, provocar explosão, praticar atentado pessoal ou **atos de terrorismo**, por inconformismo político ou para obtenção de fundos destinados à manutenção de organizações políticas clandestinas ou subversivas. Pena: reclusão, de 3 a 10 anos. Parágrafo único – Se do fato resulta lesão corporal grave, a pena aumenta-se até o dobro; se resulta morte, aumenta-se até o triplo[56](sem grifos no original).

Referido dispositivo sempre foi criticado por ser uma cláusula geral, vaga e imprecisa de terrorismo, pois embora trouxesse a expressão "atos de terrorismo" em seu texto, não os especificava[57]. Assim, mesmo diante de motivação política, ausente na descrição dos atos de terrorismo do art. 2º da Lei 13.260/16, este art. 20 da Lei de Segurança Nacional será inaplicável dada sua invalidade.

[3] CONFLITO COM A LEI DE GENOCÍDIO

Com o advento da Lei 13.260/16, é possível que haja confusão entre as delimitações de terrorismo e de genocídio, já que ambos envolvem questões relacionadas à etnia, raça e religião.

No genocídio, a finalidade principal, segundo a Lei 2.889/56, é destruir, no todo ou em parte, grupo étnico, racional ou religioso[58]. Já no terrorismo, ainda que a Lei 13.260/16 elenque entre as razões da conduta o preconceito ou discriminação contra etnia, raça e religião, podendo o ato vitimar a estes grupos, a finalidade específica é a de provocar terror so-

---

56. Art. 20 da Lei de Segurança Nacional.

57. FRAGOSO, Heleno Cláudio. A Nova Lei de Segurança Nacional. *Revista de Direito Penal e Criminologia*, nº. 35, Forense, Rio de Janeiro, jan.-jun. 1983. p. 65. FRANCO, Alberto Silva. *Crimes hediondos: notas sobre a lei 8.072/90*. 3. ed. rev. e ampl. São Paulo: Revista dos Tribunais, 1994. p. 67. Sobre este ponto, ver também: PRADO, Luiz Regis; CARVALHO, Érika Mendes de. Delito político e terrorismo: uma aproximação conceitual. *Revista dos Tribunais*, v. 771, ano 89, jan. 2000. p. 434.

58. "Art. 1º Quem, com a intenção de destruir, no todo ou em parte, grupo nacional, étnico, racial ou religioso, como tal: a) matar membros do grupo; b) causar lesão grave à integridade física ou mental de membros do grupo; c) submeter intencionalmente o grupo a condições de existência capazes de ocasionar-lhe a destruição física total ou parcial; d) adotar medidas destinadas a impedir os nascimentos no seio do grupo; e) efetuar a transferência forçada de crianças do grupo para outro grupo". Cf. BRASIL. Lei nº. 2.889, de 1º de outubro de 1956. Define e pune o crime de genocídio. In: PLANALTO. *Legislação Republicana Brasileira*, Brasília, 1956. Disponível em: <http://www.planalto.gov.br/ccivil_03/leis/L2889.htm>. Acesso em: 30 ago. 2016.

cial ou generalizado, ou seja, é causar medo, insegurança e, neste tanto, desafiar governos (o que está dentro do que CANCIO MELIÁ denomina de "intimidação massiva[59]").

[4] ANÁLISE DO *CAPUT*: A DEFINIÇÃO DE TERRORISMO

A Lei Antiterrorismo estabelece, em seu art. 2ª que, desde que praticados por razões de xenofobia, discriminação ou preconceito de raça, cor, etnia e religião, e cometidos com a finalidade de provocar terror social ou generalizado, expondo a perigo pessoa, patrimônio, a paz pública ou a incolumidade pública, são atos de terrorismo:

I) Usar ou ameaçar usar, transportar, guardar, portar ou trazer consigo explosivos, gases tóxicos, venenos, conteúdos biológicos, químicos, nucleares ou outros meios capazes de causar danos ou promover destruição em massa;

II) (VETADO);

III) (VETADO);

IV) Sabotar o funcionamento ou apoderar-se, com violência, grave ameaça a pessoa ou servindo-se de mecanismos cibernéticos, do controle total ou parcial, ainda que de modo temporário, de meio de comunicação ou de transporte, de portos, aeroportos, estações ferroviárias ou rodoviárias, hospitais, casas de saúde, escolas, estádios esportivos, instalações públicas ou locais onde funcionem serviços públicos essenciais, instalações de geração ou transmissão de energia, instalações militares, instalações de exploração, refino e processamento de petróleo e gás e instituições bancárias e sua rede de atendimento;

V) Atentar contra a vida ou a integridade física de pessoa.

Interessante observar que o legislador se mostrou atento a novas táticas e tecnologias, pois não abarcou somente ações com caráter armado (o que para CANCIO MELIÁ, por exemplo, é um requisito essencial[60]), mas também aquelas não armadas (como o uso de mecanismos cibernéticos, descritos no inc. IV), cujo resultado, como será tratado adiante, também pode ser altamente violento.

---

59. CANCIO MELIÁ, Manuel. *Los delitos de terrorismo*: estructura típica e injusto. Madrid: Editorial Reus, 2010. p. 167.

60. CANCIO MELIÁ, Manuel. *Los delitos de terrorismo*: estructura típica e injusto. Madrid: Editorial Reus, 2010. p. 167.

Todavia, como cada um desses atos de terrorismo possui outras peculiaridades típicas próprias, aconselha-se ao leitor visualizar abaixo a seção de comentários pertinente a cada uma dessas condutas.

[5] SUJEITO ATIVO DO CRIME

O sujeito ativo, em qualquer um dos atos de terrorismo, pode ser qualquer pessoa, pois em se tratando de crime comum não requer nenhuma condição especial. Desse modo, o agente pode agir só ou em colaboração com outrem. O tipo penal inclusive é expresso ao mencionar que "o terrorismo consiste na prática por um ou mais indivíduos dos atos previstos neste artigo [...][61]".

Inobstante, nota-se que o tipo, curiosamente, não exige que a conduta seja praticada por um integrante de organização terrorista, admitindo tacitamente a figura do lobo ou rato ou autor solitário e do terrorista individual. Ademais, ao não incluir a denominação dessas figuras em sua redação, evitou discussões tão comuns em âmbito doutrinário quanto a definição e alcance de cada uma(vide subcapítulo 2.4 da parte I deste livro).

[6] TIPO SUBJETIVO

Consoante BUSTOS RAMÍREZ, uma legislação verdadeiramente antiterrorista deve estar baseada na relevância total do elemento subjetivo[62](ou mais especificamente, como aponta MESTRE DELGADO, do elemento subjetivo especial do tipo[63]). Com efeito, é este elemento que aclarará aquelas zonas cinzentas em que crimes terroristas parecem se confundir com crimes comuns. Afinal, muitos dos atos previstos em leis antiterror, já estão, de uma forma ou outra, catalogados em diplomas penais.

Na literatura penal, cabe apontar, há autores que levam a observação de BUSTOS RAMÍREZ à risca. Dentre eles, parece estar CANCIO MELIÁ, quem elenca como um dos requisitos essenciais para o crime de terrorismo o dolo orientado à "projeção estratégica da organização[64]". A este dolo,

---

61. Art. 2º da Lei 13.260/16.

62. BUSTOS RAMÍREZ, Juan. Inseguridad y lucha contra el terrorismo. In: MUÑOZ CONDE, Francisco; LOSANO, Mario G. (coord). *El derecho ante la globalización y el terrorismo*. Valencia: Tirant lo Blanch, 2004. p. 407-408.

63. MESTRE DELGADO, Esteban. *Delincuencia terrorista y audiencia nacional*. Madrid: Centro de publicaciones, 1987. p. 45-58.

64. CANCIO MELIÁ, Manuel. *Los delitos de terrorismo*: estructura típica e injusto. Madrid: Editorial Reus, 2010. p. 180-182.

conforme abordado no subcapítulo 5.2 da parte I deste livro, interessam não os desejos ou objetivos individuais do agente, mas os fins perseguidos pela organização terrorista (isto pressupõe que a organização possui um programa de atuação[65]); noutras palavras: é necessário que os fins da organização (por exemplo: subverter a ordem constitucional[66]) integrem o dolo do agente e que este exerça fins típicos desta[67]. Logicamente, e salvo melhor juízo, tal formulação pode trazer problemas quanto à análise da conduta do lobo ou rato ou autor solitário e do terrorista individual, pois a depender da definição adotada para essas figuras, que é objeto de impasse doutrinário (vide subcapítulo 2.4 da parte I deste livro), a caracterização do crime de terrorismo pode restar fragilizada ou excluída.

In casu, a Lei Antiterrorismo brasileira não exigiu a participação do agente em organização terrorista, o que significa que são os desejos individuais do agente, e não os fins coletivos da organização, considerados. Se, de um lado, tal eleição pode ser encarada por alguns como vantajosa por supostamente alcançar qualquer ação "essencialmente terrorista", de outro, é passível de crítica por não haver adotado o critério da "projeção estratégica", que, ao lado de outros requisitos, comparece como via mais segura contra a confusão entre delito de terrorismo e crimes comuns.

Outro requisito apresentado por CANCIO MELIÁ que busca diferençar crimes de terrorismo dos crimes comuns é a "intimidação massiva". Embora melhor classificada como meios específicos de atuação, a intimidação massiva tem relação com o delineamento do elemento subjetivo especial do tipo porque abarca a questão do estado de alarme ou de insegurança social visado pela violência contra vítimas aleatórias, ou mais especificamente[68], como refere ABARCA BLANCO, contra uma categoria de pessoas[69]. A Lei. 13.260/16, cabe observar, procurou contemplar tal proposta, ao referir que o terrorismo deve ser perpetrado por razões de xenofobia, discriminação ou preconceito de raça, cor, etnia ou religião, sempre com a finalidade de provocar terror social ou generalizado. Todavia, incorreu em alguns deslizes, como será visto adiante.

---

65. Ibid., p. 181.
66. Ibid., p. 182-183.
67. Ibid., p. 180-181.
68. CANCIO MELIÁ, Manuel. *Los delitos de terrorismo*: estructura típica e injusto. Madrid: Editorial Reus, 2010. p. 167.
69. ABARCA BLANCO, Amalio. La condición de enemigo, el ocaso de la inocencia. In: POZUELO PÉREZ, Laura; CANCIO MELIÁ, Manuel (ed.). *Política criminal de vanguardia*: inmigración clandestina, terrorismo, criminalidad organizada. Madrid: Thomson Civitas, 2008. p. 260-267.

Antes de adentrar à análise, assinala-se que, nos termos da Lei 13.260/16, para que seja a conduta caracterizada como ato de terrorismo, é necessário que estejam presentes três requisitos, cumulativamente. São eles:

a) Que o crime seja praticado por razões de xenofobia, discriminação ou preconceito de raça, cor, etnia ou religião (especiais motivos de agir);

b) Que haja a finalidade de provocar terror social ou generalizado (intenção especial);

c) Que as condutas exponham a perigo pessoa, patrimônio, a paz pública ou a incolumidade pública.

[7] ELEMENTO SUBJETIVO ESPECIAL DO TIPO (MOTIVAÇÃO)

Ampliando o aspecto subjetivo do tipo, está o elemento subjetivo especial, que, inobstante especificar o dolo, não necessita se concretizar, bastando estar presente no psiquismo do autor[70]. Assim, enquanto o dolo perquire a consciência e vontade, o especial fim de agir, dotado de motivações e intenções, condiciona a ilicitude do fato[71]. Isto é: ausente o elemento subjetivo especial do tipo, o crime não resta configurado[72].

Embora nem sempre resulte clara a diferença entre motivos e intenções, diz-se que os motivos são anímicos, impulsionando a realização da conduta, ao passo que a intenção é força atrativa[73]. Simplificando: motivos respondem ao "de onde?" e intenções ao "para onde?[74]".

No que tange ao terrorismo, a motivação pode se dar por xenofobia, discriminação ou preconceito de raça, cor, etnia e religião, desde que com a intenção de provocar terror social ou generalizado, expondo a perigo pessoa, patrimônio, a paz pública ou a incolumidade pública.

---

70. FIGUEIREDO DIAS, Jorge de. *Direito penal. Parte geral.* Tomo I: questões fundamentais. A doutrina do crime. 2ª ed. Portugal: Coimbra Editora, 2007. p. 379. CIRINO DOS SANTOS, Juarez. *Direito Penal*: parte geral. Rio de Janeiro: Lumen Juris, 2006. p. 80.

71. BITENCOURT, Cezar Roberto. Tratado de direito penal. v. 1: parte geral. 12 ed. São Paulo: Saraiva, 2008. p. 273.

72. FIGUEIREDO DIAS, Jorge de. *Direito penal. Parte geral.* Tomo I: questões fundamentais. A doutrina do crime. 2ª ed. Portugal: Coimbra Editora, 2007. p. 379.

73. FIGUEIREDO DIAS, Jorge de. *Direito penal. Parte geral.* Tomo I: questões fundamentais. A doutrina do crime. 2ª ed. Portugal: Coimbra Editora, 2007. p. 382. MAURACH, Reinhart. *Derecho penal.* v. 1. Buenos Aires: Editora Astrea, 1994. p. 396.

74. ZAFFARONI, Eugenio Raúl; PIERANGELI, José Henrique. *Manual de direito penal brasileiro.* v. 1. Parte geral. 8ª ed. ver. e atual. São Paulo: Editora Revista dos Tribunais, 2010. p. 435.

Cumpre ressaltar que a lei não esclarece o conceito de cada motivação, cabendo ao intérprete buscar o sentido. Diante disso, e sem a pretensão de esgotar o estudo, os itens subsequentes visarão tratar de cada uma destas elementares.

[8] XENOFOBIA

Etimologicamente, xenofobia é uma palavra que deriva das expressões gregas "*xenos*" (estranho ou estrangeiro) e "*phóbos*" (medo)[75]. Trata-se, portanto, de aversão e discriminação dirigida a indivíduos estrangeiros.

A literatura especializada no tema refere que a manifestação da xenofobia, por negar ao ofendido o direito de ser tratado como um ser humano igual aos demais, atenta, em primeiro plano, contra a dignidade humana, vulnerando direitos humanos e liberdades fundamentais. Secundariamente, afeta a pluralidade e o desenvolvimento normal da convivência entre grupos humanos[76]. Não por acaso, o sujeito passivo de tal ação é apontado como pessoa de procedência internacional, ou mais especificamente: pessoa humana de procedência internacional[77]. Neste caminho, a agressão por razões de intolerância à pessoa jurídica de origem estrangeira (por esta ser ou conter uma marca vinculada a um suposto "símbolo do capitalismo" internacional, por exemplo) não caracteriza xenofobia.

Todavia, ao prever que o terrorismo pode ser motivado pela xenofobia, o legislador deu guarida a uma cláusula aberta, imprecisa e vaga, pois não há em nosso ordenamento um diploma que defina esta elementar. A xenofobia enquanto discriminação era até então possível de ser subsumida à injúria qualificada, consistente na utilização de elementos referentes à ori-

---

75. JIPIASSÚ, Hilton; MARCONDES, Danilo. *Dicionário básico de filosofia*. 5 ed. Rio de Janeiro: Zahar, 2008. p. 284.

76. MARTÍN ARRIBAS, Juan José. La protección internacional de los migrantes frente a la xenofobia y el racismo. In: MARIÑO MENÉNDEZ, Fernando M (coord.). *Un mundo sin desarraigo*: el derecho internacional de las migraciones. Madrid: Catarata, 2006. p. 166. GARCÍA CONLLEDO; MIGUEL DÍAZ. *Protección y expulsión de extranjeros en derecho penal*. Madrid: La Ley, 2007. p. 355-356.

77. LANDA GOROSTIZA, Jon-Mirena. Racismo, xenofobia y Estado democrático. In: *Eguzkilore*, nº. 18, San Sebastián Diciembre 2004. pp. 59-71. MARTÍN ARRIBAS, Juan José. La protección internacional de los migrantes frente a la xenofobia y el racismo. In: MARIÑO MENÉNDEZ, Fernando M (coord.). *Un mundo sin desarraigo*: el derecho internacional de las migraciones. Madrid: Catarata, 2006. p. 158. GUIAS JURÍDICAS. Xenofobia. In: *Wolters Kluwer*. Disponível em: <http://guiasjuridicas.wolterskluwer.es/Content/Documento.aspx?params=H4sIAAAAAAAEAMtMSbF1jTAAAUMTU3MjtbLUouLM_DxbIwMDCwNzAwuQQGZapUt-ckhlQaptWmJOcSoAT-Z5mzUAAAA=WKE>. Acesso em: 30 ago. 2016. MOVIMIENTO CONTRA LA INTOLERANCIA. Guía de apoyo a víctimas de la discriminación, el odio y la violencia. Disponível em: <http://www.movimientocontralaintolerancia.com/html/telefonoVictima/guia_corregida.pdf>. Acesso em: 3 set. 2016.

gem (art. 140, §3º do Código Penal), ou à Lei de Preconceito (Lei 7.716/89), como preconceito ou discriminação de raça ou procedência nacional (a doutrina diverge entre esses dois critérios, embora pareça mais adequado enquadrá-la no quesito raça, pois "procedência nacional" soa vinculado à procedência interna, e não internacional).

[9] PRECONCEITO E DISCRIMINAÇÃO

No que tange à discriminação ou preconceito de raça, cor, etnia e religião, pode-se dizer, na esteira de GADAMER, que, "em si mesmo, 'preconceito' (*Voruteil*) quer dizer um juízo (*Urteil*) que se forma antes do exame definitivo de todos os momentos determinantes segundo a coisa em questão[78]". Para o citado filósofo, os preconceitos atuam como guias da pré-compreensão humana em relação às coisas do mundo[79], tornando-se prejudiciais quando se fundam em noções arbitrárias[80].

Assim, o preconceito trata-se de uma opinião formada e desfavorável, não baseada em dados objetivos. Situa-se na esfera interna do indivíduo e, como não é exteriorizado, não lesionando direitos de terceiros, não é punível. Desse modo, é permitido ao sujeito, em sua consciência, ser avesso a determinadas características alheias, mas é proibido manifestá-las desrespeitando quem as possui. Trata-se de limite à liberdade de expressão, pois o exercício deste direito não abriga ilícito (discriminação). Logo, a Lei Antiterrorismo, assim como a Lei de Preconceito (Lei 7.716/89), não deveria estampar em seu catálogo criminalizante o "preconceito".

O verbo *discriminar*, que significa diferençar, possui dois sentidos: o positivo e o negativo. O primeiro é expresso pelas ações afirmativas, dentre as quais se destaca, pela sua notoriedade e importância, as cotas raciais ou sócio-raciais para ingresso em universidades ou, mesmo, no serviço público[81]. Já o segundo, refere-se à materialização do preconceito, ou seja, a um tratamento desigual ou injusto a indivíduos que têm determinadas características[82]. Enquanto a discriminação positiva não é objeto de inci-

78. GADAMER, Hans-Georg. *Verdade e Método I*: Traços fundamentais de uma hermenêutica filosófica. 7ª ed. Petrópolis: Vozes; Bragança Paulista: São Francisco, 2005. p. 360.

79. GADAMER, Hans-Georg. *Verdade e Método I*: Traços fundamentais de uma hermenêutica filosófica. 7ª ed. Petrópolis: Vozes; Bragança Paulista: São Francisco, 2005. p. 389.

80. Ibid.,p. 355.

81. O Estatuto da Igualdade Racial trata da discriminação positiva definindo as ações afirmativas. Cf. Leiº 12.288/2010.

82. GARCÍA CONLLEDO; MIGUEL DÍAZ. *Protección y expulsión de extranjeros en derecho penal*. Madrid: La Ley, 2007. p. 315.

dência do Direito Penal, a discriminação negativa o é, dada a possibilidade de acarretar danos psíquicos ou físicos à vítima.

[10] RAÇA

Numa definição clássica ou cotidiana[83], raça é a identificação de indivíduos segundo caracteres físicos ou biológicos constantes e hereditários. Atualmente, porém, estudos nas áreas das mais variadas ciências têm contestado esta noção.

Segundo ATHIAS, "por seu caráter controverso (seu impacto na identidade social e política), o conceito de raça é questionado pelos antropólogos como constructo social[84]", constituindo-se, segundo GILBERT CEBALLOS, em etiqueta social, ou seja, numa definição que "[...] varía de una sociedad a otra en la misma forma que la interpretación y definición de las conductas desviadas y delictuales[85]". Já "entre os biólogos, é um conceito com certo descrédito por não se conformar com as normas taxonômicas[86]".

Há quem defenda uma definição restrita, baseada exclusivamente na cor da pele, como o faz GARCÍA ÁLVARÉZ[87]. MCLAREN, entretanto, considera que esta proposta despoja o sentido de raça, pois, como advoga, há erro quando "las actuales definiciones jurídicas de raza acogen la norma de la ceguera al color y así desvinculan la raza de la identidad social y la conciencia racial[88]".

De outro lado, há posicionamentos partidários de uma concepção mais ampla, afastando-se do tradicional matiz físico-biológico. NUCCI, por exemplo, considera raça um termo "[...] infeliz e ambíguo, pois quer dizer tanto um conjunto de pessoas com os mesmos caracteres somáticos como também um grupo de indivíduos de mesma origem étnica, linguística ou

83. GILBERT CEBALLOS, Jorge. *Introducción a la sociología.* Santiago de Chile: LOM Ediciones, 1997. p. 442.

84. ATHIAS, Renato. *A noção de identidade étnica na antropologia brasileira*: de Roquette Pinto à Roberto Cardoso de Oliveira. Editora Universitária UFPE: Recife, 2007. p. 59-60.

85. GILBERT CEBALLOS, Jorge. *Introducción a la sociología.* Santiago de Chile: LOM Ediciones, 1997. p. 441-442.

86. ATHIAS, Renato. *A noção de identidade étnica na antropologia brasileira*: de Roquette Pinto à Roberto Cardoso de Oliveira. Editora Universitária UFPE: Recife, 2007. p. 59-60.

87. GARCÍA ÁLVARÉZ, Pastora. *El Derecho penal y la discriminación.* Especial referencia al extranjero como víctima de discriminaciones penalmente relevantes. Valencia: Tirant lo Blanch, 2004. p. 64ss.

88. MCLAREN, PETER. *Multiculturalismo revolucionario:* pedagogías de disensión para el nuevo milenio. Mexico: Siglo XXI Editores, 1999. p. 265.

social[89]". De qualquer sorte, acredita tratar-se de "[...] um grupo de pessoas que comunga de ideais ou comportamentos comuns, ajuntando-se para defendê-los, sem que, necessariamente, constituam um homogêneo conjunto de pessoas fisicamente parecidas[90]".

Para o Supremo Tribunal Federal, por sua vez, inexistem, em essência, raças:

> Raça humana. Subdivisão. Inexistência. Com a definição e o mapeamento do genoma humano, cientificamente não existem distinções entre os homens, seja pela segmentação da pele, formato dos olhos, altura, pelos ou por quaisquer outras características físicas, visto que todos se classificam como espécie humana. Não há diferenças biológicas entre os seres humanos. Na essência são todos iguais. [...] A divisão dos seres humanos em raças resulta de um processo de conteúdo meramente político-social[91].

Essa linha, a propósito, é compartilhada por MASSON[92] e, mais intensamente, por WAGMAN, cuja lição ensina que dividir a sociedade em raças é um equívoco, pois "[...] sólo hay una raza, la humana[93]".

Neste entrevero definitório, há espaço para sugestões que questionam inclusive a classificação de critérios, como a de BERNAL DEL CASTILLO, que considera etnia e raça conceitos praticamente equivalentes, podendo o primeiro, por razões de especialidade, ser englobado pelo último[94].

Ante o breve exposto, nota-se que raça ainda não apresenta "[...] definición satisfactoria [...][95]", por padecer, como observa LANDA GAROSTIZA, de problemas de delimitação conceitual[96].

---

89. NUCCI, Guilherme de Souza. *Leis penais e processuais penais comentadas*. 4ª ed. São Paulo: Revista dos Tribunais, 2009. p. 302.

90. Ibid., p. 302.

91. Para mais detalhes, vide a decisão do STF no julgamento do HC-QO 82.424-RS. Rel. Min. Maurício Correa, j. 17/09/2003.

92. MASSON, Cleber. *Direito penal: parte especial*. v. 2. 3. ed. rev. e atual. São Paulo: Método, 2011. p. 185.

93. WAGMAN, Daniel. Violencia racista. La punta de iceberg. In: AYALA, Victor Renes. Violencia y sociedad. *Documentación social – Revista de Estudios Sociales y de Sociología Aplicada*, nº. 131, abr.-dec. Madrid, 2003. p. 247.

94. BERNAL DEL CASTILLO, Jesús. *La discriminación en el derecho penal*. Granada: Comares, 1998. p. 41. GARCÍA CONLLEDO; MIGUEL DÍAZ. *Protección y expulsión de extranjeros en derecho penal*. Madrid: La Ley, 2007. p. 322.

95. GARCÍA CONLLEDO; MIGUEL DÍAZ. *Protección y expulsión de extranjeros en derecho penal*. Madrid: La Ley, 2007. p. 322.

96. LANDA GAROSTIZA, Jon-Mirena. *La intervención penal frente a xenofobia*. Problemática general con especial referencia al 'delito de provocación' del artículo 510 do Código Penal. Bilbao: Universidad del País Vasco, 1999. p. 39-54.

A despeito destas considerações, importante salientar que a expressão raça ainda encontra guarida nas regras de Direito Internacional. Mas se os estudos na seara da genética caminham para a demonstração de que não há raças, ainda faz sentido as normas jurídicas aludirem a isto? Sim, sem dúvida.

Inicialmente, é importante recordar que o Direito deve, por vezes, desempenhar o papel de contrafaticidade, regulamentando não o que existe, mas o que é considerado como se existisse. Por outras palavras, aquilo que é definido como real, possui consequências reais, e estas consequências não podem ser relegadas pelo ordenamento jurídico.

De forma mais clara, e já analisando o caso concreto, podemos afirmar que, mesmo não havendo raças, sob o ponto de vista científico, as pessoas continuam a se comportar como se elas existissem, e continuam a discriminar com fundamento nesta crença. Por isso, o Direito não pode fechar os olhos para esta realidade. Deve, isto sim, regulamentar a matéria e, ante a grave violação a bens jurídicos de grande relevância, deve o Direito Penal definir as condutas como criminosas e prever as respectivas sanções penais.

[11] COR

Prosseguindo na análise dos elementos do tipo, observa-se que cor é uma definição cromática, que, em se tratando de seres humanos, refere-se à tonalidade epidérmica[97], ou seja, ao tom de pele: amarelo, branco, preto e vermelho.

Muito embora pudesse ser considerada um desdobramento das características que constituem (ou constituíam, até o advento das conclusões do projeto Genoma) a noção de raça, a cor restou por receber tutela específica na legislação penal brasileira porque, na prática, não raras vezes, a discriminação é motivada pelo tom da pele do ofendido. A Lei Antiterrorismo, seguindo esta orientação, incluiu a cor como critério próprio.

[12] ETNIA

A expressão etnia advém da grega "ethnikos", que é adjetivo de "ethos", e significa nação ou povo[98]. Trata-se, em suma, de conceito antropológico relativo a grupos humanos que, longe de serem meros agrupamentos,

97. SANTOS, Christiano Jorge. *Crimes de preconceito e de discriminação*. Análise jurídico-penal da Lei 7.716/89 e aspectos correlatos. São Paulo: Max Limonad, 2001. p. 48

98. VAN DEN BERGHE, Pierre L. Etnia. In: CASHMORE, Ellis. *Dicionário de relações étnicas e raciais*. São Paulo: Summus, 2000. p. 196.

são formados por "[...] pessoas conscientes, ao menos em forma latente, de terem origens e interesses comuns[99]". Desse modo, como explica ZARUR, etnia está intrinsecamente ligada à identidade[100], e desvinculada de causas biológicas[101]. Neste sentido, raça seria uma acepção relacionada a traços físicos, ao passo que etnia a traços socioculturais[102].

NUCCI, a quem etnia retrata um grupo de pessoas cultural ou linguisticamente homogêneo[103], refere que "há, no Brasil, uma grande dificuldade de se poder apontar um grupo étnico qualquer, devidamente integrado à vida social[104]". Sob tal argumento, afirma que "em nossa visão, cuida-se, no campo jurídico de expressão vazia, sem qualquer utilidade e nenhuma viabilidade de aplicação[105]".

[13] RELIGIÃO

No que concerne à religião, defini-la não é uma tarefa simples[106]. Não há consenso entre os investigadores, e, portanto, a variedade de "[...] definições é quase infinita: filosóficas, sociais, políticas, culturais, morais, artísticas, teológicas, etc.[107]". Neste sentido, segundo KONNING e ZILLES,

> Quem procura, nos grandes dicionários teológicos, uma definição de "religião", se sente logo desanimado. "A definição do conceito e da essência de religião é um problema praticamente insolúvel", pode-se ler em vários deles. Talvez seja

99. Ibid., p. 196.
100. ZARUR, George de Cerqueira Leite. Raízes étnicas do Brasil: modelos de integração. In: *Histórias, etnias, culturas*. 500 anos construindo o Brasil. São Paulo: Edições Loyola, 2000. p. 26. GILBERT CEBALLOS, Jorge. *Introducción a la sociología.* Santiago de Chile: LOM Ediciones, 1997. p. 442
101. Ibid., p. 27.
102. POUTIGNAT, Philippe; STREIFF-FENART, Jocelyne. *Teorias da etnicidade*: seguido de grupos étnicos e suas fronteiras de Fredrik Barth. 2ª reimp. São Paulo: Editora Unesp, 1997. p. 41-44. VAN DEN BERGHE refere que raça é representada por "atributos dados", enquanto etnia a "respostas criativas". Cf. VAN DEN BERGHE, Pierre L. Etnia. In: CASHMORE, Ellis. *Dicionário de relações étnicas e raciais.* São Paulo: Summus, 2000. p. 197.
103. NUCCI, op. cit., p. 298.
104. Ibid., p. 298-299.
105. NUCCI, Guilherme de Souza. *Leis penais e processuais penais comentadas.* 4ª ed. São Paulo: Revista dos Tribunais, 2009. p. 298.
106. Apontando esta dificuldade, vide, dentre outros: MARZAL, Manuel María. *Tierra encantada*: tratado de antropología religiosa de América Latina. Madrid: Editorial Trotta, 2002. p. 22. GARRET, James Leo. *Teologia Sistematica*: Tomo I. 3 ed. Colombia: Casa Bautista de Publicaciones, 2006. p. 67. McGRATH, Alister E. *Fundamentos do diálogo entre ciência e religião.* São Paulo: Edições Loyola, 2005. p. 46. DALGALARRONDO, Paulo. *Religião, psicopatologia e saúde mental.* Porto Alegre: Artmed, 2008. p. 22.
107. SIMÕES JORGE, Pe. J. *Cultura religiosa*: o homem e o fenômeno religioso. São Paulo: Edições Loyola,1998. p. 23.

> possível, então, definir religião a partir da descrição dos fenômenos que se apresentam sob este rótulo. Não poderá ser, porém, uma descrição puramente exterior. As práticas e crenças que se apresentam como religião são tão diversas que dificilmente se descobriria um denominador comum. Deveremos operar uma descrição do fenômeno como portador revelador de uma significação, de uma intenção interior. Tal descrição chama-se "fenomenológica" e deverá revelar a intenção profunda que determina a significação última (o logos ou razão) do fenômeno religioso[108].

De todo modo, e em linhas gerais, pode-se dizer, como MCGRATH, que "[...] parece haver, pelo menos, certa medida de concordância real de que a religião, seja como for concebida, envolve de certa maneira crenças e comportamentos relacionados com o mundo sobrenatural de seres divinos ou espirituais[109]". Tratando-se, então, de crenças e comportamentos, verifica-se que a religião é um elemento vinculado à identidade da pessoa. E não podemos olvidar que, sendo o Brasil um Estado laico, a proteção também recai sobre o ateísmo.

Por fim, e para além dessas (in)definições, é difícil, *prima facie*, vislumbrar uma hipótese de terrorismo puramente motivado por religião, porque, de uma forma ou outra, razões religiosas se embaraçam com razões políticas[110], como sustenta ÁVILES GOMEZ:

> Si problemático ha sido definir el terrorismo, mas problema aun vamos a encontrar para llegar a un acuerdo sobre qué sea el terrorismo religioso, o sobre si es posible etiquetar a una actividad violenta, e incluso indiscriminadamente violenta con intención de influir en el mundo político, como neta y exclusivamente religiosa[111].

[14] ELEMENTO SUBJETIVO ESPECIAL DO TIPO (FINALIDADE DE PROVOCAR TERROR SOCIAL OU GENERALIZADO)

A previsão no tipo penal de que a conduta do agente tenha a finalidade de provocar terror social ou generalizado evidencia a tentativa do legislador em diferenciar o terrorismo dos crimes comuns, além de buscar seguir a tendência da Resolução 49/60 sobre Medidas para Eliminação do

---

108. KONNINGS, Johan. M. H; ZILLES, Urbano. *Religião e cristianismo*: manual de cultura religiosa. 7. ed. Porto Alegre: EDIPUCRS, 1997. p. 23.

109. McGRATH, op. cit., p. 46.

110. ÁVILES GÓMEZ, Manuel. Introducción: ¿existe un terrorismo religioso? In: ÁVILES GÓMEZ, Manuel (coord.). *El terrorismo integrista*. ¿Guerras de religión?: guerras de religión? Alicante: Editorial Club Universitario, 2004. p. 16.

111. ÁVILES GÓMEZ, Manuel. Introducción: ¿existe un terrorismo religioso? In: ÁVILES GÓMEZ, Manuel (coord.). *El terrorismo integrista*. ¿Guerras de religión?: guerras de religión? Alicante: Editorial Club Universitario, 2004. p. 16-17.

Terrorismo Internacional, datado de 1995, da Assembleia Geral da ONU[112]. Nota-se que não é necessário que a conduta tenha capacidade de provocar tal sensação, mas sim que o agente tenha o objetivo de provocá-la, ou seja, um específico fim de agir.

Pode-se dizer que o terror social ou generalizado está presente em um dos requisitos que CANCIO MELIÁ reputa imprescindível para a configuração do crime de terrorismo, de forma a distingui-lo de outros delitos: a "intimidação massiva", que é uma estratégia de comunicação terrorista[113]. Apesar de estar disposta na categoria dos meios específicos de atuação, a noção de intimidação massiva contribui para o elemento subjetivo especial do tipo, pois aborda o estado de alarme ou de insegurança social visado pelo uso de violência armada contra vítimas aleatórias, ou mais especificamente, contra uma categoria de pessoas, desafiando o Estado[114](vide subcapítulo 5.2 da parte I deste livro).

Contudo, não se pode perder de vista que, com os avanços da era digital, o terrorismo não armado também pode provocar um estado de alarme ou de insegurança social e trazer um resultado alta e tangivelmente violento. A utilização de mecanismos de inteligência, por exemplo, como a manipulação ou "derrubada" de serviços de controle de tráfego aéreo, é um meio passível de ocasionar danos de grandes dimensões, como a queda de aviões, matando centenas de pessoas. Resultados impalpáveis, desprovidos de violência física à vida, causam, por sua vez, maior inquietude entre os estudiosos do

---

112. Tal documento referiu-se a terrorismo como "atos criminosos destinados ou calculados para provocar um estado de terror no público em geral, um grupo de pessoas ou de pessoas particulares para fins políticos estão em qualquer circunstância injustificáveis, quaisquer que sejam as considerações de ordem política, filosófica, ideológica, racial, étnica, religiosa ou qualquer outra natureza que podem ser invocados para justificá-las". Cf. GENERAL ASEMBLY. Resolution adopted by the General Assembly. 49/60 Measures to eliminate international terrorism. *United Nations*, 17 fev. 1995. Disponível em: <http://www.un.org/ga/search/view_doc.asp?symbol=A/RES/49/60>. Acesso em: 20 ago. 2016.

113. CANCIO MELIÁ, Manuel. *Los delitos de terrorismo*: estructura típica e injusto. Madrid: Editorial Reus, 2010. p. 167.

114. CANCIO MELIÁ, Manuel. *Los delitos de terrorismo*: estructura típica e injusto. Madrid: Editorial Reus, 2010. p. 167. Este elemento subjetivo também é abrigado pelo *Institute for Economics & Peace*, o qual toma por base a definição de terrorismo proposta pelo Consórcio Nacional para o Estudo do Terrorismo e Respostas ao Terrorismo (START – National Consortium for the Study of Terrorism and Responses to Terrorism), identificando que o ato deve ter "intenção de coagir, intimidar ou transmitir alguma outra mensagem para um público maior que não seja para as vítimas imediatas", embora admita, além da violência, a ameaça desta contra pessoas ou coisas, desde que fora dos preceitos do direito internacional humanitário. Cf. GLOBAL TERRORISM INDEX 2015: MEASURING AND UNDERSTANDING THE IMPACT OF TERRORISM. *Institute for Economics & Peace*. New York, 2015. Disponível em: <http://economicsandpeace.org/wp-content/uploads/2015/11/Global-Terrorism-Index-2015.pdf>. Acesso em: 30 ago. 2016.

tema, mas alguns os admitem[115] por entender que as liberdades de expressão e de informação quando atingidas implicam alto dano à democracia, podendo causar terror social ou generalizado, como o caso de ciber-ataque à cadeia de televisão francesa TV5, que teve por várias horas o controle de seus 11 canais, portais na *internet* e páginas nas redes sociais nas mãos do Estado Islâmico. De todo modo, impõe reconhecer que os dados levantados pelo Institute for Economics & Peace, conferem maior razão à visão do citado catedrático espanhol: entre 2010 e 2014, 60% dos atentados fizeram uso de explosivos, 30% de armas de fogo e 10% de outras armas[116].

Todavia, mesmo que tal requisito tenha sido abrigado na Leiº 13.260/16, da maneira como o elemento subjetivo especial está descrito, pode-se dizer que o conceito está vago e impreciso, pois como definir se o terror está generalizado? Quantas pessoas aterrorizadas seriam suficientes para que se reconheça um estado generalizado: 50, 100, 1.000, 10.000, 100.000, 1.000.000 de pessoas? Os moradores de um bairro ou de uma cidade inteira? Ou seria de um estado ou de vários estados, ou até de um país todo?

De outro lado, se o número fosse pré-definido por lei existiria o risco de haver problemas de subsunção, pois o que pode representar uma quantidade expressiva de pessoas aterrorizadas para um município ou estado menos populoso, não o é para outro mais populoso. Mesmo que se seguisse uma linha de proporção nos moldes do art. 29, inc. IV da Constituição Federal, o qual estabelece um número de vereadores que vai se tornando crescente conforme aumenta o número de habitantes, ainda assim não seria o ideal, pois não há instrumentos para medir quantas pessoas sentem-se aterrorizadas e, desse modo, chegar a uma aproximação de terror generalizado. Por ora, resta é tentar interpretar a metafísica impressão de terror social ou generalizado. E impressão está no mundo da subjetividade, o que é perigoso quando o que está em jogo é a repressão.

Observa-se, portanto, que o magistrado ver-se-á diante de uma árdua tarefa de avaliação, ou seja, de mensuração de níveis de terror, enquanto

---

115. Vide, dentre outros, PULIDO, Luis Alberto Villamarin. *ISIS*. Estado Islámico: yihad, terrorismo e barbarie. New York: Luis Alberto Villamarin Pulido, 2015. p. 83. MATA Y MARTIN defende que o ciberterrorismo deve ser cometido por grupo terrorista para restar caracterizado. Cf. MATA Y MARTÍN, Ricardo M. Delitos cometidos mediante sistemas informáticos (estafas, difusión de materiales pornográficos y terrorismo). In: *Delito e informática: algunos aspectos*. Cuadernos penales. n. 4. Bilbao: Universidad Deusto, 2007. p. 157ss.

116. GLOBAL TERRORISM INDEX 2015: MEASURING AND UNDERSTANDING THE IMPACT OF TERRORISM. *Institute for Economics & Peace*. New York, 2015. Disponível em: <http://economicsandpeace.org/wp-content/uploads/2015/11/Global-Terrorism-Index-2015.pdf>. Acesso em: 30 ago. 2016.

que o ofensor, e quiçá a sociedade, frente a temerárias consequências de um juízo equivocado. Esta situação, ressalta-se, dissona da recomendação do secretário geral da ONU contrária à definições amplas de terrorismo[117], e evidencia claramente uma violação ao princípio da reserva legal ou da estrita legalidade pela ausência de taxatividade[118]. Nestes termos, não há outra conclusão que não seja a de considerar o *caput* do art. 2º da Lei Antiterrorismo uma norma inválida/inconstitucional[119] e, por consequência, seus incisos, já que estes dependem daquele.

[15] EXPOSIÇÃO DE PESSOA, PATRIMÔNIO, A PAZ PÚBLICA OU A INCOLUMIDADE PÚBLICA A PERIGO

Cabe apontar que a exposição a perigo significa arriscar, pôr em perigo o bem jurídico protegido. Desse modo, em qualquer um dos atos de terrorismo, a produção de dano evidencia-se prescindível, bastando a simples exposição a perigo para a caracterização do tipo penal. Trata-se, portanto, de crime de perigo comum e concreto. Neste caminho, o agente, ao perpetrar a conduta, deve ter consciência de que seu ato pode expor a perigo (possibilidade de causar dano) pessoa(que, no caso do inc. V, não seja a vítima direta do atentado contra a vida ou a integridade física, sob pena de *bis in idem*), patrimônio (que, na hipótese de inc. IV, não seja o mesmo diretamente atingido pela prática de sabotagem ou apoderamento, evitando *bis in idem*), paz pública ou a incolumidade pública.

[16] ATOS DE TERRORISMO CONSISTENTES NAS HIPÓTESES DO INCISO I DO §1º

O inc. I, §1º do art. 2º da Lei Antiterrorismo tipifica as seguintes condutas: usar ou ameaçar usar, transportar, guardar, portar ou trazer consigo

117. Segundo o secretário geral da ONU, "Definições deslumbrantes sobre o terrorismo ou extremismo violento são muitas vezes utilizadas para criminalizar as ações legítimas de grupos de oposição, organizações da sociedade civil e defensores dos direitos humanos. Os governos não devem usar esses tipos de definições amplas como pretexto para atacar ou silenciar os próprios críticos". Cf. UNITED NATIONS. UN Secretary-General's Remarks at General Assembly Presentation of the Plan of Action to Prevent Violent Extremism [As Delivered]. Secretary-general Ban Ki-Moon, 15 jan. 2016. Disponível em: <https://www.un.org/sg/en/content/sg/statement/2016-01-15/un-secretary-generals-remarks-general-assembly-presentation-plan>. Acesso em: 20 mar. 2016.

118. O princípio da legalidade, na acepção de reserva legal, declara que "não há crimes sem lei anterior que o defina, nem pena sem prévia cominação legal" (art. 5º, XXXIX da Constituição da República Federativa do Brasil de 1988). Em sua concepção taxativa determina que a norma deve ser clara e precisa na indicação do tipo penal, a fim de que inexistam, como aponta Luisi, "[...] expressões, ambíguas, equívocas e vagas [...]". Sobre este ponto, vide LUISI, Luiz. *Os princípios constitucionais penais.* 2 ed. Porto Alegre: Sergio Antonio Fabris, 2003. p. 24.

119. Sobre a problemática das normas penais vagas, indeterminadas e imprecisas, e sua inconstitucionalidade vide ROXIN, Claus. *Derecho penal:* parte general. Tomo I. Fundamentos. La estructura de la teoria del delito. Madrid: Civitas, 1997. p. 169.

explosivos, gases tóxicos, venenos, conteúdos biológicos, químicos, nucleares ou outros meios capazes de causar danos ou promover destruição em massa. São, portanto, 6 verbos nucleares de diferente potencial lesivo reunidos sob tipo misto alternativo de ação múltipla ou de conteúdo variado.

Importante relembrar que, nos termos do *caput* do art. 2º, tais condutas devem ser motivadas pela xenofobia, discriminação ou preconceito de raça, cor, etnia ou religião, tendo como fim provocar terror social ou generalizado, expondo a perigo pessoa, patrimônio, a paz pública ou a incolumidade pública.

[17] BEM JURÍDICO TUTELADO

Os bens jurídicos protegidos são a incolumidade pública, especialmente o perigo comum que pela conduta pode ser desencadeado, e a paz pública, pela sensação de intranquilidade ou insegurança gerada. Recordando o mencionado no *caput,* o ato deve expor a perigo pessoa, o patrimônio, a paz pública ou a incolumidade pública, o que demonstra ser o dano um irrelevante para a configuração do tipo penal. Neste sentido, é suficiente a simples exposição a perigo por meio que apresente efetivo potencial de causar dano.

[18] SUJEITO ATIVO DO CRIME

Todas as condutas enumeradas neste inc. I são de crime comum. Isso significa que o tipo não exige qualquer condição especial para que o indivíduo seja considerado autor. Nestes termos, qualquer pessoa pode figurar como sujeito ativo, podendo agir só ou em colaboração com outra, como já analisado nos comentários do *caput* do dispositivo.

[19] SUJEITO PASSIVO DO CRIME

O sujeito passivo imediato é a coletividade, ao passo que o mediato é o Estado.

[20] CLASSIFICAÇÃO DOUTRINÁRIA

É crime pluriofensivo (ofende a mais de um bem jurídico), comum (não exige condição ou qualidade especial do sujeito ativo, podendo ser praticado por qualquer pessoa), unissubjetivo ou unilateral ou de concurso eventual (perpetrado por um só agente, admitindo colaboração de outrem), de subjetividade passiva única (há um sujeito passivo), de perigo comum (expõe a risco um número indeterminado de pessoas), de ação múltipla ou de conteúdo variado ou tipo misto alternativo (há vários verbos nucleares), formal ou de consumação antecipada ou de resultado cortado (a consumação se dá com a realização da conduta, sendo prescindível a ocorrência de resultado naturalístico), de perigo concreto (exige perícia para fins de comprovação do potencial lesivo dos artefatos), comissivo (cometido por meio de ação).

Ademais, a depender do verbo nuclear, será crime unissubsistente (não permite o fracionamento do *iter criminis*, sendo incabível a tentativa) ou plurissubsistente (é possível o fracionamento do *iter criminis*, sendo cabível a tentativa); e, quanto aos meios de execução, poderá, de acordo com o caso concreto, ser um crime de forma livre (é admitido qualquer meio de execução) ou vinculada (o tipo penal indica os meios de execução).

[21] CONSUMAÇÃO E TENTATIVA

O crime se consuma no instante em que o agente usar ou ameaçar usar ou transportar ou guardar ou portar ou trazer consigo explosivos, gases tóxicos, venenos, conteúdos biológicos, químicos, nucleares ou outros meios capazes de causar danos (a pessoa ou bens) ou promover destruição em massa, expondo a perigo pessoa, patrimônio, a incolumidade pública ou paz pública. É, portanto, um tipo misto alternativo ou de ação múltipla ou conteúdo variado. Neste sentido, se o agente praticar mais de um dos verbos nucleares no mesmo contexto fático, responderá por um único crime.

Ademais, em se tratando de crime formal, o resultado naturalístico é prescindível. Sob este prisma, é desnecessário que a conduta gere terror social ou generalizado, bastando a finalidade do agente em provocar tal estado. O crime, ainda, é de perigo comum e concreto, visto que prescinde do dano, satisfazendo-se com a exposição de pessoa, patrimônio, paz pública ou incolumidade pública a perigo. Isso implica a verificação da potencialidade lesiva do meio utilizado pelo agente. Logo, as substâncias deverão ser submetidas a exame pericial para que reste demonstrado seu efetivo potencial de expor a perigo o bem penalmente protegido (crime não transeunte).

Os meios de execução são explosivos, gases tóxicos, venenos, conteúdos biológicos, químicos, nucleares. Estes componentes identificam o crime como de forma vinculada, haja vista que é o próprio tipo penal que os enumera. Todavia, são admitidos pelo dispositivo legal outros meios capazes de causar danos (deterioração) ou promover destruição (extinção, aniquilamento) em massa, o que oferece a esta modalidade, mais especificamente no tocante à capacidade de causar danos, o rótulo de crime de forma livre.

A ameaça, cumpre apontar, deve ser idônea para fins de caracterização do crime, devendo o agente estar ciente dessa idoneidade. Do contrário, o fato será crime impossível pela absoluta ineficácia do meio. A necessidade de um meio idôneo não significa, entretanto, que a vítima tenha de se sentir intimidada (é suficiente que ela conheça a ameaça), pois em se tratando de crime formal, a superveniência de resultado naturalístico não é exigida. Os meios de execução da ameaça são livres: escrita, verbal, por gestos ou outro meio simbólico (ex.: um desenho, um sinal).

A tentativa é cabível somente quanto ao verbo usar, pois o *iter criminis*, ou mais especificamente, a execução, permite fracionamento. Os núcleos guardar, transportar, portar ou trazer consigo não contemplam tal possibilidade, visto que se enquadram na hipótese de crime permanente. A ameaça, quando verbal, também inadmite a tentativa, mas devido a sua natureza unissubsistente. Não se pode perder de vista que, dada a multiplicidade de condutas, a tentativa de uma delas, a depender do caso concreto, já pode configurar a consumação de outras (ex.: a tentativa de "usar" precedida da ação "portar" fará com que o crime reste caracterizado em sua forma consumada por este último verbo).

[22] TIPO SUBJETIVO

O elemento subjetivo é o dolo, representado pela vontade consciente de realizar a conduta descrita no tipo penal. Desse modo, o agente, por razões de xenofobia, discriminação ou preconceito de raça, cor, etnia e religião, deve, com a finalidade de provocar terror social ou generalizado, querer usar ou ameaçar usar, transportar, guardar, portar ou trazer consigo explosivos, gases tóxicos, venenos, conteúdos biológicos, químicos, nucleares ou outros meios capazes de causar danos ou promover destruição em massa, tendo a consciência de que seu ato pode expor a perigo (possibilidade de causar dano) pessoa, patrimônio, paz pública ou incolumidade pública.

Cumpre lembrar que ao não exigir a participação do agente em organização terrorista, o tipo evidencia considerar os desejos ou objetivos individuais do agente. Assim, um dolo orientado aos fins coletivos, ou seja, a um programa de atuação de organização terrorista, é prescindível para a configuração da conduta. Esta situação, todavia, recebe críticas na literatura penal, pois a "projeção estratégica[120]", isto é, dolo orientado aos fins coletivos da organização terrorista, e um atuar conforme as atividades típicas desta, seria um requisito essencial para a identificação do crime de terrorismo,

120. CANCIO MELIÁ, Manuel. *Los delitos de terrorismo*: estructura típica e injusto. Madrid: Editorial Reus, 2010. p. 180-182.

evitando, desse modo, confusão com crimes comuns (vide subcapítulo 5.2 da parte I deste livro).

[23] TIPO OBJETIVO

Usar (empregar ou utilizar) ou ameaçar (intimidar ou amedrontar) usar, transportar (carregar ou levar de um lugar a outro), guardar (conservar ou tomar conta de algo), portar (carregar consigo) ou trazer consigo (carregar junto ao corpo) explosivos, gases tóxicos, venenos, conteúdos biológicos, químicos, nucleares ou outros meios capazes de causar danos ou promover destruição em massa. Trata-se, portanto, de um tipo misto alternativo que, *in casu*, reúne condutas de distinto potencial lesivo.

Inobstante sua natureza de ato preparatório, "portar" e "trazer consigo" são, salvo melhor juízo, ações que configuram *bis in idem*, pois, ao fim e ao cabo, significam carregar consigo. Todavia, não se confundem com o verbo "transportar", eis que este não implica, necessariamente, trazer o artefato consigo, ou seja, junto ao corpo.

No tocante à ameaça, esta pode ser praticada por meio escrito, oral, gestos ou por outro meio simbólico. Seus meios de execução são livres. Todavia, a ameaça, em seu aspecto objetivo, deve ter idoneidade para caracterização do crime, sendo independente que o sujeito passivo sinta tal intimidação ou não, bastando que a conheça.

Quanto aos meios vinculados de execução do crime, verifica-se que são os explosivos, gases tóxicos, venenos, conteúdos biológicos, químicos, nucleares ou outros meios capazes de causar danos ou promover destruição em massa.

Explosivos, em linhas gerais, são "[...] substâncias capazes de rapidamente se transformarem em gases, produzindo calor intenso e pressões elevadas[121]". De acordo com a Convenção Interamericana contra a Fabricação e o Tráfico Ilícitos de Armas de Fogo, Munições, Explosivos e Outros Materiais Correlatos, internalizada pelo Decreto. 3.229 de outubro de 1999[122], explosivo é "toda substância ou artigo produzido, fabricado ou utilizado para produzir uma explosão, detonação, propulsão ou efeito pirotécnico, excetuan-

121. NR-19 – EXPLOSIVOS. Norma regulamentadora 19. In: *DATAPREV – Sislex* (Sistema de legislação da previdência social). Disponível em: <http://www010.dataprev.gov.br/sislex/paginas/05/mtb/19.htm>. Acesso em: 27 fev. 2016.

122. BRASIL. Decreto nº. 3.229, de outubro de 1999. Promulga a Convenção Interamericana contra a Fabricação e o Tráfico Ilícitos de Armas de Fogo, Munições, Explosivos e outros Materiais Correlatos, concluída em Washington, em 14 de novembro de 1997. In: PLANALTO. *Legislação Brasileira Republicana*. Brasília, 1999. Disponível em: <http://www.planalto.gov.br/ccivil_03/decreto/D3229.htm>. Acesso em: 27 fev. 2016.

do-se: [...] substâncias e artigos que não são explosivos em si mesmos; ou [...] substâncias e artigos mencionados no anexo desta Convenção[123]".

Para os fins do art. 1º da Convenção Internacional sobre a Supressão de Atentados Terroristas com Bombas, internalizada pelo Decreto 4.394 de setembro de 2002, artefato explosivo é:

> a) Arma ou artefato explosivo ou incendiário, que tenha o propósito ou a capacidade de causar morte, lesões corporais graves ou danos materiais substanciais; ou b) Arma ou artefato que tenha o propósito ou a capacidade de causar morte, lesões corporais graves ou danos materiais substanciais pela emissão, a propagação ou o impacto de produtos químicos tóxicos, agentes ou toxinas biológicas ou substâncias semelhantes, ou radiação ou material radioativo[124].

Em 2016, ao elaborar o Exame da Estratégia Global das Nações Unidas contra o Terrorismo, a Assembleia Geral desta mesma organização levou em consideração o apontamento da Equipe Especial sobre a Execução da Luta contra o Terrorismo, reconhecendo a possibilidade de uso de artefatos explosivos improvisados em atividades terroristas[125]. Cabe recordar que o uso de plásticos explosivos não marcados e indetectáveis, e "[...] inclusive explosivos em forma de lâmina flexível ou elástica[126]", são objeto de censura desde 1991 pelo Convênio sobre a Marcação de Explosivos Plásticos para Fins de Detecção, o qual foi promulgado pelo Decreto. 4.021 de 2001.

Gases tóxicos, por seu turno, são substâncias cujo uso já estava proibido desde o Protocolo de Genebra de 1925[127]. Trata-se, em linhas gerais, de compostos voláteis que, a depender do grau e da forma de exposição, podem ocasionar danos ao ser humano, incluindo o óbito[128].

---

123. UNITED NATIONS STAFF. Treaties and International Agreements Registered Or Filed and Recorded with the Secretariat of the United Nations. *Treaty Series*. volume 2029. New York: The Stationery Office, 2001. p. 84.

124. BRASIL. Decreto nº 4.394, de 26 de setembro de 2002. Promulga a Convenção Internacional sobre a Supressão de Atentados Terroristas com Bombas, com reserva ao parágrafo 1 do art. 20. In: PLANALTO: *Legislação Republicana Brasileira*. Brasília, 2002. Disponível em: <http://www.planalto.gov.br/ccivil_03/decreto/2002/D4394.htm>. Acesso em: 27 fev. 2016.

125. ASAMBLEA GENERAL. Examen de la Estrategia Global de las Naciones Unidas contra el Terrorismo. *Naciones Unidas*, 1 jul. 2016. Disponível em: <http://www.un.org/es/comun/docs/?symbol=A/70/L.55>. Acesso em: 30 ago. 2016.

126. BRASIL. Decreto nº. 4.021, de 19 de novembro de 2001. Promulga a Convenção sobre a Marcação de Explosivos Plásticos para Fins de Detecção. In: PLANALTO. *Legislação Brasileira Republicana*. Brasília, 2001. Disponível em: <http://www.planalto.gov.br/ccivil_03/decreto/2001/D4021.htm>. Acesso em: 30 ago. 2016.

127. THE BIOLOGICAL AND TOXIN WEAPONS CONVENTION DATABASE. In: *Department of Peace Studies*, University of Bradford, UK. Disponível em: <http://www.brad.ac.uk/acad/sbtwc/keytext/genprot.htm>. Acesso em: 27 fev. 2016.

128. KEITH STONE, C.; HUMPHERIES, Roger L. *Current Diagnóstico e tratamento*: medicina de emergência. 7 ed. Porto Alegre: AMG Editora, 2013. p. 27.

Os venenos, também de uso proibido pelo referido Protocolo[129], "são substâncias que, introduzidas no organismo em quantidade relativamente pequena, podem alterar a saúde ou provocar a morte[130]", sendo que, para ser assim classificada, "[...] é importante que a sua ação tóxica seja o seu efeito habitual[131]".

Já os conteúdos biológicos[132], químicos[133] e nucleares[134] são agentes nucleares, biológicos e químicos tratados sob a sigla técnica NBQ, mas que atualmente se converteu em NRQB, devido à inclusão das substâncias radiológicas, isto é, dos dispositivos de dispersão radiológica, denominados de *dirty bombs* (bombas sujas)[135].

---

129. THE BIOLOGICAL AND TOXIN WEAPONS CONVENTION DATABASE. In: *Department of Peace Studies*, University of Bradford, UK. Disponível em: <http://www.brad.ac.uk/acad/sbtwc/keytext/genprot.htm>. Acesso em: 27 fev. 2016.

130. BENFICA, Francisco Silveira; VAZ, Márcia. *Medicina legal*. Porto Alegre: Livraria do Advogado, 2008. p. 68.

131. Ibid., p. 68.

132. As armas biológicas e químicas já tinham uso proibido em 1925, pelo Protocolo de Genebra e, em 1948, pela Comissão sobre Armamentos Convencionais das Nações Unidas, a qual as entendia como armas de destruição em massa, incluindo no rol as armas nucleares. Em 1975, as armas biológicas encontraram outra vez proibição, então pela Convenção sobre Armas Biológicas (BWC), promulgada pelo Decreto nº 77.374 de 1976. Cf. THE BIOLOGICAL AND TOXIN WEAPONS CONVENTION DATABASE. In: *Department of Peace Studies*, University of Bradford, UK. Disponível em: <http://www.brad.ac.uk/acad/sbtwc/keytext/genprot.htm>. Acesso em: 27 fev. 2016. O PAPEL DA INTELIGÊNCIA DE ESTADO. In: *Tecnologia e inovação do Ministério da Defesa*, 4 out. 2011. Disponível em: <www.defesa.gov.br/arquivos/pdf/ciencia_tecnologia/8_seminario_cti/04_out/3_1pronabens_gsi.pdf+&cd=4&hl=pt-BR&ct=clnk&gl=br>. Acesso em: 27 fev. 2016. BRASIL. Decreto nº 77.374 de 1º de abril de 1976. Promulga a Convenção sobre a Proibição do Desenvolvimento, Produção e Estocagem de Armas Bacteriológicas (Biológicas) e à Base de Toxinas e sua Destruição. In: CÂMARA DOS DEPUTADOS. *Legislação*. Brasília, 1976. Disponível em: <http://www2.camara.leg.br/legin/fed/decret/1970-1979/decreto-77374-1-abril-1976-426054-publicacaooriginal-1-pe.html>. Acesso em: 27 fev. 2016.

133. Em 1993, as armas químicas foram alvo de proibição pela Convenção para a Proibição de Armas Químicas (CPAQ), promulgada pelo Decreto nº 2.977 de 1997. Cf. BRASIL. Decreto 2.977, de 1º de março de 1999. Promulga a Convenção Internacional sobre a Proibição do Desenvolvimento, Produção, Estocagem e Uso de Armas Químicas e sobre a Destruição das Armas Químicas Existentes no Mundo, assinada em Paris, em 13 de janeiro de 1993. In: PLANALTO. *Legislação Republicana Brasileira*. Brasília, 1999. Disponível em: <http://www.planalto.gov.br/ccivil_03/decreto/D2977.htm>. Acesso em: 27 fev. 2016.

134. Em 1968, houve o Tratado de Não-Proliferação de Armas Nucleares (TNP), promulgado pelo Decreto nº 2.864 de 1988. Cf. BRASIL. Decreto nº. 2.864, de 7 de dezembro de 1998. Promulga o Tratado sobre a Não-Proliferação de Armas Nucleares, assinado em Londres, Moscou e Washington, em 1º de julho de 1968. In: PLANALTO. *Legislação Republicana Brasileira*. Brasília, 1998. Disponível em: <http://www.planalto.gov.br/ccivil_03/decreto/d2864.htm>. Acesso em: 27 fev. 2016.

135. HARFOUCHE, Ana Paula de Jesus. Ameaças Terroristas NRBQ e Saúde Pública: Informação e Responsabilização do Cidadão como Estratégia de Segurança. In: *Revista Militar*. Lisboa, fev.-mar. 2011. Disponível em: <http://www.revistamilitar.pt/artigo.php?art_id=635>. Acesso em: 27 fev. 2016.

A par disso, relembra-se que, para os fins dos arts. 1º da Convenção sobre Proteção Física do Material Nuclear (promulgada pelo Decreto. 95 de 1991 e emendada em 2005) e da Convenção Internacional para a Supressão de Atos de Terrorismo Nuclear (aprovada pelo Decreto Legislativo n.. 267 de 2009, mas ainda não ratificada pelo Presidente da República), o conceito de material nuclear é o seguinte:

> "Material nuclear" significa o plutônio, exceto aquele cuja concentração isotópica de plitônio-238 é superior a 80%, o urânio-233; o urânio enriquecido nos isótopos 235 ou 233; o urânio que contém a mistura de isótopos que ocorre na natureza, exceto na forma de minério ou de resíduos de minério; ou qualquer material que contém um ou mais dos elementos mencionados acima; "Urânio enriquecido nos isótopos 235 ou 233" significa urânio que contém os isótopos 235 ou 233, ou ambos, em quantidade tal que a razão de abundância entre a soma desses isótopos e o isótopo 238 seja maior que o razão entre o isótopo 235 e o isótopo 238 que ocorre na natureza[136].

Oportuno assinalar que armas químicas e substâncias químicas tóxicas, segundo o art. II da Convenção sobre a Proibição do Desenvolvimento, Produção, Estocagem e Uso de Armas Químicas e sobre a Destruição das Armas Químicas Existentes no Mundo, são assim definidas:

> Por "armas químicas" entende-se, conjunta ou separadamente: a) As substâncias químicas tóxicas ou seus precursores, com exceção das que forem destinadas para fins não proibidos por esta Convenção, desde que os tipos e as quantidades em questão sejam compatíveis com esses fins; b) As munições ou dispositivos destinados de forma expressa para causar morte ou lesões mediante as propriedades tóxicas das substâncias especificadas no subparágrafo a) que sejam liberadas pelo uso dessas munições ou dispositivos; ou c) Qualquer tipo destinado de forma expressa a ser utilizado diretamente em relação com o uso das munições ou dispositivos especificados no subparágrafo b). 2. Por "substância química tóxica" entende-se: Toda substância química que, por sua ação química sobre os processos vitais, possa causar morte, incapacidade temporal ou lesões permanentes a seres humanos ou animais. Ficam incluídas todas as substâncias químicas dessa classe, seja qual for sua origem ou método de produção, independentemente de serem produzidas em instalações, como munições ou de outra forma. (Para os efeitos da aplicação desta Convenção, as substâncias químicas tóxicas sobre as quais foi prevista a aplicação de medidas

---

136. A disposição é redatada de forma idêntica nas duas Convenções. Vide: BRASIL. Decreto nº 95, de 16 de abril de 1991. Promulga a Convenção sobre a Proteção Física do Material Nuclear. In: CAMARA DOS DEPUTADOS. *Legislação Informatizada*. Brasília, 1991. Disponível em: <http://www2.camara.leg.br/legin/fed/decret/1991/decreto-95-16-abril-1991-342845-publicacaooriginal-1-pe.html>. Acesso em: 10 jul. 2016. BRASIL. Decreto legislativo nº 267, de 2009. Aprova o texto da Convenção Internacional para a Supressão de Atos de Terrorismo Nuclear, assinada pelo Brasil em Nova Iorque, no dia 14 de setembro de 2005. In: CAMARA DOS DEPUTADOS. *Legislação Informatizada*. Brasília, 2009. Disponível em: <www2.camara.leg.br/legin/fed/decleg/2009/decretolegislativo-267-10-junho-2009-588744-publicacaooriginal-113464-pl.html+&cd=3&hl=pt-BR&ct=clnk&gl=br>. Acesso em: 10 fev. 2016.

de verificação estão relacionadas nas Tabelas incluídas no Anexo sobre Substâncias Químicas)[137].

A Convenção Internacional para a Supressão de Atos de Terrorismo Nuclear assim define material radioativo:

> "Material radioativo" significa material nuclear e outras substâncias radioativas que contêm nuclídeos que sofrem desintegração espontânea (processo acompanhado da emissão de um ou mais tipos de radiação ionizante, como as partículas alfa, beta e de nêutron e os raios gama) e que, devido a suas propriedades radiológicas ou físseis, podem causar morte, lesões corporais graves ou consideráveis danos materiais ou ao meio ambiente[138].

Ao também mencionar "outros meios capazes de causar danos ou promover destruição em massa", o art. 2º, inc. I confere à conduta a classificação de crime de forma livre. Estes danos podem ser dirigidos a pessoas ou a bens públicos ou privados.

Mas o que seriam estes outros meios capazes de causar danos ou promover destruição em massa? Segundo a Oficina de Assuntos de Desarmamento das Nações Unidas, os meios capazes de promover destruição em massa são as armas nucleares, químicas e biológicas, além dos mísseis[139].

A Assembleia Geral da referida organização adotou, em 2002, a Resolução 57/83, e, em 2015, a Resolução 70/36, ambas sobre Medidas para Prevenir que Terroristas Adquiram Armas de Destruição em Massa, mas não especificou o que seriam estas armas, manifestando, entretanto, preocupação com os riscos do uso indevido de materiais nuclear e radioativo, incluindo-se a energia atômica[140]. Em 2004, o Conselho de Segurança adotou a Resolução 1540, ratificada pela Resolução 1673 de 2006 e pela

---

137. BRASIL. Decreto 2.977, de 1º de março de 1999. Promulga a Convenção Internacional sobre a Proibição do Desenvolvimento, Produção, Estocagem e Uso de Armas Químicas e sobre a Destruição das Armas Químicas Existentes no Mundo, assinada em Paris, em 13 de janeiro de 1993. In: PLANALTO. *Legislação Republicana Brasileira.* Brasília, 1999. Disponível em: <http://www.planalto.gov.br/ccivil_03/decreto/D2977.htm>. Acesso em: 27 fev. 2016.

138. BRASIL. Decreto legislativo nº 267, de 2009. Aprova o texto da Convenção Internacional para a Supressão de Atos de Terrorismo Nuclear, assinada pelo Brasil em Nova Iorque, no dia 14 de setembro de 2005. In: CAMARA DOS DEPUTADOS. Legislação Informatizada. Brasília, 2009. Disponível em: <www2.camara.leg.br/legin/fed/decleg/2009/decretolegislativo-267-10-junho-2009-588744-publicacaooriginal-113464-pl.html+&cd=3&hl=pt-BR&ct=clnk&gl=br>. Acesso em: 10 fev. 2016.

139. UNODA. United Nations Office for disarmament affairs. WMD. Disponível em:<https://www.un.org/ disarmament/wmd/>. Acesso em: 10 fev. 2016.

140. Vide respectivamente: RESOLUTION 57/83. Measures to prevent terrorists from acquiring weapons of mass destruction. In: *United Nations – General Assembly.* 22 nov. 2002. Disponível em: <http://www.un.org/ga/search/view_doc.asp?symbol=A/RES/57/83>. Acesso em: 27 fev. 2016. RESOLUTION 70/36. Measures to prevent terrorists from acquiring weapons of mass destruction. In: *United Nations – General Assembly.* 11 dec. 2015. Disponível em: <https://gafc-vote.

Resolução 1977 de 2011, impondo aos Estados que não apoiem terroristas a adquirir armas de destruição em massa, citadas como armas nucleares, químicas, biológicas e tóxicas (esta última citada em 2006)[141].

A menção aos mísseis deu-se em várias resoluções da Assembleia, mas a questão ainda segue em pauta, já que devido às opiniões divergentes dos Estados ainda não se alcançou um instrumento multilateral vinculante[142].

Todavia, não se pode descurar que ao estampar a expressão "outros meios capazes de produzir danos", a norma traz um perigoso grau de indeterminação, deixando ao intérprete a avaliação de quais meios serão ou não criminalizados. Esta situação é altamente temerária nas hipóteses de guardar, trazer consigo e portar, pois, no mundo, há inúmeros meios capazes de produzir danos, mas que podem ser utilizados para outros fins. Se tais meios fossem taxativamente elencados, os cidadãos poderiam evitar guardá-los, trazer consigo ou portá-los, protegendo-se de eventual suspeita de que estariam incorrendo em tal crime. Seria um critério de segurança. Do contrário, somente a análise do elemento subjetivo é que responderá se o agente está praticando o crime deste inc. I ou não.

Visto isso, importa frisar que a potencialidade lesiva de todas essas substâncias apontadas pelo inc. I deve ser apurada por exame pericial, pois somente dessa forma é que restará comprovado o seu efetivo potencial de exposição a perigo do bem penalmente tutelado.

Quanto ao conflito aparente de normas, observa-se quanto à conduta de usar explosivos, por exemplo, que se estes forem utilizados contra meios de transporte ou qualquer outro bem público ou privado (teor vetado do inc. II), o crime deste inc. I, em tese, restará caracterizado. Este inc. I, mas majorado pelo art. 7º da mesma lei, também se configura quando o uso de explosivos, por exemplo, resultar em lesão corporal grave ou morte de alguém (se os explosivos forem meio de execução para atentar

---

un.org/UNODA/vote.nsf/91a5e1195dc97a630525656f005b8adf/38982ec3e132788385257f1b005d3ce8/$FILE/A%20RES%2070%2036.pdf>. Acesso em: 27 fev. 2016.

141. Vide respectivamente: RESOLUTION 1540. Adopted by the Security Council at its 4956th meeting, on 28 April 2004. In: *United Nations – Security Concil.* 28 apr. 2004. Disponível em: <http://www.un.org/en/ga/search/view_doc.asp?symbol=S/RES/1540%20(2004)>. Acesso em: 27 fev. 2016. RESOLUTION 1673. Adopted by the Security Council at its 5429th meeting, on 27 April 2006. In: *United Nations – Security Concil.* 27 apr. 2006. Disponível em: <http://www.un.org/en/ga/search/view_doc.asp?symbol=S/RES/1673%20(2006)>. Acesso em: 27 fev. 2016. RESOLUTION 1977. Adopted by the Security Council at its 6518th meeting, on 20 April 2011. In: *United Nations – Security Concil.* 20 apr. 2011. Disponível em: <http://www.un.org/en/ga/search/view_doc.asp?symbol=S/RES/1977%20(2011)>. Acesso em: 27 fev. 2016.

142. UNODA. United Nations Office for disarmament affairs. Missiles. Disponível em:<https://www.un.org/disarmament/wmd/missiles/>. Acesso em: 10 fev. 2016.

diretamente contra a vida ou integridade física de alguém, o crime será o do inc. V do art. 2º). Em todos estes cenários, cumpre ressaltar, é necessário que o agente aja motivado pela xenofobia, discriminação ou preconceito de raça, cor, etnia e religião, e com a finalidade de provocar terror social ou generalizado, expondo a perigo pessoa, patrimônio, a paz pública ou a incolumidade pública. Do contrário, ou seja, na ausência destes requisitos, a primeira hipótese, a depender do caso concreto, poderá ser subsumida a um dos seguintes crimes: incêndio (art. 250 do Código Penal[143]), dano qualificado (art. 163, parágrafo único, inc. II ou III do Código Penal[144]), dano em coisa de valor artístico, arqueológico ou histórico (art. 165 do Código Penal[145]) ou a conduta do art. 20 da Lei de Segurança Nacional[146]; a segunda hipótese, por seu turno, num dos seguintes delitos: forma qualificada de perigo comum (art. 258 do Código Penal) quando a lesão corporal grave ou o homicídio for resultado culposo[147]), homicídio com dolo em 2º grau qualificado pelo emprego de veneno, fogo, explosivo, asfixia, tortura ou outro meio insidioso ou cruel, ou de que possa resultar perigo comum (art. 121, §2º, III do Código Penal) ou, então, qualificado pela torpeza e agravado por meio que possa resultar perigo comum (art. 121, §2º, I c/c 61, II, "d" do Código Penal).

Por fim, ressalta-se que o art. 2º, §1º, inc. I da Lei Antiterrorismo é especial frente aos seguintes crimes: explosão (art. 251 do Código Penal); dano qualificado (art. 263, Parágrafo Único, II do Código Penal); provoca-

---

143. Art. 250 do Código Penal: "Causar incêndio, expondo a perigo a vida, a integridade física ou o patrimônio de outrem. §1º – As penas aumentam-se de um terço: [...] II – se o incêndio é: a) em casa habitada ou destinada a habitação; b) em edifício público ou destinado a uso público ou a obra de assistência social ou de cultura; c) em embarcação, aeronave, comboio ou veículo de transporte coletivo; d) em estação ferroviária ou aeródromo; e) em estaleiro, fábrica ou oficina; f) em depósito de explosivo, combustível ou inflamável; g) em poço petrolífico ou galeria de mineração; h) em lavoura, pastagem, mata ou floresta".

144. Art. 163 do Código Penal: "Destruir, inutilizar ou deteriorar coisa alheia: [...] Dano qualificado: Parágrafo único – Se o crime é cometido: [...] II – com emprego de substância inflamável ou explosiva, se o fato não constitui crime mais grave; III – contra o patrimônio da União, Estado, Município, empresa concessionária de serviços públicos ou sociedade de economia mista".

145. Art. 165 do Código Penal: "Destruir, inutilizar ou deteriorar coisa tombada pela autoridade competente em virtude de valor artístico, arqueológico ou histórico".

146. Art. 20 da Lei de Segurança Nacional: "Devastar, saquear, extorquir, roubar, sequestrar, manter em cárcere privado, incendiar, depredar, provocar explosão, praticar atentado pessoal ou atos de terrorismo, por inconformismo político ou para obtenção de fundos destinados à manutenção de organizações políticas clandestinas ou subversivas. [...] Parágrafo único – Se do fato resulta lesão corporal grave, a pena aumenta-se até o dobro; se resulta morte, aumenta-se até o triplo".

147. Art. 258 do Código Penal: "Se do crime doloso de perigo comum resulta lesão corporal de natureza grave, a pena privativa de liberdade é aumentada de metade; se resulta morte, é aplicada em dobro. No caso de culpa, se do fato resulta lesão corporal, a pena aumenta-se de metade; se resulta morte, aplica-se a pena cominada ao homicídio culposo, aumentada de um terço".

ção de explosão ou atos de terrorismo (art. 20 da Lei de Segurança Nacional); fabrico, fornecimento, aquisição, posse ou transporte de explosivos ou gás tóxico, ou asfixiante (art. 253 do Código Penal); uso de gás tóxico ou asfixiante (art. 252 do Código Penal); perigo para a vida ou saúde outrem (art. 132 do Código Penal); uso de produto ou substância tóxica, perigosa ou nociva à saúde humana ou ao meio ambiente, em desacordo com as exigências estabelecidas em leis ou nos seus regulamentos, majorado pela lesão corporal ou morte (art. 56, caput c/c art. 58, II e III da Lei de Crimes Ambientais); deixar de observar as normas de segurança ou de proteção relativas à instalação nuclear ou ao uso, e transporte, posse e guarda de material nuclear, expondo a perigo a vida, a integridade física ou o patrimônio de outrem (art. 26 da Lei 6.453/1977); manipulação de substância nuclear ou radioativa de forma diversa da estabelecida em lei ou regulamento (art. 56, §1º, II da Lei de Crimes Ambientais).

[24] CONDUTAS (APARENTEMENTE) CORRESPONDENTES EM OUTROS DIPLOMAS PENAIS NACIONAIS

Curioso observar que muitas das condutas enumeradas no inc. I, §1º do art. 2º da Lei Antiterrorismo encontram (aparente) correspondência na legislação penal vigente, como demonstra o quadro abaixo:

Tabela 2 – (Aparente) correspondência das condutas do inciso I, §1º do art. 2º da Lei Antiterrorismo em outros diplomas penais nacionais

ATOS TERRORISTAS DO INC. I, §1º DO ART. 2º DA LEI ANTITERRORISMO	CONDUTA (APARENTEMENTE) CORRESPONDENTE EM OUTROS DIPLOMAS PENAIS NACIONAIS
"Usar ou ameaçar usar [...] explosivos [...]"	Explosão (art. 251 do Código Penal: "Expor a perigo a vida, a integridade física ou o patrimônio de outrem, mediante explosão, arremesso ou simples colocação de engenho de dinamite ou de substância de efeitos análogos"). Dano qualificado (art. 163 do Código Penal: "Destruir, inutilizar ou deteriorar coisa alheia: [...] Dano qualificado: Parágrafo único – Se o crime é cometido: [...] II – com emprego de substância inflamável ou explosiva, se o fato não constitui crime mais grave"). Art. 20 da Lei de Segurança Nacional: "Devastar, saquear, extorquir, roubar, sequestrar, manter em cárcere privado, incendiar, depredar, provocar explosão, praticar atentado pessoal ou atos de terrorismo, por inconformismo político ou para obtenção de fundos destinados à manutenção de organizações políticas clandestinas ou subversivas. [...] Parágrafo único – Se do fato resulta lesão corporal grave, a pena aumenta-se até o dobro; se resulta morte, aumenta-se até o triplo".

ATOS TERRORISTAS DO INC. I, §1º DO ART. 2º DA LEI ANTITERRORISMO	CONDUTA (APARENTEMENTE) CORRESPONDENTE EM OUTROS DIPLOMAS PENAIS NACIONAIS
"[...] transportar, guardar, portar ou trazer consigo explosivos [...]"	Fabrico, fornecimento, aquisição, posse ou transporte de explosivos ou gás tóxico, ou asfixiante (art. 253 do Código Penal: "Fabricar, fornecer, adquirir, possuir ou transportar, sem licença da autoridade, substância ou engenho explosivo, gás tóxico ou asfixiante, ou material destinado à sua fabricação").
"Usar ou ameaçar usar [...] gases tóxicos, venenos, conteúdos biológicos, químicos [...]"	Uso de gás tóxico ou asfixiante (art. 252 do Código Penal: "Expor a perigo a vida, a integridade física ou o patrimônio de outrem, usando de gás tóxico ou asfixiante"). Perigo para a vida ou saúde outrem (art. 132 do Código Penal: "Expor a vida ou a saúde de outrem a perigo direto e iminente"). Uso de produto ou substância tóxica, perigosa ou nociva à saúde humana ou ao meio ambiente, em desacordo com as exigências estabelecidas em leis ou nos seus regulamentos, majorado pela lesão corporal ou morte (art. 56, caput c/c art. 58, II e III da Lei de Crimes Ambientais).
"[...] transportar, guardar, portar ou trazer consigo gases tóxicos, venenos, conteúdos biológicos, químicos [...]"	Fabrico, fornecimento, aquisição, posse ou transporte de explosivos ou gás tóxico, ou asfixiante (art. 253 do Código Penal: "Fabricar, fornecer, adquirir, possuir ou transportar, sem licença da autoridade, substância ou engenho explosivo, gás tóxico ou asfixiante, ou material destinado à sua fabricação").
"Usar ou ameaçar usar, transportar, guardar, portar ou trazer consigo [...] conteúdos [...] nucleares [...] ou outros meios capazes de causar danos ou promover destruição em massa".	Deixar de observar as normas de segurança ou de proteção relativas à instalação nuclear ou ao uso. Transporte, posse e guarda de material nuclear, expondo a perigo a vida, a integridade física ou o patrimônio de outrem (art. 26 da Lei 6.453/1977) ou a manipulação de substância nuclear ou radioativa de forma diversa da estabelecida em lei ou regulamento (art. 56, §1º, II da Lei de Crimes Ambientais).
"Usar ou ameaçar usar, transportar, guardar, portar ou trazer consigo [...] conteúdos [...] outros meios capazes de causar danos [...]".	Incêndio (art. 250 do Código Penal: "Causar incêndio, expondo a perigo a vida, a integridade física ou o patrimônio de outrem. §1º – As penas aumentam-se de um terço: [...] II – se o incêndio é: a) em casa habitada ou destinada a habitação; b) em edifício público ou destinado a uso público ou a obra de assistência social ou de cultura; c) em embarcação, aeronave, comboio ou veículo de transporte coletivo; d) em estação ferroviária ou aeródromo; e) em estaleiro, fábrica ou oficina; f) em depósito de explosivo, combustível ou inflamável; g) em poço petrolífico ou galeria de mineração; h) em lavoura, pastagem, mata ou floresta"). Dano qualificado (art. 163 do Código Penal: "Destruir, inutilizar ou deteriorar coisa alheia: [...] Dano qualificado: Parágrafo único – Se o crime é cometido: [...] III – contra o patrimônio da União, Estado, Município, empresa concessionária de serviços públicos ou sociedade de economia mista"). Dano em coisa de valor artístico, arqueológico ou histórico (art. 165 do Código Penal: "Destruir, inutilizar ou deteriorar coisa tombada pela autoridade competente em virtude de valor artístico, arqueológico ou histórico").

ATOS TERRORISTAS DO INC. I, §1º DO ART. 2º DA LEI ANTITERRORISMO	CONDUTA (APARENTEMENTE) CORRESPONDENTE EM OUTROS DIPLOMAS PENAIS NACIONAIS
	Art. 20 da Lei de Segurança Nacional: "Devastar, saquear, extorquir, roubar, sequestrar, manter em cárcere privado, incendiar, depredar, provocar explosão, praticar atentado pessoal ou atos de terrorismo, por inconformismo político ou para obtenção de fundos destinados à manutenção de organizações políticas clandestinas ou subversivas. [...] Parágrafo único – Se do fato resulta lesão corporal grave, a pena aumenta-se até o dobro; se resulta morte, aumenta-se até o triplo (art. 20 da Lei de Segurança Nacional)".
Art. 7º: "Salvo quando for elementar da prática de qualquer crime previsto nesta Lei, se de algum deles resultar lesão corporal grave, aumenta-se a pena de um terço, se resultar morte, aumenta-se a pena da metade".	Forma qualificada de perigo comum (art. 258 do Código Penal, quando a lesão corporal grave ou o homicídio for resultado culposo: "Se do crime doloso de perigo comum resulta lesão corporal de natureza grave, a pena privativa de liberdade é aumentada de metade; se resulta morte, é aplicada em dobro. No caso de culpa, se do fato resulta lesão corporal, a pena aumenta-se de metade; se resulta morte, aplica-se a pena cominada ao homicídio culposo, aumentada de um terço"). Homicídio qualificado pelo com emprego de veneno, fogo, explosivo, asfixia, tortura ou outro meio insidioso ou cruel, ou de que possa resultar perigo comum (art. 121, §2º, III do Código Penal: "Homicídio qualificado. §2º Se o homicídio é cometido: [...] III – com emprego de veneno, fogo, explosivo, asfixia, tortura ou outro meio insidioso ou cruel, ou de que possa resultar perigo comum").

Fonte: elaboração dos autores.

[25] ATOS DE TERRORISMO CONSISTENTES NAS HIPÓTESES DOS INCISOS II E III DO §1º (VETADOS)

No projeto de lei, aprovado no Congresso Nacional e enviado à sanção presidencial, os incisos II e III do art. 2º, §1º possuíam a seguinte redação: "II – incendiar, depredar, saquear, destruir ou explodir meios de transporte ou qualquer bem público ou privado; III – interferir, sabotar ou danificar sistemas de informática ou bancos de dados".

A então Presidente da República decidiu pelo veto desses dispositivos, apresentando as seguintes razões:

> Os dispositivos apresentam definições excessivamente amplas e imprecisas, com diferentes potenciais ofensivos, cominando, contudo, em penas idênticas, em violação ao princípio da proporcionalidade e da taxatividade. Além disso, os demais incisos do parágrafo já garantem a previsão das condutas graves que devem ser consideradas 'ato de terrorismo[148].

148. BRASIL. Mensagem nº 85, de 16 de março de 2016. In: PLANALTO. *Legislação Republicana Brasileira*. Brasília, 2016. Disponível em: <http://www.planalto.gov.br/ccivil_03/_Ato2015-2018/2016/Msg/VEP-85.htm>. Acesso em: 20 mar. 2016.

Tais vetos, que foram mantidos pelo Congresso Nacional, não atenderam por inteiro à reivindicação da Anistia Internacional[149], do Alto Comissariado das Nações Unidas para os Direitos Humanos na América do Sul[150] e de organizações sociais[151], os quais propugnavam pelo veto total do projeto ante o receio de que, mesmo com a excludente do §2º do art. 2º, manifestações políticas e movimentos sociais viessem a ser atingidos.

[26] ATOS DE TERRORISMO CONSISTENTES NAS HIPÓTESES DO INCISO IV DO §1º

O art. 2º, §1º, inc. IV da Lei Antiterrorismo tipifica penalmente a conduta de sabotar o funcionamento ou apoderar-se, com violência, grave ameaça à pessoa ou servindo-se de mecanismos cibernéticos, do controle total ou parcial, ainda que de modo temporário, de meio de comunicação ou de transporte, de portos, aeroportos, estações ferroviárias ou rodoviárias, hospitais, casas de saúde, escolas, estádios esportivos, instalações públicas ou locais onde funcionem serviços públicos essenciais, instalações de geração ou transmissão de energia, instalações militares, instalações de exploração, refino e processamento de petróleo e gás e instituições bancárias e sua rede de atendimento. Trata-se, portanto, de tipo misto alternativo, de conteúdo variado ou de ação múltipla.

A ação do agente deve observar ao disposto no cabeçalho do art. 2º, ou seja, dar-se por razões de xenofobia, discriminação ou preconceito de

149. ANISTIA INTERNACIONAL. Nota pública: Anistia Internacional lamenta aprovação de projeto de lei 2016/15 que tipifica crime de terrorismo no Brasil, 25 fev. 2016. Disponível em: <https://anistia.org.br/noticias/nota-publica-anistia-internacional-lamenta-aprovacao-de-projeto-de-lei-201615-que-tipifica-crime-de-terrorismo-brasil/>. Acesso em: 20 mar. 2016. ÁTILA, Roque. A fabricação do medo: leis antiterror e a ameaça à democracia. *Anistia Internacional*, 2 mar. 2016. Disponível em: <https://anistia.org.br/fabricacao-medo-leis-antiterror-e-ameaca-democracia/>. Acesso em: 20 mar. 2016.

150. NAÇÕES UNIDAS NO BRASIL – ONUBR. Brasil: Escritório de direitos humanos da ONU critica aprovação de lei antiterrorismo, 26 fev. 2016. Disponível em: <https://nacoesunidas.org/brasil-escritorio-direitos-humanos-da-onu-critica-aprovacao-lei-antiterrorismo/>. Acesso em: 20 mar. 2016.

151. MST – MOVIMENTO DOS TRABALHADORES RURAIS SEM TERRA. Em nota, MST repudia Lei antiterrorismo e exige o veto completo do projeto. *Página do MST*, 25 fev. 2016. Disponível em: <http://www.mst.org.br/2016/02/25/em-nota-mst-repudia-lei-antiterrorismo-e-exige-o-veto-completo-do-projeto.html>. Acesso em: 20 mar. 2016. ABONG. Abong defende veto integral de Projeto de Lei que define crime de terrorismo no Brasil. *Notas Públicas*, 1 mar. 2016, Osasco. Disponível em: <http://www.abong.org.br/nottas_publicas.php?id=9511>. Acesso em: 20 mar. 2016. CONECTAS DIREITOS HUMANOS. Razões para o veto. *Notícias*, 09 mar. 2016. Disponível em: <http://www.conectas.org/pt/acoes/justica/noticia/42588-razoes-para-o-veto>. Acesso em: 20 mar. 2016. CONECTAS DIREITOS HUMANOS. Veto parcial ao PL antiterrorismo. *Notícias*, 17, mar. 2016, São Paulo. Disponível em: <http://www.conectas.org/pt/acoes/justica/noticia/42598-veto-parcial-ao-pl-antiterrorismo>. Acesso em: 20 mar. 2016.

raça, cor, etnia ou religião, com a finalidade de provocar terror social ou generalizado, e expondo a perigo pessoa, patrimônio, a paz pública ou a incolumidade pública.

[27] BEM JURÍDICO TUTELADO

Os bens jurídicos protegidos são os patrimônios e serviços público e privado,bem como a incolumidade pública e a paz pública.

[28] SUJEITO ATIVO DO CRIME

Como se trata de crime comum, qualquer indivíduo pode figurar como sujeito ativo, atuando só ou em colaboração com outrem.

[29] SUJEITO PASSIVO DO CRIME

O sujeito passivo imediato é o ente que detém o controle dos bens ou serviços enumerados neste inciso, bem como a coletividade. Já o sujeito passivo mediato é o Estado.

[30] CLASSIFICAÇÃO DOUTRINÁRIA

É crime pluriofensivo (ofende a mais de um bem jurídico), comum (não exige condição ou qualidade especial do sujeito ativo, podendo ser praticado por qualquer pessoa), unissubjetivo ou unilateral ou de concurso eventual (perpetrado por um só agente, admitindo colaboração de outrem), de dupla subjetividade passiva (há dois sujeitos passivos), de perigo comum (expõe a risco um número indeterminado de pessoas), de ação múltipla ou de conteúdo variado ou tipo misto alternativo (há mais de um verbo nuclear), formal ou de consumação antecipada ou de resultado cortado (a consumação se dá com a realização da conduta, sendo prescindível a ocorrência de resultado naturalístico), de forma vinculada (o tipo enumera os meios de execução), de perigo concreto (exige perícia para fins de comprovação do potencial lesivo), comissivo (cometido por meio de ação) e plurissubsistente (é possível o fracionamento do *iter criminis*, sendo cabível a tentativa).

[31] CONSUMAÇÃO E TENTATIVA

O crime se consuma no instante em que o agente sabotar o funcionamento ou apoderar-se, com violência, grave ameaça à pessoa ou servindo-

-se de mecanismos cibernéticos, do controle total ou parcial, ainda que de modo temporário, de meio de comunicação ou de transporte, de portos, aeroportos, estações ferroviárias ou rodoviárias, hospitais, casas de saúde, escolas, estádios esportivos, instalações públicas ou locais onde funcionem serviços públicos essenciais, instalações de geração ou transmissão de energia, instalações militares, instalações de exploração, refino e processamento de petróleo e gás e instituições bancárias e sua rede de atendimento. O dano a algum dos objetos materiais pela sabotagem ou apoderamento do seu controle é prescindível, pois em se tratando de crime formal, a consumação independe da superveniência de resultado naturalístico. De qualquer modo, é necessário que a conduta exponha a perigo pessoa, a paz pública, a incolumidade pública ou patrimônio que não o diretamente atingido pela conduta.

Em oportuno, como se trata de um tipo misto alternativo, o agente que praticar mais de um dos verbos nucleares no mesmo contexto fático, responderá, devido ao princípio da alternatividade, por um único crime.

A tentativa, por sua vez, é admitida, posto se tratar de um crime plurissubsistente.

[32] TIPO SUBJETIVO

O elemento subjetivo é o dolo, isto é, a vontade consciente de realizar a conduta descrita no tipo penal. Assim, deve o agente, por razões de xenofobia, discriminação ou preconceito de raça, cor, etnia e religião, querer, sempre com finalidade de provocar terror social ou generalizado e consciente de que expõe a perigo (simples possibilidade de causar dano) pessoa, patrimônio (outro que não o do ente que detém o controle dos bens ou serviços listados neste inciso V, sob pena de *bis in idem*), paz pública ou incolumidade pública, sabotar o funcionamento ou apoderar-se, com violência, grave ameaça à pessoa ou servindo-se de mecanismos cibernéticos, do controle total ou parcial, ainda que de modo temporário, de meio de comunicação ou de transporte, de portos, aeroportos, estações ferroviárias ou rodoviárias, hospitais, casas de saúde, escolas, estádios esportivos, instalações públicas ou locais onde funcionem serviços públicos essenciais, instalações de geração ou transmissão de energia, instalações militares, instalações de exploração, refino e processamento de petróleo e gás e instituições bancárias e sua rede de atendimento.

Como o tipo penal em tela não exige participação em organização terrorista, deve-se considerar os desejos ou objetivos individuais do agente, sendo, então, prescindível o dolo orientado ao programa de atuação de organização terrorista. Tal cenário, aliás, é objeto de críticas na literatura penal, visto que a "projeção estratégica[152]", ou seja, dolo orientado aos fins coletivos da organização terrorista, e um agir conforme as atividades típicas desta, seria requisito essencial de identificação do crime de terrorismo, evitando, assim, confusão com crimes comuns (vide subcapítulo 5.2 da parte I deste livro).

[33] TIPO OBJETIVO

Os núcleos deste tipo penal são sabotar (impedir ou perturbar) o funcionamento ou apoderar-se (tomar posse), com violência, grave ameaça à pessoa ou servindo-se de mecanismos cibernéticos, do controle total ou parcial, ainda que de modo temporário, dos seguintes objetos materiais: de meio de comunicação ou de transporte, de portos, aeroportos, estações ferroviárias ou rodoviárias, hospitais, casas de saúde, escolas, estádios esportivos, instalações públicas ou locais onde funcionem serviços públicos essenciais, instalações de geração ou transmissão de energia, instalações militares, instalações de exploração, refino e processamento de petróleo e gás e instituições bancárias e sua rede de atendimento.

Como o tipo é misto alternativo, de ação múltipla ou de conteúdo variado, se o agente praticar mais de um verbo nuclear no mesmo contexto responderá por um único crime.

Os meios de execução são a violência, a grave ameaça à pessoa ou o uso de mecanismos cibernéticos. Embora a redação do tipo penal possa, *prima facie*, dar margem a dúvidas se a violência enquanto meio de execução incide somente contra pessoa ou também à coisa, conclui-se que os dois destinatários são admitidos.

A violência à pessoa, também denominada de *vis corporalis* ou *vis absoluta*, significa a violência física empregada pela força contra o corpo do ofendido. Já a grave ameaça, também chamada de *vis compulsiva* ou *vis relativa*, é a violência moral capaz de causar temor na vítima, de forma a viciar sua vontade e incapacitar sua resistência. A vítima, neste caso, experimenta um fundado receio de grave e iminente mal, seja físico ou moral, que possa atingir a si próprio ou pessoas que lhe são afetas.

A violência à coisa, por sua vez, traduz-se na destruição ou rompimento de obstáculo. Como exemplo de destruição, tem-se o ato de quebrar uma

---

152. CANCIO MELIÁ, Manuel. *Los delitos de terrorismo*: estructura típica e injusto. Madrid: Editorial Reus, 2010. p. 180-182.

porta; como de rompimento, o arrombamento de uma porta. Tal meio executivo absorve o crime de dano, portanto.

A possibilidade de "servir-se de mecanismos cibernéticos" demonstra que o legislador estava atento a novas tecnologias e a novas táticas. De fato, o terrorismo pode ser perpetrado sem que se recorra a armamentos: com os avanços da era digital, o uso de mecanismos de inteligência por si só já seria capaz de causar estragos significativos[153]. Um exemplo disso é a possibilidade de um terrorista manipular ou "derrubar" o sistema de controle de tráfego aéreo, causando uma grande tragédia, como a queda de aviões. Como se pode perceber, a ação não é armada, mas o resultado continua sendo altamente violento. Assim, é equivocada a noção de que as consequências do ciberterrorismo são sempre desprovidas de tangível violência.

Não obstante, para alguns autores[154], o terrorismo por meios cibernéticos também se configura diante de hipóteses que não resultem violência física à vida(s), mas que continuam trazendo alto dano à democracia, afetando, por exemplo, a liberdade de expressão e de informação. Este, aliás, foi o caso do *ciber* ataque sofrido pela cadeia de televisão francesa TV5, que no dia 8 de abril de 2015, perdeu, por várias horas, o controle de seus 11 canais, portais na *internet* e páginas nas redes sociais pelas mãos do Estado Islâmico. Na ocasião, uma tela negra ocupou a transmissão dos canais de televisão, enquanto mensagens, reivindicações e vídeos do grupo terrorista foram divulgados nos portais da *internet* e redes sociais[155].

Ainda que o ciberterrorismo de consequências não violentas cause inquietude quanto à sua adequação à essência do terrorismo, verifica-se que, se atualmente ocorrer uma situação nestes moldes no Brasil, a conduta poderá ser subsumida ao art. 2º, §1º, inc. IV da Lei Antiterrorismo, desde que a sabotagem ou apoderamento do controle parcial ou total, ainda que de modo temporário, de meio de comunicação, praticado por mecanismos cibernéticos, ou seja, informáticos, tenha como móvel a xenofobia, a

153. PULIDO, Luis Alberto Villamarin. *ISIS*. Estado Islámico: yihad, terrorismo e barbárie. New York: Luis Alberto Villamarin Pulido, 2015. p. 83-84. Sobre ciberterrorismo, ou terrorismo informático, ver LIMA, Jonas André Rodrigues Henriques de. *O impacto do terrorismo nas cadeias globais de abastecimento*. Porto: Editora da Universidade do Porto, 2006.

154. Vide, por exemplo, PULIDO, Luis Alberto Villamarin. *ISIS*. Estado Islámico: yihad, terrorismo e barbarie. New York: Luis Alberto Villamarin Pulido, 2015. p. 83. Para MATA Y MARTÍN, para que reste caracterizado o ciberterrorismo, este, dentre outros requisitos, deve ser cometido por grupo terrorista. Cf. MATA Y MARTÍN, Ricardo M. Delitos cometidos mediante sistemas informáticos (estafas, difusión de materiales pornográficos y terrorismo). In: *Delito e informática: algunos aspectos*. Cuadernos penales. n. 4. Bilbao: Universidad Deusto, 2007. p. 157ss.

155. Ibid., p. 84.

discriminação ou preconceito de raça, cor, etnia e religião, e com o fim de provocar terror social ou generalizado, de forma a expor a perigo pessoa, patrimônio, a paz pública ou a incolumidade pública. Desse modo, motivos políticos, por exemplo, descolados desses requisitos, não conduzem à configuração do crime em comento.

Em se tratando de crime de forma vinculada, a subsunção está condicionada aos meios de execução do crime, o que significa que, se o agente se valer para sua ação da falta de vigilância do local ou de negligência do responsável pela segurança que esqueceu uma porta aberta, não restará caracterizado o crime deste inc. IV.

Por fim, se o agente, por exemplo, usar explosivos como meio para sabotar o funcionamento ou apoderar-se do controle total ou parcial de algum dos objetos materiais descritos no inc. IV, sua conduta, diante do princípio da especialidade, será subsumida a este inc. IV e não ao inc. I do art. 2º da Lei Antiterrorismo, podendo ainda sofrer a majorante do art. 7º se resultar lesão corporal grave ou morte.

[34] CONDUTAS (APARENTEMENTE) CORRESPONDENTES EM OUTROS DIPLOMAS PENAIS NACIONAIS

O inc. IV, §1º do art. 2º também incluiu condutas que possuem (aparente) correspondência em outras leis penais nacionais, como se verifica:

Tabela 3 – (Aparente) correspondência das condutas do inciso IV, §1º do art. 2º da Lei Antiterrorismo em outros diplomas penais nacionais

INCISO IV, DO §1º DO ART. 2º DA LEI ANTITERRORISMO	CONDUTA (APARENTEMENTE) CORRESPONDENTE EM OUTROS DIPLOMAS PENAIS NACIONAIS
"**Sabotar o funcionamento ou apoderar-se**, com violência, grave ameaça a pessoa ou servindo-se de mecanismos cibernéticos, do controle total ou parcial, ainda que de modo temporário, **de meio de comunicação** [...]"	Art. 15 da Lei de Segurança Nacional: "**Praticar sabotagem** contra instalações militares, **meios de comunicações**, meios e vias de transporte, estaleiros, portos, aeroportos, fábricas, usinas, barragem, depósitos e outras instalações congêneres. [...] §1º – Se do fato resulta: a) lesão corporal grave, a pena aumenta-se até a metade; b) dano, destruição ou neutralização de meios de defesa ou de segurança; paralisação, total ou parcial, de atividade ou serviços públicos reputados essenciais para a defesa, a segurança ou a economia do País, a pena aumenta-se até o dobro; c) morte, a pena aumenta-se até o triplo. §2º – Punem-se os atos preparatórios de sabotagem com a pena deste artigo reduzida de dois terços, se o fato não constitui crime mais grave".

INCISO IV, DO §1º DO ART. 2º DA LEI ANTITERRORISMO	CONDUTA (APARENTEMENTE) CORRESPONDENTE EM OUTROS DIPLOMAS PENAIS NACIONAIS
	Dano a terceiro, a instalação ou utilização de telecomunicações (art. 70 do Código Brasileiro de Telecomunicações: "Constitui crime punível com a pena de detenção de 1 (um) a 2 (dois) anos, aumentada da metade se houver dano a terceiro, a instalação ou utilização de telecomunicações, sem observância do disposto nesta Lei e nos regulamentos. Parágrafo único. Precedendo ao processo penal, para os efeitos referidos neste artigo, será liminarmente procedida a busca e apreensão da estação ou aparelho ilegal").
"**Sabotar o funcionamento ou apoderar-se**, com violência, grave ameaça a pessoa ou servindo-se de mecanismos cibernéticos, do controle total ou parcial, ainda que de modo temporário, **de meio** [...] **detransporte** [...]"	Art. 15 da Lei de Segurança Nacional: "**Praticar sabotagem** contra instalações militares, meios de comunicações, **meios** e vias de **transporte**, estaleiros, portos, aeroportos, fábricas, usinas, barragem, depósitos e outras instalações congêneres. [...] §1º - Se do fato resulta: a) lesão corporal grave, a pena aumenta-se até a metade; b) dano, destruição ou neutralização de meios de defesa ou de segurança; paralisação, total ou parcial, de atividade ou serviços públicos reputados essenciais para a defesa, a segurança ou a economia do País, a pena aumenta-se até o dobro; c) morte, a pena aumenta-se até o triplo. §2º - Punem-se os atos preparatórios de sabotagem com a pena deste artigo reduzida de dois terços, se o fato não constitui crime mais grave". Atentado contra a segurança de **transporte** marítimo, fluvial ou aéreo (art. 261 do Código Penal: "Expor a perigo embarcação ou aeronave, própria ou alheia, ou praticar qualquer ato tendente a impedir ou dificultar navegação marítima, fluvial ou aérea"). Sinistro em **transporte** marítimo, fluvial ou aéreo (art. 261, §1º do Código Penal: "§1º - Se do fato resulta naufrágio, submersão ou encalhe de embarcação ou a queda ou destruição de aeronave"). Dano em **navio de guerra ou mercante em serviço militar** (art. 263 do Código Penal Militar: "Causar a perda, destruição, inutilização, encalhe, colisão ou alagamento de navio de guerra ou de navio mercante em serviço militar, ou nêle causar avaria: [...] §1º Se resulta lesão grave, a pena correspondente é aumentada da metade; se resulta a morte, é aplicada em dôbro. §2º Se, para a prática do dano previsto no artigo, usou o agente de violência contra a pessoa, ser-lhe-á aplicada igualmente a pena a ela correspondente"). Dano em **aparelhos e instalações de aviação e navais, e em estabelecimentos militares** (art. 264 do Código Penal Militar: "Praticar dano: I - em aeronave, hangar, depósito, pista ou instalações de campo de aviação, engenho de guerra motomecanizado, viatura em comboio militar, arsenal, dique, doca, armazém, quartel, alojamento ou em qualquer outra instalação militar; II - em estabelecimento militar sob regime industrial, ou centro industrial a serviço de construção ou fabricação militar: [...] Parágrafo único. Aplica-se o disposto nos parágrafos do artigo anterior").

INCISO IV, DO §1º DO ART. 2º DA LEI ANTITERRORISMO	CONDUTA (APARENTEMENTE) CORRESPONDENTE EM OUTROS DIPLOMAS PENAIS NACIONAIS
"**Sabotar o funcionamento ou apoderar-se**, com violência, grave ameaça a pessoa ou servindo-se de mecanismos cibernéticos, do controle total ou parcial, ainda que de modo temporário, [...] **de portos** [...]"	Art. 15 da Lei de Segurança Nacional: "**Praticar sabotagem** contra instalações militares, meios de comunicações, meios e vias de transporte, estaleiros, **portos**, aeroportos, fábricas, usinas, barragem, depósitos e outras instalações congêneres. [...] §1º - Se do fato resulta: a) lesão corporal grave, a pena aumenta-se até a metade; b) dano, destruição ou neutralização de meios de defesa ou de segurança; paralisação, total ou parcial, de atividade ou serviços públicos reputados essenciais para a defesa, a segurança ou a economia do País, a pena aumenta-se até o dobro; c) morte, a pena aumenta-se até o triplo. §2º - Punem-se os atos preparatórios de sabotagem com a pena deste artigo reduzida de dois terços, se o fato não constitui crime mais grave". Dano qualificado (art. 163, Parágrafo único, III do Código Penal: "Destruir, inutilizar ou deteriorar coisa alheia: [...] **Dano qualificado**. Parágrafo único - Se o crime é cometido: [...] III - contra o patrimônio da União, Estado, Município, empresa concessionária de serviços públicos ou sociedade de economia mista").
"**Sabotar o funcionamento ou apoderar-se**, com violência, grave ameaça a pessoa ou servindo-se de mecanismos cibernéticos, do controle total ou parcial, ainda que de modo temporário, [...] de [...] **aeroportos** [...]"	Art. 15 da Lei de Segurança Nacional: "**Praticar sabotagem** contra instalações militares, meios de comunicações, meios e vias de transporte, estaleiros, portos, **aeroportos**, fábricas, usinas, barragem, depósitos e outras instalações congêneres. [...] §1º - Se do fato resulta: a) lesão corporal grave, a pena aumenta-se até a metade; b) dano, destruição ou neutralização de meios de defesa ou de segurança; paralisação, total ou parcial, de atividade ou serviços públicos reputados essenciais para a defesa, a segurança ou a economia do País, a pena aumenta-se até o dobro; c) morte, a pena aumenta-se até o triplo. §2º - Punem-se os atos preparatórios de sabotagem com a pena deste artigo reduzida de dois terços, se o fato não constitui crime mais grave". Dano qualificado (art. 163, Parágrafo único, III do Código Penal: "Destruir, inutilizar ou deteriorar coisa alheia: [...] **Dano qualificado**. Parágrafo único - Se o crime é cometido: [...] III - contra o patrimônio da União, Estado, Município, empresa concessionária de serviços públicos ou sociedade de economia mista").
"**Sabotar o funcionamento ou apoderar-se**, com violência, grave ameaça a pessoa ou servindo-se de mecanismos cibernéticos, do controle total ou parcial, ainda que de modo temporário, [...] de [...] **estações ferroviárias** [...]"	Dano qualificado (art. 163, Parágrafo único, III do Código Penal: "Destruir, inutilizar ou deteriorar coisa alheia: [...] **Dano qualificado**. Parágrafo único - Se o crime é cometido: [...] III - contra o patrimônio da União, Estado, Município, empresa concessionária de serviços públicos ou sociedade de economia mista"). Perigo de desastre ferroviário (art. 260 do Código Penal: "Impedir ou perturbar serviço de estrada de ferro: I - destruindo, danificando ou desarranjando, total ou parcialmente, linha férrea, material rodante ou de tração, obra-de-arte ou instalação; II - colocando obstáculo na linha; III - transmitindo falso aviso acerca do movimento dos veículos ou interrompendo ou embaraçando o funcionamento de telégrafo, telefone ou radiotelegrafia; IV - praticando outro ato de que possa resultar desastre [...]"). Desastre ferroviário (art. 260, §1º do Código Penal: "Impedir ou perturbar serviço de estrada de ferro: [...] § 1º - Se do fato resulta desastre [...]").

INCISO IV, DO §1º DO ART. 2º DA LEI ANTITERRORISMO	CONDUTA (APARENTEMENTE) CORRESPONDENTE EM OUTROS DIPLOMAS PENAIS NACIONAIS
"**Sabotar o funcionamento ou apoderar-se**, com violência, grave ameaça a pessoa ou servindo-se de mecanismos cibernéticos, do controle total ou parcial, ainda que de modo temporário, [...] de [...] **rodoviárias** [...]"	Dano qualificado (art. 163, Parágrafo único, III do Código Penal: "Destruir, inutilizar ou deteriorar coisa alheia: [...] **Dano qualificado**. Parágrafo único – Se o crime é cometido: [...] III – contra o patrimônio da União, Estado, Município, empresa concessionária de serviços públicos ou sociedade de economia mista").
"**Sabotar o funcionamento ou apoderar-se**, com violência, grave ameaça a pessoa ou servindo-se de mecanismos cibernéticos, do controle total ou parcial, ainda que de modo temporário, [...] de [...] **hospitais** [...]"	Dano simples, se hospital privado (art. 163, Parágrafo único, I do Código Penal: "Destruir, inutilizar ou deteriorar coisa alheia: [...] **Dano qualificado**. Parágrafo único – Se o crime é cometido: [...] I – com violência à pessoa ou grave ameaça"). Dano qualificado, se hospital público (art. 163, Parágrafo único, III do Código Penal: "Destruir, inutilizar ou deteriorar coisa alheia: [...] **Dano qualificado**. Parágrafo único – Se o crime é cometido: [...] III – contra o patrimônio da União, Estado, Município, empresa concessionária de serviços públicos ou sociedade de economia mista").
"**Sabotar o funcionamento ou apoderar-se**, com violência, grave ameaça a pessoa ou servindo-se de mecanismos cibernéticos, do controle total ou parcial, ainda que de modo temporário, [...] de [...] **casas de saúde** [...]"	Dano (art. 163, Parágrafo único, I do Código Penal: "Destruir, inutilizar ou deteriorar coisa alheia: [...] **Dano qualificado**. Parágrafo único – Se o crime é cometido: [...] I – com violência à pessoa ou grave ameaça").
"**Sabotar o funcionamento ou apoderar-se**, com violência, grave ameaça a pessoa ou servindo-se de mecanismos cibernéticos, do controle total ou parcial, ainda que de modo temporário, [...] de [...] **escolas** [...]"	Dano simples, se escola privada (art. 163, Parágrafo único, I do Código Penal: "Destruir, inutilizar ou deteriorar coisa alheia: [...] **Dano qualificado**. Parágrafo único – Se o crime é cometido: [...] I – com violência à pessoa ou grave ameaça"). Dano qualificado, se escola pública (art. 163, Parágrafo único, III do Código Penal: "Destruir, inutilizar ou deteriorar coisa alheia: [...] **Dano qualificado**. Parágrafo único – Se o crime é cometido: [...] III – contra o patrimônio da União, Estado, Município, empresa concessionária de serviços públicos ou sociedade de economia mista").
"**Sabotar o funcionamento ou apoderar-se**, com violência, grave ameaça a pessoa ou servindo-se de mecanismos cibernéticos, do controle total ou parcial, ainda que de modo temporário, [...] de [...] **estádios esportivos** [...]"	Dano simples, se hospital privado (art. 163, Parágrafo único, I do Código Penal: "Destruir, inutilizar ou deteriorar coisa alheia: [...] **Dano qualificado**. Parágrafo único – Se o crime é cometido: [...] I – com violência à pessoa ou grave ameaça").

INCISO IV, DO §1º DO ART. 2º DA LEI ANTITERRORISMO	CONDUTA (APARENTEMENTE) CORRESPONDENTE EM OUTROS DIPLOMAS PENAIS NACIONAIS
"**Sabotar o funcionamento ou apoderar-se**, com violência, grave ameaça a pessoa ou servindo-se de mecanismos cibernéticos, do controle total ou parcial, ainda que de modo temporário, [...] de [...] **instalações públicas ou locais onde funcionem serviços públicos essenciais** [...]"	Dano qualificado (art. 163, Parágrafo único, III do Código Penal: "Destruir, inutilizar ou deteriorar coisa alheia: [...] **Dano qualificado**. Parágrafo único – Se o crime é cometido: [...] III – contra o patrimônio da União, Estado, Município, empresa concessionária de serviços públicos ou sociedade de economia mista").
"**Sabotar o funcionamento ou apoderar-se**, com violência, grave ameaça a pessoa ou servindo-se de mecanismos cibernéticos, do controle total ou parcial, ainda que de modo temporário, [...] de [...] **instalações de geração ou transmissão de energia** [...]"	Atentado contra a segurança de serviço de utilidade pública (art. 265 do Código Penal: "Atentar contra a segurança ou o funcionamento de serviço de água, luz, força ou calor, ou qualquer outro de utilidade pública: [...] Parágrafo único – Aumentar-se-á a pena de 1/3 (um terço) até a metade, se o dano ocorrer em virtude de subtração de material essencial ao funcionamento dos serviços").
"**Sabotar o funcionamento ou apoderar-se**, com violência, grave ameaça a pessoa ou servindo-se de mecanismos cibernéticos, do controle total ou parcial, ainda que de modo temporário, [...] de [...] **instalações militares** [...]"	Dano em aparelhos e instalações de aviação e navais, e em estabelecimentos militares (art. 264 do Código Penal Militar: "Praticar dano: I – em aeronave, hangar, depósito, pista ou instalações de campo de aviação, engenho de guerra motomecanizado, viatura em comboio militar, arsenal, dique, doca, armazém, quartel, alojamento ou em qualquer outra instalação militar; II – em estabelecimento militar sob regime industrial, ou centro industrial a serviço de construção ou fabricação militar: [...] Parágrafo único. Aplica-se o disposto nos parágrafos do artigo anterior"). Art. 15 da Lei de Segurança Nacional: "**Praticar sabotagem contra instalações militares**, meios de comunicações, meios e vias de transporte, estaleiros, portos, aeroportos, fábricas, usinas, barragem, depósitos e outras instalações congêneres. [...] §1º – Se do fato resulta: a) lesão corporal grave, a pena aumenta-se até a metade; b) dano, destruição ou neutralização de meios de defesa ou de segurança; paralisação, total ou parcial, de atividade ou serviços públicos reputados essenciais para a defesa, a segurança ou a economia do País, a pena aumenta-se até o dobro; c) morte, a pena aumenta-se até o triplo. §2º – Punem-se os atos preparatórios de sabotagem com a pena deste artigo reduzida de dois terços, se o fato não constitui crime mais grave".
"**Sabotar o funcionamento ou apoderar-se**, com violência, grave ameaça a pessoa ou servindo-se de mecanismos cibernéticos, do controle total ou parcial, ainda que de modo temporário, [...] de [...] **instalações de exploração, refino e processamento de petróleo e gás** [...]"	Dano qualificado (art. 163, Parágrafo único, III do Código Penal: "Destruir, inutilizar ou deteriorar coisa alheia: [...] **Dano qualificado**. Parágrafo único – Se o crime é cometido: [...] III – contra o patrimônio da União, Estado, Município, empresa concessionária de serviços públicos ou sociedade de economia mista").

INCISO IV, DO §1º DO ART. 2º DA LEI ANTITERRORISMO	CONDUTA (APARENTEMENTE) CORRESPONDENTE EM OUTROS DIPLOMAS PENAIS NACIONAIS
"**Sabotar o funcionamento ou apoderar-se**, com violência, grave ameaça a pessoa ou servindo-se de mecanismos cibernéticos, do controle total ou parcial, ainda que de modo temporário, [...] de [...] **instituições bancárias e sua rede de atendimento**"	Dano qualificado (art. 163, Parágrafo único, III do Código Penal: "Destruir, inutilizar ou deteriorar coisa alheia: [...] **Dano qualificado**. Parágrafo único – Se o crime é cometido: [...] III – contra o patrimônio da União, Estado, Município, empresa concessionária de serviços públicos ou sociedade de economia mista").

Fonte: elaboração dos autores.

[35] ATO DE TERRORISMO CONSISTENTE NA HIPÓTESE DO INCISO V DO §1º

O art. 2º, §1º, inc. V da Lei Antiterrorismo, tipifica como ato de terrorismo a conduta de atentar contra a vida ou a integridade física de pessoa. Tal ação, nos termos do *caput* do art. 2º, deve ser impulsionada pela xenofobia, discriminação ou preconceito de raça, cor, etnia ou religião, tendo, ainda, a finalidade de provocar terror social ou generalizado, além de expor pessoa, patrimônio, a paz pública ou a incolumidade pública a perigo.

[36] BEM JURÍDICO TUTELADO

O bem jurídico protegido é a vida e integridade física de pessoa, bem como incolumidade pública e a paz pública. Trata-se, portanto, de crime pluriofensivo.

[37] SUJEITO ATIVO DO CRIME

Qualquer pessoa pode ser o sujeito ativo, haja vista ser um crime comum, dispensando qualquer condição especial. Neste caminho, o agente pode agir só ou em concurso com outrem.

[38] SUJEITO PASSIVO DO CRIME

O sujeito passivo imediato é a vítima e a coletividade, sendo o mediato o Estado.

[39] CLASSIFICAÇÃO DOUTRINÁRIA

É crime pluriofensivo (ofende a mais de um bem jurídico), comum (não exige condição ou qualidade especial do sujeito ativo, podendo ser praticado por qualquer pessoa), unissubjetivo ou unilateral ou de concurso eventual (perpetrado por um só agente, admitindo colaboração de outrem), de dupla subjetividade passiva (há dois sujeitos passivos), de perigo comum (expõe a risco um número indeterminado de pessoas), formal ou de consumação antecipada ou de resultado cortado (a consumação se dá com a realização da conduta, sendo prescindível a ocorrência de resultado naturalístico), e perigo concreto (exige perícia para fins de comprovação do potencial lesivo), de forma livre (é admitido qualquer meio de execução), comissivo (cometido por meio de ação), e plurissubsistente (é possível o fracionamento do *iter criminis*, sendo cabível a tentativa).

[40] CONSUMAÇÃO E TENTATIVA

O crime se consuma no instante em que o agente cometer o atentado contra vida ou integridade física de pessoa, mesmo que seja de uma única pessoa, de forma a expor patrimônio, a paz pública, a incolumidade pública ou pessoa (que não a vítima imediata, sob pena de *bis in idem*) a perigo.

Se a lesão corporal grave ou morte for resultado de algum outro fato tipificado na Lei Antiterrorismo (Lei 13.260/16), a conduta do inc. V, §1º do art. 2º restará afastada, pois a ofensa à integridade física ou vida de pessoa neste crime é elementar e, portanto, deve ser derivada do dolo e não do preterdolo. Assim, aquele que cometer qualquer crime previsto no referido diploma e, do fato resultar lesão corporal grave, terá sua pena aumentada de um terço, conforme o art. 7º desta Lei; se o resultado for morte, o aumento, segundo o mesmo dispositivo, será de metade.

Em face do caráter plurissubsistente da conduta deste inc. V, é admitida a tentativa, porém será punida com a mesma pena do crime consumado.

[41] TIPO SUBJETIVO

O elemento subjetivo é o dolo, isto é, a vontade consciente de praticar a conduta descrita no tipo penal, qual seja: atentar contra a vida ou integridade física de pessoa. Este dolo, sempre com a finalidade de provocar terror social ou generalizado, necessita ser norteado pela xenofobia, discriminação ou preconceito de raça, cor, etnia e religião, devendo o agente ter consciência de que seu ato pode expor a perigo (possibilidade de causar dano) pessoa(que não a vítima direta do atentado, sob pena de *bis in idem*), patrimônio, a paz pública ou a incolumidade pública.

Assim como os demais incisos previstos no art. 2º, o inc. V não exigiu a participação do agente em organização terrorista, o que denota que os desejos ou objetivos perquiridos são os individuais. Assim, o dolo orientado ao programa de atuação da organização terrorista, e uma atuação conforme as atividades típicas desta, são prescindíveis para a caracterização deste crime. Tal situação é criticável na medida em que o critério da "projeção estratégia[156]" colaboraria para uma mais clara distinção entre crime de terrorismo e crimes comuns, conforme abordado no subcapítulo 5.2 da parte I deste livro.

[42] TIPO OBJETIVO

A ação incriminada consiste em atentar (cometer atentado contra, ofender, atacar, empreender ou executar algo contra) contra os objetos materiais vida ou integridade física de pessoa. Para fins deste inciso, não basta, portanto, que a conduta vise atingir a integridade psíquica do ofendido, agredindo, por exemplo, sua liberdade individual diante de grave ameaça: deve, então, buscar ofender a vida ou a sua integridade física. Neste sentido, o meio de execução é a *vis corporalis* ou *vis absoluta*, isto é, a violência física empregada pela força contra o corpo do ofendido.

Relembra-se que o crime em epígrafe não precisa causar terror social ou generalizado, sendo suficiente, para a caracterização da conduta que o agente persiga este fim. De outro lado, dado que é um crime de perigo concreto, é necessário que outra(s) pessoa(s), patrimônio, paz pública e incolumidade pública sejam, efetivamente, expostas a perigo.

Em caso de conflito entre este crime e o art. 20 da Lei de Segurança Nacional, o princípio da especialidade se impõe. Neste cenário, a diferença é ditada pelo elemento subjetivo do agente. Assim, se a conduta tiver fins políticos, o crime será o previsto no art. 20 da Lei de Segurança Nacional[157], em sua modalidade de atentado pessoal majorado ou não pela lesão corporal grave ou morte. Porém, se as razões forem de xenofobia, discriminação ou preconceito de raça, cor, etnia e religião e o crime for cometido com a finalidade de provocar terror social ou generalizado, expondo a perigo pessoa (que não seja o próprio atentado), patrimônio, a paz pública ou a incolumidade pública, a conduta se subsumirá ao art. 2º, §1º, V da Lei Antiterrorismo.

---

156. CANCIO MELIÁ, Manuel. *Los delitos de terrorismo*: estructura típica e injusto. Madrid: Editorial Reus, 2010. p. 180-182.

157. Art. 20 da Lei de Segurança Nacional: "Devastar, saquear, extorquir, roubar, sequestrar, manter em cárcere privado, incendiar, depredar, provocar explosão, praticar **atentado pessoal ou atos de terrorismo**, por inconformismo político ou para obtenção de fundos destinados à manutenção de organizações políticas clandestinas ou subversivas. [...] Parágrafo único – Se do fato resulta lesão corporal grave, a pena aumenta-se até o dobro; se resulta morte, aumenta-se até o triplo" (sem grifos no original).

Não obstante, havendo conflito entre o crime de lesão corporal agravada pelo motivo torpe (art. 129 c/c 61, II, "a" do Código Penal) e o de atentado à integridade física esculpida pelo art. 2º, §1º, V da Lei Antiterrorismo, prevalecerá a novel Lei quando, havendo finalidade de provocar terror social ou generalizado, o crime puder expor a perigo pessoa (que não seja o próprio atentado), patrimônio, a paz pública ou a incolumidade pública.

Se o agente atentar contra a vida de pessoa, por razões de xenofobia, discriminação ou preconceito de raça, cor, etnia e religião, utilizando-se de meio que possa resultar perigo comum, sua conduta, desde que não vise provocar terror social ou generalizado, irá caracterizar o delito de homicídio qualificado pela torpeza e agravado por meio que possa resultar perigo comum (art. 121, §2º, I c/c 61, II, "d" do Código Penal). Porém, se tiver a finalidade provocar terror social ou generalizado a ação se subsumirá ao art. 2º, §1º, V da Lei Antiterrorismo.

Ademais, não se deve confundir genocídio com o crime de terrorismo, pois enquanto o primeiro visa destruir, no todo ou em parte, grupo étnico, racional ou religioso[158], o segundo, embora possa vitimar a estes grupos e ser movido pelo preconceito ou discriminação contra etnia, raça e religião, tem como fim específico a provocação de terror social ou generalizado, isto é, gerar medo e insegurança e, assim, desafiar governos (estando abrangido pelo requisito da "intimidação massiva[159]", apontado por CANCIO MELIÁ).

[43] CONDUTAS (APARENTEMENTE) CORRESPONDENTES EM OUTROS DIPLOMAS PENAIS NACIONAIS

As condutas do inc. V, §1º do art. 2º da Lei Antiterrorismo também encontram (aparente) correspondência em outros diplomas penais nacionais, como se verifica abaixo:

158. "Art. 1º Quem, com a intenção de destruir, no todo ou em parte, grupo nacional, étnico, racial ou religioso, como tal: a) matar membros do grupo; b) causar lesão grave à integridade física ou mental de membros do grupo; c) submeter intencionalmente o grupo a condições de existência capazes de ocasionar-lhe a destruição física total ou parcial; d) adotar medidas destinadas a impedir os nascimentos no seio do grupo; e) efetuar a transferência forçada de crianças do grupo para outro grupo". Cf. BRASIL. Lei nº. 2.889, de 1º de outubro de 1956. Define e pune o crime de genocídio. In: PLANALTO. *Legislação Republicana Brasileira*, Brasília, 1956. Disponível em: <http://www.planalto.gov.br/ccivil_03/leis/L2889.htm>. Acesso em: 30 ago. 2016.

159. CANCIO MELIÁ, Manuel. *Los delitos de terrorismo*: estructura típica e injusto. Madrid: Editorial Reus, 2010. p. 167.

Tabela 4 – (Aparente) correspondência de condutas do inciso V, §1º do art. 2º da Lei Antiterrorismo em outros diplomas penais nacionais

INC. V, §1º DO ART. 2º DA LEI ANTITERRORISMO	CONDUTA (APARENTEMENTE) CORRESPONDENTE EM OUTROS DIPLOMAS PENAIS NACIONAIS
"Atentar contra a vida ou a integridade física de pessoa"	Art. 20 da Lei de Segurança Nacional: "Devastar, saquear, extorquir, roubar, sequestrar, manter em cárcere privado, incendiar, depredar, provocar explosão, praticar **atentado pessoal ou atos de terrorismo**, por inconformismo político ou para obtenção de fundos destinados à manutenção de organizações políticas clandestinas ou subversivas. [...] Parágrafo único – Se do fato resulta lesão corporal grave, a pena aumenta-se até o dobro; se resulta morte, aumenta-se até o triplo". Homicídio qualificado pela torpeza e agravado por meio que possa resultar perigo comum (art. 121, §2º, I c/c 61, II, "d" do Código Penal. Art. 121: "**Homicídio qualificado.** §2º Se o homicídio é cometido: I – mediante paga ou promessa de recompensa, ou por outro motivo torpe"; Art. 61: "São circunstâncias que sempre agravam a pena, quando não constituem ou qualificam o crime: [...] II – ter o agente cometido o crime: [...] d) com emprego de veneno, fogo, explosivo, tortura ou outro meio insidioso ou cruel, ou de que podia resultar perigo comum"). Lesão corporal agravada pelo motivo torpe (art. 129 c/c 61, II, "a" do Código Penal. Art. 129: "Ofender a integridade corporal ou a saúde de outrem";Art. 61: "São circunstâncias que sempre agravam a pena, quando não constituem ou qualificam o crime: a) por motivo fútil ou torpe"). Genocídio (art. 1º da Lei. 2.889/56: "Quem, com a intenção de destruir, no todo ou em parte, grupo nacional, étnico, racial ou religioso, como tal: a) matar membros do grupo; b) causar lesão grave à integridade física ou mental de membros do grupo; c) submeter intencionalmente o grupo a condições de existência capazes de ocasionar-lhe a destruição física total ou parcial; d) adotar medidas destinadas a impedir os nascimentos no seio do grupo; e) efetuar a transferência forçada de crianças do grupo para outro grupo". Cf. BRASIL. Lei. 2.889, de 1º de outubro de 1956. Define e pune o crime de genocídio").

Fonte: elaboração dos autores.

[44] PENA E REGIME DE CUMPRIMENTO NAS HIPÓTESES DO ART. 2º, §1º

A pena cominada para o crime do art. 2º da Lei Antiterrorismo é reclusão de 12 a 30 anos, além das sanções correspondentes à ameaça ou à violência (admite, portanto, os concursos formal e material). De acordo com o art. 7º, haverá majoração de um terço quando do crime resultar lesão corporal grave e, de metade, quando resultar morte, exceto quando tais resultados forem elementares de algum dos atos descritos como terroristas. Neste sentido, a referida causa de aumento não será aplicável à hipótese do inc. V do art. 2º, §1º, uma vez que estes resultados integram a elementar do tipo.

Nota-se, pois, que este §1º do art. 2º, inclusive em sua modalidade simples, posiciona-se entre as figuras delitivas com preceitos secundários mais altos do ordenamento jurídico-penal nacional, tal como o art. 6º da Lei Antiterrorismo e a extorsão mediante sequestro com resultado morte[160]. Embora este pesado preceito secundário vise transmitir uma mensagem de alto grau de desvalor da ação e, de certo modo, de resultado, as condutas que pune possuem nível lesivo distinto: no inc. I, por exemplo, é visível a disparidade ofensiva entre guardar consigo e usar. E o absurdo revela-se maior quando comparado incisos diferentes: atentar contra a vida ou integridade de uma pessoa (inc. V) está sob mesmo preceito secundário que guardar outros meios capazes de produzir danos (inc. I), mesmo que estes danos sejam a um bem, por exemplo.

Logicamente, a cominação de pena altíssima para o crime de terrorismo, bem como a inclusão de condutas de diferente potencial ofensivo sob o mesmo bojo, não são uma realidade exclusivamente brasileira, como se verifica no subcapítulo 5.1 da parte I deste livro. Porém, isso não significa que a Lei 13.260/16 prescinda de ajustes, haja vista que, diante de seu excesso[161], retrata uma violação ao princípio da proporcionalidade (*poena debet commensurari delicto*) na fase da predeterminação da pena[162].

Com relação ao regime inicial de cumprimento da pena, verifica-se, nos termos do art. 2º, §1º da Lei de Crimes Hediondos, que será necessariamente o fechado, eis que tal crime, embora não hediondo, é equiparado a hediondo. Cabe ressaltar que diante da natureza dessa infração penal, a incidência da Lei 8.072/90 resulta em consequência lógica, revelando-se desnecessário, portanto, o comando do art. 17 da Lei 13.260/16.

[45] CONCURSO FORMAL E CONCURSO MATERIAL

Além da pena de reclusão cominada entre 12 a 30 anos, o agente responderá pela ameaça (*vis compulsiva*) ou violência (*vis corporalis*) quando

160. Art. 159 do Código Penal: "sequestrar pessoa com o fim de obter, para si ou para outrem, qualquer vantagem, como condição ou preço do resgate: [...] § 3º – Se resulta a morte: pena – reclusão, de vinte e quatro a trinta anos".

161. FERRAJOLI, por exemplo, sustenta que a pena privativa de liberdade deve respeitar o máximo de 10 anos. Cf. FERRAJOLI, Luigi. *Derecho y razón*: teoría del garantismo penal. 5. ed. Madrid: Trotta, 2001. p. 414.

162. Sobre o principio da proporcionalidade, vide FERRAJOLI, Luigi. *Derecho y razón*: teoría del garantismo penal. 5. ed. Madrid: Trotta, 2001. p. 505-508.

estas, por si só, constituírem crime. Nota-se, portanto, que o preceito secundário permite o concurso formal ou material de crimes.

Haverá concurso material (ou real) quando o agente, mediante mais de uma ação ou omissão, cometer mais de um crime, idênticos ou não. Sobre este concurso incide o sistema do cúmulo material, isto é, a aplicação cumulativa das penas privativas de liberdade em que o agente haja incorrido, executando-se primeiramente a pena de reclusão quando a outra for de detenção. No caso de serem aplicadas penas restritivas de direitos, deverão ser cumpridas de forma simultânea as compatíveis entre si, e sucessivamente as demais (art. 69 do Código Penal).

Já no concurso formal (ou ideal), fala-se de unidade de conduta e pluralidade de crimes, idênticos (homogêneo) ou não (heterogêneo), denominando-se de concurso formal impróprio a hipótese em que tal pluralidade resultar de desígnios autônomos, e, próprio, quando não resultar. O sistema aplicável no concurso formal próprio (perfeito ou normal) é o da exasperação, ou seja, a impõe-se a mais grave das penas cabíveis com o aumento de um sexto até metade, ou apenas uma delas com tal aumento no caso de serem penas iguais. No concurso formal impróprio (imperfeito ou anormal), por sua vez, a regra será da cumulação, salvo quando exceder o que seria cabível pela fórmula da exasperação (art. 70 do Código Penal).

Nestes termos, haverá concurso formal ou material quando a violência ou ameaça não constituir meio de execução de ato de terrorismo, não for absorvida por algum destes atos, ou, ainda, não puder ser abrangida pela majorante do art. 7º da Lei 13.260/16.

A título ilustrativo, se o agente tiver o dolo de usar explosivo e disso resultar lesão corporal grave ou homicídio (formas de violência física), a conduta do inc. I deverá ser majorada pelo art. 7º diante do preterdolo. Porém, se resultar lesão corporal de natureza leve, como este resultado não está previsto na referida majorante, estará presente o concurso formal próprio.

Todavia, se a violência ou ameaça à pessoa integrar o dolo do agente como um desígnio autônomo ao uso de explosivo, haverá concurso formal impróprio heterogêneo (tal concurso não ocorrerá quando o uso de explosivo for meio de execução da conduta do inc. V, pois, neste caso, o agente responderá por este inciso); se a violência ou ameaça constituir ação diversa do uso de explosivo, é hipótese de concurso material.

No que tange ao inc. IV a grave ameaça e a violência figuram como meios executórios da sabotagem ou do apoderamento do controle dos entes enumerados. Se deste ato resultar lesão corporal grave ou morte, aplica-se a majorante do art. 7º. Fora desses casos, observadas as particularidades do caso concreto, é possível haver concurso formal ou concurso material.

A respeito do inc. V, que incrimina o atentado à vida e à integridade física, a violência é elementar do delito, o que, de pronto, descarta a incidência da causa majorante do art. 7º, a fim de evitar *bis in idem*. A violência, cabe apontar, é passível de absorver a ameaça enquanto crime progressivo. Os concursos formal ou material são, por sua vez, admitidos, desde que não consubstanciem as mencionadas hipóteses e, ainda, condicionados às particularidades do caso concreto.

[46] ANÁLISE DO §2º

Desde que o Projeto de Lei de Antiterrorismo (PLC 2016/15) foi apresentado pelo Poder Executivo na Câmara de Deputados, a preocupação era com a indevida criminalização das manifestações políticas e dos movimentos sociais. Com efeito, tal projeto adveio em um período em que o Brasil se viu em meio a um aumento do número de protestos sociais devido à crise política e econômica que vem se intensificando no país.

E até a sua aprovação em definitivo, o que converteu na Lei 13.260/16, as manifestações e movimentos sociais realmente correram sério risco de criminalização. Antes do PLC 2016/2015 ser encaminhado ao Senado Federal, o então deputado relator Aloysio Nunes Ferreira retirou, por entender desnecessário, o parágrafo que afastava os movimentos e manifestações sociais do tipo penal terrorismo. Em sua opinião, "em um Estado democrático de direito, as manifestações e reivindicações sociais, sejam elas coletivas ou individuais, não têm outra forma de serem realizadas senão de maneira pacífica e civilizada[163]". A excludente suprimida estampava o seguinte:

> §2º O disposto neste artigo não se aplica à conduta individual ou coletiva de pessoas em manifestações políticas, movimentos sociais, sindicais, religiosos, de classe ou de categoria profissional, direcionados por propósitos sociais ou reivindicatórios, visando a contestar, criticar, protestar ou apoiar, com o objetivo de defender direitos, garantias e liberdades constitucionais, sem prejuízo da tipificação penal contida em lei[164].

---

163. SENADO APROVA TIPIFICAÇÃO DO CRIME DE TERRORISMO COM PENA DE ATÉ 30 ANOS. *Senado Notícias*, 29 out. 2015. Disponível em: <http://www12.senado.leg.br/noticias/materias/2015/10/28/senado-aprova-tipificacao-do-crime-de-terrorismo/>. Acesso em: 3 nov. 2015.

164. BRASIL. Redação final do Projeto de Lei da Câmara nº 2016, de 2015. Regulamenta o disposto no inciso XLIII do art. 5º da Constituição Federal, disciplinando o terrorismo, tratando de disposições investigatórias e processuais e reformulando o conceito de organização terrorista; e altera as Leis nºs 7.960, de 21 de dezembro de 1989, e 12.850, de 2 de agosto de 2013. In: CÂMARA DOS DEPUTADOS. *Proposições*. Brasília, 2015. Disponível em: <http://www2.camara.leg.br/proposico-

Tal episódio provocou grande inquietação em setores preocupados com a possibilidade de que manifestações e movimentos sociais e, neste tanto, o exercício das liberdades de expressão e de manifestação, pudessem restar criminalizados[165].

Em que pese alguns senadores tenham se empenhado na reinserção do supracitado parágrafo no substitutivo ao PLC 101/2015[166], a redação final aprovada pelo Senado Federal o deixou de fora[167]. Porém, a Câmara de Deputados rejeitou o substitutivo do Senado e enviou à sanção presidencial a redação original do PLC 2016/2015, que contemplava a excludente[168]. Referido projeto sofreu veto quanto a outros dispositivos, mas manteve tal cláusula de exclusão, tornando expressa a opção em não tipificar como terrorismo a conduta individual ou coletiva de pessoas em manifestações políticas, movimentos sociais, sindicais, religiosos, de classe ou de categoria profissional, direcionados por propósitos sociais ou reivindicatórios, visando a contestar, criticar, protestar ou apoiar, com o objetivo de defender direitos, garantias e liberdades constitucionais.

Neste cenário, o exercício pacífico das liberdades de expressão e de manifestação não oferece indagações: claramente não constitui crime. O problema, contudo, reside na hipótese de um indivíduo ou movimento social perpetrar atos de violência, excedendo-se no exercício dessas liberdades. A considerar o teor da causa excludente do §2º, cuja análise será feita no próximo item, não há de se falar em crime de terrorismo, podendo, assim, os atos ou excessos caracterizar outro delito, quando não passíveis de afastamento por uma causa de exclusão de tipicidade, de ilicitude ou causa supralegal de exclusão da culpabilidade.

Todavia, esta solução (adotada por outros países receosos com a definição genérica de atos terroristas, segundo informa o Fundo Monetário In-

---

esWeb/prop_mostrarintegra;jsessionid=49357DE1A9A319369F574C86A89E7039.proposicoesWeb2?codteor=1373970&filename=REDACAO+FINAL+-+PL+2016/2015>. Acesso em: 26 fev. 2016.

165. CARTA ABERTA CONTRA O PL "ANTITERRORISMO". *Artigo 19 Brasil*, 27 out. 2015. Disponível em: <http://artigo19.org/blog/carta-aberta-contra-o-pl-antiterrorismo/>. Acesso em: 3 nov. 2015.

166. SENADO APROVA TIPIFICAÇÃO DO CRIME DE TERRORISMO COM PENA DE ATÉ 30 ANOS. *Senado Notícias*, 29 out. 2015. Disponível em: <http://www12.senado.leg.br/noticias/materias/2015/10/28/senado-aprova-tipificacao-do-crime-de-terrorismo/>. Acesso em: 3 nov. 2015.

167. PARECER 940, DE 2015. Redação final do Projeto de Lei da Câmara nº 101, de 2015 (nº 2.016, de 2015, na Casa de origem). In: *Senado Federal*, Brasília, 2015. Disponível em: <http://www.senado.leg.br/atividade/rotinas/materia/getPDF.asp?t=182196&tp=1/>. Acesso em: 3 nov. 2015.

168. BRASIL. Ofício nº. 10/2016/OS-GSE. In: CÂMARA DOS DEPUTADOS. *Proposições*. Brasília, 2016. Disponível em: <http://www.camara.gov.br/proposicoesWeb/prop_mostrarintegra;jsessionid=F3604114A7A68657742C9EF90B936149.proposicoesWeb2?codteor=1436474&filename=Tramitacao-PL+2016/2015>. Acesso em: 27 fev. 2016.

ternacional[169]), não parece suficiente aos olhos da Anistia Internacional[170], do Alto Comissariado das Nações Unidas para os Direitos Humanos na América do Sul[171] e de organizações sociais[172], as quais argumentam que, dada a amplitude e vagueza da lei, mesmo diante deste §2º movimentos e manifestações sociais estão expostos ao risco de terem suas ações tratadas como terrorismo. Tal preocupação procede, mas em parte.

Numa análise da Lei. 13.260/16, verifica-se que só haveria risco de criminalizar como terrorismo uma conduta que, a rigor, deveria estar sob a incidência do §2º, se um magistrado forçosamente implicar com a definição e o alcance das elementares "propósitos sociais ou reivindicatórios" ou "objetivo de defender direitos, garantias e liberdades constitucionais". Porém, mesmo que isso ocorresse e que este magistrado interpretasse que a conduta não possui tais propósitos ou tal objetivo, para que houvesse subsunção ao tipo penal do art. 2º, o agente teria de atuar por razões de xenofobia, discriminação ou preconceito de raça, cor, etnia e religião. E não é fácil encontrar um exemplo que se encaixe nesta suposição: os até então apresentados indicam fins políticos, como ocupações do movimento sem-terra[173], forçada de portões de escola com empurrão a seguranças para

169. INTERNATIONAL MONETARY FUND. Represión del financiamiento del terrorismo: manual para redacción de leyes. Washington: Internation Monetary Fund Publications Services, 2003. p. 44.

170. ANISTIA INTERNACIONAL. Nota pública: Anistia Internacional lamenta aprovação de projeto de lei 2016/15 que tipifica crime de terrorismo no Brasil, 25 fev. 2016. Disponível em: <https://anistia.org.br/noticias/nota-publica-anistia-internacional-lamenta-aprovacao-de-projeto-de-lei-201615-que-tipifica-crime-de-terrorismo-brasil/>. Acesso em: 20 mar. 2016. ÁTILA, Roque. A fabricação do medo: leis antiterror e a ameaça à democracia. *Anistia Internacional*, 2 mar. 2016. Disponível em: <https://anistia.org.br/fabricacao-medo-leis-antiterror-e-ameaca-democracia/>. Acesso em: 20 mar. 2016.

171. NAÇÕES UNIDAS NO BRASIL – ONUBR. Brasil: Escritório de direitos humanos da ONU critica aprovação de lei antiterrorismo, 26 fev. 2016. Disponível em: <https://nacoesunidas.org/brasil-escritorio-direitos-humanos-da-onu-critica-aprovacao-lei-antiterrorismo/>. Acesso em: 20 mar. 2016.

172. MST – MOVIMENTO DOS TRABALHADORES RURAIS SEM TERRA. Em nota, MST repudia Lei antiterrorismo e exige o veto completo do projeto. *Página do MST*, 25 fev. 2016. Disponível em: <http://www.mst.org.br/2016/02/25/em-nota-mst-repudia-lei-antiterrorismo-e-exige-o-veto-completo-do-projeto.html>. Acesso em: 20 mar. 2016. ABONG. Abong defende veto integral de Projeto de Lei que define crime de terrorismo no Brasil. *Notas Públicas*, 1 mar. 2016, Osasco. Disponível em: <http://www.abong.org.br/nottas_publicas.php?id=9511>. Acesso em: 20 mar. 2016. CONECTAS DIREITOS HUMANOS. Razões para o veto. *Notícias*, 09 mar. 2016. Disponível em: <http://www.conectas.org/pt/acoes/justica/noticia/42588-razoes-para-o-veto>. Acesso em: 20 mar. 2016. CONECTAS DIREITOS HUMANOS. Veto parcial ao PL antiterrorismo. *Notícias*, 17, mar. 2016, São Paulo. Disponível em: <http://www.conectas.org/pt/acoes/justica/noticia/42598-veto-parcial-ao-pl-antiterrorismo>. Acesso em: 20 mar. 2016.

173. NEXO JORNAL. Por que, mesmo com mudanças, a lei sobre terrorismo ainda é criticada, São Paulo, 25 fev. 2016. Disponível em: <https://www.nexojornal.com.br/expresso/2016/02/25/Por-que-mesmo-com-mudan%C3%A7as-a-lei-sobre-terrorismo-ainda-%C3%A9-criticada>. Acesso em: 20 mar. 2016.

obter o controle parcial desta[174], o que não se amolda às razões exigidas pelo *caput* do art. 2º da Lei Antiterrorismo.

Fins políticos, como uma das motivações do crime de terrorismo, estavam previstos no substituto ao PLC 101/2015, mais especificamente como "extremismo político" ("ato que atentar gravemente contra a estabilidade do Estado Democrático, com o fim de subverter o funcionamento de suas instituições"). Todavia, tal móvel foi banido do texto pelos problemas que iria acarretar. Exemplo: se um manifestante danificasse um edifício público, em meio a um protesto, a conduta poderia ser subsumida ao art. 163, parágrafo único, inciso III do Código Penal, que trata do dano qualificado, ou, a depender da acepção do magistrado sobre "extremismo político" ("ato que atentar gravemente contra a estabilidade do Estado Democrático, com o fim de subverter o funcionamento de suas instituições"), a um ato terrorista de dano, nos moldes descritos no substituto ao PLC 101/2015 (numa conjectura que tal projeto tivesse se tornado lei). A primeira hipótese, traz um crime afiançável, suscetível de graça e anistia, cuja punição é detenção de 6 meses a 3 anos, e multa, além da pena correspondente à violência; a segunda, sem possibilidade de fiança, graça e anistia, além de reclusão de 16 a 24 anos (era o preceito secundário do tipo naquele documento)[175]. Nota-se, então, que um equívoco na avaliação traria consequências deveras nefastas.

E tal análise, frisa-se, não seria fácil de ser realizada, pois como se definiria, de forma segura, qual ato atenta ou não gravemente contra a estabilidade do Estado Democrático? E, ainda, como seria avaliado se o grau em que fora cometido tinha realmente ou não a finalidade de provocar pânico generalizado (atualmente terror social ou generalizado)? Caberia, ao fim e ao cabo, ao magistrado a árdua tarefa da avaliação. E tal tarefa, há de se apontar, é temerária, pois como bem alertava SACK, ao lado das regras, existem as metarregras, que são "[...] mecanismos psíquicos de natureza emocional [...] constituídos de estereótipos, preconceitos, idiossincrasias e outras deformações ideológicas [...][176]", seguidos inconsciente ou conscientemente pelo julgador[177].

---

174. INSTITUTO HUMANITAS UNISINOS. A tipificação de crime de terrorismo no Brasil: A perversidade da lei é a sua própria criação. Entrevista especial com Adriano Pilatti, São Leopoldo, 2 mar. 2016. Disponível em: <http://ihu.unisinos.br/entrevistas/552134-a-perversidade-da-lei-antiterrorismo-e-a-sua-propria-criacao-entrevista-especial-com-adriano-pilatti>. Acesso em: 20 mar. 2016.

175. Poucos dias após a aprovação do substituto ao PLC 101/2015 pelo Senado Federal, o referido exemplo havia sido apontado por ALMEIDA, Débora de Souza de; GOMES, Luiz Flávio. *Terrorismo: considerações críticas ao projeto de lei aprovado pelo Senado Federal.* 10 nov. 2015. Disponível em: <http://luizflaviogomes.com/terrorismo-consideracoes-criticas-ao-projeto-de-lei-aprovado-pelo-senado-federal/>. Acesso em: 10 nov. 2015.

176. ANIYAR DE CASTRO, Lola. *Criminologia da reação social.* Rio de Janeiro: Forense, 1983. p. 83. CIRINO DOS SANTOS, Juarez. *Direito penal*: parte geral. 4. ed. rev. e atual. Florianópolis: Conceito Editorial, 2010. p. 444-445.

177. BARATTA, Alessandro. *Criminologia crítica e crítica do direito penal*: introdução à sociologia do Direito Penal. 3. ed. Rio de Janeiro: Revan, 2002. p. 105-106.

Ainda que a novel Lei 13.260/16 tenha desviado deste nebuloso cenário, não afastou por completo a criminalização das manifestações políticas, dos movimentos sociais, sindicais, religiosos, de classe ou de categoria profissional, direcionados por propósitos sociais ou reivindicatórios, visando a contestar, criticar, protestar ou apoiar, com o objetivo de defender direitos, garantias e liberdades constitucionais. Da leitura do diploma, extrai-se que a causa excludente do §2º do art. 2º não é aplicável a todos os tipos penais da Lei Antiterrorismo, mas tão somente ao crime de terrorismo, previsto no art. 2º. Vide: "Art. 2º [...] §2º O disposto **neste artigo** não se aplica à conduta individual ou coletiva de pessoas em manifestações políticas, movimentos sociais, sindicais, religiosos, de classe ou de categoria profissional, [...] **sem prejuízo da tipificação penal contida em lei**" (sem grifos no original).

Diante deste último panorama, revela-se justificável a preocupação das organizações sociais e dos organismos internacionais de Direitos Humanos de que indivíduos em manifestações políticas ou movimentos sociais e assemelhados resultem criminalizados pela Lei Antiterrorismo (ainda que não seja pelo art. 2º). E dentre as figuras delitivas deste diploma, a que mais parece provável de incidir nestes casos é o art. 5º, *caput*, que trata dos atos preparatórios de terrorismo. Com descrição altamente genérica, este tipo penal permite a inclusão de praticamente qualquer ação sob sua égide, até o envio de uma simples mensagem por *WhatsApp* cujo teor possa, segundo a subjetividade do intérprete da lei, denotar alguma relação com terrorismo.

Todavia, ainda que a causa excludente do §2º tenha aplicação somente sobre o delito de terrorismo, se eventual excesso ou ato cometido em manifestações políticas, movimentos sociais, sindicais, religiosos, de classe ou de categoria profissional, direcionados por propósitos sociais ou reivindicatórios, visando a contestar, criticar, protestar ou apoiar, com o objetivo de defender direitos, garantias e liberdades constitucionais, estiver incriminado noutro tipo penal, não há necessariamente de se falar em responsabilidade penal, visto que a conduta pode estar abrigada por uma causa de exclusão de tipicidade, de ilicitude ou causa supralegal de exclusão da culpabilidade.

Todavia, dado o gravame da Lei 13.260/16, teria sido mais adequado que a redação do §2º do art. 2º registrasse ser ele aplicável a todo o diploma.

[47] A NATUREZA JURÍDICA DO §2º: CAUSA EXCLUDENTE DE ILICITUDE OU ATIPICIDADE CONGLOBANTE

A natureza jurídica do §2º do art. 2º é um tema que poderá gerar divergência na doutrina e jurisprudência. Há três posições possíveis:

1ª) Ausência de dolo, o qual exclui a tipicidade da conduta;

2ª) Exercício regular de direito, o qual exclui a ilicitude da conduta;

3ª) Atipicidade conglobante, a qual exclui a tipicidade da conduta.

A primeira posição aponta no sentido de que o art. 2ª, §2º da Lei Antiterrorismo trata-se de uma excludente de tipicidade. O dolo do agente, um dos elementos para a caracterização do fato típico, não estaria orientado para a prática de algum dos atos descritos no art. 2º, §1º da Lei Antiterrorismo, mas sim ao exercício dos direitos à livre manifestação e expressão. Ausente o dolo, a conduta do agente não se amoldaria, portanto, à definição do crime de terrorismo.

A segunda posição está ancorada no art. 23, inc. III, 2ª parte do Código Penal, cujo teor determina que: "não há crime quando o agente pratica o fato: [...] III – em estrito cumprimento de dever legal ou no exercício regular de direito". Como cediço, o exercício regular de direito é uma causa de exclusão da ilicitude diante da atuação do agente conforme o direito. Está pautado pelos seguintes requisitos: a) o direito que exercita deve estar abrigado em algum diploma vigente do ordenamento-jurídico, seja ele de natureza penal ou não; b) o exercício deve ser regular, ou seja, deve observar os limites juridicamente autorizados, pois os excessos, de acordo com o art. 23, parágrafo único[178], serão objeto de responsabilização criminal; c) o agente deve ter conhecimento de que está agindo sob o abrigo desta excludente. Por ser uma excludente de ilicitude, pressupõe, portanto, que o fato seja típico.

A terceira posição está, a seu turno, fundamentada na lição de ZAFFARONI, a quem "[...] tipicidade conglobante é um corretivo da tipicidade penal[179]". As normas, segundo explica, não devem proibir o que outra ordena e, igualmente, não podem proibir o que outra fomenta[180]. Sob o prisma da tipicidade conglobante ou antinormatividade, uma conduta só será legalmente típica, se estiver proibida pelo ordenamento jurídico como um todo, de forma conglobada[181]; se assim não estiver, será hipótese de atipicidade conglobante.

Nessa linha, sustenta o mestre argentino que causa de justificação não se confunde com atipicidade conglobante: a causa de justificação limita-se a permitir a conduta (não ordena, nem fomenta), como, por exemplo, a legítima defesa; já a atipicidade conglobante se verifica quando a norma é indiferente (insignificância), ou quando ordena ou fomenta a conduta (não

178. Art. 23, parágrafo único do Código Penal: "O agente, em qualquer das hipóteses deste artigo, responderá pelo excesso doloso ou culposo".

179. ZAFFARONI, Eugenio Raúl; PIERANGELI, José Henrique. *Manual de direito penal brasileiro*. v. 1. Parte geral. 8ª ed. ver. e atual. São Paulo: Editora Revista dos Tribunais, 2010. p. 396.

180. Ibid., p. 396.

181. Ibid., p. 396.

tem como fundamento a permissão), ou seja, nos casos de exercício regular de direito e estrito cumprimento de dever legal[182]. Nestes termos, a atipicidade conglobante, diferentemente de uma excludente de ilicitude, não pressupõe conduta típica.

Analisados estes aspectos, pode-se dizer, *prima facie*, que a natureza jurídica do §2º do art. 2º não é a de causa excludente de ilicitude, enquanto exercício regular de direito, pois os direitos à liberdade de expressão e de manifestação não constituem uma mera permissão jurídica, não pressupondo, consequentemente, seu exercício um fato típico. Nesta perspectiva, a natureza jurídica deste art. 2º, §2º se aproxima mais de uma excludente de tipicidade, diante da ausência de dolo orientado à prática de algum dos atos de terrorismo, ou, então, de uma hipótese de atipicidade conglobante, na medida em que o ordenamento jurídico, mais especificamente a Constituição Federal, fomenta (e não ordena) os direitos à livre manifestação e livre expressão.

De qualquer sorte, ao inserir em suas linhas iniciais que "o disposto neste artigo não se aplica [...]", acrescentando nas finais a observação "sem prejuízo da tipificação penal contida em lei", o §2º do art. 2º da Lei 13.260/16 indicou que os excessos no exercício de contestar, criticar, protestar ou apoiar, mesmo com o objetivo de defender direitos, garantias e liberdades constitucionais, são passíveis de responsabilização penal quando se subsumirem a outro tipo penal que não o crime de terrorismo. E excessos, sublinha-se, não compõem um fomento normativo. O legislador, com isso, quis deixar claro que as liberdades de expressão e de manifestação não são direitos absolutos e seus exercícios não são um salvo-conduto à prática de crimes. Entretanto, importa destacar, tal disposição não implica necessariamente responsabilidade penal, haja vista que a conduta do agente pode estar sob o abrigo de uma causa excludente de tipicidade, de ilicitude ou causa supralegal de exclusão da culpabilidade.

FÁBIO ROQUE ARAÚJO

Art. 3º Promover, constituir, integrar ou prestar auxílio, pessoalmente ou por interposta pessoa, a organização terrorista:

Pena – reclusão, de cinco a oito anos, e multa.

---

182. ZAFFARONI, Eugenio Raúl; PIERANGELI, José Henrique. *Manual de direito penal brasileiro*. v. 1. Parte geral. 8ª ed. ver. e atual. São Paulo: Editora Revista dos Tribunais, 2010. p. 397-398.

[1] CONSIDERAÇÕES INICIAIS

O tipo penal contido no art. 3º criminaliza condutas que dizem respeito a organização terrorista. Releva notar, porém, que a Lei em comento não conceitua organização terrorista. Razoável que se compreenda tratar-se de uma modalidade de organização criminosa que se dedica à prática de atos terroristas, tal como definido no art. 2º da presente Lei.

No que concerne à organização criminosa, podemos nos valer da definição contida no art. 1º, §1º, da Lei 12.850/13, nos seguintes termos: "Considera-se organização criminosa a associação de 4 (quatro) ou mais pessoas estruturalmente ordenada e caracterizada pela divisão de tarefas, ainda que informalmente, com objetivo de obter, direta ou indiretamente, vantagem de qualquer natureza, mediante a prática de infrações penais cujas penas máximas sejam superiores a 4 (quatro) anos, ou que sejam de caráter transnacional".

Como dito, acresça a este conceito a pretensão de dedicar-se à prática de atos terroristas, e teremos uma organização terrorista, para os efeitos a que se refere o art. 3º da presente Lei.

Aliás, é bom salientar que a Lei Antiterrorismo conferiu nova redação ao art. 1º, §2º. Inciso II da Lei de Organizações Criminosas (Lei 12.850/13), nos seguintes termos:

> "§ 2º Esta Lei se aplica também:
>
> (...)
>
> II – às organizações terroristas, entendidas como aquelas voltadas para a prática dos atos de terrorismo legalmente definidos".

[2] TIPICIDADE OBJETIVA

As condutas previstas no tipo penal consistem em:

a) **Promover:** facilitar, realizar, fomentar.

b) **Constituir:** contribuir na formação, confecção, construção, criação.

c) **Integrar:** fazer parte.

d) **Prestar auxílio:** dar algum tipo de ajuda material.

Trata-se de tipo penal misto alternativo, de modo que a realização de mais de uma conduta, em um mesmo contexto fático, dará ensejo a crime único. Deste modo, o agente que, por exemplo, integrar e prestar auxílio à organização terrorista, responderá por um único crime do art. 3º da Lei 13.260/2013.

[3] SUJEITOS

Qualquer pessoa pode ser sujeito ativo do crime. Trata-se, portanto de crime comum, não se exigindo qualquer qualidade especial do agente.

Importante mencionar que se trata de crime plurissubjetivo (crime de concurso necessário), pressupondo a participação de mais de um agente, necessariamente. Com efeito, não se poderia conceber uma organização terrorista constituída de agente único. Obviamente, a condenação dos agentes não pressupõe a identificação dos demais.

A expressão "pessoalmente ou por interposta pessoa", empregada no tipo penal, evidencia a possibilidade de autoria mediata para este crime. Na autoria mediata (ou indireta), o agente se vale de uma terceira pessoa como instrumento para a prática do seu crime. Esta pessoa, por sua vez, é agente inculpável, seja por inimputabilidade, seja estar sob coação moral irresistível, obediência hierárquica, ter sido levado a erro etc.

Sujeito passivo é a coletividade. Sujeito passivo indireto é o Estado.

[4] OBJETOS

Objeto jurídico do crime é a paz pública.

Não há objeto material, pois as condutas recíprocas dos agentes, não recaem sobre pessoa ou coisa.

[5] TIPICIDADE SUBJETIVA

Elemento subjetivo do crime é o dolo, consistente na vontade livre e consciente de praticar alguma das condutas descritas no tipo penal.

Não há previsão para a modalidade culposa.

[6] CONSUMAÇÃO E TENTATIVA

Ocorrerá a consumação do crime quando houver a prática de qualquer das condutas descritas no tipo penal. Como já asseveramos, trata-se de tipo penal misto alternativo, razão pela qual a eventual realização de mais de uma conduta, no mesmo contexto fático, dará ensejo a apenas um crime.

Trata-se de crime plurissubsistente, razão pela qual é possível a tentativa.

[7] AÇÃO PENAL

A ação penal é pública incondicionada.

[8] PENAS

A pena prevista para o crime é de "reclusão, de 5 (cinco) a 8 (oito) anos, e multa". A partir dessa constatação, em relação à pena privativa de liberdade, podemos concluir que:

a) Não cabe a transação penal (art. 76, Leiº 9.099/95), pois não se trata de infração penal de menor potencial ofensivo (a pena máxima ultrapassa dois anos).

b) Não cabe a aplicação da suspensão condicional do processo (art. 89, Leiº 9.099/95), pois a pena mínima ultrapassa 1 (um) ano.

c) É possível a conversão da pena privativa de liberdade em perna restritiva de direitos (art. 44, CP), pois tal conversão é possível quando a pena efetivamente imposta pelo juiz na sentença, em crime doloso sem violência ou grave ameaça, não ultrapassa 4 (quatro) anos. Naturalmente, é necessário que se façam presentes os demais requisitos.

Em relação à pena de multa, o juiz observa duas etapas distintas: na primeira, irá fixa a quantidade de dias-multa. Posteriormente, cabe-lhe especificar o valor de cada dia-multa, observando a capacidade econômica do condenado. Se o juiz entender que o valor da multa é insuficiente, diante da capacidade econômica do réu, poderá elevá-lo ao triplo.

a) fixação da quantidade de dias-multa: Para a fixação da quantidade de dias-multa, não se leva em consideração a capacidade econômica do condenado, mas sim a reprovabilidade da sua conduta. No Código Penal: a quantidade de dias-multa pode variar de 10 (dez) a 360 (trezentos e sessenta).

b) quantificação do dia-multa: em um segundo momento, deve o julgador mensurar o valor de cada dia-multa, entre os patamares de 1/30 (um trinta avos) do salário mínimo e 5 (cinco) salários mínimos. Nesse momento, será levada em consideração a capacidade econômica do condenado.

§ 1º (VETADO).

§ 2º (VETADO).

No projeto de lei, aprovado no Congresso Nacional e enviado à sanção presidencial, os §§ deste artigo 3º possuíam a seguinte redação:

"§ 1º Nas mesmas penas incorre aquele que dá abrigo ou guarida a pessoa de quem saiba que tenha praticado ou esteja por praticar crime de terrorismo.

§ 2º Na hipótese do § 1º, não haverá pena se o agente for ascendente ou descendente em primeiro grau, cônjuge, companheiro estável ou irmão da pessoa abrigada ou recebida; essa escusa não alcança os partícipes que não ostentem idêntica condição".

A Presidência da República decidiu pelo veto dos dispositivos, apresentando as seguintes razões:

"Os dispositivos ampliam o conceito de auxílio, já criminalizado no *caput* do artigo, tratando de forma imprecisa a situação na qual o tipo penal se aplicaria e não determinando com clareza quais atos seriam subsumidos à norma, gerando insegurança jurídica incompatível com os princípios norteadores do Direito Penal. Além disso, as condutas descritas já estão previstas no Código Penal".

FÁBIO ROQUE ARAÚJO

Art. 4º (VETADO).

O art. 4º, que constava do projeto aprovado pelo Congresso Nacional, trazia a seguinte conduta típica:

> *"Art. 4º Fazer, publicamente, apologia de fato tipificado como crime nesta Lei ou de seu autor:*
>
> *Pena – reclusão, de quatro a oito anos, e multa.*
>
> *§ 1º Nas mesmas penas incorre quem incitar a prática de fato tipificado como crime nesta Lei.*
>
> *§ 2º Aumenta-se a pena de um sexto a dois terços se o crime é praticado pela rede mundial de computadores ou por qualquer meio de comunicação social."*

Ao vetar o dispositivo, a Presidência da República apresentou as seguintes razões: "O dispositivo busca penalizar ato a partir de um conceito muito amplo e com pena alta, ferindo o princípio da proporcionalidade e gerando insegurança jurídica. Além disso, da forma como previsto, não ficam estabelecidos parâmetros precisos capazes de garantir o exercício do direito à liberdade de expressão".

Correto o veto, quando se reporta a uma afronta ao princípio da proporcionalidade, haja vista o quantitativo de pena prevista. No que se refere à questão atinente a eventual afronta à segurança jurídica, importante registrar que nossa legislação penal conta com outros exemplos em que se tipifica as condutas consistentes em realizar apologia.

Neste sentido, temos, como exemplo máxime, o art. 287 do Código Penal, que consagra o crime de "apologia de crime ou criminoso". Aliás, a redação do dispositivo é extremamente similar àquela que constava do projeto de lei vetado pela Presidência. Com efeito, dispõe o art. 287, CP`: "Fazer, publicamente, apologia de fato criminoso ou de autor de crime: Pena – detenção, de três a seis meses, ou multa".

Como se vê, a partir do veto presidencial, possível questionar-se a constitucionalidade o dispositivo do Código Penal, na medida em que "o conceito muito amplo" e a ausência de estabelecimento de "parâmetros precisos capazes de garantir o exercício do direito à liberdade de expressão", argumentos empregados como razões de veto, também se aplicariam a este texto legislativo.

LUIZ FLÁVIO GOMES

Art. 5º Realizar atos preparatórios de terrorismo [1] com o propósito inequívoco de consumar tal delito [2].

[1] Tal como na lei de drogas (v.g.), na lei do terrorismo também são puníveis vários atos preparatórios. Por exemplo: "usar ou ameaçar usar, transportar, guardar, portar ou trazer consigo explosivos, gases tóxicos, venenos, conteúdos biológicos, químicos, nucleares ou outros meios capazes de causar danos ou promover destruição em massa" (art. 2º, § 1º, inc. I, da Lei 13.260/16).

Quem traz consigo explosivo está (ainda) preparando o ato terrorista. Quando há a explosão, temos atos executórios. Para proteger bens jurídicos o legislador (muitas vezes) antecipa a tutela penal para momentos anteriores à prática dos atos executórios. A legitimidade dessa antecipação penal é uma questão problemática, que será abordada logo abaixo. Tudo se complica mais ainda quando temos "atos preparatórios de atos preparatórios" (onde há uma dupla ou tripla antecipação da tutela penal).

O que o art. 5º ora comentado pune é a *preparação da preparação*. Vamos imaginar o seguinte: o agente está "fabricando" em sua casa um explosivo (para usar em um ato terrorista). Essa preparação vem antes do "transportar e do trazer consigo" (algo capaz de gerar danos ou promover destruição em massa). Ou seja: aqui estamos diante de uma preparação da preparação (estando o bem jurídico em posição muito distante). A incidência do direito penal, nesse caso, é muito problemática, como veremos, porque o risco ou a ofensa ao bem jurídico ainda é bastante tênue.

Quando há a explosão os bens jurídicos protegidos no terrorismo (vida, integridade física, saúde, patrimônio etc.) são efetivamente lesados. Se o explosivo é acionado mas por qualquer motivo não funciona, há tentativa (abstraindo-se a hipótese de meios completamente inidôneos). Se o sujeito transporta o explosivo, há ato preparatório (já punível). Se o sujeito está "fabricando" o explosivo em casa (preparação da preparação) a distância dos bens jurídicos é imensa. Seria correto aplicar o direito penal nesse caso? Retomaremos o assunto logo abaixo.

De qualquer modo, para se falar em preparação da preparação é evidente que a conduta praticada tem que ter vínculo causal e lógico com uma das ações verbais previstas na lei. "Fabricar" um explosivo que depois será transportado para ser usado num ato terrorista mostra exemplificativamente esse nexo causal.

[2] A inteira compreensão dos atos preparatórios em direito penal passa por recordar o conceito de *iter criminis*[183]. O crime doloso se desenvolve por meio de um conjunto de fases, denominado *iter criminis*. Elas se sucedem cronologicamente no desenvolvimento do delito doloso (Zaffaroni), ou seja, do delito que é dominado pela vontade do seu autor (ou autores). O *iter criminis* depende do plano (e da vontade) do autor. Apenas o crime doloso, portanto, admite o *iter criminis*. Exclusivamente ele, de outro lado, é que permite a tentativa. Somente no crime doloso é que temos uma sucessão de etapas (cogitação, preparação, execução etc.). Quando o agente percorre as fases da cogitação, preparação e execução pode-se falar que o crime é consumado? Não necessariamente, porque, apesar de ter executado todo o seu plano, pode acontecer de, por circunstâncias alheias a sua vontade, o crime não se consumar, operando-se, aqui, a tentativa (CP, art. 14, II).

Duas são as fases do *iter criminis*: interna e externa:

183. Ver GOMES, Luiz Flávio, BIANCHINI, Alice e DAHER, Flávio. *Curso de direito penal 1*: parte geral (arts. 1º a 120). 2. ed. Salvador: JusPodivm, 2016.

1ª fase: *interna (cogitação)*: a cogitação, em Direito penal, é impunível: *cogitationis poenam nemo patitur* (Ulpiano). O Direito penal não chega a ingressar no pensamento do agente para puni-lo pelo que pensa. Mentalmente todo delito (doloso) pode ser idealizado, mas o direito penal não se interessa por isso. Por força do princípio da materialização (ou exteriorização) do fato, este só se torna penalmente relevante quando se manifesta exteriormente.

Nullum crimen sine actio (não há crime sem conduta exteriorizada). No direito penal do fato jamais se admite a punição do pensamento ("o pensamento não paga imposto", como diziam os doutrinadores italianos).

2ª fase: *externa.* Subdivide-se em:

A) *Atos preparatórios*: são atos que antecedem imediatamente os executórios. Os atos preparatórios são chamados de *conatus remotus* e, em geral, são impuníveis. Só excepcionalmente são puníveis (como no caso da Lei 13.260/16, que aqui estamos comentando).

Outros exemplos de punição de atos preparatórios: **1)** Na associação criminosa (CP, art. 288) pune-se a associação de três ou mais pessoas, para o fim específico de cometer crimes; **2)** Vários verbos contidos no art. 33 da Lei de Drogas (Lei 11.343/2006) representam tão somente a preparação para o tráfico efetivo, como ter droga em depósito, trazer consigo etc. No entanto, pela lei, já são puníveis.

B) *Atos executórios*: os atos executórios envolvem (a) tanto a execução do verbo núcleo do tipo como (b) os atos imediatamente anteriores dirigidos (inequivocamente) ao verbo núcleo do tipo (começo de execução do crime). A execução do verbo núcleo do tipo é uma fase mais avançada que o começo de execução do crime. Ambos expressam, no entanto, atos executórios.

Sobre o conceito de começo de execução do crime, assim como sobre a distinção entre os atos executórios e os atos preparatórios, existem várias teorias:

– **Teoria subjetiva** (von Buri): vislumbra ação executiva em todos os atos preparatórios, porque já revelariam a intenção e a periculosidade do autor (essa corrente constitui manifestação inequívoca do chamado Direito penal de autor, que pouco importa com a efetiva afetação do bem jurídico, contentando-se só com a periculosidade do agente ou com suas intenções). O que importa é o plano do autor e sua intenção (von Buri e von Bar, dentre outros, defenderam essa teoria). Cuida-se de uma teoria exageradamente punitivista (muito ampla) e subjetivista (incompatível com o direito penal do Estado de Direito).

– Teoria formal-objetiva ou objetivo-formal (Beling): salienta que há ato executório (somente) quando o agente realiza a conduta correspondente ao verbo núcleo do tipo, ou seja: quando começa a subtrair, quando aciona o gatilho da arma para matar etc. (Beling). A execução se inicia quando começa a realização de algum dos requisitos do tipo. Os atos que não realizam o verbo núcleo do tipo são periféricos (preparatórios). Cuida-se de teoria muito restrita.

– Teoria material-objetiva ou objetivo-material (Frank): aceita que o ato executório se dá tanto quando o agente realiza o verbo núcleo do tipo como em relação aos atos anteriores, mas vinculados necessariamente com a conduta do verbo núcleo do tipo. O fundamental é que o bem jurídico entre no raio de ação da conduta perigosa. O critério do risco para o bem jurídico é o que o define como ato executório (Frank). Cuida-se de teoria correta, mas incompleta, porque sem o plano do autor jamais conseguiremos distinguir atos executórios e atos anteriores.

– Teoria objetiva individual (ou individual-objetiva): complementa a terceira, que está correta, mas é insuficiente. Ela foi complementada pela ideia de que os atos anteriores à execução devem estar coligados com o *plano concreto do autor*, isto é, com o que ele quer (qual bem jurídico quer lesar) e sob qual forma quer alcançar esse resultado. Sabendo-se o que o agente *quer* (qual objetivo, qual bem jurídico pretende atingir) e *como* ele quer concretamente lesar esse bem jurídico, pode-se descobrir (apesar de todas as dificuldades) *quando* está iniciada a execução do crime (Zaffaroni). Essa teoria (denominada *objetiva-individual*) é a que melhor explica a ideia de começo de execução do crime (e, ao mesmo tempo, a que melhor distingue atos preparatórios dos atos executórios).

A *teoria objetiva individual* (que atende o plano concreto do autor) é a mais aceitável porque não descuida da parte objetiva (conduta que revela concreto perigo para o bem jurídico pretendido) e ainda exprime com maior precisão o momento próximo anterior (ao verbo núcleo do tipo) que já exterioriza esse perigo concreto penalmente relevante. De outro lado, elimina qualquer possibilidade de se punir a tentativa inidônea (quando o meio utilizado é absolutamente inidôneo – crime impossível, CP, art. 17).

C) *Crime consumado*: a consumação é o terceiro momento da fase externa do *iter criminis*. O crime se consuma "quando nele se reúnem todos os elementos de sua definição legal", isto é, quando nele se reúnem todos os seus requisitos legais (CP, art. 14, I). Crime tentado ocorre quando iniciada a execução não se consuma por circunstâncias alheias à vontade do agente (CP, art. 14, II).

Quando os crimes se consumam? Do ponto de vista material, os crimes alcançam a consumação quando ofendem o bem jurídico protegido (quando há lesão ou perigo de lesão ao bem jurídico). Do ponto de vista formal a doutrina clássica diz o seguinte: (a) nos crimes materiais, culposos e omissivos impróprios: consumam-se quando se dá o resultado naturalístico; (b) nos crimes de mera conduta, formais e crimes omissivos próprios: quando acontece a conduta; (c) nos crimes qualificados pelo resultado: quando ocorre o resultado; (d) no crime permanente: quando o bem jurídico é concretamente afetado, mas sua característica fundamental é que essa consumação se prolonga no tempo, de acordo com a vontade do agente (exemplo: sequestro, CP, art. 148); (e) nos crimes habituais: para sua consumação exige-se a reiteração da conduta (exemplo: curandeirismo, CP, art. 284, I); (f) os crimes complexos: quando nele se reúnem seus requisitos legais (exemplo: roubo, que é a fusão do furto com a violência ou grave ameaça contra a pessoa).

D) *Exaurimento (ou esgotamento) do crime*: ocorre quando se realizam acontecimentos típicos posteriores à consumação. O recebimento da vantagem no delito de extorsão (CP, art. 158) já caracteriza exaurimento, porque o crime (formal) se consuma no momento do constrangimento da vítima.

Pena – a correspondente ao delito consumado, diminuída de um quarto até a metade [1].

[1] Se a punição dos atos preparatórios (como os comentados abaixo e previstos no art. 5º, § 1º, incisos I e II) já é questionável (porque a regra é a exigência de atos executórios), a polêmica se amplia e se agrava quando estamos diante de "atos preparatórios de atos preparatórios", previstos no art. 5º, *caput,* supra. Comentaremos em primeiro lugar os atos preparatórios previstos no § 1º do art. 5º; em seguida vamos expor nosso ponto de vista a respeito da legitimidade penal e constitucional dos "atos preparatórios de atos preparatórios".

§ lº Incorre nas mesmas penas [1] o agente que, com o propósito de praticar atos de terrorismo [2]:

[1] A pena cominada para as condutas puníveis previstas no § 1º, incisos I e II, é a do crime consumado (a do art. 2º, por exemplo, é de 12 a 30 anos de reclusão), diminuída de um quarto até a metade. Na dosimetria da diminuição o juiz deve levar em contra o grau de periculosidade da ação preparatória (sem perder de vista a relação de proximidade ou de distanciamento para o bem jurídico tutelado).

[2] Todas as condutas mencionadas nos incisos I e II abaixo somente são típicas se iluminadas pelo propósito de praticar atos de terrorismo. Esse propósito deve ser devidamente comprovado, para além de toda dúvida razoável. O art. 5º, *caput* (que vale sistematicamente para o § 1º), fala em "propósito inequívoco". Isso significa dolo direto de primeiro grau, ou seja, consciência e vontade indubitável (do agente) de que recruta ou organiza ou transporta ou municia pessoas para essa específica finalidade.

> **I – recrutar [1], organizar [2], transportar [3] ou municiar [4] indivíduos [5] que viajem para país distinto daquele de sua residência ou nacionalidade [6]**; ou

[1] Recrutar significa cooptar, aliciar, angariar, reunir, convocar, alistar ou atrair pessoas para um determinado propósito.

[2] Organizar é pôr em ordem, arrumar, dispor para funcionar, acomodar, sistematizar, coordenar, ordenar, estruturar.

[3] Transportar é levar de um lugar para outro, remover, carregar de um ponto a outro.

[4] Municiar é abastecer, munir, prover, apetrechar, armar. Em sentido estrito seria garantir ou conceder munição. Mas o verbo permite um uso mais amplo para abranger também outros objetos, como municiar alguém de informações, projetos, planos ou esquemas.

[5] Qualquer pessoa pode ser recrutada ou comandada ou transportada ou municida. Não se exige nenhuma qualidade especial dessa pessoa (que passará a funcionar como instrumento individual da organização). Aliás, nem sequer se exige que ela tenha consciência de que está fazendo parte de uma organização terrorista. O requisito subjetivo especial é exigido do agente do fato, não do "instrumento individual" do fato.

[6] Se a pessoa instrumentalizada "viajar para país distinto daquele de sua residência ou nacionalidade", incide o § 1º do art. 5º (ora sob análise). Viajar

exige o efetivo deslocamento de um país para outro. Não basta o bilhete de avião de mão (por exemplo). Não basta a intenção de viajar. Mais: viajar para o alto-mar (zonas que estão excluídas das soberanias estatais) não é suficiente para a incidência do § 1º citado. Residir é habitar, morar (não requer propósito ou ânimo definitivo). Se a pessoa instrumentalizada não viajar para outro país, aplica-se o § 2º do art. 5º (como veremos logo abaixo).

II – fornecer [1] ou receber [2] treinamento [3] em país distinto daquele de sua residência ou nacionalidade [4].

[1] Fornecer significa prover, ministrar, entregar, guarnecer, abastecer, proporcionar, dar, produzir, gerar, colocar à disposição, equipar.

[2] Receber é aceitar o que é oferecido, ministrado, dado, produzido; significa acolher, ganhar, adquirir, alcançar.

[3] Treinamento é a conquista de competências e habilidades para o exercício de uma atividade ou ação. Treinar significa capacitar, aquisição de conhecimento, por vários meios: escritos, resenhas, fotos, vídeos etc. Treinamento é aprimoramento, desenvolvimento de habilidades ou de uma arte, conquista de critérios para o desempenho de uma ação, aquisição de destreza, incremento de um talento etc.

[4] O treinamento previsto no inciso II do § 1º tem que acontecer "em país distinto daquele de sua residência ou nacionalidade". Se se trata de país da nacionalidade do fornecedor ou do recebedor ou onde um dos dois reside, aplica-se o § 2º (que comentaremos abaixo).

§ 2° Nas hipóteses do § 1°, quando a conduta não envolver treinamento ou viagem para país distinto daquele de sua residência ou nacionalidade, a pena será a correspondente ao delito consumado, diminuída de metade a dois terços [1-2].

[1] Quando as condutas previstas no § 1º não envolverem treinamento ou viagem para país distinto daquele de sua residência ou nacionalidade, a pena será diminuída de metade a dois terços (antes, no § 1º, a pena é diminuída de um quarto até metade). A diminuição (no § 2º) é maior que a prevista no § 1º. A razão da diferença é a seguinte: há muito mais desvalor da ação (maior periculosidade na ação) quando o treinamento ou a viagem é para país distinto da residência ou nacionalidade das pessoas envolvidas nesses

atos. Dá-se, nesse caso, a internacionalização do terrorismo, que representa maior periculosidade na conduta e sofisticação da organização. Em tese, é muito mais potente uma organização internacionalizada que uma nacional.

[2] **Punição dos atos preparatórios de atos preparatórios.** A exagerada antecipação da tutela penal, com a criminalização de atos preparatórios de atos preparatórios que não revelam efetivo perigo para o bem jurídico, nos parece de inconstitucionalidade manifesta, porque implica na imposição de uma pena a um fato que não significou concreto ou real risco para o bem jurídico protegido. Por força do princípio da proporcionalidade somente se justifica a imposição de uma sanção penal quando um bem jurídico relevante correu perigo ou foi efetivamente lesado. Quando a conduta apresenta remota distância frente ao bem jurídico (ou seja: quando o bem jurídico não entra no raio de relevância da periculosidade da conduta) a incidência do direito penal viola o princípio da ofensividade bem como o da proporcionalidade. O direito penal não pune o agente que tem intenção de matar e que está numa esquina esperando a vítima passar por ali. Estar na esquina significa preparação. Nesse caso o bem jurídico vida ainda não entrou em perigo. Logo, essa preparação não é punível. Se o direito penal não pune quem está na frente da casa da vítima esperando-a para matá-la, porque seria usado para punir quem (ainda) está "fabricando" o explosivo em casa para usá-lo em ato terrorista?

Por força do princípio da materialização ou exteriorização do fato , não há crime sem conduta (*nullum crimen sine actio*). Em virtude do princípio da ofensividade do fato não há crime sem ofensa ao bem jurídico (*nullum crimen sine iniuria*)[184].

De acordo com a teoria constitucionalista do delito (que subscrevemos), todo crime exige tanto uma conduta desvalorada como um resultado desvalorado, é dizer, desvalor da conduta (geração de risco proibido) e desvalor do resultado (ofensa ao bem jurídico concreta ou real, transcendental, significante, intolerável, objetivamente imputável ao risco criado e que esteja no âmbito de proteção da norma), que integram a chamada "tipicidade material" (a tipicidade é tridimensional: é formal, material e ainda requer o dolo ou a culpa).

A falta de qualquer um dos dois substratos da tipicidade material conduz à inexistência do fato materialmente típico, logo, do crime.

---

184. Ver GOMES, Luiz Flávio; GARCÍA-PABLOS DE MOLINA, Antonio; BIANCHINI, Alice. *Direito penal*: introdução e princípios fundamentais. Vol. 1. São Paulo: RT, 2007, ps. 563-611.

Desvalor da "ação" (isto é, desvalor da conduta) significa uma valoração negativa da conduta (ação ou omissão) incriminada (ou seja: formalmente típica). O "matar" alguém, quando se trata de um homicídio, é dotado de desvalor porque o legislador o enfoca negativamente. A conduta de matar (no homicídio) é uma situação fática que nega uma relação social – o bem jurídico vida – valorado positivamente pelo legislador.

O desvalor da ação é composto nos delitos *dolosos* de uma parte *subjetiva* e outra *objetiva*. A parte subjetiva se exprime pelo dolo e, eventualmente, por outros requisitos subjetivos exigidos pelo tipo (chamados requisitos subjetivos especiais do injusto ou elementos subjetivos do injusto ou dolo específico). A parte objetiva consiste em verificar se ela criou ou incrementou um risco proibido relevante. O modo e circunstâncias de execução da conduta (meio insidioso, meio cruel, de surpresa, inescrupulosamente, fraudulentamente etc.), quando não relevantes para a própria tipicidade, contam com importância ímpar dentro do juízo de reprovação da culpabilidade.

Desvalor do resultado, por seu turno, significa a produção de um resultado jurídico desvalioso (ou seja: uma lesão desvaliosa ou um perigo concreto de lesão desvalioso para o bem jurídico). O resultado jurídico é desvalioso quando: (a) concreto ou real, (b) transcendental, (c) grave ou significativo; (d) intolerável, (e) objetivamente imputável ao risco criado e (f) que esteja no âmbito de proteção da norma.

Examinados os conceitos, indaga-se: para a existência do fato materialmente típico (ou seja: do próprio crime) basta o desvalor da ação ou também é imprescindível o desvalor do resultado? Pode-se admitir algum crime sem desvalor do resultado jurídico? Pode o juiz condenar alguém só com fundamento no desvalor da ação? Quando o sujeito dispara contra uma pessoa que já estava morta fazia cinco horas, comete crime ou não? Não há dúvida que essa sua conduta é desvaliosa, porque cometida com o intuito de destruir uma vida. Há nesse fato, portanto, desvalor da ação (ou seja: criação *ex ante* de risco proibido). Mas não se faz presente nem sequer o resultado naturalístico, isto é, o bem jurídico (vida) não existia e, desse modo, não foi afetado. Não foi lesado nem correu risco. Logo, é uma situação de crime impossível (nos termos do art. 17 do CP). Mas só com o desvalor da ação já se torna possível punir penalmente o agente? Não (ver o art. 17 do CP).

Não há crime sem resultado jurídico (lesão ou perigo concreto de lesão). Esse resultado jurídico, ademais, deve ser desaprovado ou desvalioso (ou seja: só há tipicidade penal quando presente o *desvalor do resultado jurídico*).

A doutrina penal majoritária na atualidade tende a ser dualista também em relação à estrutura do crime e afirma que ele não se esgota exclusivamente no desvalor da ação (conduta) senão que também conta com especial relevância para a constituição do crime (ou do injusto) o desvalor do resultado (quer dizer, a lesão ou perigo ao bem jurídico).

Vorfeldkriminalisierung significa criminalização do âmbito prévio, ou seja, antecipação da tutela penal. Mas para se falar em antecipação da tutela penal temos que partir de um ponto de referência. Qual deve ser a referência do legislador e até onde ele pode fugir dessa estrutura básica para antecipar a tutela penal?

Para nós, o ponto de referência do legislador no momento da atividade criminalizadora é a concepção do delito como lesão a um bem jurídico. O padrão ou *standart* básico é o delito de lesão (não o de perigo). Qualquer outra construção típica fora dessa estrutura básica já significa antecipação da tutela penal. O crime de perigo, desse modo, já é uma forma de antecipação da tutela penal, porque o legislador nem espera ocorrer a lesão (já pune desde logo o perigo de lesão). No crime de perigo, portanto, o legislador já pune o "risco" de uma lesão. Não espera a lesão acontecer. Já ameaça com pena desde logo o próprio "perigo de lesão".

Podem ser criminalizados os meros atos preparatórios de um delito? Qual é o limite máximo da antecipação da tutela penal? Pensamos que ela não pode ultrapassar a barreira do perigo concreto ou da periculosidade real. O crime de perigo abstrato presumido é totalmente inconstitucional (de acordo com nossa visão). As condutas de lesão a um bem jurídico (individual) esgotam o núcleo básico (e clássico) do Direito penal. Tanto o perigo concreto como a punição dos atos preparatórios configuram formas de antecipação da tutela penal. O grave problema de legitimação aparece quando o adiantamento da proteção "penal" ultrapassa os limites assinalados, quer dizer, quando há uma expansão da proteção penal, que ocasiona fricção com princípios vertebradores do Direito penal.

A antecipação da tutela penal não pode chegar, portanto, ao extremo de contemplar um modelo de crime centrado exclusivamente no desvalor de ação (esse é o caso do perigo abstrato presumido) ou reconduzíveis à "subjetivização" do Direito penal (como é o caso da teoria subjetiva da tentativa, que se contenta apenas com a intenção do agente).

É inconcebível repetir o que foi feito no regime político da Alemanha nacional-socialista (nazista), que criou um Direito penal do perigo (*Gefährdungsstrafrecht*), da vontade (*Willensstrafrecht*) ou da intenção (*Gesinnungstrafrecht*).

Além de abandonar os princípios básicos do Direito penal do Iluminismo, toma-se partido por um uso exageradamente antecipado do Direito penal. Transformou-se o Direito penal da lesão (*Verletzungstrafrecht*) em um Direito penal do perigo (especialmente abstrato presumido).

Incriminação de atos preparatórios e o "perigo de perigo" (= perigo concreto indireto). Quando o agente, com intenção de matar, aciona o gatilho da arma e dispara contra a vítima, já estamos diante de atos executórios. Deve o agente ser responsabilizado por isso (seja por crime consumado, seja por crime tentado, se a vítima não veio a falecer). A incriminação dos atos executórios não revela nenhum problema de legitimidade (porque o bem jurídico protegido já entra no raio de ação da conduta perigosa criadora de riscos proibidos). O problema reside na imposição de sanção para os atos preparatórios.

A concepção do crime como ofensa efetiva ao bem jurídico protegido (que é onde se manifesta a esfera da liberdade alheia) impede, em regra, que a atividade estatal criminalizadora se articule antes de que se dê, pelo menos, um início de execução do ataque. Um dos limites mais importantes do direito penal constitucional que deve ser observado pelo legislador, por conseguinte, é o *início da execução do crime*.

A incriminação dos atos preparatórios, desse modo, na medida em que constitui uma forma extremada de adiantamento da "linha de defesa" de bens jurídicos a momentos anteriores ao da tentativa (anteriores ao início da execução do crime), suscita, consequentemente, graves problemas de legitimação, particularmente devido ao potencial de conflitividade com princípios considerados fundamentais para o atual (e constitucionalista) Direito penal (ofensividade, proporcionalidade, culpabilidade etc.).

O ato é preparatório quando "estabelece as condições idôneas para a execução de um delito planejado, levando em consideração que deve, pelo menos, ultrapassar a mera planificação interna do fato e que, como limite máximo, não deve se ter dado início à imediata execução típica da vontade criminal, o que já constituiria, uma conduta de tentativa"[185].

O que não se considera aceitável, desde logo, é a contemplação do castigo para os atos preparatórios de uma forma "generalizada", por meio so-

185. Ver Sánchez García de Paz, M. Isabel. *El moderno Derecho penal y la anticipación de la tutela penal*, p. 57. Praticamente no mesmo sentido veja-se Marinucci, Giorgio; Dolcini, Emilio. *Corso de Diritto penale*, p. 448: "Per atti preparatori si intendono le manifestazioni esterne del proposito delittuoso, che abbiano un carattere strumentale rispetto alla realizzazione, non ancora iniziata, di una figura di reato".

bretudo de uma cláusula geral (no Código Penal). A característica essencial do conceito de atos preparatórios reside em sua *instrumentalidade*, quer dizer, são atos externos que, sem chegar ao início da execução, ultrapassam a *cogitationis poenan nemo patitur* e estão instrumentalmente vinculados à realização concreta de um fato típico.

Dentro da grande categoria da "autônoma incriminação" dos atos preparatórios devem ser diferenciados quatro grupos:

1. *Os delitos obstáculo* (delitos *ostativi*), que cumprem uma função de "prevenção" ou de "impedimento" da realização de outro delito. São incriminações que antecipam a intervenção (e a tutela) penal a momentos anteriores à realização do perigo imediato. Por isso que são chamados de "delitos de perigo de perigo". O tipo penal, antecipando a tutela penal, já pune o perigo prévio (ou seja: o perigo de gerar um efetivo perigo para o bem jurídico).

No Direito penal brasileiro pode ser lembrado o seguinte exemplo: o art. 251 cuida do delito de explosão ("expor a perigo a vida, a integridade física ou o patrimônio de outrem, mediante explosão [...]"). Em seguida o mesmo dispositivo legal também pune a simples colocação de engenho de dinamite. Aqui, não temos ainda a explosão. Há, portanto, um perigo de perigo. É uma forma de antecipação da tutela penal. Nessa parte última surge o chamado "delito obstáculo". O legislador não quer nem sequer esse perigo de explosão (ou seja: esse perigo de perigo para a vida etc. das pessoas). Outro exemplo: perigo de inundação, previsto no art. 255 (o delito de inundação, propriamente dito, está no art. 254).

2. *Os delitos de preparação (Vorbereitungsdelikte):* há delitos que requerem uma intervenção especialmente rápida porque do contrário a pena poderia não ter nenhuma eficácia. A esta ideia correspondem, por exemplo, alguns delitos contra a segurança do Estado. No Direito penal brasileiro tome-se como exemplo o delito previsto no art. 8.º da Lei 7.170/83 (Lei de Segurança Nacional). Diz a lei: "Entrar em entendimento ou negociação com governo ou grupo estrangeiro, ou seus agentes, para provocar guerra ou atos de hostilidade contra o Brasil". A preparação da guerra já constitui delito. Cuida-se, como se vê, de um delito de preparação.

3. Os *delitos de possessão ou de simples posse:* são delitos em que o tipo legal não exige mais que a "simples posse" (posesión) de um objeto (de uma coisa) como pressuposto da sanção penal, embora o autor não tenha projetado um delito ulterior totalmente determinado. Podem ou não constituir um passo antecedente a outro fato penal. Entram nessa categoria: posse de arma de fogo, posse de entorpecente, posse de explosivos (CP, art. 253) etc.

4. Os *delitos de suspeita*: um especial grupo dentro dos delitos de "possessão" (ou de simples posse) é constituído pelos denominados delitos de suspeita, que incriminam a posse de uma coisa sob a presunção de que possa ser utilizada em algum delito. A conduta é sancionada em si, porque constituiria, levando em consideração determinadas condições pessoais do sujeito, indício de uma possível intenção de praticar algum delito. Não existe um início de execução desse hipotético ilícito, senão a punição por uma mera presunção da intenção de cometê-lo. Exemplo marcante disso era o art. 25 da Lei das Contravenções Penais (posse de chaves falsas ou gazuas, depois de ter sido condenado por furto ou roubo, desde que não prove o agente a destinação legítima). Referido dispositivo foi julgado inconstitucional pelo STF.

Todas as hipóteses de incriminação de atos preparatórios que vimos, assim como as exigências contidas especialmente nas letras "d" e "e" supramencionadas, nos conduzem a uma aproximação ao movediço, mas inevitável campo do denominado "perigo concreto indireto". Para nós o perigo abstrato de perigosidade real constitui a barreira máxima da intervenção punitiva (o dirigir embriagado com a capacidade psicomotora alterada constitui um exemplo). Tanto o perigo concreto (para uma vítima concreta) como o perigo abstrato de perigosidade real exige um *plus* além da mera comprovação judicial da idoneidade ofensiva (periculosidade) da conduta.

A incriminação do perigo indireto (isto é, de atos anteriores à tentativa), de qualquer maneira, somente resulta legítima: (a) se há um efetivo "contato" entre a conduta perigosa e o bem jurídico; (b) se a sanção é proporcional ao grau não imediato ("distante", que não significa "remoto") de perigo.

Para a intervenção penal sempre será indispensável uma "afetação" ao bem jurídico, isto é, um "contato" entre a ação perigosa e o bem protegido, que não existe, por exemplo, nos delitos de perigo abstrato presumido. Qual seria o "grau" necessário do mencionado "contato"? Considerando a natureza normativa (valorativa) do perigo, é iniludível que cabe ao juiz, em cada situação concreta, descobrir se houve realmente uma situação de risco para o titular (ou titulares) do interesse afetado, que são evidentemente distintos do autor do delito. E não cabe argumentar que isso esteja revestido de insegurança, porque será o juiz quem delimitará cada situação concreta. Todos os conceitos normativos em Direito penal dependem de uma valoração do juiz (o perigo, o perigo concreto, o início de execução de um delito, a omissão punível etc.).

Em suma, para a punibilidade do fato, é fundamental que o objeto de tutela (e do ataque) realmente tenha entrado no "raio de ação" da conduta perigosa e que a lesão se mostre concretamente provável.

Será imprescindível, por conseguinte, não só examinar se o recurso ao Direito penal é adequado (princípio da subsidiariedade, fragmentariedade), senão também se o grau de perigo não é "ínfimo" (princípio da insignificância) ou mesmo "remoto" (exclusão da punibilidade, em razão do princípio da fragmentariedade), tal como acontece, com frequência, nas incriminações duplamente indiretas (quer dizer, perigo de perigo de perigo de uma lesão).

A arma desmuniciada não constitui delito algum justamente porque retrata uma situação de perigo remoto para os bens jurídicos individuais (nesse sentido: STF, HC 81.057). Se a legitimidade do *perigo indireto* (perigo de perigo) já é muito excepcional, a do *duplamente indireto* é extraordinariamente excepcionalíssima (para não dizer quase que impossível). Portanto, somente bens jurídicos muito fundamentais para o desenvolvimento da personalidade (vida, p. ex.) autorizaria uma incriminação claramente "afastada" da lesão. E ademais: em cada situação concreta, cabe o exame da razoabilidade da intervenção penal (proporcionalidade da pena, *v.g.*).

De toda maneira, também se apresenta o problema da proporcionalidade da pena. Nas situações concretas ainda existe a possibilidade de se reconhecer que o perigo produzido tenha sido exíguo, ínfimo (quando então será afastada a tipicidade, em razão do critério de insignificância).

Nas hipóteses em que o Direito penal não seja o meio proporcional de reação (adequado e necessário), porque o que se pretende é uma antecipação excessiva da tutela, não será o caso de deixar o bem jurídico merecedor de proteção sem proteção de nenhuma espécie: o Direito administrativo ou o Direito judicial sancionador existe justamente para a salvaguarda subsidiária de tais bens.

ROGÉRIO SANCHES CUNHA E RONALDO BATISTA PINTO

Art. 6º Receber, prover, oferecer, obter, guardar, manter em depósito, solicitar, investir, de qualquer modo, direta ou indiretamente, recursos, ativos, bens, direitos, valores ou serviços de qualquer natureza, para o planejamento, a preparação ou a execução dos crimes previstos nesta Lei:

Pena – reclusão, de quinze a trinta anos.

Parágrafo único. Incorre na mesma pena quem oferecer ou receber, obtiver, guardar, mantiver em depósito, solicitar, investir ou de qualquer modo contribuir para a obtenção de ativo, bem ou recurso financeiro, com a finalidade de financiar, total ou parcialmente, pessoa, grupo de pessoas, associação, entidade, organização criminosa que tenha como atividade principal ou secundária, mesmo em caráter eventual, a prática dos crimes previstos nesta Lei.

[1] CONSIDERAÇÕES INICIAIS

O combate ao terrorismo, fenômeno social da atualidade de maior ameaça à paz pública, passa, obviamente, pela criminalização adequada do seu financiamento, na linha do que recomendam as Resoluções do Conselho de Segurança das Nações Unidas, sem ignorar a necessidade de medidas assecuratórias efetivas.

O art. 6º. tipifica uma série de condutas indicativas de sustento e custeio, dirigidas ao planejamento, preparação e execução dos crimes previstos nesta Lei (*caput*) ou o financiamento, total ou parcial, de pessoa, grupo de pessoas, associação, entidade, organização criminosa que tenha como atividade principal ou secundária, mesmo em caráter eventual, a prática dos crimes previstos nesta Lei (parágrafo único).

Já os arts. 12, 13, 14 e 15 trabalham medidas assecuratórias de bens, direitos ou valores do investigado ou acusado, ou existentes em nome de interpostas pessoas, que sejam instrumento, produto ou proveito dos crimes previstos nesta Lei.

Deve ser anotado que o Conselho de Controle de Atividades Financeiras (Coaf), unidade de inteligência financeira brasileira e órgão integrante do Ministério da Fazenda, possui um papel central no sistema brasileiro de combate ao financiamento ao terrorismo.

Vejamos os dois crimes tipificados neste dispositivo, primeiro discorrendo sobre o *caput* do art. 6º, depois seu parágrafo único.

[2] DELITO DO ART. 6º, *CAPUT* DA LEI 13.260/16

O art. 6º *caput* tipifica penalmente a conduta de receber, prover, oferecer, obter, guardar, manter em depósito, solicitar, investir, de qualquer modo, direta ou indiretamente, recursos, ativos, bens, direitos, valores ou serviços de qualquer natureza, para o planejamento, a preparação ou a execução dos crimes previstos nesta Lei. Trata-se, portanto, de tipo misto alternativo, de conteúdo variado ou de ação múltipla.

[3] BEM JURÍDICO

Os bens jurídicos tutelados são, imediatamente, a paz pública, e, mediatamente, as ordens econômica e tributária.

[4] SUJEITO ATIVO

O sujeito ativo pode ser qualquer pessoa, não exigindo o tipo qualidade ou condição especial do agente.

[5] SUJEITO PASSIVO

O sujeito passivo imediato é a coletividade, ao passo que o mediato é o Estado.

[6] CLASSIFICAÇÃO DOUTRINÁRIA

Trata-se de crime pluriofensivo (ofende a mais de um bem jurídico), comum (não exige condição ou qualidade especial do sujeito ativo, podendo ser praticado por qualquer pessoa), unissubjetivo ou unilateral ou de concurso eventual (perpetrado por um só agente, admitindo colaboração de outrem),de subjetividade passiva única (não exige pluralidade de ofendidos), de perigo abstrato (presume-se absolutamente a exposição a risco número indeterminado de pessoas), de ação múltipla ou de conteúdo variado (há vários verbos nucleares alternativos), formal ou de consumação antecipada ou de resultado cortado (a consumação se dá com a realização da conduta, sendo prescindível a ocorrência de resultado naturalístico), de forma livre (é admitido qualquer meio de execução), comissivo (cometido por meio de ação). A depender do caso concreto, como veremos adiante, é crime unissubsistente (inadmite o fracionamento da execução e, assim, a tentativa) ou plurissubsistente (é possível o fracionamento da execução, sendo cabível a tentativa), bem como instantâneo (a consumação dá-se em momento certo) ou permanente (a consumação se prolonga no tempo).

[7] CONSUMAÇÃO E TENTATIVA

O crime se consuma com a prática de qualquer um dos núcleos, isto é, no momento em que o agente recebe, provê, oferece, obtém, guarda, mantém em depósito, solicita, investe, de qualquer modo, direta ou indiretamente, recursos, ativos, bens, direitos, valores ou serviços de qualquer natureza, para o planejamento, a preparação ou a execução dos crimes elencados na Lei Antiterrorismo.

É, em regra, crime instantâneo (a consumação se dá em momento certo), sendo que somente os verbos "guardar" e "manter em depósito" configuram-se como crime permanente (em que a consumação se protrai no tempo).

Ademais, em se tratando de um tipo misto alternativo, o fato de o agente praticar mais de um dos verbos nucleares no mesmo contexto fático, não desnatura, diante do princípio da alternatividade, a unidade do crime.

A tentativa é, em regra, admitida. O *conatus* não parece possível nos núcleos de "guardar" e "manter em depósito".

[8] TIPO SUBJETIVO

O crime é punido a título de dolo, leia-se, o agente deve, de forma voluntária e consciente, concorrer, de qualquer modo, para o custeio do planejamento, da preparação ou da execução dos crimes previstos nesta Lei, recebendo, provendo, oferecendo, obtendo, guardando, mantendo em depósito, solicitando, investindo, de qualquer modo, direta ou indiretamente, recursos, ativos, bens, direitos, valores ou serviços de qualquer natureza.

[9] TIPO OBJETIVO

O art. 6º., *caput*, pune, em resumo, o apoio financeiro ao terrorismo, incriminando a obtenção, ocultação e o fornecimento de fundos para o planejamento, preparação ou execução de tais atividades, podendo acontecer de diversas formas, seja valendo-se de fontes lícitas – tais como doações pessoais e lucros de empresas e organizações de caridade –, seja a partir de fontes criminosas – como o tráfico de drogas, o contrabando de armas, bens e serviços tomados indevidamente à base da força, fraude, sequestro e extorsão.

O tipo apresenta os seguintes verbos nucleares: receber (tomar algo, obter), prover (fornecer), oferecer (ofertar), obter (conseguir), guardar (conservar ou tomar conta de algo), manter em depósito (armazenar), solicitar (pedir, requerer), investir (empregar), de qualquer modo, direta ou indiretamente, recursos, ativos, bens, direitos, valores ou serviços de qualquer natureza, para o planejamento, a preparação ou a execução dos crimes previstos na Lei 13.260/16[186].

---

186. Não abrange o custeio do crime do art. 3º (organização terrorista), este abrangido pelo parágrafo único, que pune na mesma pena quem oferecer ou receber, obtiver, guardar, mantiver em depósito, solicitar, investir ou de qualquer modo contribuir para a obtenção de ativo, bem ou

Trata-se, portanto, de um tipo misto alternativo, de conteúdo múltiplo ou variado, pois são vários os núcleos que compõem a figura penal. Dessa forma, o agente que incorrer, no mesmo contexto fático, em mais de um destes verbos, responderá, por força do princípio da alternatividade, por um único crime.

O objeto material são os ativos, bens, direitos, valores ou serviços. A menção a bens, direitos ou valores é, salvo melhor juízo, desnecessária, pois tais elementos são englobados pelo termo "ativo"[187].

Lendo e relendo o tipo, com especial atenção à pena (15 a 30 anos), parece-nos claro que não será qualquer contribuição financeira que servirá à presente tipificação, mas somente aquela tida como relevante, sem a qual a prática do ato ficaria precário.

[10] O DELITO DO ART. 6º, PARÁGRAFO ÚNICO DA LEI 13.260/16

O art. 6º, parágrafo único, da Lei Antiterrorismo tipifica penalmente a conduta de oferecer, receber, obter, guardar, manter em depósito, solicitar, investir ou, de qualquer modo, contribuir para a obtenção de ativo, bem ou recurso financeiro, com a finalidade de financiar, total ou parcialmente, pessoa, grupo de pessoas, associação, entidade, ou organização criminosa que tenha como atividade principal ou secundária, mesmo em caráter eventual, a prática dos delitos elencados na Lei 13.260/16. É, desse modo, tipo misto alternativo, de conteúdo variado ou de ação múltipla.

[11] BEM JURÍDICO

Os bens jurídicos tutelados são, imediatamente, a paz pública, e, mediatamente, as ordens econômica e tributária.

[12] SUJEITO ATIVO

A conduta classifica-se como crime comum e, desse modo, pode ser praticada por qualquer pessoa, só ou em colaboração com outrem.

---

recurso financeiro, com a finalidade de financiar, total ou parcialmente, pessoa, grupo de pessoas, associação, entidade, organização criminosa que tenha como atividade principal ou secundária, mesmo em caráter eventual, a prática dos crimes previstos nesta Lei.

187. "Ativo – termo básico nos sistemas contábeis, utilizado para expressar o conjunto de bens, valores, créditos, direitos e assemelhados, que forma o patrimônio de uma empresa, de uma pessoa, de um governo ou instituição, num determinado momento, avaliado pelos respectivos custos. No sistema brasileiro, este conceito possui vários desdobramentos legalmente caracterizados [...], e normas complementares". Cf. FULGENCIO, Paulo Cesar. *Glossario. Vade mecum.* Rio de Janeiro: Mauad X, 2007. p. 64. É o que também se depreende da leitura dos comentários atinente ao termo "patrimônio" de BIDERMAN, Maria Tereza Camargo. *Dicionário de termos financeiros e bancários.* São Paulo: Disal Editora, 2013.

[13] SUJEITO PASSIVO

O sujeito passivo imediato é a coletividade e, mediato, o Estado.

[14] CLASSIFICAÇÃO DOUTRINÁRIA

Trata-se de crime pluriofensivo (ofende a mais de um bem jurídico), comum (não exige condição ou qualidade especial do sujeito ativo, podendo ser praticado por qualquer pessoa), unissubjetivo ou unilateral ou de concurso eventual (perpetrado por um só agente, admitindo colaboração de outrem),de subjetividade passiva única (admite apenas um sujeito passivo), de perigo abstrato (presume a exposição a risco número indeterminado de pessoas), de ação múltipla ou de conteúdo variado ou tipo misto alternativo (há vários verbos nucleares), formal ou de consumação antecipada ou de resultado cortado (a consumação se dá com a realização da conduta, sendo prescindível a ocorrência de resultado naturalístico), de forma livre (é admitido qualquer meio de execução), comissivo (cometido por meio de ação), e, a depender do caso concreto, é unissubsistente (não permite o fracionamento da execução e, por isso, a tentativa) ou plurissubsistente (cabe a tentativa por ser possível fracionar a execução), bem como instantâneo (consuma-se em momento certo) ou permanente (a consumação se potrai no tempo).

[15] CONSUMAÇÃO E TENTATIVA

O crime se consuma no instante em que o agente oferece, recebe, obtém, guarda, mantém em depósito, solicita, investe ou de qualquer modo contribui para a obtenção de ativo, bem ou recurso financeiro, com a finalidade de financiar, total ou parcialmente, pessoa, grupo de pessoas, associação, entidade ou organização criminosa que tenha como atividade principal ou secundária, mesmo em caráter eventual, a prática dos crimes previstos nesta Lei Antiterrorismo. Com relação às modalidades de "guardar" e "manter em depósito" é crime permanente (em que a consumação se prolonga no tempo), sendo, todavia, instantâneo (consuma-se em momento certo) quanto aos demais verbos esculpidos.

Como é um tipo misto alternativo, o agente que praticar mais de um dos verbos nucleares no mesmo contexto fático, responderá, devido ao princípio da alternatividade, por um único crime.

Admite-se a tentativa, salvo quanto às hipóteses de "guardar", "manter em depósito", formas unissubsistentes do crime.

[16] TIPO SUBJETIVO

O elemento subjetivo do crime é o dolo, representado pela vontade consciente de oferecer, receber, obter, guardar, manter em depósito, solicitar, investir ou, de qualquer modo, contribuir para a obtenção de ativo, bem ou recurso financeiro, com a finalidade de financiar, total ou parcialmente, pessoa, grupo de pessoas, associação, entidade, ou organização criminosa que tenha como atividade principal ou secundária, mesmo em caráter eventual, a prática dos delitos enumerados na Lei 13.260/16.

[17] TIPO OBJETIVO

O delito tem como verbos nucleares oferecer (ofertar), receber (tomar algo, obter), obter (conseguir), guardar (conservar ou tomar conta de algo), manter em depósito (armazenar), solicitar (pedir, requerer) ou investir (empregar), ou de qualquer modo contribuir para a obtenção de ativo, bem ou recurso financeiro, com a finalidade de financiar, total ou parcialmente, pessoa, grupo de pessoas, associação, entidade, ou organização criminosa que tenha como atividade principal ou secundária, mesmo em caráter eventual, a prática dos crimes previstos na Lei 13.260/16.

Nota-se que, diferentemente do *caput*, o parágrafo único tem em mira não o sustento de um ato criminoso, mas do sujeito, sujeitos ou grupos terroristas. Outra diferença está na ausência do verbo "prover" (fornecer), substituído pelo núcleo "contribuir", que pode se dar de "qualquer modo".

Art. 6º. *caput*	**Art. 6º., parágrafo único**
Receber, **prover**, oferecer, obter, guardar, manter em depósito, solicitar, investir, de qualquer modo, direta ou indiretamente, recursos, ativos, bens, direitos, valores ou serviços de qualquer natureza, **para o planejamento, a preparação ou a execução dos crimes previstos nesta Lei**: *** Como já alertamos nos comentários ao *caput*, quando o dispositivo se refere ao planejamento, preparação ou a execução dos "crimes previstos nesta Lei", não abrange o custeio do delito do art. 3º (organização terrorista), este abrangido pelo parágrafo único.	Oferecer ou receber, obtiver, guardar, mantiver em depósito, solicitar, investir ou **de qualquer modo contribuir** para a obtenção de ativo, bem ou recurso financeiro, com a finalidade de financiar, total ou parcialmente, **pessoa, grupo de pessoas, associação, entidade, organização criminosa que tenha como atividade principal ou secundária, mesmo em caráter eventual, a prática dos crimes previstos nesta Lei.**
Pena – reclusão, de quinze a trinta anos.	**Pena – reclusão, de quinze a trinta anos.**

Como são vários os núcleos que compõem este parágrafo único, verifica-se que se trata de um tipo misto alternativo, de conteúdo múltiplo ou variado. Por esta razão, o agente que praticar, em um mesmo contexto fático, mais de um dos verbos elencados, responderá por um único crime em decorrência do princípio da alternatividade.

O objeto material são os ativos, bens, direitos, valores ou serviços. Assim como no *caput*, a menção a bens, direitos ou valores é, neste parágrafo único, desnecessária, haja vista que tais elementos já estão abrangidos pelo vocábulo "ativo"[188].

A mesma observação que fizemos nos comentários ao caput aqui merece ser reproduzida, qual seja,parece evidente que não será qualquer contribuição financeira que servirá à presente tipificação, mas somente aquela tida como relevante.

Por fim, se ausente a identidade de contexto, mostra-se possível o concurso de crimes do *caput* e parágrafo único.

DÉBORA DE SOUZA DE ALMEIDA E FÁBIO ROQUE ARAÚJO

> **Art. 7º Salvo quando for elementar da prática de qualquer crime previsto nesta Lei, se de algum deles resultar lesão corporal grave, aumenta-se a pena de um terço, se resultar morte, aumenta-se a pena da metade [1].**

[1] CAUSA DE AUMENTO DIANTE DO RESULTADO MORTE OU LESÃO CORPORAL DE NATUREZA GRAVE (ART. 7º)

De acordo com o art. 68 do Código Penal[189], que adota o critério trifásico de aplicação da pena[190], também conhecido como critério Nelson Hungria, o juiz fixará primeiramente a pena-base (quando analisará as

188. É o que se depreende de FULGENCIO, Paulo Cesar. *Glossario. Vade mecum*. Rio de Janeiro: Mauad X, 2007. p. 64. BIDERMAN, Maria Tereza Camargo. *Dicionário de termos financeiros e bancários*. São Paulo: Disal Editora, 2013.

189. Art. 68 do Código Penal: "A pena-base será fixada atendendo-se ao critério do art. 59 deste Código; em seguida serão consideradas as circunstâncias atenuantes e agravantes; por último, as causas de diminuição e de aumento. Parágrafo único – No concurso de causas de aumento ou de diminuição previstas na parte especial, pode o juiz limitar-se a um só aumento ou a uma só diminuição, prevalecendo, todavia, a causa que mais aumente ou diminua".

190. A pena de multa, cabe relembrar, segue o critério bifásico.

circunstâncias judiciais[191]), após passará à aplicação da pena provisória ou intermediária (quando analisará as circunstâncias legais[192]) e, finalmente, à pena definitiva (quando analisará as causas de aumento ou de diminuição[193]).

Sob este prisma, o art. 7º da Lei 13.260/16, por se tratar de causa de aumento, deverá incidir sobre a terceira fase da dosimetria da pena. Destaca-se, por expressa disposição legal, que na superveniência de morte ou lesão corporal grave decorrente de um dos delitos desta novel lei, deverá ser aplicada tal majorante, exceto quando um destes resultados figurar como elementar do tipo penal. Vide: "Art. 7º Salvo quando for elementar da prática de qualquer crime previsto nesta Lei, se de algum deles resultar lesão corporal grave, aumenta-se a pena de um terço, se resultar morte, aumenta-se a pena da metade".

Neste caminho, aludida causa de aumento é inaplicável à conduta do art. 2º, §1º, inc. V, consistente em atentar contra a vida ou a integridade física de pessoa, por razões de xenofobia, discriminação ou preconceito de raça, cor, etnia e religião, quando cometida com a finalidade de provocar terror social ou generalizado, expondo a perigo pessoa, patrimônio, a paz pública ou a incolumidade pública. Isto se deve porque a lesão corporal grave ou morte são resultados abrangidos pela elementar desse crime.

Por fim, cabe apontar que o aumento decorrente do resultado lesão corporal grave é de 1/3 (um terço), ao passo que o relativo à morte é de metade. Este acréscimo quantitativo de pena situa os crimes do art. 2º e 6º da Lei Antiterrorismo, que em sua forma simples já possuem preceitos secundários sobremaneira altos,entre as figuras delitivas que contam com as penas em abstrato mais severas do ordenamento jurídico-penal nacional, como a extorsão mediante sequestro com resultado morte[194].

---

191. As circunstâncias judiciais estão elencadas no art. 59 do Código Penal. São elas: a culpabilidade, os antecedentes, a conduta social e a personalidade do agente; os motivos, as circunstâncias e as consequências do crime; e, por fim, o comportamento da vítima.

192. As circunstâncias legais, também conhecidas como circunstâncias agravantes e circunstâncias atenuantes, estão presentes no Código Penal e na Legislação Penal Especial. No Código Penal, por exemplo, estão enumeradas nos arts. 61, 62, 65 e 66. É o juiz quem estabelece, fundamentadamente, o *quantum* de aumento ou de diminuição que adota.

193. As causas de aumento ou de diminuição, também denominadas majorantes ou minorantes, têm parâmetros mínimos e máximos estabelecidos em lei, devendo o juiz respeitar tais limites.

194. Art. 159 do Código Penal: "sequestrar pessoa com o fim de obter, para si ou para outrem, qualquer vantagem, como condição ou preço do resgate: [...] § 3º – Se resulta a morte: pena – reclusão, de vinte e quatro a trinta anos".

DÉBORA DE SOUZA DE ALMEIDA

Art. 8º Se da prática de qualquer crime previsto nesta Lei resultar dano ambiental, aumenta-se a pena de um terço. (VETADO).

O art. 8º da Lei 13.260/16 (Lei Antiterrorismo) foi vetado por duas razões: por exarar conteúdo contrário ao princípio da proporcionalidade, em sua faceta da proibição do excesso (*Übermassverbot*), uma vez que "[...] eventual resultado mais gravoso já pode ser considerado na dosimetria da pena[195]"; e, por visar tutelar um bem jurídico que já dispõe de legislação própria[196], qual seja, a Lei 9.605/98.

DÉBORA DE SOUZA DE ALMEIDA

Art. 9º Os condenados a regime fechado cumprirão pena em estabelecimento penal de segurança máxima. (VETADO).

Ao estabelecer de antemão o estabelecimento penal de cumprimento da pena, o art. 9º da Lei 13.260/16 evidenciou-se alheio ao princípio da individualização da pena, impossibilitando, como bem aponta o veto presencial, a consideração das "[...] condições pessoais do apenado, como o grau de culpabilidade, os antecedentes, a conduta social, a personalidade e os fatores subjetivos concernentes à prática delituosa[197]".

O princípio da individualização da pena, cabe relembrar, é composto por três etapas[198]: a primeira, estampada no art. 5º, XLVI da Constituição Federal, refere-se ao processo de criminalização primária, quando caberá ao legislador observar aos princípios da proporcionalidade, da lesivida-

195. É a redação do trecho contido nas razões do veto. Cf. BRASIL. Mensagem nº 85, de 16 de março de 2016. In: PLANALTO. *Legislação Republicana Brasileira*. Brasília, 2016. Disponível em: <http://www.planalto.gov.br/ccivil_03/_Ato2015-2018/2016/Msg/VEP-85.htm>. Acesso em: 20 mar. 2016.

196. BRASIL. Mensagem nº 85, de 16 de março de 2016. In: PLANALTO. *Legislação Republicana Brasileira*. Brasília, 2016. Disponível em: <http://www.planalto.gov.br/ccivil_03/_Ato2015-2018/2016/Msg/VEP-85.htm>. Acesso em: 20 mar. 2016.

197. Trata-se de trecho das razões do veto do dispositivo em comento. Cf. BRASIL. Mensagem nº 85, de 16 de março de 2016. In: PLANALTO. *Legislação Republicana Brasileira*. Brasília, 2016. Disponível em: <http://www.planalto.gov.br/ccivil_03/_Ato2015-2018/2016/Msg/VEP-85.htm>. Acesso em: 20 mar. 2016.

198. Neste sentido, vide: BOSCHI, José Antônio Paganella. *Das penas e seus critérios de aplicação*. rev. atual. Porto Alegre: Livraria do Advogado, 2004. p. 69.

de, da necessidade, entre outros, na elaboração da norma penal, e, desse modo, na cominação da pena[199]; a segunda, recai sobre a dosimetria da pena, quando a análise judicial das particularidades do caso concreto, deverá atender ao disposto no art. 59 do Código Penal[200], fixando a espécie e quantidade da pena, além de determinar o regime inicial de cumprimento da pena privativa de liberdade, e verificar a possibilidade de substituição desta modalidade de pena por outra; e, por fim, a terceira, que contempla a fase executória[201], incidindo sobre a execução da reprimenda.

LUIZ FLÁVIO GOMES

Art. 10. Mesmo antes de iniciada a execução do crime de terrorismo, na hipótese do art. 5º desta Lei, aplicam-se as disposições do art. 15 do Decreto-Lei 2.848, de 7 de dezembro de 1940 – Código Penal [1-2].

[1] O art. 15 do Código Penal cuida de dois clássicos institutos penais: *desistência voluntária* e *arrependimento eficaz*. O mencionado dispositivo diz o seguinte: *"o agente que, voluntariamente, desiste de prosseguir na execução ou impede que o resultado se produza, só responde pelos atos já praticados"*[202].

Ambos os institutos pressupõem o início de execução do crime. O art. 10 (acima transcrito) manda aplicar o art. 15 do CP "mesmo antes de iniciada a execução do crime de terrorismo". Ou seja, criou uma *desistência voluntária antecipada*, que consiste em desistir da prática dos atos preparatórios.

---

199. PRADO, Luis Regis. *Curso de direito penal brasileiro*. parte geral: arts. 1º a 120. v. I. 11 ed. ver. atual, ampl. São Paulo: Revista dos Tribunais: 2011. p. 172.

200. Art. 59 do Código Penal: "O juiz, atendendo à culpabilidade, aos antecedentes, à conduta social, à personalidade do agente, aos motivos, às circunstâncias e consequências do crime, bem como ao comportamento da vítima, estabelecerá, conforme seja necessário e suficiente para reprovação e prevenção do crime: I – as penas aplicáveis dentre as cominadas; II – a quantidade de pena aplicável, dentro dos limites previstos; III – o regime inicial de cumprimento da pena privativa de liberdade; IV – a substituição da pena privativa da liberdade aplicada, por outra espécie de pena, se cabível".

201. A individualização da pena na fase da execução é, "[...], ainda uma garantia vaga, indefinida, etérea, que permite afirmar que a reclusão e a detenção não ressocializam, porque não há ressocialização sem tratamento e sem que o condenado esteja determinado a se ressocializar". Cf. BOSCHI, José Antônio Paganella. *Das penas e seus critérios de aplicação*. rev. atual. Porto Alegre: Livraria do Advogado, 2004. p. 69.

202. Ver GOMES, Luiz Flávio, BIANCHINI, Alice e DAHER, Flávio. *Curso de direito penal 1*: parte geral (arts. 1º a 120). 2. ed. Salvador: JusPodivm, 2016.

Vamos recordar: o *iter criminis* (fases de desenvolvimento dos crimes dolosos) é composto de duas (macro) etapas: (a) interna (cogitação) e (b) externa. Esta última abrange (a) os atos preparatórios, (b) os atos executórios, (c) a consumação e, às vezes, (d) o exaurimento (esgotamento) do crime.

A desistência voluntária e o arrependimento eficaz previstos do art. 15 do CP só acontecem entre os atos executórios e a consumação. A prática de atos executórios – reitere-se – é pressuposto indispensável de tais institutos. Há um estímulo (no art. 15) para se evitar a consumação do crime, leia-se, a efetiva lesão ao bem jurídico tutelado. No art. 10, a lei quer que o agente (que já começou os atos preparatórios) evite os atos executórios.

O art. 10 ora em análise inova o ordenamento jurídico-penal e manda aplicar a estrutura normativa (a lógica) dos clássicos institutos do art. 15 na fase dos atos preparatórios. Com o direito penal expansionista (fundado na ilusão de que o direito penal seria instrumento de solução de problemas), o legislador vem ampliando o âmbito da tutela penal para campos anteriores à execução do crime.

Por força do art. 5º acima comentado, os atos preparatórios também são puníveis (é a mesma lógica da lei de drogas). Ora, se os atos executórios (muito mais próximos da consumação) permitem a famosa "ponte de ouro" (criada por von Liszt), que beneficia o agente que desiste de prosseguir na execução ou que se arrepende eficazmente, evitando a consumação do crime, não há como negá-la ao agente que desiste do prosseguimento dos atos preparatórios já iniciados, evitando-se voluntariamente a execução do crime. Se a desistência voluntária clássica pressupõe atos executórios, a nova desistência voluntária (a antecipada) requer a realização dos atos preparatórios.

Quando o agente ainda está na fase dos "atos preparatórios", o que ele pode fazer é abster de passar para a fase seguinte, a da execução. Essa abstenção poderia se chamar desistência voluntária antecipada.

Na clássica desistência voluntária, mesmo depois de iniciada a execução de um crime, ainda assim é possível fazer algo para salvar o bem jurídico (que já está em perigo, que já corre perigo efetivo). Quando o agente consegue, com sucesso, evitar o resultado (a lesão), seja porque desiste, seja porque se arrepende, beneficia-se do disposto no art. 15 do CP (que constitui antes de tudo exemplo de Direito premial – Bobbio – e só indiretamente matéria de Direito penal). Daí dizer-se que o art. 15 é a "ponte de ouro" para evitar a consumação da lesão ao bem jurídico.

O Direito penal tem como missão principal a proteção de bens jurídicos. Procura protegê-los por meio de normas, que são proibitivas ou mandamentais. A norma impõe uma determinada forma de conduta. Pode ser que o agente inicie a execução de um delito e, depois, pratique uma nova conduta (comissiva ou omissiva) tendente a evitar que a ofensa ao bem jurídico se consume. Essa conduta do agente (de salvamento do bem jurídico) é valorada positivamente pela lei penal brasileira, mesmo porque, com isso, ele pratica uma conduta valiosa, de respeito ao bem jurídico. Mais precisamente, é o art. 15 do CP que cuida disso, premiando o agente por sua atitude (positiva) de salvaguarda do bem jurídico (que já entrou no raio de ação da conduta perigosa). A lógica da desistência voluntária antecipada é a mesma: premia-se o agente que já iniciou os atos preparatórios, caso ele voluntariamente não passe para a fase seguinte, dos atos executórios.

A interrupção dos atos preparatórios, por vontade do agente, lhe faz credor de um prêmio. O agente só vai responder "pelos atos já praticados" (parte final do art. 15). Ou seja: o prêmio consiste em o agente (que interrompeu os atos preparatórios) não responder penalmente pelo crime de terrorismo em nenhuma das suas formas. Nisso se esgota o direito premial. Mas o agente responde "pelos atos praticados" se forem previstos no direito penal comum: porte de explosivos, porte de arma, falsidade de um documento etc. São crimes diversos dos previstos na lei de terrorismo, são crimes periféricos (do direito penal comum). Note-se: o agente só responde por aquilo que objetivamente acontecera, porque, do ponto de vista subjetivo, seu propósito inicial era o terrorismo, do qual ele desistiu. Tendo desistido do terrorismo, não responderá por nada deste delito. Seria uma contradição "premiar" o desistente punindo-o pela lei do terrorismo.

Na desistência voluntária antecipada o agente pode prosseguir nos atos preparatórios, pode inclusive avançar para os atos executórios, pode consumar o delito (conforme o seu plano de ação), mas (voluntariamente) desiste na fase dos atos preparatórios (não quer, interrompe o processo, por ato deliberativo seu). Também na desistência antecipada há incoerência em relação ao plano delitivo inicial e o que efetivamente acontece (entre o resultado inicialmente pretendido e o efetivamente ocorrido).

A característica essencial da desistência antecipada é a cessação do processo de preparação; essa desistência evita o resultado inicialmente desejado. O agente, nesse caso, não precisa praticar nenhuma conduta positiva para salvar o bem jurídico que está em risco, basta abster-se, basta interromper os atos preparatórios já iniciados. O núcleo central da desistência reside numa abstenção. Podia prosseguir e não quis.

Voluntariedade da desistência: a desistência antecipada precisa ser *voluntária*, livre. Isso ocorre quando o agente pode prosseguir (nos atos preparatórios), mas desiste (por deliberação sua, por decisão própria, não por fatores externos, alheios à sua vontade). Quem desiste de prosseguir dos atos preparatórios em razão da presença da polícia ou de terceiros, não desiste voluntariamente.

Não é preciso que a desistência seja espontânea, que a ideia de desistir provenha do próprio agente. Pode um terceiro dar a ideia da desistência: não há problema. Desde que seja ato voluntário (livre) do agente, aproveita-lhe. Não importa a natureza do motivo interno da desistência (piedade, compaixão, amor, respeito ao próximo etc.). De outro lado, suspensão dos atos preparatórios de um crime que são retomados posteriormente não significa desistência.

Na desistência antecipada não há que se falar em tentativa. Quando os atos preparatórios são puníveis, sua realização basta para a existência do crime. O agente, tendo em conta o que tinha planejado, não inicia o processo de execução, interrompe os atos preparatórios voluntariamente. Podia prosseguir, mas não quis.

As duas regras de ouro que regem a responsabilidade penal na desistência voluntária antecipada são: (a) o agente não responde pelo delito de terrorismo; (b) o agente só responde pelo que objetivamente praticou (eventual delito do direito penal comum: falsidade, porte de arma, porte de explosivos etc.).

A desistência voluntária clássica (do art. 15 do CP) também é chamada de tentativa abandonada ou qualificada. Isso não se aplica para a desistência voluntária antecipada (que não se concilia com a estrutura da tentativa, que pressupõe atos executórios). A desistência antecipada existe para estimular o agente a evitar os atos executórios do terrorismo. No princípio o desvalor da ação está mais do que evidente (há o ânimo de praticar o terrorismo). Num segundo momento (quando o próprio agente evita o resultado, desistindo dos atos preparatórios) realiza-se uma conduta valorada positivamente pelo legislador. Compensa-se com isso não só o efeito negativo do desvalor da ação precedente, como a própria resposta penal que incidiria no fato iniciado.

Se a desistência antecipada é inconfundível com a desistência voluntária clássica, com muito mais razão se distancia do instituto do arrependimento eficaz, que pressupõe o esgotamento do processo executório assim como uma conduta positiva posterior de salvamento do bem jurídico. Nada disso acontece na desistência antecipada em que o agente desiste de prosseguir nos atos preparatórios.

[2] Ponte de ouro e ponte de prata. **Pontes de ouro** (de acordo com clássica lição de Von Liszt, que tem a paternidade do direito penal moderno, aparecido no final do século XIX) são institutos penais que visam a eliminar a responsabilidade penal do agente, estimulando-o a evitar a consumação do crime que pretendia praticar. Três são as situações enquadráveis nessa classificação: a desistência voluntária clássica (CP, art. 15), o arrependimento eficaz (CP, art. 15) e, agora, a desistência antecipada (art. 10, ora analisado). Nos dois primeiros institutos o agente inicia a execução do crime e não deixa que ele alcance a consumação. No terceiro o agente desiste do prosseguimento dos atos preparatórios. Podemos falar aqui em "ponte de ouro antecipada".

Nas duas primeiras situações, o agente que inicia a execução de um crime de homicídio, não responde pela tentativa deste crime, sim, apenas pelo que objetivamente praticou (lesão corporal). Na terceira hipótese (desistência antecipada) o agente que desiste de prosseguir nos atos preparatórios do terrorismo, não responde por esse crime, sim, somente pelo que objetivou praticou (eventual crime comum de falsidade, porte de arma, porte de explosivos etc.).

Pontes de prata são institutos penais que, após a consumação do crime, pretendem suavizar ou diminuir a responsabilidade penal do agente. É dessa natureza, por exemplo, o art. 16 do CP, que cuida do arrependimento posterior; o agente consuma o crime não violento e depois repara os danos ou restitui a coisa, antes do recebimento da ação penal.

Na lei do crime organizado (Lei 12.850/13 – veja nosso livro *Organizações criminosas*, Juspodivm) o instituto da colaboração premiada, da qual a delação premiada é uma espécie, cumpre semelhante papel (de eliminar a responsabilidade penal ou de suavizá-la). Analisando-se os prêmios previstos na lei (para o colaborador da Justiça) podemos dividi-los em dois grupos: o perdão judicial e o não oferecimento de denúncia (art. 4º, *caput*, da citada lei e art. 4º, § 4º) seriam hipóteses de *pontes de prata qualificadas* (porque eliminam a responsabilidade penal do agente, mesmo depois da consumação do crime); a redução da pena em até 2/3 e a possibilidade de concessão de regime prisional mais favorável (art. 4º, *caput*) seriam situações de *pontes de prata* (porque apenas suavizam ou atenuam a responsabilidade penal).

O legislador brasileiro, ao reconhecer a falência do Estado na área da persecução criminal, deliberou criar novas formas de pontes de prata em favor do colaborador da Justiça. Importante sublinhar que o momento da colaboração faz toda diferença: se ela ocorrer antes do trânsito em julgado final da sentença (ou do acórdão), quatro prêmios são possíveis: perdão judicial, não oferecimento da denúncia, redução da pena e regime prisional mais favorável.

Se a colaboração acontecer depois do trânsito em julgado, cabe apenas redução da pena até metade ou progressão de regime (art. 4º, § 5º, da Lei 12.850/13), mesmo quando ausentes os requisitos legais do art. 112 da lei de execução penal ou do art. 2º, § 2º, da lei dos crimes hediondos. Ou seja: após o trânsito em julgado a lei somente dispôs sobre a ponte de prata não qualificada. A colaboração após o trânsito em julgado se chama tardia ou pós-processual.

A noção de ponte de ouro clássica envolvia a desistência voluntária e o arrependimento eficaz (CP, art. 15). Agora também abarca a desistência antecipada do art. 10 da Lei 13.260/16 (lei do terrorismo). A noção de ponte de prata clássica cuidava dos benefícios penais que diminuem a responsabilidade penal (CP, art. 16, por exemplo). Agora, com a lei do crime organizado, também temos a ponte de prata qualificada (que elimina a responsabilidade penal em algumas situações de colaboração premiada).

FÁBIO ROQUE ARAÚJO

Art. 11. Para todos os efeitos legais, considera-se que os crimes previstos nesta Lei são praticados contra o interesse da União, cabendo à Polícia Federal a investigação criminal, em sede de inquérito policial, e à Justiça Federal o seu processamento e julgamento, nos termos do inciso IV do art. 109 da Constituição Federal.

Parágrafo único. (VETADO).

[1] COMPETÊNCIA FEDERAL

A competência da Justiça Federal vem definida, de forma taxativa, no art. 109 da Constituição Federal de 1988.

No que se refere à competência em matéria penal, temos que compete à Justiça Federal processar e julgar: "Os crimes políticos e as infrações penais praticadas em detrimento de bens, serviços ou interesse da União ou de suas entidades autárquicas ou empresas públicas, excluídas as contravenções e ressalvada a competência da Justiça Militar e da Justiça Eleitoral (art. 109, IV, CF).

Há outros casos de competência federal em matéria penal, enumerados no art. 109 da Carta Magna. Contudo, abstemo-nos de comentários em relação às demais hipóteses, porquanto o dispositivo da Lei de Terrorismo, em comento, faz alusão a **interesse da União.** Resta claro, portanto, que tenta amoldar a conduta ao art. 109, IV, CF

[2] DA AUSÊNCIA DE INTERESSE DA UNIÃO

O art. 11 da Lei 13.260/16 dispõe, categoricamente, que os crimes nela previstos são praticados contra o interesse da União, cabendo à Polícia Federal a investigação criminal, em sede de inquérito policial, e à Justiça Federal o seu processamento e julgamento, nos termos do artigo 109, inciso IV da Constituição Federal.

Como vimos no tópico anterior, as hipóteses de definição da competência da Justiça Federal estão taxativamente mencionados no art. 109, CF. Estas hipóteses não podem ser dilatadas por legislação infraconstitucional, salvo se a própria Constituição assim o permitisse expressamente. É isto que ocorre, por exemplo, no caso dos crimes contra o sistema financeiro nacional e a ordem econômico-financeira, em que o legislador constituinte permitiu ao legislador ordinário estabelecer a competência na seara federal (art. 109, VI, CF).

No caso em questão, na hipótese de o crime afrontar interesse da União será de competência federal, com fundamento no próprio texto constitucional (art. 109, IV. CF). Deste modo, da redação do art. 11 da Lei de Terrorismo extrai-se uma das seguintes conclusões:

1ª.) ou as hipóteses que caracterizam crime de terrorismo já são de interesse da União e, portanto, o dispositivo legal é absolutamente inócuo; ou

2ª.) ou as hipóteses que caracterizam crime de terrorismo não são, necessariamente, de interesse da União e, portanto, o dispositivo legal é inconstitucional, porquanto pretende dilatar as hipóteses de competência federal taxativamente previstas na Constituição Federal.

Acreditamos na segunda, e o dispositivo legal encontra-se eivado de inconstitucionalidade.

Inicialmente, devemos estabelecer as seguintes premissas:

a) o fato de haver motivação preconceituosa não caracteriza, por si só, interesse da União. Basta perceber que os crimes contemplados na Lei 7.716/89 não são, regra geral, de competência federal. Ora, se o fato de se adotar uma postura preconceituosa pudesse dar ensejo à caracterização do interesse da União, todos os crimes de preconceito seriam federais, o que não ocorre.

b) o fato de se provocar o terror social ou generalizado também não caracteriza, por si só, o interesse da União. Aliás, podemos vislumbrar situações em que ocorreria esta finalidade de produzir terror social, mas com interesse localizado.

Basta imaginar que, em um pequeno município do Brasil, lideranças religiosas, impelido pelo preconceito religioso, praticam um ato terrorista contra um templo em que se professa outra fé. Neste caso, a pretensão deste criminoso seria produzir uma sensação de terror, porém circunscrita a uma determinada região do pais, o que não é suficiente para que se possa falar em interesse da União..

A propósito, é bom que se frise que, o fato de o crime ser grave, não atrai a competência para o seu julgamento para a Justiça Federal. Não estamos, portanto, procurando diminuir a gravidade da conduta trazida no nosso exemplo. Trata-se de crime gravíssimo, a parece-nos fora de dúvida que poderia amoldar-se à hipótese de crime de terrorismo. Todavia, não há interesse da União, ao contrário do que afirmado pelo artigo de lei em apreço.

Neste ponto, imperioso recordar que o fato de o crime estar previsto em tratado ou convenção internacional (como ocorre com o crime de terrorismo) não atrai, por si só, a competência federal. Conforme se extrai do art. 109, V da Constituição Federal, compete aos juízes federais processar e julgar: "os crimes previstos em tratado ou convenção internacional, quando, iniciada a execução no País, o resultado tenha ou devesse ter ocorrido no estrangeiro, ou reciprocamente";

Deste modo, percebemos que não basta estar previsto em tratado ou convenção internacional; para que o crime fosse federal, seria imprescindível que houvesse internacionalidade na prática da conduta, ou seja, que "iniciada a execução no País, o resultado tenha ou devesse ter ocorrido no estrangeiro, ou reciprocamente".

ROGÉRIO SANCHES CUNHA E RONALDO BATISTA PINTO

Art. 12. O juiz, de ofício, a requerimento do Ministério Público ou mediante representação do delegado de polícia, ouvido o Minis-

tério Público [1] em vinte e quatro horas, havendo indícios suficientes de crime [2] previsto nesta Lei, poderá decretar, no curso da investigação ou da ação penal [3], medidas assecuratórias de bens [4 e 5], direitos ou valores do investigado ou acusado, ou existentes em nome de interpostas pessoas, que sejam instrumento, produto ou proveito dos crimes previstos nesta Lei.

[1] LEGITIMIDADE – Por se tratar de medida relacionada à prática de crimes gravíssimos, conferiu o legislador, ao juiz, a faculdade de decretar o sequestro, *ex officio*, isto é, independentemente de um prévio requerimento ou anterior representação nesse sentido. Aliás, o art. 127 do CPP, quando trata especificamente do sequestro, também autoriza sua decretação de ofício ou mediante requerimento do Ministério Público ou do ofendido ou, ainda, representação da autoridade policial,

Sugere-se, porém, cautela nessa iniciativa, para que não venha o juiz a perder a equidistância necessária, em violação mesmo ao princípio acusatório que parece orientar nosso sistema processual. No caso específico do seqüestro, não deixa de causar certa estranheza que o juiz, após decretar *sponte propria*,a medida, venha ser chamado a julgar, mais adiante, eventuais embargos opostos à constrição (art. 129 do CPP). Parece mais prudente, assim, que deixe essa iniciativa ao Ministério Público ou à autoridade policial.

Claro que o Ministério Público, titular da ação penal pública, pode, mediante requerimento, formular pedido nesse sentido. Durante a fase investigativa – e mesmo posteriormente, caso tenha notícia da aquisição de um bem imóvel pelo agente – pode a autoridade policial, por meio de representação, isto é, uma exposição motivada, demonstrar a conveniência da medida, pleiteando sua decretação. Sendo a medida sugerida pela autoridade policial, cumpre a prévia oitiva do Ministério Público, que se manifestará no prazo de 24 horas.

Interessante que não se deferiu, à vítima, a legitimidade para o pedido, ao contrário do que consta do art. 127 do CPP, que prevê expressamente essa possibilidade. Lembre-se que o art. 2º, inc. V, da lei em exame, tipifica como *ato de terrorismo*, "atentar contra a vida ou a integridade física de pessoa", o que, em tese, poderia configurar eventual interesse (*rectius*: utilidade), do ofendido na decretação de uma medida assecuratória, a fim de assegurar-lhe futura reparação. Cremos, todavia, que se tratando de crime de terrorismo, não há que se ampliar a legitimidade para além do que previsto pelo legislador. Pensar-se de forma diversa implicaria no emprego da analogia (com o Código de Processo Penal), em prejuízo do agente, o que temos como inviável.

[2] INDÍCIOS SUFICIENTES – O dispositivo em análise faz menção à presença de, ao menos, *indícios suficientes*, para que seja decretada a medida assecuratória. A medida, assim, deve vir lastreada no mínimo de prova, posto que invade a órbita de direitos da pessoa, retirando-lhe a disponibilidade sobre bens. Observe-se que o art. 126 do Código de Processo Penal, dispõe no sentido de que basta à decretação do seqüestro "a existência de indícios *veementes* da proveniência ilícita dos bens".

Indício é a circunstância plenamente conhecida a partir da qual, por dedução, se permite extrair uma conclusão a respeito de determinado fato. Assim, não presenciei a prática do furto, mas se escuto o soar de um alarme de um veículo e vejo alguém correndo, trazendo em mãos um rádio, posso concluir ser ele o autor da subtração desse objeto.

Mais precisamente quanto ao seqüestro, elucidativo é o exemplo lembrado por Câmara Leal, a saber: "o agente adquire um imóvel logo depois da prática de um furto ou roubo, não é encontrada em seu poder toda a importância subtraída, a quantia que falta corresponde exatamente ao preço pago pela aquisição do imóvel e o comprador não dispunha de recurso para essa compra; tudo leva a crer que o imóvel tivesse adquirido com o produto do crime. São tão veementes os indícios que o juiz poderá, baseado neles, decretar o seqüestro do imóvel" (*Comentários ao Código de Processo Penal Brasileiro,* vol. 1, p. 365).

Daí a o ensinamento de Hélio Tornaghi, para quem "indícios veementes são os que levam a grave suspeita, os que eloquentemente apontam um fato, gerando uma suposição bem vizinha da certeza. Indícios suficientes soa os que bastam para convencer" (ob. cit., vol. 3, p. 21). Não se reclama, pois, a certeza absoluta, sob pena mesmo de tornar eficaz a medida, prejudicada pelo perigo na demora de sua efetivação (*periculum in mora*).

[3] MOMENTO – Como medida que reclama urgência, uma vez preenchidos os requisitos legais, pode a medida assecuratória ser ordenada antes mesmo da oferta da acusação, isto é, na fase de investigações. Presume-se, é claro, que pelo menos um mínimo tenha sido apurado, sob pena de não se configurarem os *indícios veementes* a que alude o dispositivo anterior. Mas não se exige a deflagração do processo criminal, conquanto possível, com mais razão, que nesse estágio, com a ação penal instaurada, seja a medida também decretada.

[4] MEDIDAS ASSECURATÓRIAS – Como o termo indica, são aquelas que têm por objetivo assegurara futura indenização da vítima que experimentou um dano decorrente da prática da infração penal. Como, por vezes, o processo criminal perdura por longo tempo, tal delonga poderia acarretar a impossibilidade do ofendido ser ressarcido e, por isso, é que se preveem essas medidas, de natureza cautelar, com o objetivo de garantir futura execução. Mas não apenas no interesse da vítima se decretam medidas assecuratórias. Elas se prestaram, também, para fazer frente ao pagamento das despesas processuais e as penas pecuniárias, na dicção do art. 140 do CPP.

JURISPRUDÊNCIA

Indícios veementes. Ausência

"O art. 125 do CPP dispõe que 'caberá sequestro dos bens imóveis, adquiridos pelo indiciado, com os proventos da infração, ainda que já tenham sido transferidos a terceiro', sendo certo que o art. 126 do mesmo *Codex* assim determina: 'para a decretação do sequestro, bastará a existência de indícios veementes da proveniência ilícita dos bens'. Portanto, para que o sequestro seja válido, necessária a presença de indícios de que o bem tenha sido adquirido com proventos da infração. In casu, observa-se que os fatos delituosos descritos na denúncia ocorreram, em tese, a partir do ano de 2002, razão pela qual merece provimento a irresignação da recorrente, uma vez que o imóvel objeto de constrição foi adquirido pela mesma em 1987, consoante cópias de escritura pública e certidão do cartório de registro de imóveis juntadas aos autos em apenso" (STJ – RMS n. 28627-RJ, Rel. Jorge Mussi, j. 06.10.2009, DJe 30.11.2009).

"O simples fato de o terreno de propriedade do embargante, ora apelado, ser vizinho a outro de propriedade de um narcotraficante não indica, por si só, que aquele terreno possui origem ilícita. Tampouco o fato de o apelado ter celebrado negócio jurídico com um criminoso pode servir de única prova para o sequestro de um bem, mormente quando este foi adquirido muito anteriormente à celebração do negócio. Não há indícios veementes que comprovem a origem ilícita do bem a ensejar o sequestro do imóvel nos termos do artigo 126 do Código de Processo Penal" (TRF 3ª. R., Ap. Crim. n. 7330 MS 0007330-90.2008.4.03.6000 – Rel. Antonio Cedenho, j. 14.04.2014).

Titularidade do MP

"Havendo prova da prática do crime e indícios de que os bens tenham sido adquiridos pelo pretenso culpado, com os proventos do delito, direta ou indiretamente, ou da sua origem ilícita, possível é promover as medidas cautelares que visem a garantia da execução, de natureza eminentemente cível, mas realizadas no processo criminal, sendo o titular da ação penal o Ministério Público, por expressa disposição dos arts. 127 e 142 do CPP" (STJ – REsp n. 1115275-PR, Rel. Adilson Vieira Macabu, j. 13.09.2011, DJe 04.11.2011).

Titularidade da vítima

PROCESSUAL PENAL. RECURSO ESPECIAL. MEDIDA ASSECURATÓRIA DE SEQÜESTRO DE BENS. LEGITIMIDADE POSTULATÓRIA DO OFENDIDO. DEFERIMENTO DO REQUERIMENTO NO PRESENTE CASO. QUESTÃO PREJUDICADA – "Em acordo ao disposto no art. 127 do Código de Processo Penal, o ofendido tem legitimidade para requerimento de seqüestro de bens" (STJ – REsp n. 846025-RS, Rel. Felix Fischer, j. 30.05.2008, DJe 04.08.2008).

[5] MEDIDAS ASSECURATÓRIAS: Estão listadas nos arts. 125 a 144 do Código de Processo Penal e são elas: 1) **sequestro**; 2) **hipoteca legal** e 3) **arresto**. Segue, abaixo, a análise de cada um desses institutos.

SEQUESTRO – Previsto no art. 125 do CPP, *in verbis*: "Caberá o seqüestro dos bens imóveis, adquiridos pelo indiciado com os proventos da infração, ainda que já tenham sido transferidos a terceiro".

Como regra, os objetos apreendidos, em decorrência da prática de um crime, são devolvidos a seu proprietário. É assim, por exemplo, se a vítima tem um veículo furtado que é apreendido em poder do ladrão. Adotadas as medidas de praxe, avaliado o bem e achando-se a documentação em ordem, o bem é de imediato restituído, como forma, ademais, de amenizar os prejuízos suportados pelo ofendido.

Ocorre que, os proventos da infração, nos termos do art. 121 do CPP, não podem ser objetos de restituição, mas, antes, deverão se submeter as regras do art. 133 do mesmo *codex*, devendo ser vendidos em leilão, com o dinheiro apurado depositado ao prol do Tesouro Nacional, ressalvada a parte cabente à vítima ou terceiro de boa-fé.

Como *provento* ou *proveito* do crime, Eduardo Espínola Filho cita a lição de Manzini, para defini-los como "as coisas que são o proveito do crime ao que, embora não constituindo o seu produto direto, representam, todavia, o produto indireto, como o lucro provindo das coisas furtadas, os objetos comprados com o dinheiro indebitamente apropriado" (ob. cit., p. 37). É, em suma, o lucro, a vantagem que o agente retira de sua prática criminosa e que não constitui o objeto em si do delito.

De tal sorte que, se com o dinheiro obtido com um roubo, o ladrão adquire um imóvel, não se pode, pura e simplesmente, entregar à vítima esse bem, sob pena, inclusive, de violação a direitos de terceiros. Antes, deverá ser observado, como já destacado, o procedimento do art. 133 do código.

O seqüestro, pois, segundo o legislador processual penal, é a retenção judicial do bem imóvel, obtido com os proveitos da infração, com o objetivo de assegurar a reparação civil da vítima.

JURISPRUDÊNCIA

Objetivo do sequestro e de outras medidas assecuratórias

"As medidas assecuratórias, de natureza instrumental – cuja efetivação demanda, como no caso do sequestro, prova da materialidade delitiva e indícios suficientes de autoria – têm por fim assegurar os efeitos civis de uma decisão judicial, pois o que garante os efeitos penais é a própria prisão, isto é, são cautelares reais, pois recaem sobre bens, como a hipoteca legal, arresto e seqüestro" (STJ – AgRG no REsp n. 1241961-PR, Rel. Jorge Mussi, j. 27.11.2012, DJe 03.12.2012).

"Embora existam divergências quanto aos limites e à finalidade do seqüestro de bens no processo penal, remanesce coerente entendê-lo como medida que preserva os bens tidos como produto ou provento do crime, retirando-os da esfera de liberdade do agente até que acertada a pretensão acusatória. No caso dos autos, foram submetidos corretamente à medida assecuratória valores constantes das contas correntes da empresa dos envolvidos, sob o fundamento de serem provenientes da ação delituosa e não porque decorrentes de eventual sonegação fiscal praticada por parte da sociedade comercial, situação, por sinal, sequer mencionada na denúncia ministerial"(STJ – REsp n. 882400-RJ, Rel. Maria Thereza de Assis Moura, j. 22.11.2007, DJ 10.12.2007, p. 460).

Inscrição do sequestro no Registro de Imóveis – Para que chegue ao conhecimento de terceiros, que não poderão alegar ignorância, é determinada a inscrição do seqüestro no Registro de Imóveis, nos termos do art. 128 do CPP. Demais disso, com esse registro, fica o agente impedido de efetuar qualquer ato de alienação do imóvel objeto do seqüestro.

A previsão de inscrição do seqüestro no Registro de Imóveis vem prevista art. 239 da Lei 6.015/1973, *in verbis*: "As penhoras, arrestos e seqüestros de imóveis serão registrados depois de pagas as custas do registro pela parte interessada, em cumprimento de mandado ou à vista de certidão do escrivão, de que constem, além dos requisitos exigidos para o registro, os nomes do juiz, do depositário, das partes e a natureza do processo".

Levantamento do sequestro – As causas que ensejam o levantamento do seqüestro se encontram elencadas nos incs. I, II e III, do art. 131 do CPP.

Ocorrerá "***se a ação penal não for intentada no prazo de sessenta dias, contado da data em que ficar concluída a diligência***" (inc. I).

Tratando-se o sequestro, com efeito, de uma medida cautelar, com o objetivo de, futuramente, assegurar a reparação civil da vítima (além do pagamento de despesas processuais e pena pecuniária, na dicção do art. 140 do código), mas que, de outra parte, importa em privação do direito de uso, fruição e gozo do titular do bem, é justo que se estabeleça um prazo razoável de sua duração, impedindo, assim, que ela se eternize sem que, ao menos, seja deflagrada a ação penal.

Embora caiba o socorro do processo civil em situações não previstas no processo penal, quanto ao prazo não há dúvida: é mesmo o de 60 dias, previsto neste dispositivo, inaplicável, assim, qualquer prazo oriundo do processo civil, para a propositura da ação principal nas medidas cautelares. O "dies a quo" é contado a partir da data na qual concluída a diligência, irrelevante, assim, o dia no qual foi posteriormente registrado o sequestro (art. 128 do CPP). Decorre, da literalidade do texto, que esse prazo somente se observa enquanto não deflagrado o processo-crime, não se operando a caducidade da medida, bem por isso, durante a ação penal já instaurada.

A jurisprudência, como anotado abaixo, tem admitido certa flexibilização desse prazo, sempre na análise do caso concreto, atenta às dificuldades que por vezes surgem para o término das investigações em processos mais complexos.

JURISPRUDÊNCIA

Quando se admite a flexibilização do prazo

"Ofensa ao art. 131, I, do Código de Processo Penal não evidenciada. Não há violação de direito líquido e certo se o atraso foi justificado pelas peculiaridades da causa, que, no caso, revela-se complexa e com pluralidade de autores. Precedentes" (STJ – RMS n. 29188-SP, Rel. Sebastião Reis Júnior, j. 20.08.2013, DJe 06.09.2013).

"O recorrente confessou não só o crime, mas também que seu fruto fora depositado na conta poupança em seu nome, a qual fora determinado o seqüestro. Apesar de não ter sido intentada a ação penal no prazo descrito no art. 131, I do CPP, o seqüestro merece ser mantido, considerando a excepcionalidade do caso e as informações ministeriais no sentido de não se tratar de inércia daquele órgão, mas, sim, de dificuldades no cumprimento de certas diligências e na apuração dos fatos" (STJ – RMS n. 9999-SP, Rel. José Arnaldo da Fonseca, j. 01.06.1999, DJ 28.06.1999, p. 132).

A segunda causa que enseja o levantamento do seqüestro está prevista no inc. II, do art. 131 e ocorrerá "***se o terceiro, a quem tiverem sido transferidos os bens, prestar caução que assegure a aplicação do disposto no art. 74, II, b, segunda parte, do Código Penal***".

Observe-se, de plano, que a referência ao artigo do Código Penal esta desatualizada, devendo ser considerada a redação do art. 91, inc. II, "b", do CP.

Ensina Humberto Theodoro Júnior que "há caução quando o responsável por uma prestação coloca à disposição do credor um bem jurídico que, no caso de inadimplemento, possa cobrir o valor da obrigação". (Humberto Theodoro Júnior, Curso de Direito Processual Civil, 41ª. ed., Rio de Janeiro: Forense, 2007, vol. 2, p. 44).

Assim, se terceiro de boa-fé, para quem fora transferido um imóvel adquirido pelo réu com o provento de crime, pretender levantar o sequestro que pesa sobre o bem, poderá ofertar caução, precavendo, dessa forma, eventual prejuízo da vítima, assegurada, assim, eventual reparação do ofendido, em caso de posterior sentença penal condenatória, não havendo razão plausível para que se mantenha o gravame sobre o bem.

Admite, ainda, o levantamento do seqüestro "***se for julgada extinta a punibilidade ou absolvido o réu, por sentença transitada em julgado***" (art. 131, inc. III).

Sendo o sequestro uma medida cautelar, com o objetivo de, futuramente, assegurar a reparação civil da vítima e o pagamento de despesas processuais e pena pecuniária, sua manutenção só tem cabimento, como conseqüência da condenação ... em caso de condenação. Ora, se o réu foi absolvido, não nascerá a obrigação que naturalmente decorre da sentença condenatória, consistente na obrigação de reparar o delito, tampouco o réu perderá, em favor da União, os bens que se suspeitava fossem obtidos mediante proventos do crime (art. 91, incs. I e II do Código Penal). Nem se vão lhe impor o pagamento de custas ou despesas processuais. Nesse quadro, não faz sentido a manutenção de tão drástica medida, quando o réu, por qualquer que seja o fundamento legal dentre aqueles elencados no art. 386 do CPP, foi absolvido.

De se ver que a absolvição no processo-crime não impede que a vitima, no cível, busque a reparação, com a ressalva de que não se pode "questionar mais sobre a existência do fato, ou sobre quem seja o seu autor, quando estas questões se acharem decididas no juízo criminal", nos termos do art. 935 do Código Civil. É dizer: se, por exemplo, no processo criminal, restou certo que o fato inexistiu (art. 386, inc. I do CPP), não teria cabimento um juízo cível dizer o contrário. Nada impede, porém, que sendo o réu absolvido por falta de provas no crime (art. 386, inc. V do CPP), venha ser condenado no cível, onde a prova foi produzida. O que não teria cabimento, porém, seria a manutenção de um seqüestro no âmbito criminal enquanto no aguardo de uma definição do processo civil.

Mas não só a absolvição enseja o levantamento do seqüestro. Também quando presentes quaisquer das causas relacionadas no art. 107 do Código Penal, que tratam da extinção da punibilidade do agente. Sua morte, assim, acarreta a extinção da punibilidade (inc. I), permitindo, porém, que no cível se busque a reparação em ação voltada contra os herdeiros. O que não se admite é a manutenção do seqüestro.

O conceito de *absolvição* deve ser interpretado em seu sentido amplo, para incluir, também, o pedido de arquivamento do inquérito policial. Isto porque o sequestro, nos termos do art. 127 do CPP, é medida cabível "antes de oferecida a denúncia ou queixa", *v.g.*, durante a fase de investigação no inquérito policial.

E mais, como é cediço, o art. 107 do Código Penal encerra um rol meramente exemplificativo de causas extintivas da punibilidade do agente, havendo outras que não aludidas no dispositivo. Assim, por exemplo, a extinção da punibilidade no peculato culposo, com a reparação do dano antes da sentença (art. 312, § 3º do Código Penal), ou porque cumpridas as condições da suspensão condicional do processo sem causa de revogação do benefício (art. 89, § 5º da Lei 9.099/95). Lembre-se, ainda, do pagamento do tributo nos delitos fiscais ou da morte da vítima no crime do art. 236 do Código Penal.

Em suma: absolvido o réu, extinta sua punibilidade (pelos motivos expostos no art. 107 ou em outros dispositivos do Código Penal ou mesmo em legislação extravagante), ou, antes, arquivado o inquérito policial ou qualquer peça informativa de investigação, será cabível o levantamento do seqüestro.

Nada impede – insiste-se – que a vítima busque a reparação de seu dano junto ao Juízo Cível, a depender, contudo, do fundamento legal da absolvição.

JURISPRUDÊNCIA

Levantamento do sequestro em face da extinção da punibilidade

"O juízo singular, soberano no conhecimento de fatos e provas, ao entender pela absolvição, com base no art. 386, parágrafo único, II, do CPP, pode encerrar a constrição sobre os bens do então denunciado. 'O levantamento do seqüestro e o cancelamento da hipoteca impõem-se como efeitos acessórios da não-incriminação, seja pela absolvição ou pela extinção da punibilidade' (STJ – REsp 733.455/RS, Rel. Arnaldo Esteves Lima, DJ 07.11.2005).

"Extinta a punibilidade, em qualquer de suas formas, o Estado abdica do direito de punir. Transitada em julgado a decisão, impõe-se o levantamento do sequestro, nos precisos termos dos arts. 131, III e 141 do CPP" (TACrimSP – Rel. Boaventura Guglielmi – RT 604/363).

Suspensão do processo e levantamento do sequestro

"O levantamento do sequestro ou o cancelamento da hipoteca só será possível após o trânsito em julgado de sentença absolutória ou de extinção da punibilidade, nos termos do art. 141 do Código de Processo Penal. No caso, como só houve a suspensão da pretensão punitiva, por força do art. 9.º da Leiº 9.964/00, não se pode levantar as constrições judiciais. Precedente O levantamento do seqüestro ou o cancelamento da hipoteca só será possível após o trânsito em julgado de sentença absolutória ou de extinção da punibilidade, nos termos do art. 141 do Código de Processo Penal. No caso, como só houve a suspensão da pretensão punitiva, por força do art. 9.º da Leiº 9.964/00, não se pode levantar as constrições judiciais. Precedente" (STJ – REsp n. 762072-RS, Rel. Laurita Vaz, j. 19.02.2008, DJe 10.03.2008).

Sequestro de bem móvel – Está previsto no art. 132 do CPP, que admite, também, o seqüestro de bem móvel, cujo regramento segue tudo aquilo que foi dito em relação ao seqüestro de bem imóvel, salvo, por óbvio, a necessidade de transcrição no Registro Civil da medida. E, de fato, não faria sentido se admitir a constrição em relação a bens imóveis e proibi-la quanto aos bens móveis, cuja facilidade de aquisição é muito maior dada à própria natureza da coisa.

HIPOTECA LEGAL – Prevista no art. 134 do Código de Processo Penal, trata-se a hipoteca de um direito real, que recai sobre bem imóvel do devedor, cujo objetivo é garantir futuro pagamento do credor. Pode ser legal, judicial ou convencional, interessando-nos apenas a primeira, face ao objetivo deste trabalho.

Dispõe o art. 1.473, inc. I, do Código Civil, que podem ser objeto de hipoteca os imóveis e seus acessórios. Já o art. 1.489, inc. III, do mesmo *codex*, em rol exemplificativo, reza que a lei confere hipoteca legal "ao ofendido, ou aos seus herdeiros, sobre os imóveis do delinqüente, para satisfação do dano causado pelo delito e pagamento das despesas judiciais". Observe-se que a hipoteca não atinge apenas bens imóveis obtidos com os proventos do crime, mas, antes, pode alcançar qualquer bem, mesmo aquele adquirido antes da prática delituosa ou com numerário próprio do agente, que não guarde nenhuma relação com o crime. É que, para satisfação do dano causado à vítima, pelo réu definitivamente condenado, todo o patrimônio deste último responde, pouco importando a origem do bem, se lícita ou ilícita.

Possui, destarte, um nítido caráter acessório, visando garantir a reparação do lesado em caso de futura condenação criminal. Demais disso, no pagamento de outros credores, terá o credor hipotecária preferência, na dicção do art. 1.422 do Código Civil.

Exige-se, para o pedido, nos termos da parte final do art. 134 do CPP, "a certeza da infração e indícios suficientes da autoria", isto é, que se demonstre a materialidade do delito e a razoável probabilidade quanto à autoria. Sendo requerida durante o processo-crime, temos que a acusação formal (denúncia ou queixa), já recebida, presta-se a preencher esses requisitos.

Será cabível durante o inquérito policial? – Diverge a doutrina a respeito. Eduardo Espínola Filho entende que não, face aos termos expressos do art. 134 do CPP, que faz alusão à possibilidade do pedido "em qualquer fase do processo", e não antes (ob. cit., vol. I, p. 397). Estamos, porém, com a maioria da doutrina no sentido de que o vocábulo "processo" deve ser interpretado em um sentido amplo, para abranger, também, o inquérito policial ou qualquer outro procedimento investigativo. Tanto é assim que, embora mencione "processo", o mesmo dispositivo refere-se ao "indiciado", a reforçar nossa tese. Ademais, aguardar-se a deflagração da ação penal, com a inevitável demora, poderia culminar com a frustração do direito da vítima em assegurar a respectiva reparação pelo dano que suportou com a constrição do patrimônio do agente. De qualquer sorte, o dispositivo em análise, ao prever a possibilidade de decretação de medidas assecuratórias "no curso da investigação", parece ter solucionado o impasse, não mais pairando dúvida sobre essa possibilidade.

Especialização da hipoteca legal – O art. 135 do CPP trata da especialização da hipoteca legal. Segundo Câmara Leal, especialização "é o ato de particularizar ou singularizar alguma coisa. Pela hipoteca legal ficam *in genere* todos os imóveis do responsável obrigados pelo fiel desempenho do encargo para cuja garantia a lei a confere. Pela especialização, esse ônus real, que recaía *in genere* sobre a totalidade do patrimônio imobiliário do responsável, passa a recair *in specie* somente sobre certos e determinados bens, isto é, sobre os bens especializados" (*Código do Processo Civil e Commercial do Estado de São Paulo,* vol. II, 1ª Ed. São Paulo: Saraiva, 1930. p. 565).

Cabe ao requerente, assim, estimar seu prejuízo, bem como o valor do imóvel (ou imóveis), do autor do delito, aptos a fazer frente a posterior ressarcimento. A estimativa do valor dos imóveis pode ser feita, nesse momento, por meio de simples declaração firmada por profissional habilitado (corretor de imóveis), posto que provisória, cabendo ao juiz, louvado no perito que nomeou, arbitrará o valor definitivo. A avaliação deverá abranger, além do dano imposto à vítima, os valores atinentes às "despesas processuais e as penas pecuniárias", nos termos do art. 140 do CPP. E mais: mesmo depois da condenação ainda é possível nova correção dos valores. Ofertada caução suficiente pelo réu e o juiz a aceitando, a hipoteca pode ser evitada.

Óbvio que sendo o réu absolvido (ou tendo extinta a punibilidade ou, ainda, arquivado o inquérito policial), a hipoteca será automaticamente cancelada, pois não há mais que se falar em efeito da sentença penal condenatória, nada impedindo que o lesado busque, no cível, a reparação do dano, dependendo do fundamento da absolvição.

Registro da hipoteca – Os dispositivos do CPP não tratam do registro da hipoteca no Cartório de Registro Civil. Cuida-se, porém, de medida salutar, que o requerente do pedido deve providenciar, a fim de que, dando publicidade ao ato, terceiro não venha alegar ignorância.

De resto, é medida que encontra expressa previsão na Lei de Registros Públicos (Lei 6.015/73), que prevê, nos termos de seu art. 167, inc. I, 2 que "no Registro de Imóveis, além da matrícula, serão feitos: I – o registro: das hipotecas legais, judiciais e convencionais". O registro será efetuado "no cartório do lugar do imóvel, ou no de cada um deles, se o título se referir a mais de um", na dicção do art. 1.492 do Código Civil.

ARRESTO – Trata-se de medida assecuratória que pode incidir sobre bens móveis ou imóveis, cuja aquisição tenha ou não sido efetuada, pelo agente, com o produto ou provento do crime. Para esses casos, quando se exige a vinculação entre o bem e o delito, a medida adequada é o sequestro de que trata os arts. 125 e 132 do Código de Processo Penal, quando se pressupõe que os bens móveis tenham sido "adquiridos pelo indiciado com os proventos do crime" (art. 125 do CPP). Assim, qualquer bem pode ser alvo do arresto, salvo aqueles considerados, nos termos do art. 833 do Código de Processo Civil, como impenhoráveis.

JURISPRUDÊNCIA

Arresto e sequestro. Distinção

"Como o arresto (procedimento antecedente à hipoteca legal) visa a constrição de bens necessários ao pagamento das responsabilidades do acusado (reparação do dano, pena pecuniária e custas processuais), caso venha a ser condenado, pouco importa que eles tenham sido adquiridos antes ou depois da infração penal. Inteligência do artigo 140 do Código de Processo Penal. Apenas o seqüestro deve recair sobre os produtos, diretos ou indiretos, do crime, pois seu escopo é o de propiciar o perdimento desses bens. Inteligência do artigo 125 do Código de Processo Penal" (STJ – RMS n. 23044-PR, Rel. Jane Silva, j. 05.05.2009, DJe 08.06.2009).

§ 1º Proceder-se-á à alienação antecipada [1] para preservação do valor dos bens sempre que estiverem sujeitos a qualquer grau de deterioração [2] ou depreciação [3], ou quando houver dificuldade para sua manutenção [4] [5].

[1] ALIENAÇÃO ANTECIPADA DE BENS – Esse dispositivo reproduz, com todas as letras, o art. 144-A do Código de Processo Penal. Permite, assim, que, antes mesmo da prolação da sentença penal, seja condenatória ou absolutória, se proceda à alienação antecipada de bens. Para tanto é preciso que os bens estejam sujeitos à deterioração ou depreciação ou que haja dificuldade em mantê-los.

[2] DETERIORAÇÃO – É aquilo que, com o passar do tempo, se estraga. Assim, *v.g.*, um lote de carne apreendido em decorrência da prática de um crime. Por óbvio que, ao se aguardar o trânsito em julgado da sentença penal condenatória, que pode durar anos, esse material já se revelará impróprio ao consumo humano. Em caso bastante conhecido, envolvendo um banqueiro na cidade de São Paulo, sua valiosíssima coleção de arte, instalada na mansão na qual residia, sofreu vários danos, em razão da incidência do sol sobre os quadros, prejudicando-lhes cor e textura. É que era instalado um sistema de acionamento de cortinas por controle remoto, cujo manejo era desconhecido pelo responsável pela guarda do imóvel. A venda antecipada dessas obras teria evitado sua deterioração e mesmo sua depreciação.

[3] DEPRECIAÇÃO – Ocorre quando o bem perde seu valor inicial. Por exemplo, um veículo novo, que foi apreendido, fosse se aguardar dez anos para se operar o trânsito em julgado e seu valor sofreria enorme redução.

[4] DIFICULDADE DE MANUTENÇÃO – Permite-se, ainda, a alienação antecipada quando há dificuldade na manutenção do bem. Suponha-se uma aeronave, de grande porte, cuja guarda implicará na ocupação de um espaço razoável em um aeroporto e, pior, exigirá cuidados em sua manutenção, posto que um avião, passados anos sem uso, tem deteriorado seu motor, com necessidade de troca de peças, tudo em prejuízo do Estado, a quem cabe arcar com tais despesas. E pior: sujeito o Estado, ao final do processo, caso absolvido o réu, a sofrer uma ação de indenização visando reparar os danos acarretados ao veículo.

Para se evitar tais dissabores, impedindo se o acúmulo de veículos em pátios, públicos ou particulares, em risco à saúde pública, eis que se prestam como verdadeiros criadouros de doenças, quando não frequentemente furtados ou depredados, é que o legislador prevê essa alternativa. Infelizmente ainda pouco utilizada na prática, quer em virtude da reduzida familiaridade do promotor e do juiz criminal com a matéria, quer principalmente pela dificuldade burocrática encontrada para a implementação eficaz da medida.

[5] DEPOSITÁRIO – Pensamos que uma alternativa que se abre ao juiz é aquela prevista no § 5º, do art. 120 do Código de Processo Penal, consistente em, ao invés de determinar a alienação antecipada do bem, entregá-

-lo a terceiro que o detinha, "se este for pessoa idônea e assinar termo de responsabilidade". Este dispositivo deve ser interpretado à luz do que reza o "caput", do art. 120 do CPP, isto é, o procedimento aqui previsto somente será adotado se alguma dúvida persistir quanto à propriedade do objeto e sua procedência. Caso a autoridade judiciária não vislumbre qualquer dúvida quanto ao direito invocado pelo reclamante, devem de plano ordenar a liberação do material apreendido.

Lembre-se que a Lei de Drogas (Lei 11.343/2006), possui dispositivo semelhante, nos termos de seu art. 62, § 4º, ao prever a possibilidade de que "veículos, embarcações, aeronaves e quaisquer outros meios de transporte, os maquinários, utensílios, instrumentos e objetos de qualquer natureza, utilizados para a prática dos crimes definidos nesta Lei", possam ser alienados previamente, mediante requerimento do Ministério Público, após instauração da ação penal. Aliás, antes mesmo do advento da Lei 12.694/2012, que incluiu o dispositivo em exame em nossa legislação, a Recomendação do Conselho Nacional de Justiça n. 30, de 10 de fevereiro de 2010, já sugeria a alienação antecipada de bens apreendidos em procedimentos criminais.

§ 2º O juiz determinará a liberação, total ou parcial, dos bens, direitos e valores quando comprovada a licitude de sua origem e destinação, mantendo-se a constrição dos bens, direitos e valores necessários e suficientes à reparação dos danos e ao pagamento de prestações pecuniárias, multas e custas decorrentes da infração penal.

Este dispositivo deve ser interpretado em consonância com o texto do art. 120 do Código de Processo Penal, *in verbis*: "A restituição, quando cabível, poderá ser ordenada pela autoridade policial ou juiz, mediante termo nos autos, desde que não exista dúvida quanto ao direito do reclamante". Como regra, os objetos apreendidos devem permanecer nessa situação até a decisão final. Porém, caso não mais interessem ao processo, é possível sua devolução. Assim, por exemplo, o ofendido que teve seu veículo furtado e depois recuperado. Constada a propriedade, realizada a perícia no veículo (para constatar, *v.g.*, se foi arrombado), e apurado seu valor, não faria sentido mantê-lo apreendido aguardando-se o final do processo, em nítido prejuízo do proprietário, impedido de usufruir do bem. Nesse caso, sua devolução deve ser realizada pela autoridade policial ou pelo juiz, por simples termo de restituição nos autos, sem que nem mesmo haja necessidade de instauração do incidente de restituição de coisa apreendida. Mas essa devolução de pronto só é admitida quando o objeto apreendido não estiver sujeito a confisco, quando não pairar qualquer dúvida sobre o direito de propriedade do bem e quando a apreensão não tiver sido realizada em poder de terceiro de boa-fé. Em ambas as hipóteses, todavia, devem tais autoridades se certificarem de que o objeto não mais interessa ao processo, não bastando, pois, que se demonstre sua procedência lícita e que se comprove o título da posse. Por vezes, para tomarmos um exemplo, mesmo que já realizada a perícia, é possível se antever a possibilidade de que novo exame seja necessário quando, então, se impõe a manutenção da coisa apreendida.

Cremos, apenas, que o legislador, ao determinar que cumpre ao juiz a devolução dos bens quando demonstrada sua origem lícita, retirou da autoridade policial essa possibilidade. Afinal, quando quis conferir, também ao delegado de polícia, a possibilidade de ordenar sua devolução, o fez de forma expressa, como consta do art. 120 do CPP. Se no dispositivo em exame, ao deferir com exclusividade ao juiz a decisão quanto à devolução, preferiu restringir, não cabe ao intérprete estender essa incumbência também à autoridade policial.

§ 3º Nenhum pedido de liberação será conhecido sem o comparecimento pessoal do acusado ou de interposta pessoa a que se refere o caput deste artigo, podendo o juiz determinar a prática de atos necessários à conservação de bens, direitos ou valores, sem prejuízo do disposto no § 1º.

Cremo que de pouco alcance prático esta cautela do legislador, ao exigir "o comparecimento pessoal do acusado ou de interposta pessoa", quando da liberação, total ou parcial de bens, em prol de agente ou de terceiro. A um, porque, via de regra, será o próprio agente ou o terceiro, que tiveram os bens apreendidos, os autores do pedido de sua liberação. Representados por advogados, que fizeram juntar aos autos toda documentação que ensejou a liberação, indaga-se então qual o sentido prático de se exigir que pessoalmente compareçam ao Juízo. Serão ouvidos em uma audiência especialmente designada para esse fim? Parece claro que não, à falta de previsão legal e ante a total ineficácia do ato. A dois, em virtude de que tais crimes, não raras vezes, são cometidos por organismos internacionais, sendo que o deslocamento do agente ou terceira pessoa somente acarretará mais demora na conclusão do procedimento, com dispêndio de tempo e dinheiro. Em suma: ou bem o juiz entende ser devida a liberação (total ou parcial) dos bens, à vista da prova documental que lhe é exibida, ou bem indefere o pedido, face à precariedade da prova trazida com a inicial. Mas exigir-se o comparecimento pessoal constitui-se, sem dúvida, em desnecessária superfetação legal.

Restará, ainda, a possibilidade de o juiz criminal remeter as partes ao juízo cível, "em caso de dúvida sobre quem seja o verdadeiro dono, ordenando o depósito das coisas em mãos de depositário ou do próprio terceiro que as detinha, se for pessoa idônea", na dicção do § 4º, do art. 120, do CPP.

§ 4º Poderão ser decretadas medidas assecuratórias sobre bens, direitos ou valores para reparação do dano decorrente da infração penal antecedente ou da prevista nesta Lei ou para pagamento de prestação pecuniária, multa e custas.

Trata-se de medida semelhante já prevista no art. 140 do Código de Processo Penal. Como já salientado, as medidas assecuratórias não visam, tão somente, garantir futura reparação dos danos causados à vítima, mas também fazer frente ao pagamento de despesas processuais e das penas pecuniárias. Estas, aliás, terão preferência sobre a primeira, significando dizer que, se com o pagamento das despesas e pena de multa, todo o numerário se esvair, nada receberá o ofendido. E se, ambos pagos, algo sobrar? Será depositado junto ao Tesouro Nacional, nos termos do parágrafo único, do art. 133 do CPP.

ROGÉRIO SANCHES CUNHA E RONALDO BATISTA PINTO

Art. 13. Quando as circunstâncias o aconselharem, o juiz, ouvido o Ministério Público, nomeará pessoa física ou jurídica qualificada para a administração dos bens, direitos ou valores sujeitos a medidas assecuratórias, mediante termo de compromisso.

Há situações nas quais a guarda dos bens apreendidos não ensejará qualquer dificuldade. Basta imaginar, por exemplo, a apreensão de moeda ou joias, que deverão sem mantidas em conta bancárias ou cofres, não se exigindo maior esforço nessa tarefa. Nesse caso, resta clara a desnecessidade de nomeação de um terceiro a fim de administrar os bens apreendidos. Porém, em outras hipóteses, dada, principalmente, à natureza do bem, será necessária a indicação de um administrador, a quem caberá zelar por sua manutenção, livrando-o das intempéries que possam surgir em decorrência da guarda do objeto. Imagine-se, como citado acima, um quadro de valor elevado. Ele exigirá, de tempos em tempos, a realização de uma limpeza que preserve sua cor e textura. Quando não uma verdadeira restauração, capaz de manter suas características originais. O próprio transporte do quadro, a ser deslocado de um local para outro, não se constitui em tarefa fácil, chegando a exigir, por vezes, até mesmo um veículo climatizado para esse fim. Ora, o mero depósito da obra em local inadequado, por questões de iluminação, umidade, etc., pode acarretar sério risco ao bem, de modo a reduzir seu valor e, por consequência, prejudicar o objetivo de sua apreensão, consistente na possibilidade de reparação do dano causado à vítima e pagamento dos ônus processuais. Mesmo a apreensão de moeda, dependendo de sue valor, pode exigir a nomeação de administrador. Suponha-se a apreensão de 500 milhões de reais. A singela aplicação desse valor, por exemplo, em uma conta de poupança, determinada pelo juiz, pode implicar em sério prejuízo. Ao contrário, a administração desse valor por uma pessoa jurídica (um banco, *v.g.*), com profundo conhecimento do mercado, apto a eleger os investimentos mais rentáveis, ensejará, decerto, a valorização desse capital. Surgirá, então, após a oitiva do Ministério Público, a necessidade de nomeação de uma pessoa (física ou jurídica), incumbida de administrar esse bem.

Incidem, nessas hipóteses, os dispositivos do Código de Processo Civil que regem a matéria, notadamente o art. 159 daquele *codex*, quando determina que "a guarda e a conservação de bens penhorados, arrestados, sequestrados ou arrecadados serão confiadas a depositário ou a administrador, não dispondo a lei de outro modo".

Bens diversos – Elencamos, abaixo, diversos bens (no sentido mais amplo do vocábulo), que podem ser objeto de apreensão, indicando, ainda, a forma pela qual devem se guardados, bem como o destino final de cada um deles.

Manual de bens aprendidos – Em 2001, o Conselho Nacional de Justiça editou o Manuel de Bens Aprendidos, no qual elenca uma série de sugestões visando aperfeiçoar o trabalho de restituição ou alienação desses bens. E, de fato, a quantidade de bens apreendidos, sem que haja uma definição de seu destino, a lotar pátios e repartições policiais, revela uma situação de caos, em risco ao trânsito (veículos são estacionados em plena via pública, defronte a delegacias), à saúde pública (tais veículos se prestam, invariavelmente, como criadouros de insetos, notadamente o transmissor de dengue), sem falar do prejuízo causado, por vezes, a terceiros de boa-fé.

Do aludido manual consta uma advertência relevante, a saber: "Para que se tenha ideia da pouca efetividade na destinação de bens apreendidos, repetindo o que os organizadores colocaram ao comentar o Sistema Nacional de Bens Apreendidos, em julho de 2011, o Conselho Nacional de Justiça aferiu, por meio do SNBA, que, desde a implantação do sistema, houve o cadastramento de R$ 2.337.581.497,51 em bens. Deste valor, 0,23% foi objeto de alienação antecipada, representando R$ 5.330.351,89, e 1,85%, correspondendo a R$ 43.334.075,60, houve perdimento em favor da União e dos Estados. Além disso, em 4,43% desses valores, importando R$ 103.452.804,44, ocorreu a restituição dos bens, e em 0,15%, ou seja, R$ 3.404.456,34, restou a destruição. A conclusão que se extrai com esses dados é que o alto percentual de 93,35% dos bens apreendidos ainda permanece aguardando destinação, com situação 'a definir', representando o expressivo valor de R$ 2.182.059.809,24 sob a responsabilidade do Poder Judiciário".

Esse manual, acessado com facilidade pela *internet*, serve de valioso guia de orientação a todos que atuam na justiça penal, seja no âmbito federal ou estadual, pois indica a destinação do bem, segundo sua natureza, de modo a permitir uma maior agilização no procedimento, para que seja, conforme o caso, devolvido de pronto, apreendido temporariamente, perdido de forma definitiva, etc., conforme a legislação pertinente.

Apreensão de drogas – O procedimento quanto à apreensão de bens oriundos do tráfico de drogas, vem previsto na Lei 11.3543/2006, em seu art. 62 e §§. Quanto aos veículos utilizado na prática desse crime e ao destino do numerário, eventualmente apreendidos, analisamos a questão abaixo, em tópico especifico. No que tange à droga propriamente dita, por óbvio que não há qualquer possibilidade de devolução a seu possuidor, ainda que tenha sido ele absolvido do processo-crime que respondeu ou, antes mesmo, que nem mesmo tenha sido processado, posto que determinado o arquivamento do inquérito policial. Salvo, por exemplo, se pertencente a terceiro de boa-fé, como exemplo, um psicotrópico de uma farmácia ou a morfina de um hospital.

Tirando essas raras exceções, a solução é encontrada na própria lei de drogas. Assim, para a hipótese de flagrante, o juiz, após certificar a regularidade formal do laudo de constatação, determinará a destruição da droga apreendida (art. 50, § 3º), tendo o delegado de polícia o prazo de quinze dias para cumprir essa determinação (art. 50, § 4º), na presença do Ministério Público e da autoridade sanitária.

Tratando-se de plantação de drogas, determina o art. 32 que as plantações ilícitas serão imediatamente destruídas, pela autoridade policial, mediante autorização judicial (art. 50, § 3º da lei), mesmo quando não configurado o flagrante, neste caso no prazo máximo de 30 dias (art. 50-A), e de tudo lavrando auto de levantamento das condições encontradas, com a delimitação do local, asseguradas as medidas necessárias para a preservação da prova. Era controversa, na doutrina, a necessidade de autorização judicial para a destruição de plantações de drogas. Com efeito, Renato Marcão entendia, antes das alterações na lei de drogas introduzidas pela Lei 12.961/2014, que "localizadas, as plantações deverão ser *imediatamente* destruídas, e a razão de ser da regra é evidente. Caso fosse preciso obter prévia autorização judicial, por certo a preservação do local e a necessária destruição correriam sérios riscos. Também não seria razoável exigir a presença de representante do Ministério Público e de autoridade sanitária no sítio das plantações, quase sempre em locais inóspitos, de difícil acesso e de oneroso deslocamento." (*Tóxicos*. Leiº 11.343 de 23 de agosto de 2006. Anotada e Interpretada. São Paulo: Saraiva, 2011, p. 131).

Quer nos parecer que a Lei 12.961/2014 solucionou a controvérsia. De sorte que o art. 32, com sua nova redação, determina que, no que tange à destruição de plantações, seja observado o disposto no art. 50-A. Este último (art. 50-A), de sua parte, reza que cabe aplicação, no que couber, dos §§ 3º a 5º do art. 50. Ora, o § 3º, do art. 50, trata exatamente da necessidade de autorização judicial para a destruição do material. Como destaca Renato Brasileiro de Lima, "por mais que se queira objetar que a Polícia Judiciária não dispõe de aparato humano e material para a preservação do local, quase sempre em locais inóspitos, de difícil acesso e de oneroso deslocamento, daí não se pode permitir que uma autoridade administrativa leve adiante a destruição da propriedade de alguém – ainda que ilícita – sem prévia autorização judicial, notadamente se considerarmos que, em hipóteses raríssimas (arts. 2º e 31), a própria Lei de Drogas dispõe quanto à possibilidade de haver autorização para o cultivo de plantas destinadas à produção de substâncias entorpecentes. De se concluir, portanto, que essa exigência de determinação judicial prévia para fins de destruição das plantações ilícitas vem ao encontro do devido processo legal (CF, art. 5º, LIV), evitando que alguém seja privado de seus bens sem a observância do devido processo legal" (*Legislação Criminal Comentada*, Salvador: Juspodivm, 2ª. ed., 2014).

A propósito, quanto à necessidade de acompanhamento pelo Ministério Público da incineração de drogas, o Centro de Apoio Criminal do "parquet" paulista, em trabalho da lavra de seu coordenador, Everton Luiz Zanella entende não mais ser necessária a presença pessoal do promotor ou procurador. Com efeito, enquanto o revogado § 2º do art. 32 determinava que o ato de incineração fosse realizado "na presença de representante do Ministério Público", a nova redação do § 4º do art. 50, conferida pela Lei

12.961/2014, retirou o termo "representante", explicitando que a incineração será executada "na presença do Ministério Público". De sorte que, nos termos da Nota Técnica do Centro de Apoio Operacional Criminal,"não nos parece que houve um mero esquecimento do termo 'representante', mas sim a vontade do legislador de permitir, quando conveniente, que o ato de acompanhamento da incineração possa ser confiado pelo Promotor de Justiça para outro integrante da instituição Ministério Público. Noutras palavras, não existe mais uma obrigação pessoal e intransferível do Promotor de Justiça (como era expresso na legislação anterior), mas sim uma obrigação legal de seguimento do ato pela instituição Ministério Público" (*Boletim do CAO-Crim* n. 179, de agosto de 2014).

Apreensão de veículos relacionados ao tráfico e sua utilização por órgãos policiais – Lembre-se que para a hipótese de apreensão de veículos, aeronaves e embarcações, relacionados ao tráfico de drogas, a Lei 11.343/2006, mediante autorização judicial e ouvido o Ministério Público, possibilita a utilização desses bens pela polícia judiciária, "sob sua responsabilidade e com o objetivo de sua conservação", nos termos do artigo 62, § 1º, desse diploma legal. V. comentários ao art. 144, § 5º abaixo.

Embora essa possibilidade somente seja prevista na Lei de Drogas, que em seu art. 63, permite que "os veículos, embarcações, aeronaves e quaisquer outros meios de transporte, os maquinários, utensílios, instrumentos e objetos de qualquer natureza, utilizados para a <u>prática</u> dos crimes definidos nesta Lei, após a sua regular apreensão, ficarão sob custódia da autoridade de polícia judiciária, excetuadas as armas, que serão recolhidas na forma de legislação específica." (grifei), julgado do Superior Tribunal de Justiça, cujo trecho é abaixo citado, autorizou a utilização de aeronave, por ordem estatal, que fora apreendido em face da prática de crime diverso, não relacionado à Lei 11.343/2006. O principal argumento é que o Código de Processo Penal admite o emprego da analogia e, bem por isso, conquanto a Lei 11.343/2006 se refira apenas aos crimes relacionados com drogas, nada impede que, em delitos de outra natureza, ante a omissão legislativa, se possa, em o emprego daquela forma de integração da lei, determinar-se a apreensão de veículo.

O julgado não escapou à critica de Rômulo de Andrade Moreira, em artigo intitulado "A aplicação da analogia 'in malam partem' no processo penal brasileiro", sob o fundamento de que a apreensão de aeronaves é prevista somente da Lei de Drogas e, por isso mesmo jamais poderia o julgado, por analogia, estender essa possibilidade a outras situações que não envolvam essa espécie de delito. Ressalta o autor baiano que **"aque-**

las providências cautelares, que poderão se tornar definitivas após a sentença condenatória, apenas podem ser aplicadas em relação aos crimes tipificados na Lei de Drogas, e tão somente, vedando-se, por óbvio, o uso da analogia 'in malam partem' [...] Eis, portanto, o erro grosseiro constante da decisão do Superior Tribunal de Justiça, pois se aplica a analogia sempre que há uma omissão do legislador em relação a determinada norma jurídica, mas jamais 'in malam partem', isto é, em flagrante prejuízo para a parte acusada. Trata-se de método interpretativo de aplicação inaceitável em Processo Penal, quando 'in partem peiorem' ("contra o réu", em relação ao qual, aliás, presume-se a inocência). Em Direito Processual Penal só se aplica a analogia para beneficiar o réu, nunca o contrário!" (Sítio: investidura.com.br/biblioteca-juridica/artigos/processo-penal, acessado em 12.03.2015).

JURISPRUDÊNCIA

Possibilidade de entrega de veículo mesmo não se tratando de crime relacionado à Lei de Drogas

"Observada, de um lado, a inexistência de norma condizente no Código de Processo Penal para a utilização de bens apreendidos por órgãos públicos e verificada, de outro lado, a existência de norma nesse sentido no ordenamento jurídico, é possível o preenchimento da lacuna por meio da analogia, sobretudo se presente o interesse público em evitar a deterioração do bem" (STJ – REsp n. 1420960-MG , Rel. Sebastião Reis Junior, j. 24.02.2015).

Apreensão de dinheiro ou cheque – Vale observar que, via de regra, o simples fato de alguém ter sob sua guarda elevada quantia em dinheiro, por si só, não configura um crime.

"Ocorre que – conforme salientado no Manuel de Bens Aprendidos – a Autoridade Policial, por vezes, toma conhecimento de que em poder de algum suspeito ou mesmo de qualquer pessoa do povo, foi encontrada elevada soma em dinheiro. Por exemplo, em uma revista de rotina, encontra com o motorista de um veículo R$ 50.000,00, em espécie, sem que ele justifique a origem da verba. Paira grande dúvida se há ou não algum crime. É possível, também, que ocorra a apreensão de dinheiro encontrado com uma pessoa suspeita da prática de crime. Por exemplo, um funcionário público que responde ações penais por corrupção e recebe R$1.500,00 de vencimentos mensais, colide com outro veículo e, no exame de seu carro, encontra-se a quantia de R$80.000,00, em espécie, acondicionada debaixo do banco. Há uma forte suspeita de origem ilícita. Outra hipótese será a do Delegado de Polícia que, cumprindo mandado de busca e apreensão judicial, encontrar na residência de um suspeito da prática de tráfico de entorpecentes, U$40.000, em cédulas. Há um juízo provisório de que a verba é produto de crime ou se destina a lavagem de dinheiro".

Nos casos de apreensão de dinheiro e cheques, deve ser observar a Resolução 428/2005, do Conselho Nacional de Justiça (de aplicação à Justiça Federal). Esse diploma determina que, em se tratando de apreensão de moeda nacional, o numerário será guardado junto à Caixa Econômica Federal, em depósito judicial remunerado, na forma do inciso I do art. 1º do Decreto-Lei 1.737/79, com o respectivo termo de depósito. Embora a resolução determine o depósito judicial junto à CEF, o Regimento Interno do Banco do Brasil, em seu art. 55, inc. X, "manter a custódia dos valores encaminhados por órgãos oficiais e o acautelamento de cédulas e moedas falsas".

Cuidando-se de moeda estrangeira, será encaminhado ao Banco Central do Brasil. Também a moeda falsa, após perícia, será enviada ao Banco Central do Brasil, com um carimbo lançado em cada cédula, contendo a inscrição "moeda falsa" (cf. Carta Circular n. 3.329, do Banco do Brasil).

Os cheques, ainda nos termos da mencionada resolução, serão compensados, depositando-se o valor correspondente em conta remunerada à disposição do Juízo, junto à Caixa Econômica Federal, mantendo-se cópia autêntica nos autos.

No Estado de São Paulo, segundo as Normas de Serviço da Corregedoria Geral do Tribunal de Justiça (art. 518), "recaindo a apreensão em moeda estrangeira ou cheques, a autoridade policial deverá, de imediato, requerer ao juízo competente a intimação do Ministério Público para que postule a conversão em moeda nacional ou compensação dos cheques". Determinada, por decisão judicial, a perda desse dinheiro, o valor obtido deverá ser depositado em prol da Secretaria Nacional Antidrogas/SENAD (quando se tratar de crime dessa natureza), nos termos do art. 63, § 4º., da Lei 11.343/200, ou do Fundo Penitenciário (art. 2º., inc. IV da Lei Complementar 79/1994), nos demais casos.

Apreensão de dinheiro ou cheque e lei de drogas – A Lei 11.3543/2006, em seu art. 62, §§ 2º e 3º, determina que "a autoridade de polícia judiciária que presidir o inquérito deverá, de imediato, requerer ao juízo competente a intimação do Ministério Público", quando ocorrer a apreensão de dinheiro ou cheque. Cumpre ao *parquet*, ato contínuo, requerer a conversão do numerário apreendido em moeda nacional (caso se trate de moeda estrangeira), ou a compensação dos cheques emitidos após a instrução do inquérito, depositando produto em conta judicial, com recibo nos autos.

Armas de fogo, munições e apetrechos – Nos termos da Resolução 134/2011, do Conselho Nacional de Justiça, com aplicação no âmbito das justiças federal e estadual, as armas de fogo e munições apreendidas nos autos submetidos ao Poder Judiciário, após perícia, deverão ser encaminhadas ao Comando do Exército, para destruição ou doação, nos termos previstos no art. 25 da Lei 10.826/2003, com a notificação do proprietário de boa-fé para manifestação quanto ao interesse na restituição. Caso a arma apreendida ou a munição seja de propriedade da Polícia Civil ou Militar, ou das Forças Armadas, será restituída à corporação após a elaboração do respectivo laudo pericial e intimação das partes, ressalvada a hipótese do parágrafo anterior.

A resolução autoriza o juiz, mediante decisão fundamentada, a determinar a guarda da arma de fogo apreendida ou da munição, caso a medida seja imprescindível para o esclarecimento dos fatos apurados no processo judicial. Fica proibida, durante o processo ou inquérito, qualquer tipo de carga, cessão ou depósito, em mãos alheias, de armas de fogo e munições apreendidas.

Observe-se que as armas de fogo, de uso permitido ou restrito, devidamente registradas e autorizadas, devem ser restituídas, pela autoridade policial ou judicial (art. 120 do CPP), aos legítimos proprietários. Pressupõe-se, claro, a prévia exibição, no momento da retirada do material, da documentação atinente ao registro e à autorização de porte. Tratando-se de policiais, a restituição se dará mediante a apresentação da respectiva carteira funcional. Por vezes, na prática, em ocorrência que envolvam policiais (civis ou militares), que a respectiva corporação determine a apreensão dessa arma, quando, nesse caso, não deverá ser restituída.

Doação de armas de fogo – Cabe ao Comando do Exército, nos termos do disposto n. 25, § 1º, da Lei 10.826/2003, decidir sobre a doação de armas e munições às forças policiais. Ao juiz cabe apenas o decreto de perdimento em favor das instituições beneficiadas (art. 25, § 2º, da Lei 10.826/2003).

Medicamentos falsos ou com prazo de validade vencido – O Código Penal, em seu art. 273, prevê a conduta de "falsificar, corromper, adulterar ou alterar produto destinado a fins terapêuticos ou medicinais", a qual pune com rigor, com pena de reclusão de 10 a 15 anos, mais multa. Cuida-se, aliás, de crime rotulado de hediondo, como previsto no art., 1º, inc. VII-B, da Lei 8072/90. Já Lei 8.137/90, penaliza a conduta de vende, tem em depósito para vender ou expõe à venda "matéria-prima ou mercadoria, em condições impróprias ao consumo" (art. 7º, inc. IX). Nesse sentido o entendimento do Supremo Tribunal Federal: RE n. 80090-SP, Rel. Ilmar Galvão, j. 09.05.2000, DJ 16.06.2000.

Qualquer que seja a solução dada pelo processo-crime, decerto que não serão devolvidos estes produtos a seu possuidor, seja absolvido ou mesmo que nem processado, por conta do deferimento de pedido de arquivamento do inquérito policial. Há, então, que se decidir sobre o destino desses produtos, cujo descarte se impõe, seja para evitar sua posterior utilização por terceiros ou – a exigir maiores cuidados – seja para evitar a contaminação da água e do solo pelas substâncias ativas contidas na medicação.

Como lembra o Manuel de Bens Aprendidos, "no Brasil [...] é da responsabilidade do Município providenciar a estrutura necessária para o efetivo descarte dos medicamentos vencidos, obedecendo aos parâmetros estabelecidos nos regulamentos editados pela ANVISA, apresentando estrutura própria e firmando convênios para uso de outras estruturas adequadas. Obviamente, a maior parte dos municípios terá imensa dificuldade em prestar tal tipo de serviço, uma vez que se servem, ainda, do sistema tradicional de lançamento de dejetos, ou seja, os chamados 'lixões'". De rigor, porém, que tais produtos sejam descartados em aterros sanitários, lembrando o Manual que "a maioria dos aterros sanitários é explorada economicamente pelos particulares, o que exigirá, também, negociação para que seja dispensado o pagamento por esse tipo de serviço". Onde não houver o aterro, deve a autoridade judiaria providenciar a remessa do material a local em que ele é instalado, ainda que distante da comarca onde tramitou o processo-crime. O que não se admite é o simples depósito em lixões, com os riscos já mencionados.

Equipamentos de telecomunicação. "Rádio pirata" – Não é incomum, que no cotidiano do operador do Direito, com atuação no âmbito criminal, ele se depare com delitos relacionados à prática ilegal de radiofusão, sobretudo a chamada "rádio pirata". Tais condutas encontram previsão legal, de início, no art. 70 da Lei 4117/62 (denominado Código Brasileiro de Comunicações), que possui a seguinte redação :"Constitui crime punível com a pena de detenção de 1 (um) a 2 (dois) anos, aumentada da metade se houver dano a terceiro, a instalação ou utilização de telecomunicações, sem observância do disposto nesta Lei e nos regulamentos". São previstas, ainda, no art. 183 da Lei 9472/97, *in verbis*: "Desenvolver clandestinamente atividades de telecomunicação: Pena – detenção de dois a quatro anos, aumentada da metade se houver dano a terceiro, e multa de R$ 10.000,00 (dez mil reais)". Não há que se confundir, aqui, "rádio pirata" com "rádio comunitária", cuja legalidade de funcionamento vem prevista na Lei 9.612/98, que elenca os requisitos para legal funcionamento dessa espécie de veículo de comunicação. Há certa discordância na doutrina e jurisprudência a respeito de possível revogação do art. 70 do Código Brasileiro de Comunicações pela posterior Lei 9472/97, em tema que foge ao objeto deste trabalho.

É verdade que a jurisprudência, vez ou outra, posiciona-se no sentido da insignificância dessas condutas, a configurar verdadeiro crime de bagatela, e, com base nesse entendimento, trancado inquéritos policiais e ações penais em curso. Nesse sentido: (TRF – 1ª. R., – Recurso Criminal n. 38000201349-MG, Rel. Luciano Tolentino Amaral, j. 26.11.2002, DJ 13.12.2002, p. 68; TRF – 1ª. R., – Recurso Criminal n. 01000004594-MA, j. 07.05.1999, DJ 07.05.1999, p. 329). Não é o entendimento que prevalece no Superior Tribunal de Justiça (HC 19917/PB, Sexta Turma, DJ de 19.12.02, RESP 628287/CE, Primeira Turma, DJ de 17.12.04, RESP 251848/MG, Quinta Turma, DJ de 04.02.02, HC 14356/SP, Quinta Turma, DJ de 19.03.01, e RHC 8579/SP, Quinta Turma, DJ de 27.09.99).

Trata-se de juízo de valor, porém, que não pode ser realizado pelo Delegado de Polícia e, mesmo mais adiante, pode não ser acolhido pelo Magistrado que preside o processo-criminal, a exigir, neste caso, uma solução para a destinação dos objetos apreendidos. Diga-se, aliás, que esse delito é de competência da Justiça Federal, pois interessa à União, única competente para, nos termos do art. 21, inc. XI da Constituição, "explorar, diretamente ou mediante autorização, concessão ou permissão, os serviços de telecomunicações, nos termos da lei, que disporá sobre a organização dos serviços, a criação de um órgão regulador e outros aspectos institucionais". Já o art. 109, inc. IV da Carta, dispõe que cabe aos juízes federais o julgamento de crimes praticados em detrimento de interesses e bens da União, restando clara, pois, a competência da Justiça Federal para conhecer de tais delitos.

A recomendação do Conselho Nacional de Justiça, por meio do mencionado Manuel de Bens Aprendidos, é no sentido de que equipamentos utilizados em radiodifusão, não autorizada ou irregular, somente poderão ser restituídos aos detentores quando forem devidamente homologados pela ANATEL (Agência Nacional de Telecomunicações). E prossegue "caso os equipamentos não sejam homologados, por serem incompatíveis com as características exigidas para os serviços de telecomunicações no Brasil, deverão ser remetidos para a ANATEL, ou destruídos pelos serviços auxiliares do juízo". Cremos mais prudente, ao invés da destruição pura e simples, a primeira alternativa, ou seja, o envio dos equipamentos à ANATEL. É que esse órgão editou regras de destinação dos objetos, na Consulta Pública n. 59, como se observa do art. 14 desse diploma, a saber:

> "Aos bens e produtos de que trata esta Norma poderá ser atribuída uma das seguintes destinações:
>
> I – alienação, mediante leilão;
>
> II – doação a entidades sem fins lucrativos declaradas de utilidade pública federal, estadual ou municipal, observado o disposto no § 4º deste artigo;
>
> III – incorporação;
>
> IV – destruição, excepcionalmente, atendidos os requisitos da necessidade, adequação, proporcionalidade e razoabilidade, observado o disposto no § 4º deste artigo;
>
> V – restituição ao fiscalizado interessado, caso, mediante decisão judicial ou administrativa, não seja reconhecido o perdimento de bens e produtos para a Agência.

É dizer: parece-nos mais útil, por exemplo, a doação do equipamento a uma entidade de utilidade pública ou a incorporação dos equipamentos ao patrimônio público, do que a mera destruição desses bens.

Apreensão de animais em cativeiro – O art. 29 da Lei 9.605/98, considerada crime, punido com pena de detenção de seis meses a um ano, e multa, "matar, perseguir, caçar, apanhar, utilizar espécimes da fauna silvestre, nativos ou em rota migratória, sem a devida permissão, licença ou autorização da autoridade competente, ou em desacordo com a obtida". Como espécime da fauna silvestre, define a lei todos aqueles animais "pertencentes às espécies nativas, migratórias e quaisquer outras, aquáticas ou terrestres, que tenham todo ou parte de seu ciclo de vida ocorrendo dentro dos limites do território brasileiro, ou águas jurisdicionais brasileiras" (§ 3º, do art. 29). É a mesma definição contida no § 4º, art. 11, inc. III, do Decreto 3.179/1999.

Nas mesmas penas incorre, ainda nos termos desse dispositivo, "quem vende, expõe à venda, exporta ou adquire, guarda, tem em cativeiro ou depósito, utiliza ou transporta ovos, larvas ou espécimes da fauna silvestre, nativa ou em rota migratória, bem como produtos e objetos dela oriundos, provenientes de criadouros não autorizados ou sem a devida permissão, licença ou autorização da autoridade competente" (inc. III).

Claro que a singela manutenção de animais domésticos, como gado em geral, cães, gatos, etc., não constitui nenhuma irregularidade, porque não catalogados na categoria de animais silvestres. Podem, eventualmente, na análise do caso concreto, tipificar outra conduta delituosa, como as contravenções penais dos art. 31, 42 e 64 da lei própria ou mesmo crimes previstos no Código Penal (art. 164, 132),

Constituem-se, ainda, crime contra a fauna, dentre outros, "introduzir espécime animal no País, sem parecer técnico oficial favorável e licença expedida por autoridade competente" e "praticar ato de abuso, maus-tratos, ferir ou mutilar animais silvestres, domésticos ou domesticados, nativos ou exóticos", como previsto, respectivamente, nos arts. 31 e 31 da Lei 9.605/98.

Não será, contudo, toda e qualquer manutenção de animal em cativeiro capaz de caracterizar o crime, ainda que silvestre. Uma vez comprovada que a aquisição do animal se deu por meio de comerciante devidamente registrado no IBAMA, com fornecimento de nota fiscal que contenha o nome científico e popular do bicho, com a identificação individual do espécime, através de anilha fechada ou mesmo um componente eletrônico ("*um micro-chip*"), a conduta a conduta é legal. Ao contrário, se o animal tiver origem ilícita, como, por exemplo, quando adquirido de traficantes ou contrabandistas em estradas, depósitos, feiras livres, etc., configura-se o crime.

E mesmo a conduta de quem mantém em cativeiro animal silvestre, por vezes, é relevada pelo legislador. Com efeito, o art. 29 da Lei 9.605/98, em seu § 2º, prevê que "no caso de guarda doméstica de espécie silvestre não considerada ameaçada de extinção, pode o juiz, considerando as circunstâncias, deixar de aplicar a pena". E o Decreto 3.179/1999, que dispõe sobre sanções administrativas aplicáveis às condutas e atividades lesivas ao meio ambiente, dispõe, em seu art. 11, inc. III, § 2º, que, "no caso de guarda doméstica de espécime silvestre não considerada ameaçada de extinção, pode a autoridade competente, considerando as circunstâncias, deixar de aplicar a multa, nos termos do § 2º do art. 29 da Lei 9.605, de 1998". Ou seja, desde que preenchidos tais requisitos, pode o agente se livrar não apenas d sanção penal, como também da penalidade administrativa. Claro que em todos esse casos, presume-se que os animais estão sendo bem tratados, em conveniente, local, com fornecimento de alimentação e água adequados, acompanhamento de veterinário, vacinação em dia quando for o caso, etc. Tudo sob pena de configuração do crime previsto no art. 32 da Lei 9605/98 ou da contravenção penal prevista no art. 64 da Lei 3.688/41.

Em todos esses casos, deparando-se o juiz ou a autoridade policial com a apreensão de animais nessas condições, deverá providenciar sua apreensão e, por conseguinte, dar um destino, ainda que provisório, aos bichos. O § 1º, do art. 25 da Lei 9.605/98 aponta a solução, no sentido de que "os animais serão prioritariamente libertados em seu habitat ou, sendo tal medida inviável ou não recomendável por questões sanitárias, entregues a jardins zoológicos, fundações ou entidades assemelhadas, para guarda e cuidados sob a responsabilidade de técnicos habilitados". O § 2º., do mesmo dispositivo, determina que "até que os animais sejam entregues às instituições mencionadas no § 1º deste artigo, o órgão autuante zelará para que eles sejam mantidos em condições adequadas de acondicionamento e transporte que garantam o seu bem-estar físico". Por faltar-lhe conhecimento técnico, não caberá ao juiz e, tampouco, a autoridade policial, por óbvio, definir qual o local adequado para a recepção desses animais. Para tanto, deverá acionar o IBAMA que, juntamente com a Polícia Florestal, saberão dar o destino adequado para os bichos.

JURISPRUDÊNCIA

Fixação de prazo

"PROCESSUAL PENAL. RECURSO ESPECIAL. RESTITUIÇÃO DE COISA APREENDIDA. PRAZO. CRIME CONTRA O SISTEMA FINANCEIRO NACIONAL. Viola o disposto no art. 119 do CPP, a fixação de prazo em apuração por demais complexa, porquanto a restituição pode vir a ser definitivamente prejudicada, tornando inócua a existência da própria apreensão" (STJ – REsp n. 520756-PR, Rel. Felix Fischer, j. 14.10.2003, DJ 17.11.2003, p. 368).

Crimes ambientais

"Diversamente do previsto no art. 91 do CP, o art. 25, § 4º, da Lei 9.605/98, não autoriza, antes, determina, seja efetivada a imediata alienação dos instrumentos utilizados na prática de crimes ambientais, não importando ser sua origem ou posse lícita ou ilícita" (TRF – 4. R., Proc. n. 2005.04.01.009770-1/SC , Rel. Paulo Brum Vaz, j. 15.5.2008).

Rádio pirata. Competência da Vara Federal

"A prática de atividade de telecomunicação sem a devida autorização dos órgãos públicos competentes subsume-se no tipo previsto no art. 183 da Lei 9.472/97; divergindo da conduta descrita no art. 70 da Lei 4.117/62, em que se pune aquele que, previamente autorizado, exerce a atividade de telecomunicação de forma contrária aos preceitos legais e aos regulamentos. Precedentes do STJ. Conflito conhecido para declarar competente o Juízo Federal da 2a. Vara de Pelotas - SJ/RS, ora suscitado, em conformidade com o parecer ministerial" (STJ - CCnº 101.468-RS, Rel. Napoleão Nunes Maia Filho, j.l 26.08.2009, DJe 10.09.2009).

ROGÉRIO SANCHES CUNHA E RONALDO BATISTA PINTO

Art. 14. A pessoa responsável pela administração dos bens:

I - fará jus a uma remuneração, fixada pelo juiz, que será satisfeita preferencialmente com o produto dos bens objeto da administração;

Não há que se exigir que o administrador exerça seu encargo sem nada perceber, sobretudo em virtude de que, para o adequado desempenho dessa obrigação, pode advir uma série de despesas, além do trabalho que, dependendo da natureza do bem apreendido, terá que ser realizado. O *quantum* a ser fixado pelo juiz dependerá, portanto, da análise do caso concreto, não havendo uma tabela previamente estabelecida indicando a remuneração a ser paga. Como parâmetro, pode o juiz valer-se do disposto no art. 160 do Código de Processo Civil (com aplicação autorizada no processo penal pelo art. 3º do CPP), no sentido de que se levará em conta "a situação dos bens, ao tempo do serviço" e as dificuldades na execução do *munus*.

II - prestará, por determinação judicial, informações periódicas da situação dos bens sob sua administração, bem como explicações e detalhamentos sobre investimentos e reinvestimentos realizados.

Cabe ao administrador, sempre que solicitado, prestar contas quanto ao exercício do encargo que lhe foi atribuído, em virtude da própria natureza pública do "munus" e mesmo porque remunerado para tanto. Cumpre, assim, apontar a situações do bem que se encontra sob sua administração. Tratando-se, por exemplo, de uma aeronave, deve indicar seu estado de conservação, eventual necessidade de reparos, etc. Caso a administração se refira a moeda, deve justificar os investimentos que elegeu, dentre aqueles disponíveis no mercado, o risco de determinada aplicação, etc.

Vale lembrar que, na dicção do art. 161 do Código de Processo Civil, "o administrador responde pelos prejuízos que, por dolo ou culpa, causar à parte, perdendo a remuneração que lhe foi arbitrada ...". Demais disso, nos termos do parágrafo único do mesmo dispositivo, "o depositário infiel responde civilmente pelos prejuízos causados, sem prejuízo de sua responsabilidade penal e da imposição de sanção por ato atentatório à dignidade da justiça".

Destaque-se, ainda, que o crime de apropriação indébita, quando praticado por depositário judicial, tem a pena majorada, nos termos do inc. II, § 1º, do art. 168 do Código Penal.

Parágrafo único. Os atos relativos à administração dos bens serão levados ao conhecimento do Ministério Público, que requererá o que entender cabível.

Em face do teor das informações prestadas pelo administrador, poderá o Ministério Público adotar as medidas que entender cabíveis à espécie. Daí a cautela prevista neste dispositivo, pela qual os atos de administração se submetem ao conhecimento do "parquet". As medidas podem tem um cunho penal, quando se vislumbrar a prática de algum delito. Podem, ainda, ter um caráter civil, a justificar um pedido de substituição do administrador, decorrente de sua má gestão. Ou, simplesmente, se limitarem a proposições para aperfeiçoamento da administração, sugerindo, por exemplo, um investimento do dinheiro mais conservador ou a guarda da aeronave em local menos custoso.

ROGÉRIO SANCHES CUNHA E RONALDO BATISTA PINTO

Art. 15. O juiz determinará, na hipótese de existência de tratado ou convenção internacional [1] e por solicitação de autoridade estrangeira competente [2], medidas assecuratórias sobre bens, direitos ou valores oriundos de crimes descritos nesta Lei praticados no estrangeiro.

[1] TRATADO OU CONVENÇÃO – A prática de atos terroristas, como regra, não se restringe a apenas um país. Seu comando, planejamento, recrutamento e treinamento de pessoal estão, quase sempre, muito distantes do local onde efetivamente consumado o atentado. Daí a necessidade de adoção de medidas de cooperação entre as diversas nações que se revelem empenhadas na coibição desse delito. A propósito, o 8º. Congresso das Nações Unidas para a Prevenção do Crime e o Tratamento dos Delinquentes, realizado em Havana, Cuba, em 1990, ao tratar especificamente, do auxílio mútuo e cooperação em matéria penal (item "f", incs. 13 e 14), ressaltou que "uma prevenção e uma repressão eficazes da violência terrorista requerem que os Estados concedam mutuamente toda a ajuda necessária à obtenção de provas de que necessitem para perseguir e extraditar os delinquentes".

Assim, tornando ao artigo em análise, desde que existente "tratado ou convenção internacional", da qual o Brasil seja subscritor e por solicitação de autoridade estrangeira, pode um juiz nacional determinar a adoção de alguma medida assecuratória incidente sobre o patrimônio do suposto autor do delito perpetrado no exterior. Lembre-se que o Código de Processo Civil, introduziu em nosso ordenamento a *cooperação internacional*, cuja aplicação é cabível ao processo penal, nos termos do art. 3º do CPP. Segundo o art. 26 do CPC, a cooperação internacional, para sua implementação, deve observar "o respeito às garantias do devido processo legal no Estado requerente", a isonomia de tratamento entre nacionais e estrangeiros, a publicidade processual, a existência de uma "autoridade central", e a "espontaneidade na transmissão de informações a autoridades estrangeiras". De interesse ao nosso trabalho, vale observar que a cooperação internacional, nos termos dos incs. IV e VI, do art. 27 do CPC, terá por objeto a "concessão de medida judicial de urgência" e "qualquer outra medida judicial ou extrajudicial não proibida pela lei brasileira".

Destaque-se, ainda, que na "cooperação jurídica internacional não será admitida a prática de atos que contrariem ou que produzam resultados incompatíveis com as normas fundamentais que regem o Estado brasileiro" nos termos do § 3º., do art. 26 do CPC, pelo qual "na cooperação jurídica internacional não será admitida a prática de atos que contrariem ou que produzam resultados incompatíveis com as normas fundamentais que regem o Estado brasileiro". Daí se concluir que a decisão do juiz brasileiro não possui um caráter meramente homologatório, limitando-se a um *exequatur* que faça cumprir o pedido internacional. Aliás, quando se trata de mera homologação de sentença estrangeira, nem mesmo se exige a reciprocidade entre os dois Estados, como se infere do disposto no § 2º., do art. 26 do CPC.

Deve, assim, avançar, cabendo a análise do cabimento do pedido frente às normas de nosso direito positivo. Essa impressão se reforça quando o legislador emprega o vocábulo "solicitação". Assim, o pedido de imposição de alguma medida assecuratória deve se revelar compatível com nossa legislação, afinal, nos termos do § 3º, do art. 26 do CPC, não se admitindo, por exemplo, que tal medida transcenda a pessoa do autor do delito, por conta do disposto no art. 5º, inc. XLV da Constituição, segundo o qual "nenhuma pena passará da pessoa do condenado", naquilo que a doutrina denomina *princípio da instranscendência da pena.*

Outra medida relevante, prevista no art. 28 do CPC, constitui-se no *auxílio direto*, cabível "quando a medida não decorrer diretamente de decisão de autoridade jurisdicional estrangeira a ser submetida a juízo de delibação no Brasil". Aqui, como indica a textualidade do dispositivo, não se trata necessariamente de um pedido formulado por juiz estrangeiro, mas por uma autoridade administrativa (policial, por exemplo). Conforme argumenta Fábio Ramazzini Bechara, o que o singulariza o auxílio direto "é o fato de que o Estado estrangeiro não se apresenta na condição de juiz, mas de administrador, porquanto não encaminha um pedido judicial de assistência, mas sim uma solicitação para que a autoridade judicial do outro Estado tome as providências e as medidas requeridas no âmbito nacional" (*Novo CPC regulou normas de cooperação internacional de forma sistemática,* site *conjur*, acessado em 09.05.2016). Reforça essa impressão o dizer de Márcio Mateus Barbosa Júnior, para quem "o auxílio direto serve para atos de cooperação que prescindam do *exequatur* do Superior Tribunal de Justiça, para os quais os juízes nacionais passam a ter inteira liberdade de apreciação e decisão. O instituto difere da carta rogatória porque nesta, a medida decorre de decisão da autoridade judicial estrangeira, tomada em processo do qual o juiz nacional não tem conhecimento ou, tampouco, qualquer poder além de conceder ou negar o cumprimento daquilo que lhe foi rogado" (*O novo Código de Processo Civil e o Auxílio Direto: Contexto do Direito Brasileiro contemporâneo,* site *âmbito jurídico*, acessado em 11.05.2016).

Tais pedidos, portanto, dada à sua própria natureza, não se submetem a crivo do Superior Tribunal de Justiça que, muito antes do advento do Código de Processo Civil em vigor, já editara a Resolução 09, do STJ, de 04.05.2005, do seguinte teor: "os pedidos de Cooperação Jurídica Internacional que tiverem por objeto atos que não ensejem juízo de delibação pelo Superior Tribunal de Justiça, ainda que denominados como carta rogatória, serão encaminhados ou devolvidos ao Ministério da Justiça para as providências necessárias ao cumprimento do auxílio direto".

Ressalte-se que o CPC prevê a figura da *autoridade central*, a quem cabe encaminhar os pedidos, dando assistência técnica às autoridades nacionais que sintam a necessidade da cooperação internacional, tudo a propiciar maior celeridade no trâmite do procedimento.

Como destaca Ricardo Silvares, "no Brasil, normalmente a autoridade central designada na maioria dos tratados bilaterais de cooperação em matéria penal é o Ministério da Justiça e, neste, o Departamento de Recuperação de Ativos e Cooperação Jurídica Internacional. Porém, nos tratados celebrados com Portugal e com o Canadá, a autoridade central é a Procuradoria-Geral da República e, nesta, a Assessoria de Cooperação Jurídica Internacional" (Novo CPC e seus reflexos no âmbito do Processo Penal, Salvador: Juspodivm, 1ª. ed. 2016, p. 44).

[2] AUTORIDADE COMPETENTE – De ser entendida com um juiz ou alguma autoridade que se encontre legalmente autorizada a exercer a função jurisdicional. Lembre-se, por analogia, da questão referente à audiência de custódia, quando da apresentação do preso em flagrante ao juiz. Segundo a Convenção Americana de Direitos Humanos (Pacto de San José da Costa Rica), em seu art. 7º., 5, "toda pessoa presa, detida ou retida deve ser conduzida, sem demora, à presença de *um juiz ou outra autoridade autorizada por lei* a exercer funções judiciais" (grifamos). Redação idêntica tem o Pacto Internacional sobre os Direitos Civis e Políticos, *in verbis*: "Todo o indivíduo preso ou detido sob acusação de uma infração penal será prontamente conduzido perante um juiz ou uma outra autoridade habilitada pela lei a exercer funções judiciárias" (art. 9º., 3). Ambos os diplomas, como é sabido, foram ratificados pelo Brasil.

Não se trata, porém, de qualquer autoridade, mas de autoridade legalmente autorizada ao exercício de função judicial. Haverá quem indague – em sentido contrário – em que consistiria então essa "outra autoridade autorizada por lei a exercer funções judiciais". É difícil afirmar, já que os pactos possuem uma abrangência mundial, devendo atentar, bem por isso, a realidade interna de cada nação que os subscrevem. Decerto que alguns países devem contar com uma autoridade que, embora não seja juiz, exerça as funções jurisdicionais, legalmente autorizada a tanto. Mas não precisamos ir longe. Em nosso país e mais precisamente no Estado do Rio Grande do Sul, há ainda a figura do *pretor*, embora a Lei Estadual n. 14.235/13, preveja a extinção de tais cargos na medida em que forem se vagando. Tratava-se, antes da vigência da mencionada lei gaúcha que os equiparou aos juízes, de uma autoridade que, embora não sendo um Magistrado de carreira, exercia funções equiparadas ao juiz.

Temos, em resumo, que a autoridade estrangeira aludida pelo legislador será, via de regra, uma autoridade judicial, nada impedindo, contudo, segundo a legislação interna de cada Nação, que se trate de uma autoridade que, conquanto não pertencente ao Poder Judiciário, esteja investida por lei nessa função.

§ 1º Aplica-se o disposto neste artigo, independentemente de tratado ou convenção internacional, quando houver reciprocidade do governo do país da autoridade solicitante.

Este dispositivo se orienta pela atual redação do art. 26, § 1º , do Código de Processo Civil, pela qual "na ausência de tratado, a cooperação jurídica internacional poderá realizar-se com base em reciprocidade, manifestada por via diplomática". Pode ocorrer, assim, que o Brasil não seja signatário de determinado tratado ou convenção internacional. Tampouco que exista algum bilateral entre nosso país e uma nação estrangeira. Nem por isso, contudo, fica o juiz inibido de impor medidas assecuratórias sobre bens, direitos ou valores do agente. Nesse caso, o fará com base no *princípio da reciprocidade*, que se funda na igualdade e de respeito mútuo que deve orientar as relações entre os Estados. De tal forma que, segundo o Direito Internacional, a reciprocidade autoriza que efeitos jurídicos, oriundos de um país, sejam aplicados em outro, desde que aceitos igualmente por ambas as nações.

A título de exemplo, o art. 76, do Estatuto do Estrangeiro (Lei 6.815/1980), prevê que "a extradição poderá ser concedida quando o governo requerente se fundamentar em tratado, *ou quando prometer ao Brasil a reciprocidade*" (grifei). Lembremos, ainda, que nos termos do 4º, inc. V, da Constituição, um dos pilares de nosso país se cuida, exatamente, do repúdio ao terrorismo.

§ 2º Na falta de tratado ou convenção, os bens, direitos ou valores sujeitos a medidas assecuratórias por solicitação de autoridade estrangeira competente ou os recursos provenientes da sua alienação serão repartidos entre o Estado requerente e o Brasil, na proporção de metade, ressalvado o direito do lesado ou de terceiro de boa-fé.

Parece pouco provável a aplicação, na prática, deste dispositivo. É que a maioria dos países efetivamente comprometidos com o combate ao terrorismo são também signatários de tratados e convenções com o Brasil. Nosso país, por seu turno, ratificou diversos protocolos com o mesmo objetivo.

Em alentado trabalho da lavra de Jorge Mascarenhas Lasmar, o autor destaca que "o Brasil ratificou pelo menos 15 convenções e protocolos internacionais de combate ao terrorismo. São eles: Convenção Relativas às Infrações e Certos Outros Atos Cometidos a Bordo de Aeronaves; Convenção para

Repressão ao Apoderamento Ilícito de Aeronaves; Convenção para Prevenir e Punir os Atos de Terrorismo Configurados em Delitos contra as Pessoas e a Extorsão Conexa Quando Tiverem Eles Transcendência Internacional; Convenção para a Repressão de Atos Ilícitos contra a Segurança da Aviação Civil; Convenção sobre a Prevenção e Punição de Infrações contra Pessoas que Gozam de Proteção Internacional, incluindo os Agentes Diplomáticos; Convenção contra a Tomada de Reféns; Convenção sobre a Proteção Física dos Materiais Nucleares; Protocolo para a Supressão de Atos Ilícitos de Violência nos Aeroportos a Serviço da Aviação Civil; Convenção sobre a Marcação dos Explosivos Plásticos para Fins de Detecção; Convenção Interamericana Contra a Fabricação e o Tráfico Ilícito de Armas de Fogo, Munições, Explosivos e Outros Materiais Correlatos; Convenção Internacional sobre a Supressão de Atentados Terroristas com Bombas (com reserva ao parágrafo 1 do artigo 20); Convenção Internacional para a Supressão do Financiamento do Terrorismo; Convenção Interamericana Contra o Terrorismo; Convenção para a Supressão de Atos Ilícitos contra a Segurança da Navegação Marítima; Protocolo para a Supressão de Atos Ilícitos contra a Segurança de Plataformas Fixas localizadas na Plataforma Continental. Ademais, o Brasil assinou, em 13 de abril de 2005, a Convenção Internacional para a Supressão de Atos de Terrorismo Nuclear, mas ainda não a ratificou" (*A legislação brasileira de combate e prevenção do terrorismo quatorze anos após 11 de Setembro: limites, falhas e reflexões para o futuro*, Revista de Sociologia e Política, vol. 23, n. 53, Curitiba, março-2015).

De qualquer sorte, nos soa um pouco estranho que determinado país peça a adoção de uma medida assecuratória (por exemplo, a apreensão de 500 milhões de dólares, relacionados à prática de um ato de terrorismo ocorrido em país que não seja signatário de nenhum tratado e convenção e que, tampouco, mantenha acordo bilateral com o Brasil), e que, efetivada a medida, nosso país retenha a metade do valor apreendido.

ROGÉRIO SANCHES CUNHA E RONALDO BATISTA PINTO

Art. 16. Aplicam-se as disposições da Lei 12.850, de 2 agosto de 2013, para a investigação [1], processo [2] e julgamento [3] dos crimes previstos nesta Lei.

[1] A Lei 13.260/16 manda aplicar aos crimes de terrorismo as técnicas de investigação e os meios extraordinários de obtenção de prova previstos na Lei 12.850/13 – organizações criminosas (art. 3º.) – destacando-se: a) colaboração premiada; b) ação controlada; c) infiltração, por policiais, em atividade de investigação; d) captação ambiental de sinais eletromagnéticos, ópticos ou acústicos; e) acesso a registros de ligações telefônicas e telemáticas, a dados cadastrais constantes de bancos de dados públicos ou privados e a informações eleitorais ou comerciais; f) interceptação de comunicações telefônicas e telemáticas, nos termos da legislação específica; g) afastamento dos sigilos financeiro, bancário e fiscal, nos termos da legislação específica; h) cooperação entre instituições e órgãos federais, distritais, estaduais e municipais na busca de provas e informações de interesse da investigação ou da instrução criminal. Faremos, a seguir, uma síntese de cada uma.

a) colaboração premiada.

O instituto da colaboração premiada, ainda que contando com denominação diversa, sempre foi objeto de análise pela doutrina, tratado que é como "delação premiada (ou premial)", "chamamento do corréu", "confissão delatória" ou, segundo os mais críticos, "extorsão premiada", etc.

Também é conhecido do Direito positivo, eis que introduzido em nosso ordenamento jurídico por leis anteriores. De sorte que a lei dos crimes hediondos (Lei 8.072/90), em seu art. 8º, parágrafo único, previa a redução da pena para o "participante e o associado que denunciar à autoridade o bando ou quadrilha". Essa lei também acrescentou o § 4º, ao art. 159 do Código Penal (extorsão mediante sequestro), estendendo o mesmo benefício ao coautor do crime.

Posteriormente a revogada lei que tratava das organizações criminosas (Lei 9.034/95), no art. 6º, tornou a prever a redução da pena, desde que a espontânea colaboração do agente levasse ao esclarecimento de infrações penais e de sua autoria.

Também a lei de lavagem de capitais (Lei 9.613/98), ampliou o leque de favores, prevendo, além da redução da pena (ou sua substituição), seu cumprimento em regime semi-aberto ou aberto e a possibilidade do perdão judicial (art. 1º, § 5º). Benefícios idênticos foram cogitados na lei de proteção das vítimas e testemunhas (Lei 9.807/99, arts. 13 e 14).

A lei de drogas (Lei 11.343/2006), no art. 41, possui previsão de redução da pena àquele que, voluntariamente, contribui com a investigação e o processo criminal, do qual resultará redução, de 1/3 a 2/3, de sua pena. E, mais recentemente, a Lei 12.529/2011, que estruturou o Sistema Brasileiro de Defesa da Concorrência, permite que o CADE (Conselho Administrativo de Defesa Econômica), firme acordo de leniência que "impede o oferecimento da denúncia com relação ao agente beneficiário da leniência" (art. 87), com a posterior extinção da punibilidade caso cumprido o acordo.

Mas, assim como ocorria com a ação controlada e a infiltração de policiais - que também possuíam anterior previsão legal - não havia um regramento mais específico e um roteiro mais detalhado que propiciassem a efetividade da medida.

A Lei 12.850/13 altera sensivelmente esse panorama, cuidando da forma e do conteúdo da colaboração premiada, prevendo regras claras para sua adoção, indicando a legitimidade para formulação do pedido, enfim, permitindo, de um lado, maior eficácia na apuração e combate à criminalidade organizada, sem que, de outra parte, se arranhem direitos e garantias asseguradas ao delator.

A colaboração premiada poderia ser definida, já com base na Lei 12.850/13, como a possibilidade que detém o autor do delito em obter o perdão judicial e a redução da pena (ou sua substituição), desde que, de forma eficaz e voluntária, auxilie na obtenção dos resultados previstos em lei. A partir da lei posta, portanto, é incabível a conceituação do instituto com base, exclusivamente, na delação dos comparsas formulada pelo colaborador, já que o prêmio pode ser obtido ainda que ausente essa imputação, como, por exemplo, se em decorrência dela se salvaguardou a integridade física da vítima (inc. V abaixo)[203].

Não se ignoram as inúmeras críticas formuladas a esse instituto, porquanto, para os que pensam assim, vem baseado na traição, deslealdade e mentira, valendo-se o Estado, ademais, de meios imorais na busca da condenação, a demonstrar sua ineficiência "para com sua função persecutiva penal"[204].

Segundo Hassemer, "não é permitido ao Estado utilizar os meios empregados pelos criminosos, se não quer perder, por razões simbólicas e práticas, a sua superioridade moral"[205].

---

203. Lembre-se o item 2, do art. 26 da Convenção de Palermo, Introduzida em nosso ordenamento jurídico pelo Decreto nº 5.015/2004), prevê que "cada Estado Parte poderá considerar a possibilidade, nos casos pertinentes, de reduzir a pena de que é passível um argüido que coopere de forma substancial na investigação ou no julgamento dos autores de uma infração prevista na presente Convenção".

204. V., nesse sentido, com ampla e respeitável argumentação, Luiz Rascovski in *A (in)eficiencia da delação premiada.* Estudos de processo penal. São Paulo: Scortecci, 2011, p. 142. E, ainda, Victor Gabriel Rodriguez, *Aula de ética e delação premiada*, Jornal Carta Forense, outubro de 2013, p. A22

205. *Apud* Paulo Rangel. *Direito Processual Penal*, 7ª. ed., Rio de Janeiro: Lúmen Júris, 2003, p. 605.

Na lição de Eugenio Raúl Zaffaroni, "a impunidade de agentes encobertos e dos chamados 'arrependidos' constitui uma séria lesão à eticidade do Estado, ou seja, ao princípio que forma parte essencial do Estado de Direito: [...] o Estado está se valendo da cooperação de um delinquente, comprada ao preço da sua impunidade para 'fazer justiça', o que o Direito Penal liberal repugna desde os tempos de Beccaria"[206].

Apontam-se outras máculas ao instituto. Violaria, assim, o princípio da proporcionalidade, posto que ensejaria a aplicação de sanções diversas àqueles que perpetraram o mesmo crime[207]. Invadiria, outrossim a competência jurisdicional do Magistrado, por ser a colaboração oriunda de um acordo celebrado entre Ministério Público e defesa. Mais que isso, atentaria mesmo contra os princípios da ampla defesa e do contraditório[208], posto que subtraído do Poder Judiciário a possibilidade de julgar o feito. Diz-se, ainda, que enfraqueceria o trabalho de investigação policial, que não mais se empenharia na elucidação dos delitos, ante a facilidade advinda da colaboração[209].

Discordamos destes posicionamentos, enumerados – saliente-se – antes do advento da lei em análise. Discordamos em virtude de que muitos se acham superados em face das disposições do estatuto novel. E, outros, importam, sob nossa compreensão, em uma ótica equivocada do instituto, distante, além disso, da realidade atual, que reclama meios mais eficazes no combate a tão séria espécie de criminalidade.

Destaque-se, de plano, argumento que nos parece fundamental para o correto enfrentamento da questão. Consiste no fato de que a colaboração premiada pressupõe, para sua admissão, a voluntariedade do agente, como se vê do "*caput*" deste artigo. Em outras palavras e de forma mais direta: o colaborador, em absoluto, se vê compelido a aceitar seus termos. O juiz, aliás, somente homologará o termo de acordo se nele detectar a voluntariedade do agente (§ 7º, abaixo). Caso pressinta a imoralidade da iniciativa, basta ao colaborador que rejeite a proposta de delação. Essa impressão se reforça ao se constatar que, nos termos do § 6º abaixo e do art. 6º, inc. III, é obrigatória a presença do defensor em todo o procedimento para implan-

206. *Crime organizado: uma categoria frustrada.* Discursos sediciosos: crime, direito e sociedade, Rio de Janeiro: Revan, ano 1, v. 1, 1996, p. 45.

207. Nesse sentido, Luiz Rascovski, ob. cit., p. 143.

208. Aproximando-se dessa linha de argumentação, confira-se: Antonio Magalhães Gomes Filho e Gustavo Henrique Righi Ivahy Badaró. *Prova e Sucedâneos de prova no processo penal Brasileiro.* Revista Brasileira de Ciências Criminais. Março – abril de 2007, nº 65, p. 188, RT.

209. Nesse sentido, Walter Fanganiello Maierovitch. *Apontamentos sobre a política criminal e a plea bargaining.* Revista de Informação Legislativa, Brasília, v. 28, nº 112, out-dez 1991, p. 206.

tação do favor legal. Este, seguramente, também não aceitará a proposta caso nela vislumbre tal sorte de ilegalidades.

Vale ressaltar, ainda, que a crítica toma em conta apenas o fato do colaborador delatar seus comparsas (o que revelaria seu comportamento imoral e aético), não considerando, porém, que a lei não exige, como pressuposto para a concessão da mercê, essa espécie de conduta. Explicamos: se a colaboração somente fosse implantada com a condição do agente delatar os demais agentes, talvez ainda se pudesse admitir esse argumento. Ocorre que essa não é uma condição *sine qua non* para concessão do benefício que, na dicção dos incisos IV e V abaixo, pode ser adotado caso ocorra a recuperação total ou parcial do produto do crime ou quando preservada a integridade física da vítima.

É dizer: pode o agente dar a contribuição, por exemplo, apontando o local no qual se encontra a vítima de um seqüestro, sem que, para tanto, tenha que delatar os comparsas. Pode, ainda, indicar aonde os bens oriundos da atividade criminosa estão escondidos e, nem por isso, terá necessariamente acusado seus companheiros. Em ambas as hipóteses ele merecerá o benefício, conquanto não tenha feita alusão a um nome sequer dos demais envolvidos na organização criminosa. De sorte que a colaboração premiada, pelos menos nos termos da nova legislação, não possui a marca da traição e indignidade que tanto preocupa seus críticos.

Nem mesmo o prêmio dado àquele que se arrepende pode ser considerado imoral ou inusitado em nosso ordenamento jurídico. O art. 15 do Código Penal prevê, com efeito, a figura da desistência voluntária e arrependimento eficaz, enquanto que o art. 16 do mesmo "codex" trata do arrependimento posterior. No mesmo sentido a atenuante do art. 65, inc. III, "b" do Código Penal. Também a confissão, prevista como atenuante no art. 65, inc. III, "d" do CP, embora não se investigue o valor moral que a motivou, não deixam de se consistir em estímulo ao réu, como "forma de recompensá-lo por haver, assim, colaborado com a ação da justiça", segundo Aníbal Bruno[210].

São formas que, conquanto diversas da colaboração, guardam alguma semelhança com o instituto e nas quais se prestigia o agente que se revela pesaroso pela atitude que perpetrou.

Não há, outrossim, qualquer ofensa ao princípio da proporcionalidade pela cominação de sanções diversas a autores do mesmo delito.

210. *Direito Penal*. Rio de Janeiro: Forense, 1984, vol. III, p. 143.

Ora, quando dois agentes perpetram o mesmo delito, em co-autoria, um contando 25 e outro 19 anos de idade à época do crime, por acaso não receberão penas diversas, já que este último é beneficiado com a circunstância atenuante do art. 65, inc. I do Código Penal? O que se considera, com efeito, é a condição subjetiva de cada um deles, assim como na Lei 12.850/13, razão pela qual aquele que contribui merece uma reprimenda menor (ou nenhuma reprimenda), quando comparado aos demais que nada auxiliaram.

Tampouco aproveita a tese de que a colaboração subtrairia do Poder Judiciário sua vocação natural para conhecer do feito e julgar o réu. Não pelo menos no sistema introduzido pela lei. É que, apesar das tratativas de acordo envolverem acusação e defesa (§ 6º abaixo), cabe ao Magistrado a última palavra, já que a ele é dado recusar a proposta (§ 8º abaixo). Ademais, para que se conceda o perdão ou a redução da pena, é preciso que, antes, tenha transcorrido um processo. Nada impede, nessa alinha de raciocínio, que o juiz absolva o colaborador, considerando, por exemplo, a fragilidade da prova. Ou que o condene, aplicando os benefícios advindos da colaboração. Mas, em ambos os casos, será proferida uma sentença, motivo pelo qual não vislumbramos qualquer amesquinhamento na função primordial do Poder Judiciário. Também por isso restam preservados os princípios da ampla defesa e do contraditório, pois há sim um processo a anteceder qualquer sentença[211].

Nem se diga que a lei traria um esmorecimento do trabalho investigativo da polícia, acomodada com a facilidade da colaboração premiada. A um, em virtude de que tal entendimento confere uma amplitude de atuação que o instituto parece não possuir, já que não serão tantos os casos nos quais será aplicado. E, a dois, porque não faltarão outros delitos para que a polícia exerça seu trabalho investigativo. Não será, assim, a colaboração premiada a responsável por eventual insucesso na investigação policial, que – sabemos todos – é preexistente à lei em comento.

Em verdade, a criminalidade organizada, face às suas peculiaridades, reclama uma nova visão sobre os meios de prova a serem utilizados para fazer frente a seu poderio.

Alberto Silva Franco, com propriedade, destaca as características e malefícios dessa espécie de criminalidade: "O crime organizado possui

211. Quando do advento da Lei nº 9.099/95, que inovou com a possibilidade da transação penal, foi invocado o entendimento que teríamos uma pena "sem processo", em violação ao princípio constitucional do devido processo legal. Passados quase 14 anos de vigência da lei, cujos resultados são claríssimos, ninguém mais ousa argumentar nesse sentido.

uma textura diversa: tem caráter transnacional na medida em que não respeita as fronteiras de cada país e apresenta características assemelhadas em várias nações; detém um imenso poder com base numa estratégia global e numa estrutura organizativa que lhe permite aproveitar as fraquezas estruturais do sistema penal; provoca danosidade social de alto vulto; tem grande força de expansão, compreendendo uma gama de condutas infracionais sem vítimas ou com vítimas difusas; dispõe de meios instrumentais de moderna tecnologia; apresenta um intrincado esquema de conexões com outros grupos delinquenciais e uma rede subterrânea de ligações com os quadros oficiais da vida social, econômica e política da comunidade; origina atos de extrema violência; exibe um poder de corrupção de difícil visibilidade; urde mil disfarces e simulações e, em resumo, é capaz de inerciar ou fragilizar os poderes do próprio Estado"[212].

Porém, não apenas os meios de prova, porque carecem de atualização, justificam a colaboração premiada. Ela se revela, demais disso, como poderoso instrumento de combate à criminalidade, sobretudo quando, com sua concretização, se possa evitar que outros delitos se repitam e que cesse o curso daqueles que estão em marcha[213].

Como destaca Afrânio Silva Jardim, "a maior ou menor legitimação do poder punitivo do Estado estará sempre na razão direta de sua maior ou menor representatividade social, bem como na correta escolha dos valores sociais a serem protegidos pela norma penal incriminadora, inclusive no que se refere à intensidade da sanção aplicada"[214].

Relevante, ainda, a observação de Flavio Eduardo Turessi, ao destacar que "a relação umbilical existente entre a criminalidade organizada e a visível desestruturação política, social e econômica da sociedade moderna reclama do ordenamento jurídico novos e eficientes mecanismos de atuação, vale dizer, novas técnicas de investigação, sob pena de se assistir, num futuro próximo, à falência irreversível do aparato preventivo-repressivo do Estado [...] Rotulada por alguns como um verdadeiro 'mal necessário', o instituto da delação premiada, com as 'venias' de estilo, longe de se assentar em maquiada traição e de ser o reflexo da ineficiência do Estado no combate à criminalidade organizada, em verdade carece de maior atenção dos operadores do direito, em especial daqueles que se dedicam ao combate

---

212. *O Crime Organizado e a Legislação Brasileira.* São Paulo: RT, 1995, p. 75. Ressalte-se, contudo, que referido autor não é simpático ao instituto da delação premiada.

213. Sobre certa flexibilização dos direitos individuais frente ao crime organizado, ver, adiante, os comentários ao art. 15 desta Lei.

214. *Direito Processual Penal.* Rio de Janeiro: Forense, 8ª. ed., 1999, p. 81.

da criminalidade organizada, notadamente quando nos debruçamos sobre sua aplicabilidade prática e alcance, desafios motivadores desse estudo"[215].

Como destacam Pierpaolo Cruz Bottini e Luciano Feldens, "evidente que a delação premiada — por si — não é suficiente para uma acusação formal contra alguém, e que sua instituição não transforma as autoridades policiais em meros espectadores de denúncias alheias. Trazidas as informações, por meio de pessoa identificada, o Estado tem o dever de averiguar sua credibilidade, seus fundamentos, para evitar que rixas e inimizades pessoais ou comerciais se transformem em persecuções sem fundamento, como danos irreparáveis à imagem dos envolvidos. Mas isso não desmerece o instituto, cujo êxito é percebido a cada crime desbaratado pelo arrependimento – real ou estratégico – de um dos integrantes da empreitada criminosa. Enfim, a substituição de uma política simbólica, baseada no aumento de penas, por uma política eficaz, fundada na gestão da informação, dentro dos parâmetros legais e constitucionais que cercam a atividade estatal, parece a resposta mais adequada à criminalidade organizada" [216].

De resto, não mais se cogita, frente aos termos da lei, da discussão sobre a voluntariedade ou espontaneidade da colaboração, debate cabível em virtude da forma diversa que os diplomas anteriores tratavam da matéria[217]. A lei é clara em se satisfazer apenas com o ato voluntário do colaborador, a saber aquele que nasceu de sua livre vontade, desprovido de qualquer espécie de coação, ainda que não sendo dele a iniciativa, que pode ter se originado por orientação de seu defensor.

Fundamental será, isto sim, a análise quanto a eficácia dessa colaboração[218], como será visto na abordagem dos requisitos para sua concessão, abaixo relacionados.

Destaque-se, ainda, que tais requisitos, para o reconhecimento da colaboração premiada, não precisam coexistir simultaneamente ou, em outras palavras, basta apenas a presença de um deles para que o benefício

215. *Breves apontamentos sobre crime organizado, delação premiada e proibição de proteção penal insuficiente.* Revista Jurídica da Escola Superior do Ministério Público de São Paulo. Vol. 3, 2013, p. 230.

216. *A forma inteligente de controlar o crime organizado.* Disponível em: www.conjur.com.br 05 de novembro de 2013.

217. A revogada lei do crime organizado (Lei nº 9.034/95, art. 6º), a Lei de Lavagem de Capitais (Lei nº 9.613/98, art. 1º, § 5º), exige a espontaneidade, enquanto que a e a Lei de Drogas (Lei nº 11.343/2006, art. 41) e a Lei de Proteção a Vítima e Testemunhas (Lei nº 9.807/99, art. 13), se contentam com a voluntariedade.

218. Sobre a eficácia da medida, v. comentários sobre o tema no § 3º abaixo.

seja viável, atentando-se, ademais, ao preenchimento das condições previstas no § 1º abaixo.

a.1) Requisitos para a concessão do benefício

O art. 4º da Lei 12.850/13, em seus incisos, lista os resultados que devem ser obtidos para que o prêmio, advindo da colaboração, possa ser efetivamente implantado. Destacaremos, abaixo, cada um desses pressupostos:

a.1.1) I – a identificação dos demais coautores e partícipes da organização criminosa e das infrações penais por eles praticadas;

Uma das formas mais contundentes de colaboração é, sem dúvida, aquela que propicia ao colaborador a possibilidade de delatar seus comparsas, bem como indicar as infrações penais que, em concurso, cometeram. Afinal, será por meio dessa iniciativa que se poderão alcançar, ademais, os objetivos da lei no que se referem à prevenção (inc. III), à recuperação dos bens (inc. IV), e à localização da vítima (inc. V).

Indagação interessante consiste em se saber se a colaboração, para ser válida, deve se restringir aos fatos em apuração em um determinado inquérito policial (ou no processo judicial), ou, ao contrário, se é possível estender a outros fatos estranhos relativos a investigações e processos diversos. Assim, suponha-se que o colaborador responda a um processo pela prática, em concurso com outros agentes, de tráfico de entorpecentes. Resolve, então, colaborar, mas delatando fatos diversos, relativos, por exemplo, a um crime de sequestro. Poderá aproveitar, em seu processo de tráfico de entorpecentes, a delação que formulou, recebendo, assim, os favores da lei ou, por se tratar de outro fato, essa colaboração não aproveita?

A dúvida existia em virtude da forma pela qual era prevista a questão por legislações anteriores que tratavam da colaboração. Assim, a revogada Lei 9.034/95, em seu art. 6º, previa a redução da pena "quando a colaboração espontânea do agente levar ao esclarecimento de infrações penais e sua autoria". Já a lei de proteção de vítimas e testemunhas (Lei 9.807/99, em seu art. 13, inc. I, prevê a concessão do perdão judicial desde que a colaboração resulte na "identificação dos demais co-autores ou partícipes da ação criminosa".

A redação deste dispositivo (que repete, em sua primeira parte, os termos do art. 13 da Lei 9.807/99), ao empregar as expressões "demais coautores e partícipes", não deixa qualquer dúvida no sentido de que, a colaboração, para surtir seus efeitos, deve se referir ao crime investigado ou processado no qual ela foi produzida. Não terá nenhum efeito, assim, a delação que faça referência a outros crimes que não são objeto do procedimento investigatório ou do processo pelos quais responde o colaborador.

Mas este dispositivo não se satisfaz com a mera identificação dos demais coautores ou participes, como faz a lei de drogas (Lei 11.343/2006, art. 41), exigindo, também, que o colaborador aponte as infrações penais cometidas por seus comparsas. Vê-se, nesse aspecto, que a colaboração importa em verdadeira confissão, ou seja, o colaborador admite sua participação criminosa e delata os demais componentes do grupo. Aliás, o art. 190 do Código de Processo Penal dispõe que, ao confessar a autoria, o interrogando "será perguntado [...] se outras pessoas concorreram para a infração, e quais sejam". A delação, a propósito, para que guarde eficácia probatória, sempre pressupôs que, antes de acusar terceiros, o delator assuma sua própria responsabilidade, conforme indica a jurisprudência[219].

a.1.2) II – a revelação da estrutura hierárquica e da divisão de tarefas da organização criminosa:

Por vezes a mera indicação dos crimes e de seus autores, como previsto no inciso anterior, não é suficiente para identificar toda a poderosa estrutura de uma organização criminosa. Este inciso, portanto, vai além do anterior, já que pressupõe que não só os nomes sejam indicados, mas, além disso, toda a hierarquia da organização, apontando, inclusive, a tarefa destinada a cada de um de seus membros. Por óbvio – sob pena de inviabilizar a aplicação do benefício – não se vai exigir do colaborador uma descrição absolutamente completa e detalhada do esquema, pelo simples motivo de que, muitas vezes, ele nem possui essa informação. A frequente e promiscua relação entre o crime organizado e o Estado[220], por exemplo, com a indicação da tarefa que cabe a cada um, é dado ao qual, provavelmente, não terá acesso um membro menos graduado do grupo, ocupante de uma posição inferior na hierarquia da organização. Sua estruturação piramidal impede o acesso dos componentes da base aos mais graduados[221]. Ainda

219. Nesse sentido: "A delação de co-réu, quando feita sem escopo liberatório do delator, reconhecendo sua parte de culpabilidade na ação delituosa, é elemento probatório de inequívoca validade na formação da convicção do Julgador, em relação à conduta do delatado" (TACrim/SP – Rel. José Urban – *RJTACrim* 35/223)". Ou ainda: "A delação de co-réu que não se exime de culpa, constitui valioso elemento de convicção, quando confortada por evidências filtradas na instrução" (TACRIM-SP – Rel. Corrêa de Moraes – *RJTACrim* 38/266).

220. Nesse sentido, Arthur Pinto Lemos Júnior, *A investigação criminal diante das organizações criminosas e o posicionamento do Ministério Público*. São Paulo: Revista dos Tribunais, 1991, vol. 795, p. 415).

221. A máfia italiana (com ramificações em outros países), é um bom exemplo, já que dividida em "famílias", chefiadas pelo "Don" (lembre-se do personagem Don Corleone do filme "O Poderoso Chefão"), vindo abaixo os gerentes ("capos"), e, por último, os "soldados", a quem cabe o trabalho

que aponte somente parte dessa estrutura, mas desde que tal informação seja eficaz no desmantelamento da organização criminosa, merecerá, certamente, ver reconhecida sua colaboração.

a.1.3) III - a prevenção de infrações penais decorrentes das atividades da organização criminosa:

O caráter preventivo da colaboração é outro relevante motivo a justificar o instituto em estudo. É capaz, inclusive, de afastar a constante crítica daqueles que são contrários à delação, porque, segundo eles, antiética e impregnada de traição. Tem-se aqui um exemplo clássico do quanto pode ser positiva essa colaboração, quando se presta a prevenir a prática de outros crimes. Havendo, por conta da colaboração, um desmantelamento de determinada organização criminosa, consequentemente outras infrações, perpetradas pelo grupo, serão evitadas. É verdade que nem sempre será fácil identificar a cessação de tais atividades criminosas e sua relação com a contribuição formulada pelo delator. Mas suponha-se que determinada região passe a ser atingida por constantes ataques a caixas eletrônicos. Com a identificação de um dos membros do grupo e, a partir de sua colaboração, constata-se que a frequência de tais furtos sofreram sensível redução. É possível, nesse caso, atribuir à delação a devida eficácia e seu conseqüente aproveitamento em favor do delator.

a.1.4) IV - a recuperação total ou parcial do produto ou do proveito das infrações penais praticadas pela organização criminosa:

A Lei 12.850/13 não exige, pontualmente, a reparação do dano à vítima, como condição para validade da colaboração. É assim no Código Penal, quando a reparação do dano é circunstância atenuante (art. 65, III) e requisito para concessão do livramento condicional (art. 83, IV) e da revisão criminal (art. 94, III). Constitui-se, ademais, em efeito natural da condenação (art. 91, I do CP), cuja sentença deve fixar um valor mínimo visando a reparação do dano (art. 387, inc. IV do Código de Processo Penal). Tem previsão, ainda, em outros diplomas, como, por exemplo, na Lei 9.099/95, quando tal reparação é requisito essencial para a concessão da suspensão condicional do processo (art. 89, § 1º, inc. I).

---

de intimidação e, por vezes, exterminação dos adversários. Há, além disso, toda uma "estrutura de apoio", constituída por advogados, policiais e políticos corruptos. "Máfia", aliás, se tornou um substantivo apto a designar toda organização criminosa. Temos, assim, a máfia japonesa ("Yazuka"), a siciliana ("Cosa Nostra"), a napolitana ("Camorra"), a calabresa (Na'drangheta"), etc. Confira-se a propósito: Salvatore Lupo, in *História da Máfia – Das origens aos nossos dias*. São Paulo: Unesp, 2002.

De qualquer sorte, a recuperação total ou parcial do produto ou proveito do crime, pode importar na reparação também, total ou parcial, dos prejuízos suportados pela vítima.

Observe-se, ainda, que em alguns crimes, que são típicos de organizações criminosas, sua prática não implica em um prejuízo direito a uma vítima específica. É assim, por exemplo, com o tráfico de drogas, de armas ou de mulheres e com a exploração da prostituição. Pode ocorrer ainda um crime de sequestro, no qual não foi pago o resgate, em que não há que se falar em prejuízo ao ofendido (pelo menos sob o aspecto financeiro). Em outras situações, o prejuízo será do Estado, com sonegação de impostos, como, *v.g.*, no crime de contrabando ou descaminho.

Agora, se por força da colaboração foi recuperado, total ou parcialmente, o produto do crime (por exemplo, o valor pago pelo resgate da vítima de um sequestro), ou seu proveito (veículos adquiridos com o dinheiro obtido no sequestro), tal colaboração, nesses casos, será válida.

a.1.5) V – a localização de eventual vítima com a sua integridade física preservada:

O bem maior a ser preservado, seja qual for a espécie de criminalidade que se pretenda combater, é a vida humana. Por isso que a colaboração deve ser admitida quando, através dela, for possível a localização da vítima, com sua integridade física preservada. Claro, outrossim, que o ato de delação, que propicie o encontro do cadáver da vítima, não contará com a eficácia exigida para a concessão do benefício, ainda que o colaborador a imaginasse viva.

Vale atentar, porém, que não basta que o ofendido esteja vivo, mas, além disso, que sua integridade física esteja preservada. Isso porque, embora vivo, ele pode apresentar seriíssimas lesões corporais, decorrentes da ação criminosa, quando então não será cabível o acordo de colaboração. Mas se, embora contando alguma lesão, esta não chegue a comprometer seu estado geral de saúde, poderá então validamente ser admitida a colaboração.

O legislador não fez qualquer menção à integridade psicológica. Imagine-se uma vítima de sequestro, mantida em cárcere por longos dias, em cativeiro do qual lhe advieram enormes sequelas de cunho psicológico, de caráter permanente. A necessidade de preservação da higidez psicológica, todavia, porque não prevista na lei, não será também um fator a impedir o reconhecimento do favor legal.

Contando ainda com o exemplo do sequestro, caso a vítima escape do cativeiro ou dele seja libertada por ação de terceiros, de nada terá adiantado a atitude do colaborador e, por isso mesmo, não merecerá os benefícios típicos de sua atitude.

a.2) – Outros requisitos

Para que seja homologada a colaboração, porém, não se exige apenas o preenchimento de um dos requisitos elencados nos incisos I a V acima. É preciso que se verifiquem, além disso, os dados indicados neste dispositivo, que devem ser sopesados conjuntamente.

Tais requisitos estão relacionados nos §§ 1º, 2º e 3º , do art. 4º, da Lei 12.850/13, e são eles:

a.2.1) – § 1º Em qualquer caso, a concessão do benefício levará em conta a personalidade do colaborador, a natureza, as circunstâncias, a gravidade e a repercussão social do fato criminoso e a eficácia da colaboração:

Para que seja homologada a colaboração, porém, não se exige apenas o preenchimento de um dos requisitos elencados nos incisos I a V acima. É preciso que se verifiquem, além disso, os dados indicados neste dispositivo, que devem ser sopesados conjuntamente.

O primeiro quesito a ser observado diz respeito à personalidade do colaborador. Segundo Aníbal Bruno[222], "chamamos de personalidade a maneira de ser peculiar do indivíduo, de que depende a sua maneira de agir. Poder ser entendida como o conjunto de atributos psíquicos, particularmente como o caráter, mas o seu sentido é ainda mais largo. Abrange a maneira de ser total do indivíduo, antropológico-social-cultural, cujos aspectos se conjugam intimamente, sem que se possa entender qualquer deles fora da compreensão dos demais".

E prossegue o saudoso autor: "o juiz terá, assim, de investigar a história do paciente, o seu comportamento habitual, as condições de sua existência, a maneira pela qual tem procurado vencer as posições embaraçosas, as suas relações com a família e com as outras instituições sociais ou pessoas com que tenha entrado em convivência, suas inclinações e preferências para determinados meios, em suma, todas as formas de atividade que possam ser tomadas como expressão do seu próprio eu"[223].

222. Ob. cit., vol. II, p. 293.

223. Ob. cit., vol. II, p. 295.

Ainda quanto à personalidade do colaborador, pensamos que não seja necessário sua primariedade. A um, pois tal exigência poderia frustrar, em boa parte dos casos concretos, a concessão do benefício, vez que muitos do envolvidos nessa espécie de criminalidade certamente não serão primários (e, tampouco, ostentarão bons antecedentes). A dois, em virtude de que o legislador, quando reclamou a primariedade, o fez de forma expressa, como, por exemplo, no "*caput*", do art. 13 da Lei 9.807/99, ao dispor que o perdão judicial poderá ser concedido "ao acusado que, sendo primário, tenha colaborado...". Se aqui preferiu omitir esse requisito, conclui-se que ele não seja imprescindível para o acatamento da colaboração[224].

Mas tampouco a primariedade ou mesmo os bons antecedentes garantirão ao colaborador, de pronto, o sucesso de sua iniciativa. Há que se avaliar, ainda, "a natureza, as circunstâncias, a gravidade e a repercussão social do fato criminoso".

A "natureza" do fato criminoso guarda relação com a espécie de delito perpetrado. Uma coisa, para a implantação da colaboração premiada, será a análise, por exemplo, de um crime de contrabando ou descaminho. Outra coisa, um tanto diversa, será o enfrentamento de um crime de sequestro seguido de morte. Claro que ambas as condutas são socialmente nocivas, tanto que o legislador as elegeu como criminosas. Mas não se pode negar que a natureza do crime de sequestro, do qual resultou a morte da vítima, por atingir o bem mais precioso do ser humano, é infinitamente mais grave se comparada ao contrabando ou descaminho, cujos danos são quase que unicamente de caráter fiscal.

O legislador também se refere às "circunstâncias" que, na lição de Julio Fabbrini Mirabete, quando da análise do art. 59 do Código Penal, "podem referir-se ao tempo do delito, que pode demonstrar maior ou menor determinação do criminoso, a atitude durante ou após a conduta criminosa indicadora de insensibilidade ou indiferença ou arrependimento, ou se relacionar com a gravidade maior ou menor do dano causado pelo crime"[225]. Acrescentaríamos ainda, nesse quesito, o "modus operandi", bem como eventual armamento utilizado na prática criminosa, elementos também associados à natureza e à gravidade do crime.

Importantíssima inovação é prevista neste dispositivo, ao determinar que o Ministério Público e o delegado de polícia, antes de qualquer proposta

224. Essa impressão é reforçada quando se constata que no projeto de lei do Senado, de autoria da senadora Serys Slhessarenko (PL nº 150/2006), em seu art. 4º, se exigia a primariedade do agente, o que acabou não prevalecendo na redação final da lei.

225. *Código Penal interpretado.* São Paulo: Atlas, 1999, p. 333.

de acordo, levem em conta "a gravidade e a repercussão social do fato criminoso". Também o juiz, ao apreciar o pedido de acordo de colaboração, deve proceder com essa cautela, podendo recusar sua homologação com fulcro neste dispositivo.

Com efeito, a revogada Lei 9.034/95, em seu art. 6º, autorizava a redução da pena desde que espontânea e eficaz a colaboração. Não fazia, portanto, nenhuma menção à gravidade do crime, de tal sorte que, em um crime de latrocínio, por exemplo, o corréu teria direito à redução da pena entre 1/3 a 2/3, bastando que delatasse seus comparsas, irrelevante, aqui, a morte da vítima.

Tornando à lei em comento, já dissemos que os requisitos para o reconhecimento da ação controlada, elencados nos incs. I a V do art. 4º, não exigem simultaneidade, ou seja, a presença de um deles já é o suficiente[226]. Poderia se imaginar, assim, que num seqüestro seguido de morte, a mera recuperação do proveito da infração (do dinheiro pago no resgate), em vista da delação do corréu (art. 4º, inc. IV) já daria direito aos benefícios da colaboração premiada. E seria mesmo assim caso a análise se restringisse aos requisitos do art. 4º Ocorre que, conforme já salientamos, tais requisitos não devem ser sopesados isoladamente, mas em consonância com os demais pressupostos deste dispositivo, dentre os quais a "gravidade e a repercussão social do fato criminoso".

É dizer: a mera recuperação do produto do crime e mesmo a identificação dos demais membros da organização criminosa (para ficarmos com dois exemplos), por si só não recomendam, de pronto, a homologação do acordo de colaboração premiada. Feriria o bom senso que a singela delação dos comparsas ou a devolução do dinheiro obtido no sequestro, tendo a vítima morrido em virtude do crime, pudessem propiciar tamanha sorte de benefícios ao colaborador.

Assim, a gravidade do crime e sua eventual repercussão social (imagine-se um seqüestro que culminou com a morte de uma criança), podem inviabilizar, na análise do caso concreto, a implantação dos favores legais oriundos da colaboração.

Não se ignora que os Tribunais Superiores, em posições cristalizadas por meio de súmulas, têm restringido os efeitos da gravidade do crime[227].

---

226. É o que se extrai da expressão lançada no "*caput*" do art. 4º, quando diz cabível a concessão dos benefícios, "desde que dessa colaboração advenha *um ou mais* dos seguintes resultados" (grifamos).

227. Súmula 440 do STJ: "Fixada a pena-base no mínimo legal, é vedado o estabelecimento de regime prisional mais gravoso do que o cabível em razão da sanção imposta, com base apenas na gravidade abstrata do delito".

Mas isso no que diz respeito ao regime inicial de cumprimento da pena. Aqui não se trata do regime a ser adotado, mas de situações muito mais benéficas ao agente, que pode ser coroado com o perdão judicial, substancial redução da pena corporal e mesmo sua substituição por restritiva de direitos. Daí a cautela que mais uma vez se recomenda para a concessão de tais favores.

a.2.2) – § 2º Considerando a relevância da colaboração prestada, o Ministério Público, a qualquer tempo, e o delegado de polícia, nos autos do inquérito policial, com a manifestação do Ministério Público, poderão requerer ou representar ao juiz pela concessão de perdão judicial ao colaborador, ainda que esse benefício não tenha sido previsto na proposta inicial, aplicando-se, no que couber, o <u>art. 28 do Decreto-Lei 3.689, de 3 de outubro de 1941 (Código de Processo Penal)</u>.

O dispositivo indica os dois entes legitimados para a formulação do pedido de perdão em prol do colaborador, a saber o delegado de polícia (na fase de inquérito policial) e o membro do Ministério Público, a qualquer tempo, isto é, durante as investigações, no curso do processo e mesmo após o trânsito em julgado da sentença.

Assim, ao delegado de polícia que, durante as investigações, perceber que o agente demonstra interesse em colaborar, cabe representar ao juiz no sentido da concessão do benefício. Tal representação deve atentar aos requisitos do art. 6º desta lei, contendo, assim, os termos exatos da colaboração e demais detalhamentos que permitirão a implantação do favor legal. Esse pedido será apreciado pelo Ministério Público que poderá, na análise do caso concreto, acompanhá-lo ou dele discordar.

Já o Ministério Público pode requerer o perdão em favor do colaborador na fase investigativa, o que, na prática, pressupõe um anterior entendimento, ainda que informal, entre ele e a autoridade responsável pelas investigações. Poderá fazê-lo, ainda, quando já deflagrado o processo criminal, ao ser instado pelo réu ou por seu defensor no sentido de que é possível a colaboração. E mesmo após a sentença, como autoriza o § 5º abaixo, isto é, quando a decisão se encontra em grau de recurso ou já em fase de execução penal.

E o assistente de acusação estaria legitimado para o pedido de concessão do perdão judicial? Pensamos que não. Na fase investigativa, com

---

Súmula 718 do STF: "A opinião do julgador sobre a gravidade em abstrato do crime não constitui motivação idônea para a imposição de regime mais severo do que o permitido segundo a pena aplicada".

Súmula 719: "A imposição do regime de cumprimento mais severo do que a pena aplicada permitir exige motivação idônea".

efeito, não há que se falar em assistência, somente prevista quando já existente "ação pública", nos termos do art. 268 do Código de Processo Penal, isto é, quando o processo penal já se encontre deflagrado. Tampouco há que se reconhecer a legitimidade do assistente para o pedido de perdão em favor do autor do delito. Primeiro, em razão de que, no exame da literalidade do texto, a lei em exame não incluiu essa possibilidade. Segundo em virtude de que, na análise do âmbito de atuação do assistente, prevista no art. 271 do Código de Processo Penal[228], não se vislumbra nenhuma hipótese que se assemelhe ao perdão judicial, de forma a admitir fosse o pedido de tal favor por ele formulado. E, terceiro, porque o objetivo maior do assistente é a obtenção de uma sentença penal condenatória, apta a propiciar a execução no cível (art. 63 do CPP), posto que constituído, neste caso, o título judicial, nos termos do art. 475-N, do Código de Processo Civil. Ora, não teria o assistente, dessa forma, interesse (*rectius*: utilidade), na proposição do benefício do perdão, que afastaria a condenação e que impediria a execução do julgado penal na esfera cível.

Conquanto guarde interesse meramente acadêmico, já que se trata de iniciativa raramente verificada na prática, vale observar que a lei não prevê a legitimidade do particular para a hipótese de ação penal privada subsidiária da pública. Com efeito, prevista na Constituição (art. 5º, LIX) e no Código de Processo Penal (art. 29), é possível, em tese, que, face à inércia do Ministério Público, o particular oferte a queixa-crime que irá substituir a denúncia. Entendemos que, nessa hipótese, na qual o particular assume o lugar do membro do "*parquet*", ele possui, também, a legitimidade para formular o pedido de perdão judicial. Não durante a fase investigativa, pois não há que se falar em inércia nesse estágio. Mas nada impede que, durante o processo, com a queixa-crime em trâmite, ele formule o pedido de concessão do perdão judicial, o qual será submetido à apreciação do Ministério Público, a quem cabe, nos termos do art. 29 do CPP, "intervir em todos os termos do processo".

Não apreendemos no que consistiria, exatamente, a aplicação do art. 28 do CPP, conforme ressalvado na parte final deste dispositivo. Suponha-se que, requerido o perdão judicial pelo Ministério Público, o juiz indefira o pedido. Poderia ser invocado o art. 28 do CPP, com a remessa dos autos ao procurador-geral para que desse a última palavra sobre o cabimento ou não do benefício? Pensamos que não. Jamais poderia o chefe do "*parquet*", com efeito, impor ao juiz a concessão do perdão que é ato privativo do Magistrado, quando da prolação da sentença.

---

228. Art. 271 do CPP. "Ao assistente será permitido propor meios de prova, requerer perguntas às testemunhas, aditar o libelo e os articulados, participar do debate oral e arrazoar os recursos interpostos pelo Ministério Público, ou por ele próprio, nos casos dos arts. 584, § 1º, e 598".

E se, a despeito da negativa do juiz, o perdão se revelasse absolutamente devido em face do preenchimento dos requisitos legais e da concretude da colaboração? Qual a medida a ser adotada pelo colaborador a quem injustamente se negou o benefício? Nessa hipótese a questão poderia ser apreciada em grau de recurso, em eventual apelação interposta pelo réu contra a sentença que o condenou sem a aplicação do perdão judicial. Ou mesmo através de "habeas-corpus", se demonstrado, de maneira contundente e sem que seja necessário maior aprofundamento na prova, que o favor foi indevidamente negado ao colaborador.

A propósito, quando da análise do § 8º abaixo, comentamos se o perdão é um direito subjetivo do colaborador ou mera faculdade concedida ao juiz de aplicá-lo ou não.

a.2.3) – § 3º O prazo para oferecimento de denúncia ou o processo, relativos ao colaborador, poderá ser suspenso por até 6 (seis) meses, prorrogáveis por igual período, até que sejam cumpridas as medidas de colaboração, suspendendo-se o respectivo prazo prescricional:

A "*ratio legis*" contida neste dispositivo é clara. Procura-se conceder um tempo hábil para que se demonstre a eficácia da colaboração. Suponha-se, num exemplo, que, ao delatar seus comparsas, o colaborador tenta revelado a estrutura hierárquica da organização criminosa, bem como a divisão de tarefas em seu âmbito interno, como previsto no inc. II acima. Passados seis meses (prazo que pode ser prorrogado por igual período), constata-se que tudo que fora dito não era verdadeiro. O comando do crime organizado era totalmente diverso e as tarefas eram distribuídas de forma diferente daquela apontada quando da celebração do acordo. Tem-se, neste caso, que o beneficiado pelo acordo, sob pretexto de colaborar, forneceu dados que não correspondiam à realidade e que, quando confrontados na prática, não resultaram em nenhum efeito, perdendo-se, a partir daí, o objetivo da colaboração premiada.

O prazo, em suma, permite a demonstração de que o ato do beneficiário com o favor legal efetivamente se constituiu em uma colaboração, mostrando-se apto, por isso, a atingir os objetivos da lei. É possível, outrossim, dada à complexidade dos delitos e peculiaridades das organizações, que em apenas seis meses não se consiga comprovar tal eficácia. Daí a possibilidade de prorrogação do prazo por igual período.

Esse pedido de prorrogação, a nosso ver, deve ser apreciado pelo Poder Judiciário, cumprindo ao Ministério Público fundamentá-lo com as respectivas razões que o justifiquem. Caso o juiz discorde do pedido de prorrogação do prazo, não há como compelir o "*parquet*" à oferta da denúncia, em atitude que ensejaria mesmo a propositura de correição parcial. Antes, por analogia ao art. 28 do Código de Processo Penal, deve remeter os autos ao Procurador-Geral, a quem incumbirá dar a última palavra, nos seguintes termos: caso discorde do pedido de prorrogação, designará (como é corriqueiro) outro promotor de justiça, que deverá ofertar a denúncia. Ao contrário, caso adira à posição inicial, não restará outra alternativa ao juiz senão a de deferir o pedido de novo prazo.

Mas não apenas o pedido de prorrogação do prazo se impõe que seja apreciado pelo juiz. Antes disso, também o pedido em si de suspensão do prazo para oferta da denúncia deve ser submetido ao crivo judicial. É que dele decorre importante consequência, que é exatamente a suspensão do prazo prescricional, a exigir um provimento concreto que estabeleça o "termo *a quo*" a partir do qual tal lapso de tempo ficará pendente.

Deferida a suspensão do prazo para oferta da denúncia, não deve o juiz, de plano, conceder o perdão judicial ao colaborador. Com efeito, o perdão, como já vimos, é causa de extinção da punibilidade, nos termos do disposto o art. 107, inc. IX, do Código Penal e tal decisão, uma vez proferida, encontra-se definitivamente acobertada pela coisa julgada, o que importa no reconhecimento da imutabilidade do comando que dela emerge. Sugere-se, assim, que não seja concedido o perdão de pronto, não sem antes se atestar a eficácia da colaboração, demonstrável no prazo de seis meses, prorrogável por igual período. Transcorrido esse lapso temporal e comprovada que a delação se mostrou eficiente, aí sim será cabível a extinção da punibilidade pelo perdão[229].

Discordando do pedido de suspensão cabe ao juiz, pelas razões expostas acima, invocar o disposto no art. 28 do CPP. E se acaso o juiz indeferir o pedido de suspensão sem aplicar o art. 28 do CPP, qual será o recurso cabível? Razoável se pensar no recurso em sentido estrito, viável por analogia ao disposto no art. 581, inc. XVI do CPP[230]. Alguém dirá que não há ainda a processo, a justificar o recurso, posto que não ofertada denúncia.

---

229. Observe-se que e, situações muito mas graves, como aquela em que, extinta a punibilidade pela morte do agente, constata-se, depois, a falsidade do registro de óbito, a doutrina majoritária entende que "indiferente a sugestões do Direito comparado, em que é prevista a absoluta ineficácia do julgado, a nossa legislação não cogitou da hipótese, que, assim, permanece irremediável, salvo proceder-se por falsidade contra os responsáveis pela elaboração e pelo uso do documento destinado a provar óbito fictício" (Basileu Garcia, in *Instituições de Direito Penal*, 5ª. ed., São Paulo: Max Limonad, 1980, vol. 1, p. 751). Daí a cautela por nós recomendada.

230. Art. 581 do CPP: "Caberá recurso, no sentido estrito, da decisão, despacho ou sentença: XVI – que ordenar a suspensão do processo, em virtude de questão prejudicial".

Ocorre que o inc. I do mesmo art. 581, admite o recurso "*strictu juris*", da decisão que não recebe denúncia ou queixa, situação na qual ainda não se instaurou a relação processual. Aliás, o inc. XIV do art. 581 prevê o recurso em sentido estrito até contra decisão de cunho administrativo, que inclui ou exclui jurado da lista geral. A propósito, quando do advento da Lei 9.099/95, que introduziu o instituto da suspensão condicional do processo, o Superior Tribunal de Justiça, à falta de previsão legal, entendeu cabível o recurso em sentido estrito contra decisão concessiva ou denegatória desse benefício[231].

Alternativa viável é a interposição da correição parcial, que já foi admitida pelo STJ para hipótese de indeferimento da suspensão do processo nos casos de réu citado por edital, nos termos do art. 366 do CPP[232]. De qualquer forma, na dúvida, tem aplicação o princípio da fungibilidade, previsto no art. 579 do CPP, a autorizar o conhecimento de recurso erroneamente interposto, desde que não tenha havido má-fé, nas situações em que a lei não prevê uma insurgência específica para determinada decisão e doutrina e jurisprudência não se harmonizam a respeito do recurso cabível.

A possibilidade cogitada neste dispositivo, de suspensão do processo (e do prazo prescricional), no aguardo da efetivação da colaboração, é aventada em outro diploma. De sorte que a Lei 12.529/2011, que estruturou o Sistema Brasileiro de Defesa da Concorrência, prevê que o CADE (Conselho Administrativo de Defesa Econômica), firme o chamado "acordo de leniência", nos termos de seu art. 86, "*caput*", "com pessoas físicas e jurídicas que forem autoras de infração à ordem econômica, desde que colaborem efetivamente com as investigações".

Assim, preenchidos os requisitos do art. 86, incs. I e II, ou seja, desde que o autor da infração à ordem econômica identifique os demais envolvidos e indique documentos e informações que comprovem a falta e observados os pressupostos do § 1º, incs. I a IV do dispositivo[233], será firmado o acordo de leniência, a permitir "a extinção da ação punitiva da

231. RT 762/583.

232. HC nº 8.927/SP, Rel. Gilson DIpp, j. 29.6.1999, DJ 16.8.1999, p. 83.

233. "§ 1º O acordo de que trata o *caput* deste artigo somente poderá ser celebrado se preenchidos, cumulativamente, os seguintes requisitos:" "I – a empresa seja a primeira a se qualificar com respeito à infração noticiada ou sob investigação; II – a empresa cesse completamente seu envolvimento na infração noticiada ou sob investigação a partir da data de propositura do acordo; III – a Superintendência-Geral não disponha de provas suficientes para assegurar a condenação da empresa ou pessoa física por ocasião da propositura do acordo; IV – a empresa confesse sua participação no ilícito e coopere plena e permanentemente com as investigações e o processo administrativo, comparecendo, sob suas expensas, sempre que solicitada, a todos os atos processuais, até seu encerramento".

administração pública ou a redução de 1 (um) a 2/3 (dois terços) da penalidade aplicável", nos termos do "*caput*" do art. 86 da Lei 12.529/2011.

Interessante notar que, embora essa lei trate, basicamente, de infrações de caráter extrapenal, ela possui importante reflexo criminal, já que seu art. 87 prevê que, para os crimes contra a ordem tributária, de quadrilha ou bando ou relacionados à prática de cartel, "a celebração de acordo de leniência, nos termos desta Lei, determina a suspensão do curso do prazo prescricional e impede o oferecimento da denúncia com relação ao agente beneficiário da leniência". Reza, ainda, o parágrafo único deste artigo que, uma vez cumprido o acordo de leniência, fica extinta a punibilidade dos respectivos crimes.

Não vislumbramos, de outra parte, maior incongruência no dispositivo em exame, afinal se o parágrafo seguinte autoriza que, preenchidos os requisitos legais, o Ministério Público deixe de ofertar a denúncia, com mais razão se deve autorizar mera suspensão do prazo, em observância ao princípio do "a maiori, ad minus"[234].

Uma questão de cunho acadêmico (posto que de improvável aplicação prática), poderia ser lembrada: uma vez deferida a suspensão do processo, fica, por conseguinte, impedida a oferta, pelo particular, da ação penal privada subsidiária da pública, prevista no art. 29 do Código de Processo Penal. Caso o faça, deverá o Ministério Público repudiá-la, requerendo ao juiz sua rejeição[235]. Não teria cabimento que decisão judicial autorizando a suspensão do processo e, principalmente da pretensão punitiva estatal, pudesse ser desafiada pela iniciativa do particular.

Cremos, ainda, seja mesmo justa a suspensão não apenas do processo, mas também do prazo prescricional. Como alertou Damásio de Jesus, quando da entrada em vigor da nova redação do art. 366 do CPP (que prevê a suspensão do prazo prescricional para o réu citado por edital), "é necessário tocar o sino dos dois lados para se saber onde está desafinado, se na parte da acusação ou da defesa"[236].

Seria mesmo malferir o bom senso que, além de beneficiado com a suspensão do processo, pudesse o colaborador ver sua punibilidade extinta pela prescrição da pretensão punitiva, quando sua colaboração mostrou-se

---

234. "Quem pode o mais, pode o menos".

235. Art. 29do CPP: "Será admitida ação privada nos crimes de ação pública, se esta não for intentada no prazo legal, cabendo ao Ministério Público aditar a queixa, repudiá-la e oferecer denúncia substitutiva, intervir em todos os termos do processo, fornecer elementos de prova, interpor recurso e, a todo tempo, no caso de negligência do querelante, retomar a ação como parte principal".

236. *Notas ao art. 366 do Código de Processo Penal, com a redação da Lei nº 9271/96*, Boletim IBCCrim nº 42 (edição especial), junho de 1996

ineficaz e desprovida de maior sinceridade. Com a suspensão do processo de um lado e, de outro, também do prazo prescricional, consegue-se obter um equilíbrio razoável. Atente-se, nessa ordem de ideias, que também a Lei 9.430/96, em seu art. 83, § 2º, prevê que, para os crimes tributários, fica suspensa a pretensão punitiva do Estado, no período que a pessoa física estiver incluída no parcelamento do débito.

Parece-nos claro que, transcorrido o prazo de suspensão, a denúncia deva ser ofertada (salvo se verifica a hipótese do parágrafo seguinte), pois os benefícios previstos na lei (perdão, redução de pena ou sua substituição) – insistimos mais de uma vez – pressupõem a existência de um processo, a culminar com uma sentença quando, aí sim, o juiz aplicará um daqueles favores. Se durante o prazo de suspensão se revelou eficaz a colaboração, o juiz, homologando o acordo, concederá os benefícios na sentença penal condenatória. Na hipótese da ineficácia da delação, caso condene o delator, a ele não reconhecerá o direito à percepção de qualquer mercê.

a.3) – Outros requisitos

A Lei 12.850/2013, lista ainda, nos parágrafos 4º a 16, outras normas que conferem eficácia à colaboração premiada. Em face do âmbito deste trabalho, que estuda o crime de terrorismo, pensamos que ser suficientes as informações acima transcritas, atingindo, assim, a objetivo da obra. Para maior aprofundamento no estudo da Lei 12.850/2013, sugerimos a leitura do nosso "Crime Organizado – Comentários à nova Lei sobre o Crime Organizado" (editora Juspodivm).

b) ação controlada.

Trata-se de figura que já era conhecida em nosso ordenamento jurídico, porquanto prevista na revogada Lei 9.034/95 e, ainda, na lei de drogas (Lei 11.343/06, art. 53, II), que se encontra em vigor[237].

237. Art. 53 da Lei nº 11.343/06 (Lei de Drogas): "Em qualquer fase da persecução criminal relativa aos crimes previstos nesta Lei, são permitidos, além dos previstos em lei, mediante autorização judicial e ouvido o Ministério Público, os seguintes procedimentos investigatórios:

II – a não-atuação policial sobre os portadores de drogas, seus precursores químicos ou outros produtos utilizados em sua produção, que se encontrem no território brasileiro, com a finalidade de identificar e responsabilizar maior número de integrantes de operações de tráfico e distribuição, sem prejuízo da ação penal cabível".

Parágrafo único. Na hipótese do inciso II deste artigo, a autorização será concedida desde que sejam conhecidos o itinerário provável e a identificação dos agentes do delito ou de colaboradores.

A Lei 12.850/13, em seu art. 8º, praticamente reproduziu a redação do art. 2º, inc. II da Lei 9.034/95 e cuida exatamente de conceituar essa modalidade de prova.

Como se verificava, a revogada lei de organização criminosa era um tanto lacunosa no que se referia à ação controlada, pois cuidava do tema em um único artigo, carecendo, por isso, de uma regulamentação mais precisa. Apenas para demonstrar o quanto era vaga a lei, pairava dúvida na doutrina até mesmo quanto à necessidade de supervisão judicial na realização da diligência.

A Lei 12.850/13 supriu essa omissão ao prever a possibilidade de o juiz estabelecer os limites do retardamento da ação policial, o sigilo da diligência e a possibilidade de acesso, a todo tempo, do magistrado, do Ministério Público e do delegado de polícia aos autos. Em suma: detalhou a diligência, fincou seus limites e permitiu seu controle, de modo a propiciar mais eficácia ao instituto e, por consequência, sua maior adoção na prática policial.

Na ação controlada, a invés de agir de pronto, o agente público aguarda o momento oportuno para atuar, a fim de obter, com esse retardamento, um resultado mais eficaz em sua diligência. Com essa estratégia, portanto, deixa-se de prender em flagrante o infrator de pronto, para, prorrogando-se a ação policial, se obter uma prova mais robusta e mesmo uma diligência mais bem-sucedida. Daí porque se costuma denominar essa espécie de flagrante como retardado, esperado, diferido ou prorrogado.

Como ensina, outrossim, Eduardo Araújo da Silva, "a prática tem demonstrado que, muitas vezes, é estrategicamente mais vantajoso evitar a prisão, num primeiro momento, de integrantes menos influentes de uma organização criminosa, para monitorar suas ações e possibilitar a prisão de um número maior de integrantes ou mesmo a obtenção de prova em relação a seus superiores na hierarquia da associação"[238]

Um exemplo: em determinada diligência, policiais de atalaia, próximos de uma festa onde há consumo de bebida contrabandeada, ao invés de apreenderam de pronto a mercadoria, esperam a chegada de um grande lote de drogas que, de antemão, sabiam que seria entregue no local. Sacrifica-se, com isso, a apuração de um crime de menor gravidade para se flagrar os componentes de organização especializada no tráfico de entorpecentes. Outro: tendo conhecimento que associação criminosa que rouba veículos está prestes a escondê-los em determinado local, os policiais não

238. SILVA, Eduardo Araujo da. *Crime organizado: procedimento probatório.* São Paulo: Atlas, 2003, p. 93.

prendem o primeiro dos "motoristas", mas, ao revés, prorrogam sua ação até a chegada dos demais membros do grupo, obtendo, assim, maior eficácia na diligência em si (mais automóveis serão apreendidos, mais vítimas serão reparadas), bem como uma prova mais robusta.

Situação curiosa ocorrerá se, com o adiamento da prisão em flagrante, esta se frustrar. Em outras palavras: suponha-se, neste nosso último exemplo, que o primeiro membro da associação criminosa (que inicialmente chegou com o veículo roubado), acabe fugindo e, pior, avise os demais comparsas que, alertados, não se dirigem ao local.

Responderão os policiais envolvidos na empreitada pelo crime de prevaricação?[239]. Cremos que, a priori, não. O insucesso de uma diligência é algo que, por assim dizer, "faz parte do jogo", isto é, há probabilidade de ocorrer. Tendo os agentes policiais agido de boa-fé, cientes de que a melhor opção recomendava que se aguardasse a prisão e, apesar disso, não foi preso nem o primeiro e, tampouco, os demais agentes, não há de se cogitar punição aos servidores, ante, inclusive, a absoluta ausência de dolo em suas condutas. Solução diversa ocorrerá, por óbvio, se a ação se frustrou em virtude da vontade livre e consciente dos policiais em não prender os criminosos, quando poderiam fazê-lo e não havia indicação para o retardamento do flagrante. Nesta última hipótese, serão apenados com as sanções criminais e administrativas cabíveis à espécie[240].

Relevante inovação trazida com o dispositivo comentado e que não é prevista na Lei de Drogas (art. 53, inc. II), consiste na possibilidade do retardamento da intervenção policial ou administrativa. De sorte que, enquanto a Lei 11.343/2006 faculta a não-atuação apenas em diligências policiais (efetuadas, privativamente, pelas policias federal e civil[241]), o estatuto novel estende tal possibilidade às intervenções administrativas. Agentes das receitas estaduais e federal, componentes da Agência Brasileira de Inteligência, membros de corregedorias, por exemplo, são autoridades administrativas cujas diligências podem sofrer o retardamento aqui analisado.

Pensamos, ainda, que a ação controlada somente tenha aplicação para os delitos a envolver organização criminosa, terrorismo, bem como para o tráfico de drogas, posto que a Lei 11.343/06, que o prevê em seu art. 53, inc. II, não foi revogada. Com efeito, em virtude de o instituto importar em uma

239. Art. 319 do Código Penal – "Retardar ou deixar de praticar, indevidamente, ato de ofício, ou praticá-lo contra disposição expressa de lei, para satisfazer interesse ou sentimento pessoal".

240. Nesse sentido, cf. Eduardo Araujo da Silva, ob. cit., p. 94.

241. Art. 144, inc. I e § 4º da Constituição.

exceção à regra geral, que determina a prisão em pronto do autor do crime, ele deve ser interpretado, sob nossa compreensão, de forma restrita, não admitindo, por isso, aplicação salvo quando expressamente previsto em lei. Isso não impede, por óbvio, que na rotina policial, o agente animado pela astúcia e perspicácia, eleja o momento mais adequado para agir. Ninguém afirmará, decerto, que o policial que aguardou o larápio deixar o supermercado com os bens furtados, ao invés de prendê-lo ainda no interior do estabelecimento comercial, teria praticado uma ação controlada. Tal conduta, com efeito, não se trata de uma ação controlada propriamente dita, com todos os requisitos elencados na lei em exame, senão uma mera e corriqueira diligência policial, inerente às atividades que lhe são próprias. Agora, a diligência aqui aludida, a reclamar controle e sigilo e a exigir prévia autorização judicial (para aqueles que a entendem necessária), esta – insistimos – só terá aplicação para os crimes que encontrem expressa previsão legal.

c) infiltração, por policiais, em atividade de investigação.

Na lição de Denílson Feitoza, "infiltração é a introdução de agente público, dissimuladamente quanto à finalidade investigativa (provas e informações) e/ou operacional ("dado negado" ou de difícil acesso) em quadrilha, bando, organização criminosa ou associação criminosa ou, ainda, em determinadas hipóteses (como crimes de drogas), no âmbito social, profissional ou criminoso do suposto autor de crime, a fim de obter provas que possibilitem, eficazmente, prevenir, detectar, reprimir ou, enfim, combater a atividade criminosa deles"[242].

Vale observar que a figura do agente infiltrado não foi inaugurada, em nosso ordenamento, pela Lei 12.850/13. De sorte que, antes, a Lei 9034/95, que alude ao do crime organizado, já tratara da matéria. Assim, o art. 2º, inc. V do mencionado diploma, previa a "infiltração por agentes de polícia ou de inteligência, em tarefas de investigação, constituída pelos órgãos especializados pertinentes, mediante circunstanciada autorização judicial". Também a Lei 11.343/2006, em seu art. 53, inc. I (Lei de Drogas), cogita dessa modalidade de investigação[243].

Mas se tratam de iniciativas marcadas pela timidez, lançadas no texto legal sem maior detalhamento ou regulamentação e que, talvez por isso,

---

242. *Direito processual penal: teoria, crítica e práxis*. 6ª. ed. rev., ampl. e atual. Niterói: Impetus, 2009, p. 820.

243. Segundo André Augusto Mendes Machado e Maringela Tomé Lopes, trata-se de instituto que "já existe em alguns países, como na França, Alemanha, Portugal e Espanha, com a figura do agente encubierto. Assemelha-se à figura do 'undercover; do direito americano" in *Estudos de processo penal*. São Paulo: Scortecci, 2013, p. 107.

não tenham atingido, em termos práticos, a eficácia que o instituto proporciona. Com a edição da Lei 12.850/13, entretanto, o panorama foi radicalmente alterado, já que a matéria mereceu um tratamento mais preciso e minucioso, ao estabelecer normas a serem observadas de cunho, por assim dizer, processual (legitimidade para o pedido, prazo, etc.), e, mais importante, por impor disciplina ao instituto, sobretudo com preocupação quanto à segurança do agente infiltrado.

De se notar, em acréscimo, que a Convenção das Nações Unidas contra o Crime Organizado Transnacional, conhecida como Convenção de Palermo, a qual aderiu o Brasil (sem adentrar na discussão a respeito do "status" com o qual tal convenção adentra nosso ordenamento jurídico[244]), prevê, expressamente, a possibilidade de utilização de operações de infiltração, que se inserem entre as técnicas especiais de investigação, como consta de seu art. 20.1. Assim:

> "Se os princípios fundamentais do seu ordenamento jurídico nacional o permitirem, cada Estado Parte, tendo em conta as suas possibilidades e em conformidade com as condições prescritas no seu direito interno, adotará as medidas necessárias para permitir o recurso apropriado a entregas vigiadas e, quando o considere adequado, o recurso a outras técnicas especiais de investigação, como a vigilância eletrônica ou outras formas de vigilância e as operações de infiltração, por parte das autoridades competentes no seu território, a fim de combater eficazmente a criminalidade organizada".

Mas se tratava de uma assertiva genérica, sem pormenorizar (e nem seria este o objetivo da convenção) no que consistiria exatamente esse meio de prova, a configurar mera recomendação, revelando-se inviável, bem por isso, sua imediata aplicação em nosso direito interno. Sem falar da discutível possibilidade de um tratado internacional, quando se trata de norma incriminadora, ingressar em nosso direito positivo sem antes se submeter ao trâmite no Congresso Nacional, previsto no § 3º, do art. 5º da Constituição[245].

As Leis n. 9034/95 (crime organizado, já revogada) e 11.343/2006 (drogas), pretenderam dotar de alguma aplicação prática aquilo que fora aprovado na Convenção de Palermo. Ocorre, como dito acima, que eram tamanhas as omissões de ambos os diplomas (prazo de duração da medida, por exemplo) e mesmo equívocos nas suas formulações (v.g., infiltração

244. Apontam-se, basicamente, três correntes versando sobre a forma pela qual os tratados ingressam em nosso ordenamento, a saber: *status* supranacional, status constitucional, status supralegal ou status de lei ordinária.

245. Art. 5º, § 3º da CF: "Os tratados e convenções internacionais sobre direitos humanos que forem aprovados, em cada Casa do Congresso Nacional, em dois turnos, por três quintos dos votos dos respectivos membros, serão equivalentes às emendas constitucionais" (Incluído pela Emenda Constitucional nº 45, de 2004).

permitida a "agentes de inteligência"), que a prova não se revelou eficaz, tamanhas as dúvidas suscitadas para sua adoção.

Agora, face ao detalhamento da Lei 12.850/13, que pormenoriza, sobretudo, as formas de controle da infiltração, aqueles obstáculos que dificultavam a aplicação do instituto foram finalmente superados.

Anote-se, de plano, que a infiltração aqui examinada somente pode ser efetuada por "agentes de polícia". Assim, ao contrário da revogada Lei 9034/95, que permitia essa infiltração "por agentes de polícia ou de inteligência", a legislação em comento autoriza essa investigação apenas àqueles primeiros.

Como "agentes de policia" devem ser entendidos os membros das corporações elencadas no art. 144 da Constituição Federal, a saber: Polícia Federal propriamente dita, rodoviária e ferroviária; e Polícia Estadual (civil, militar e corpo de bombeiros), observadas, nesta última hipótese, a organização própria de cada unidade da federação. Mas nem todos estes órgãos possuem atribuições investigativas. Com efeito, o inc. I deste dispositivo constitucional atribui à polícia federal a tarefa de "apurar infrações penais"[246]. Já o inc. IV, § 4º do art. 144 da CF, comina às polícias civis estaduais essa tarefa investigativa. São, portanto, os policiais federais e civis aqueles habilitados a servirem como agentes infiltrados.

Ao afastar a possibilidade de infiltração por "agentes de inteligência" (como constava da revogada lei de combate ao crime organizado), proíbe o dispositivo em exame a participação de agentes outros que não os componentes das polícias "*lato sensu*". Aliás, era de constitucionalidade bastante discutível o disposto na revogada Lei 9034/95, posto que funções policiais, em virtude de comando constitucional (art. 144 da CF), são privativas da Polícia Federal e Polícia Civil.

Com a Lei 12.850/13, veda-se, destarte, que, por exemplo, agentes do Ministério Público atuem como infiltrados. Ou membros de Comissões Parlamentares de Inquérito, de Corregedorias em geral e, ainda, das receitas federais ou estaduais. Também os componentes do Sistema Brasileiro de Inteligência (Sisbin) e da Agência Brasileira de Inteligência (Abin), não podem se infiltrar.

Intuitivo, ademais, que os particulares[247], que não servidores públicos, acham-se impedidos de exercer essa atividade. A inconveniência quanto a essa possibilidade é bem destacada por Flávio Cardoso Pereira:

---

246. Em seu sistema organizacional, a Polícia Federal conta com uma Diretoria de Investigação e Combate ao Crime Organizado, nos termos do art. 2º, IX da Portaria MJ 2877/2011, que aprovou o Regimento Interno do Departamento de Policial Federal.

247. A lei portuguesa nº 101/2001, que trata das chamadas "ações encobertas", permite que particulares ("terceiros actuando sob o controlo da policía Judiciária"), participem dessa espécie de diligência.

> "Primeiro, face à constatação óbvia de sua maior vulnerabilidade quanto a eventual corrupção. Em segundo, por não apresentar esse, via de regra, preparação ideal para laborar essa árdua tarefa de infiltração, a qual requer méritos psicológicos e físicos dos agentes que adentram na estrutura das organizações criminosas, além de uma experiência no trato com o mundo do crime"[248].

Não será, decerto, todo e qualquer policial que revelará aptidão para a tarefa, cujas peculiaridades dos métodos a serem utilizados e o engajamento com pessoas de alta periculosidade, exigirá do agente especialíssimo preparo, sob pena de comprometer o sucesso da missão e, pior, de pagar com a própria vida em virtude de sua incapacidade. Imagine-se, de outra parte, a dificuldade de imersão de um policial em uma organização terrorista. Raramente um policial (e nem há como dele se exigir), conhecerá a fundo a matéria, dominará seus termos técnicos e especificidades, de maneira a cumprir sua tarefa com um mínimo de verossimilhança. Seu eventual desconhecimento da matéria acarretará, fatalmente, o insucesso da diligência e, pior que isso, constituirá grave risco à segurança do agente.

Invoca-se, novamente, o magistério de Flávio Cardoso Pereira, quando elenca os caracteres básicos desse agente: "perfil físico compatível com as dificuldades da operação, inteligência aguçada, aptidão específica para determinadas missões, equilíbrio emocional vez que poderá ficar distante do âmbito familiar por tempo indeterminado, sintonia cultural e étnica compatível com a organização a ser infiltrada etc"[249]

d) captação ambiental de sinais eletromagnéticos, ópticos ou acústicos.

A possibilidade de captação e interceptação ambiental de sinais eletromagnéticos, ópticos e acústicos era prevista pela revogada Lei 9.034/95 (art. 2º, inc. IV). Duas alterações, em referência ao dispositivo em análise, merecem destaque: primeiro, a lei revogada autorizava também a "interceptação", enquanto a novel refere-se apenas à "captação". Segundo, a lei antiga admitia a diligência "mediante circunstanciada autorização judicial", o que não é previsto na "*novatio legis*".

É razoável que seja assim. Aqui se trata apenas de "capturar", a traduzir a noção de que pelos menos um dos envolvidos na cena sabe da captação. É um tanto diverso da "interceptação" onde se presume que os atores

---

248. Revista jurídica do Ministério Público do Estado do Mato Grosso, ano 2, n. 2, janeiro/junho de 2007, p. 175.

249. *A Moderna investigação criminal: infiltrações policiais, entregas controladas e vigiadas, equipes conjuntas de investigação e provas periciais de inteligência.* In Limites Constitucionais da Investigação. Rogério Sanches Cunha, Pedro Taques, Luiz Flávio Gomes (coords). São Paulo: Revista dos Tribunais, 2009, p. 117).

desconheçam que sua intimidade é objeto de violação. Isso parece explicar a razão pela qual a lei em exame não mais reclamou a prévia autorização judicial para a captação. Por isso, também, que o legislador desmembrou as duas diligências, prevendo a captação neste dispositivo e a interceptação no inc. V (comentado abaixo).

Mas, além da captação não trazer consigo a ideia de clandestinidade, já que um dos participantes da cena sabe de antemão de sua ocorrência, ela denota também o caráter por vezes público dessa diligência, a prescindir, bem por isso, de autorização judicial.

Para exemplificamos as duas situações, suponha-se, primeiro, a gravação telefônica, efetuada por parentes da vítima de um sequestro, na qual se estipula um valor para sua libertação. Nessa hipótese, quando a gravação é feita por um dos interlocutores, não há que se falar em ilicitude da prova, como, aliás, já decidiu o Supremo Tribunal Federal[250]. Nesse sentido, ainda, a doutrina de André Augusto Mendes Machado e André Pires de Andrade Kehdi[251].

Para ilustrar a segunda situação, se admitiria, por exemplo, a captação de imagens de membros de uma organização criminosa (ou terrorista) reunidos em um restaurante. Aqui, o caráter público do encontro afastaria a noção de clandestinidade a admitir, assim, a utilização da prova sem a prévia necessidade de autorização judicial para sua realização[252]. O mesmo raciocínio já foi adotado para conversas em "sala de bate-papo" na internet[253].

---

250. "É lícita a gravação de conversa telefônica feita por um dos interlocutores, ou com sua autorização, sem ciência do outro, quando há investida criminosa deste último. E inconsistente e fere o senso comum falar-se em violação do direito à privacidade quando interlocutor grava diálogo com seqüestradores, estelionatários ou qualquer tipo de chantagista" (STF – Rel. Nelson Jobim – RT759/507). "A gravação de conversa entre dois interlocutores, feita por um deles, sem conhecimento do outro, com a finalidade de documentá-la, futuramente, em caso de negativa, nada tem de ilícita, principalmente quando constitui exercício de defesa" (STF – Rel. Carlos Velloso – RT 836/466). Nesse sentido, ainda: GRAVAÇÃO AMBIENTAL REALIZADA POR UM DOS INTERLOCUTORES, SEM O CONHECIMENTO DO OUTRO. LICITUDE DA PROVA. ENTENDIMENTO DA CORTE ESTADUAL DE ACORDO COM A JURISPRUDÊNCIA DO SUPERIOR TRIBUNAL DE JUSTIÇA – "A gravação ambiental, realizada por um dos interlocutores, com o objetivo de preservar-se diante de investida ilícita, prescinde de autorização judicial, sendo exatamente esse o caso dos autos" (STJ – AgRg no AREsp 180721 / SP, Rel. Campos Marques, j. 05.03.2013, DJe 08.03.2013).

251. *Sigilo das comunicações e de dados* in Sigilo no Processo Penal: Eficiência e Garantismo. SCARANCE FERNANDES, Antonio; ALMEIDA, José Raul Gavião de e MORAES, Mauricio Zanoide de (Coords.). São Paulo: RT, 2008, p. 257.

252. Cf. a posição do Supremo Tribunal Federal: "É admissível a utilização, como prova, de gravação de diálogo transcorrido em local público, quando não está em causa a proibição do art. 5º, XII, da CF, principalmente se há nos autos elementos suficientes para embasar a condenação" (Rel. Octávio Gallotti – RT 743/550).

253. "A conversa na "sala de bate-papo" da *internet* não está amparada pelo sigilo das comunicações, pois acontece em ambiente virtual que é de acesso irrestrito e destinado a conversas informais,

Tal raciocínio se estende, também, a filmagens[254] e fotografias (sinais ópticos), além da gravação ambiente de uma conversa (sinal acústico), desde que com o conhecimento de um dos interlocutores.

e) acesso a registros de ligações telefônicas e telemáticas, a dados cadastrais constantes de bancos de dados públicos ou privados e a informações eleitorais ou comerciais

Permite a Lei 12.850/13, aplicada aos casos de terrorismo, o livre acesso da autoridade policial e do Ministério Público[255] a dados cadastrais do investigado, independentemente de prévia autorização judicial. Como dado cadastral, segundo se infere da norma, deve-se entender aquele relativo à qualificação pessoal da pessoa (estado civil, profissão, número do telefone, RG, CPF, etc.), à filiação e ao endereço do averiguado. Esses dados são mantidos nos cadastros da Justiça Eleitoral, empresas de telefonia, instituições financeiras[256][257] provedores de internet e administradoras de cartão de crédito[258] e sua divulgação – insiste-se – prescinde de ordem judicial.

Repete-se, aqui, previsão idêntica que já constava do art. 17-B da Lei 9.613/98. Este diploma impõe, ainda, a manutenção desse cadastro pelo

---

assim não houve a alegada violação. Isso posto, a Turma negou provimento ao pedido de trancamento do inquérito policial, com a recomendação de que o juízo monocrático" (STJ – RHC nº 18.116-SP – Rel. Hélio Quaglia Barbosa – j. em 16/2/2006).

254. "Não é prova ilícita a constituída de imagens animadas de aparelho eletrônico instalado em casa comercial com o intuito de controlar a atividade de empregados e clientes; desde que afixadas em local de público acesso (com preservação da intimidade das pessoas), o recurso às câmaras fotográficas passa por exercício regular de direito do proprietário da empresa" (TACrimSP – Rel. Carlos Biasoti – *RT* 795/620). Nesse sentido, ainda, o STF: "*HABEAS CORPUS*. FALSIDADE IDEOLÓGICA. INTERCEPTAÇÃO AMBIENTAL POR UM DOS INTERLOCUTORES. ILICITUDE DA PROVA. INOCORRÊNCIA. REPORTAGEM LEVADA AO AR POR EMISSORA DE TELEVISÃO. *NOTITIA CRIMINIS*. DEVER-PODER DE INVESTIGAR. Paciente denunciado por falsidade ideológica, consubstanciada em exigir quantia em dinheiro para inserir falsa informação de excesso de contingente em certificado de dispensa de incorporação. Gravação clandestina realizada pelo alistando, a pedido de emissora de televisão, que levou as imagens ao ar em todo o território nacional por meio de conhecido programa jornalístico. O conteúdo da reportagem representou *notitia criminis*, compelindo as autoridades ao exercício do dever-poder de investigar, sob pena de prevaricação" (STF – HC nº 87.341-PR – Rel. Eros Grau – j. em 07.02.2006).

255. A Resolução nº 13/2006, do Conselho Superior do Ministério Público, prevê a possibilidade do "*parquet*" requisitar informações e documentos de entidades privadas, inclusive de natureza cadastral (art. 6º, inc. III).

256. A definição do que considera uma "instituição financeira" é encontrada no § 1º, do art. 1º da Lei Complementar nº 105/2001 e consta da nota de rodapé nº 10.

257. Art. 10-A da Lei 9.613/98: "O Banco Central manterá registro centralizado formando o cadastro geral de correntistas e clientes de instituições financeiras, bem como de seus procuradores".

258. A obrigação das administradoras de cartão de crédito quanto à manutenção de cadastro de seus clientes decorre do disposto nos arts. 9º, parágrafo único, inc. III e art. 10, inc. I da Lei 9.613/98.

prazo de cinco anos após o encerramento da conta bancária ou a conclusão da transação financeira, nos termos do seu art. 10, § 2º

De se observar, porém, que as informações prestadas devem se restringir, única e exclusivamente, aos dados cadastrais. É dizer, em dois exemplos: pode o delegado de polícia determinar que o banco informe o nome completo de um correntista, mas seria abusiva a pretensão no sentido de que extratos bancários da conta corrente do investigado lhe fossem enviados[259]. Ou ainda, pode o Ministério Público requisitar à determinada empresa telefônica que indique o endereço do titular de certa linha, mas consistiria em ilegalidade ir além para que as conversas mantidas via telefone fossem interceptadas.

Isso porque o mero acesso a dados cadastrais não implica em quebra de sigilo pessoal, quer de ordem fiscal, quer mesmo de comunicação[260]. Avançar, porém, da mera informação cadastral para atingir dados protegidos pelo sigilo importaria na necessidade de prévia autorização judicial, sob pena de configurar evidente inconstitucionalidade, dada à notória ilicitude da prova, por violação ao postulado do inc. XII, do art. 5º da Constituição.

Nessa ordem de raciocínio já decidiu o Superior Tribunal de Justiça, a se conferir:

"A decisão que autoriza a quebra dos dados cadastrais de certa linha telefônica, com o fito de saber quem é seu titular, não importa quebra do sigilo das telecomunicações"[261]

"Segundo o Supremo Tribunal Federal, o disposto no art. 5º, XII, da Constituição Federal não impede o acesso aos dados em si, ou seja, o objeto protegido no direito à inviolabilidade do sigilo não são os dados em si, mas tão somente a comunicação desses dados. (RE n. 418.416/SC)"[262].

A mesma linha de ideias se aplica aos dados cadastrais de computadores, ainda segundo entendimento do Tribunal da Cidadania:

---

259. "A quebra do sigilo bancário para investigação criminal deve ser necessariamente submetida à avaliação do magistrado competente, a quem cabe motivar concretamente seu decisum, em observância aos artigos 5º, XII e 93, IX, da Carta Magna. Não cabe à Receita Federal, órgão interessado no processo administrativo tributário e sem competência constitucional específica, fornecer dados obtidos mediante requisição direta às instituições bancárias, sem prévia autorização judicial, para fins penais" (STJ – REsp. nº 1201442-RJ, Rela. Maria Thereza de Assis Moura, j. 13.08.2013, DJe 22.08.2013).

260. O projeto de lei do Senado, de autoria da senadora Serys Slhessarenko (PL nº 150/2006), em seu art. 9º, exigia a prévia autorização judicial para acesso aos dados cadastrais, proposta que não foi acatada na redação final da lei.

261. HC 190917 / SP – Rel. Celso Limongi – RT 908/546.

262. HC 128466 / PR – Rel. Sebastião Reis Júnior, j. 12.03.2013, DJe 19.03.2013.

"A simples titularidade e o endereço do computador do qual partiu o escrito criminoso não estão resguardados pelo sigilo de que cuida o inciso XII do artigo 5º da Constituição da República, nem tampouco pelo direito à intimidade prescrito no inciso X, que não é absoluto"[263].

É o que se extrai, também, da doutrina de Tercio Sampaio Ferraz Junior: "Pelo sentido inexoravelmente comunicacional da convivência, a vida privada compõe, porém, um conjunto de situações que, usualmente, são informadas sem constrangimento. São dados que, embora privativos — como o nome, endereço, profissão, idade, estado civil, filiação, número de registro público oficial, etc., condicionam o próprio intercâmbio humano em sociedade, pois constituem elementos de identificação que tornam a comunicação possível, corrente e segura. Por isso, a proteção desses dados em si, pelo sigilo, não faz sentido. (...) Em conseqüência, simples cadastros de elementos identificadores (nome, endereço, RG, filiação, etc.) não são protegidos"[264].

Aos que argumentarão no sentido da inconstitucionalidade do dispositivo, deve-se recordar que a lei em exame não cuida do crime banal, perpetrado, no mais das vezes, de forma individual e aleatória, sem qualquer planejamento anterior. Antes, trata da criminalidade organizada, que conta com estrutura complexa, bem articulada, com ramificação transnacional, capaz, bem por isso, de impor enormes obstáculos à obtenção da prova.

A fim de encontrar mecanismos que permitam o embate em igualdades de condições com o crime organizado e o terrorismo, deve-se tolerar do legislador certa flexibilização - ou, diríamos - limitação mesmo de direitos individuais do autor do delito. Tudo a exigir uma interpretação menos ortodoxa do tema que, de um lado, tutele os direitos daquele que perpetra um crime mediante organização e, de outro, apresente uma resposta à altura da espécie de criminalidade de que se cuida.

O debate foi bem apanhado por Fábio Ramazzini Bechara, ao destacar que "da mesma forma que não se concebe que o Estado se utilize dos mesmos instrumentos de que se valem os criminosos, não se pode negar que a postura do exegeta, por ocasião da interpretação e aplicação das normas incidentes, deverá buscar a precisão e a forma mais adequada de estabelecer a resposta estatal. A resposta estatal deve ser mais enérgica e, portanto, proporcional à gravidade da situação apresentada. Essa noção conduz inevitavelmente ao estrangulamento e à possibilidade de maior relativização

---

263. STJ - HC 83338 / DF - Rel. Hamilton Carvalhido - j. 29.09.2009, DJe 26.10.2009.

264. *Sigilo de Dados: o Direito à Privacidade e os Limites à Função Fiscalizadora do Estado. In* Sigilo Fiscal e Bancário. PIZOLIO, Reinaldo e GAVALDÃO JR, Jayr Viégas (coord.). São Paulo. Quartier Latin. 2005. p. 28-29.

dos direitos fundamentais que abrigam as liberdades públicas individuais. Tal relativização é justificada a partir da indiscutível necessidade de preservação da ordem pública"[265].

A propósito, a Lei Complementar n. 105/2001, em seu art. 1º, § 3º, dispõe que não constitui violação do dever de sigilo "a troca de informações entre instituições, para fins cadastrais...". E vai além: autoriza Comissões Parlamentares de Inquérito a obtenção de documentos sigilosos que necessitem diretamente das instituições financeiras[266].

Em suma: a mera informação a respeito de dados cadastrais, não implicará em quebra de sigilo, posto que admitida pela doutrina e jurisprudência e, agora, autorizada expressamente pela lei em exame. A extrapolação, porém, a tal permissão[267], reclamará sempre a prévia autorização judicial, face ao teor da cláusula constitucional de reserva de jurisdição[268].

Lembre-se, ainda, que, nos termos do art. 21 da lei em comento, é crime "recusar ou omitir dados cadastrais, registros, documentos e informações requisitadas pelo juiz, Ministério Público ou delegado de polícia, no curso de investigação ou do processo". Pune-se, ademais, a conduta de quem faz uso indevido das informações cadastrais.

f) interceptação de comunicações telefônicas e telemáticas, nos termos da legislação específica.

A disciplina sobre a interceptação telefônica e telemática já consta da Lei 9296/96. Trata-se, pois, de assunto conhecido, que conta com legislação regulando a matéria há mais de 15 anos, razão pela qual não nos apro-

---

265. *Crime Organizado e o Sigilo das Investigações*. Revista Síntese nº 32 – jun-jul 2005, p. 55.

266. É verdade que pendem de julgamento no Supremo Tribunal Federal ações diretas de inconstitucionalidades voltadas contra dispositivos da Lei Complementar nº 105/2001. Nesse sentido: ADIs 2386/DF, 2390/DF e 2397/DF, 4006/DF e 4010/DF.

267. Dispõe o art. 10 da Lei Complementar nº 105/2001, que "a quebra de sigilo, fora das hipóteses autorizadas nesta Lei Complementar, constitui crime e sujeita os responsáveis à pena de reclusão, de um a quatro anos, e multa, aplicando-se, no que couber, o Código Penal, sem prejuízo de outras sanções cabíveis".

268. "A cláusula constitucional da reserva de jurisdição – que incide sobre determinadas matérias, como a busca domiciliar (CF, art. 5º, XI), a interceptação telefônica (CF, art. 5º, XII) e a decretação da prisão de qualquer pessoa, ressalvada a hipótese de flagrância (CF, art. 5º, LXI) – traduz a noção de que, nesses temas específicos, assiste ao Poder Judiciário, não apenas o direito de proferir a última palavra, mas, sobretudo, a prerrogativa de dizer, desde logo, a primeira palavra, excluindo-se, desse modo, por força e autoridade do que dispõe a própria Constituição, a possibilidade do exercício de iguais atribuições, por parte de quaisquer outros órgãos ou autoridades do Estado" (STF – MS 23.452/RJ, Rel. Celso de Mello, DJ 12-05-2000, pp. 20).

fundaremos em sua análise, já que este trabalho se propõe a discutir, com mais profundidade, as inovações introduzidas com o novo diploma legal.

Observamos, assim, que o sigilo das comunicações vem assegurado por expressa disposição constitucional, como se vê do teor do inc. XII, do art. 5º da Carta, ao prever que "é inviolável o sigilo da correspondência e das comunicações telegráficas, de dados e das comunicações telefônicas, salvo, no último caso, por ordem judicial, nas hipóteses e na forma que a lei estabelecer para fins de investigação criminal ou instrução processual penal". Guarda íntima relação, ainda, com o disposto no inc. X do mesmo dispositivo constitucional, que protege o direito à intimidade da pessoa.

A proteção a tal sigilo abarca, também, as comunicações realizadas por meio da "internet", que somente não foram previstas pelo Constituição porque, ao tempo de sua elaboração, ainda engatinhava a implantação da telemática no país.

O direito à intimidade, que foi tão cuidadosamente preservado pelo constituinte, cede, porém, a outros interesses. De tal sorte que, no cotejo entre o interesse privado e o interesse público, se admite a quebra do sigilo, conforme ressalva formulada pela própria Constituição. Não se trata, assim, de direito absoluto, mas que, ao revés, pode sofrer limitação. Preenchidos, pois, os requisitos legais, tal medida, de caráter excepcional, pode ser decretada mediante autorização judicial. E nem faria mesmo sentido a utilização do sigilo como verdadeiro escudo para que crimes fossem perpetrados sem que o Estado pudesse intervir. Pode e deve fazê-lo, mas com o devido cuidado e a partir de minucioso exame do caso concreto (nos comentários ao inc. II acima trouxemos algumas posições do STF sobre a interceptação telefônica)[269].

Valendo-se de técnica de duvidosa eficácia[270], o legislador relacionou, no art. 2º da Lei 9.296/96, incs. I, II e III, as hipóteses nas quais não se admitirá a interceptação. Ocorrerão quando:

> "I – não houver indícios razoáveis da autoria ou participação em infração penal;
>
> II – a prova puder ser feita por outros meios disponíveis;

269. Dispõe o art. 10 da Lei nº 9.296/96 que "constitui crime realizar interceptação de comunicações telefônicas, informática ou telemática, ou quebrar segredo de justiça, sem autorização judicial ou com objetivos não autorizados em lei".

270. Nesse sentido a observação de Vicente Greco Filho para quem "o art. 2º da Lei 9.296 optou por duplamente lamentável redação negativa, enumerando os casos em que não será admitida a interceptação, em vez de indicar taxativamente os casos em que será ela possível. Lamentável, porque a redação negativa sempre dificulta a intelecção da vontade da lei e mais lamentável ainda porque pode dar a entender que a interceptação seja a regra, ao passo que, na verdade, a regra é o sigilo e aquela, a exceção", in *Interceptação Telefônica*, São Paulo: Saraiva, 1996, p. 20.

III – o fato investigado constituir infração penal punida, no mínimo, com pena de detenção"[271].

Como "indícios razoáveis" devem ser entendidos aqueles dados que forneçam uma probabilidade da existência de um crime e sinalizem no sentido de seu autor. Trata-se, assim, de identificar a presença do "*fumus boni iuris*", a justificar a medida excepcional.

Nesse quadro, onde devem estar reunidos indícios de autoria e materialidade, deve-se presumir, por consequência, a prévia instauração de um inquérito policial (ou outro meio investigativo). Essa questão foi bem apanhada no relatório final do Projeto de Lei 5286/2009, oriundo de CPI instaurada para investigar interceptações telefônicas, ao se destacar que "nesse contexto, não se deve admitir que uma investigação, no âmbito da polícia judiciária, ocorra sem a instauração prévia de inquérito policial. Não se trata de cumprir mera etapa burocrática, mas de se atender a um formalismo benigno, pois agrega segurança jurídica à investigação. Trata-se de um instrumento submetido ao controle do Poder Judiciário e do próprio Ministério Público, no exercício de seu controle externo da atividade policial. O que não é inadmissível é que a primeira medida investigatória seja a interceptação. A prova obtida por interceptação não pode ter caráter prospectivo. Deve haver elementos anteriores que justifiquem a confirmação mediante a interceptação telefônica, que configura método de investigação excepcional".

Exige a lei, ainda a indicar a excepcionalidade da medida, que se demonstre a imprescindibilidade da interceptação telefônica, ou seja, que o fim colimado não possa ser obtido senão por aquele meio de prova. Se, por exemplo, a oitiva de testemunhas é suficiente para a comprovação de determinado fato, não há porque se determinar, em acréscimo, a quebra do sigilo telefônico.

Por fim, a literalidade do inc. III indica que somente se admitirá a interceptação telefônica para a apuração de crimes punidos com reclusão, não se estendendo às demais infrações penais, onde se cominem penas de detenção. Trata-se de opção do legislador, cioso em restringir a medida somente para fatos mais graves.

g) afastamento dos sigilos financeiro, bancário e fiscal, nos termos da legislação específica.

Prevê o art. 5º, inc. X da Constituição que "são invioláveis a intimidade, a vida privada, a honra e a imagem das pessoas, assegurado o direito a indenização pelo dano material ou moral decorrente de sua violação".

---

271. A Resolução nº 59/2008 do CNJ, disciplina e uniformiza o procedimento de interceptação telefônica e telemática. No mesmo sentido a Resolução nº 36/2009 do CNMP.

Como decorrência natural do princípio da inviolabilidade é assegurada, dentre outras, a garantia aos sigilos financeiro, bancário e fiscal, cuja quebra somente mediante ordem judicial pode ser determinada.

O sigilo bancário é previsto, também, em legislação infraconstitucional. Assim, reza o art. 1º da Lei Complementar n. 105/2001, que "as instituições financeiras conservarão sigilo em suas operações ativas e passivas e serviços prestados"[272], cuja quebra, salvo exceções que relaciona, depende de ordem judicial (art. 1º, § 4º da lei), ou de determinação de Comissão Parlamentar de Inquérito, que, nos temos do § 3º, do art. 58 da CF, possui "poderes de investigação próprios das autoridades judiciais".

Também os sigilos fiscal e financeiro merecem tutela, como se vê do disposto no art. 198 do Código Tributário Nacional (Lei 5.172/66), *verbis*: "Sem prejuízo do disposto na legislação criminal, é vedada a divulgação, por parte da Fazenda Pública ou de seus servidores, de informação obtida em razão do ofício sobre a situação econômica ou financeira do sujeito passivo ou de terceiros e sobre a natureza e o estado de seus negócios ou atividades". Excepciona a lei, no § 1º, inc. I do art. 198, a possibilidade de divulgação no sigilo desde que determinada judicialmente.

A quebra, portanto, dessas espécies de sigilo, além de importarem em exceção à regra geral, somente podem ser decretadas por ordem judicial, em questão sobre a qual não perdura nenhuma dúvida e cuja menção na lei em exame, a rigor, nem mesmo seria necessária.

A Lei 12.850/13, em boa hora, afastou a esdrúxula previsão contida na revogada Lei 9.034/95 que, em seu art. 3º, facultava ao juiz pessoalmente diligenciar no sentido de ter acesso a dados, documentos e informações fiscais, financeiras e eleitorais. Tratava-se, com efeito, de indevida incursão do Magistrado no campo da prova, a afrontar o sistema acusatório entre nós adotado e capaz de alterar o estado de isenção de ânimo que deve orientar toda e qualquer decisão judicial. Se nossa legislação ainda previsse o chamado "juiz de garantias", responsável por todas as medidas tomadas na fase de investigação, e ainda se poderia tolerar

272. A mesma lei, em seu art. 1º, § 1º, define o que considera como instituições financeiras, a saber: "I – os bancos de qualquer espécie; II – distribuidoras de valores mobiliários; III – corretoras de câmbio e de valores mobiliários; IV – sociedades de crédito, financiamento e investimentos; V – sociedades de crédito imobiliário; VI – administradoras de cartões de crédito; VII – sociedades de arrendamento mercantil; VIII – administradoras de mercado de balcão organizado; IX – cooperativas de crédito; X – associações de poupança e empréstimo; XI – bolsas de valores e de mercadorias e futuros; XII – entidades de liquidação e compensação; XIII – outras sociedades que, em razão da natureza de suas operações, assim venham a ser consideradas pelo Conselho Monetário Nacional".

essa iniciativa[273]. Mas não é o caso. Isso talvez explique, inclusive, o fato dessa espécie de diligência não ter, ao que parece, se efetivado na prática, se ignorando mesmo se chegou a ser aplicada.

h) cooperação entre instituições e órgãos federais, distritais, estaduais e municipais na busca de provas e informações de interesse da investigação ou da instrução criminal.

A alta complexidade das atividades que envolvem a criminalidade organizada e o terrorismo exige uma perfeita sintonia entre os diversos órgãos públicos, de todos os níveis, que possam colaborar em sua investigação.

A propósito, a Convenção das Nações Unidas contra o Crime Organizado Transnacional, com sede em Palermo, prevê em art. 7, item "b", que cada Estado-parte garantirá "que as autoridades responsáveis pela administração, regulamentação, detecção e repressão e outras autoridades responsáveis pelo combate à lavagem de dinheiro [...], tenham a capacidade de cooperar e trocar informações em âmbito nacional e internacional, em conformidade com as condições prescritas no direito interno, e, para esse fim, considerará a possibilidade de criar um serviço de informação financeira que funcione como centro nacional de coleta, análise e difusão de informação relativa a eventuais atividades de lavagem de dinheiro".

Tal auxílio deve se operar entre os dois níveis de polícia judiciária existentes no Brasil, a federal e as estaduais. Dentre estas últimas, a cooperação deve ocorrer entre as polícias civil e militar. Por mais óbvio que possa parecer essa constatação, o certo é que, na prática, no mais das vezes tais órgãos "não se falam", isto é, não compartilham suas informações de modo a permitir um adequado enfrentamento ao terrorismo.

Mas a troca de informações não se restringe às entidades de caráter policial. Assim, por exemplo, a Receita Federal deve encaminhar ao Ministério Público representação pela prática, em tese, de crime tributário ou previdenciário, segundo o art. 83 da Lei 9.430/96.

Também as instituições financeiras (cujo rol é apresentado no artigo anterior), devem comunicar "às autoridades competentes, da prática de ilícitos penais ou administrativos", sem que tal conduta importe em violação do dever de sigilo, nos termos do art. 1º, § 3º, IV da Lei Complementar n.

---

273. O Projeto de Lei nº 15/2009, que tramita no Senado Federal e que trata da reforma do Código de Processo Penal, prevê a figura do juiz de garantias, a quem caberá decidir sobre a quebra de sigilos fiscal, bancário e telefônico (art. 14, XI, "c").

105/2001. Esta lei obriga, ainda, que os presidentes do Banco Central do Brasil e da Comissão de Valores Imobiliários comuniquem ao Ministério Público a ocorrência de crime (art. 9º).

De sua parte, também o Tribunal de Contas da União, na dicção do art. 16, § 3º, da Lei 8.443/92, "providenciará a imediata remessa de cópia da documentação pertinente ao Ministério Público da União, para ajuizamento das ações civis e penais cabíveis". Idênticas providências têm previsão legal em leis estaduais que tratam dos respectivos tribunais de contas de cada unidade da Federação.

As corregedorias, das mais diversas carreiras, as Comissões Parlamentares de Inquérito, bem como o Conselho Nacional de Justiça e o Conselho Nacional do Ministério Público, também podem auxiliar, na análise do caso concreto, nos termos sugeridos por este dispositivo.

São apenas exemplos de órgãos e instituições que, embora não compondo o aparato policial, podem colaborar com a investigação visando o combate ao crime organizado e ao terrorismo.

[2] A Lei 13.260/16 manda aplicar aos crimes de terrorismo, também, as normas de processo/procedimento aplicadas nos crimes envolvendo organização criminosa.

Por conta de expressa disposição legal (art. 22 da Lei 12.850/13), na apuração dos crimes previstos na lei, será observado o procedimento ordinário, previsto no art. 394, § 1º, inc. I do Código de Processo Penal, aplicável para os delitos cuja pena máxima seja igual ou superior a quatro anos.

A lei impõe, ainda, o procedimento ordinário para as infrações penais perpetradas em conexão com os crimes previstos na citada lei. De se indagar: para a hipótese de crime previsto na lei ser cometido em conexão com um crime doloso contra a vida, qual competência prevalecerá? Não temos duvida de indicar a competência do Tribunal do Júri face ao teor do disposto no art. 78, inc. I do Código de Processo Penal[274] e à "vis atractiva" exercida por essa espécie de procedimento, embora se reconheça que tal competência não é absoluta[275].

274. Art. 78 do CPP: "Na determinação da competência por conexão ou continência, serão observadas as seguintes regras: I – no concurso entre a competência do júri e a de outro órgão da jurisdição comum, prevalecerá a competência do júri".

275. A competência do júri, para o julgamento de crimes dolosos contra a vida, que tem previsão constitucional, não prevalece se, por exemplo, um homicídio for cometido por detentor de prerrogativa de função. Assim, cometido um crime, em concurso, por um cidadão comum e por um

Manda a Lei 12.850/13 (art. 22, parágrafo único) encerrar a instrução criminal em prazo razoável, o qual não poderá exceder a 120 (cento e vinte) dias quando o réu estiver preso, prorrogáveis em até igual período, por decisão fundamentada, devidamente motivada pela complexidade da causa ou por fato procrastinatório atribuível ao réu.

A discussão a respeito do prazo de duração do processo sempre se constituiu em verdadeira "vexata quaestio" em nosso direito processual.

A Convenção Americana sobre Direitos Humanos (Pacto de São José da Costa Rica) – irrelevante se discutir, no âmbito deste trabalho, com qual "status" esse diploma ingressa em nosso sistema jurídico – determina que o processo transcorra "dentro de um prazo razoável". Essa disposição foi consagrada pela Emenda Constitucional n. 45/2004, que acrescentou o inc. LXXVIII ao art. 5º da Carta, *verbis*: "a todos, no âmbito judicial e administrativo, são assegurados a razoável duração do processo e os meios que garantam a celeridade de sua tramitação".

O Supremo Tribunal Federal já abordou a questão sob o seguinte prisma:

"Cumpre ao Estado aparelhar-se, visando a atender ao que hoje está inserido na Constituição Federal – o julgamento das ações em prazo admissível. Ontem, contava-se com a previsão em pactos internacionais subscritos pelo Brasil – Convenção Americana sobre Direitos Humanos (Pacto de São José da Costa Rica), artigo 25, e Pacto Internacional dos Direitos Civis e Políticos, artigo 9º Hoje, ante a Emenda Constitucional n. 45/2004, a determinação sobre tal julgamento em tempo plausível está pedagogicamente no inciso LXXVIII do rol das garantias constitucionais – "a todos, no âmbito judicial e administrativo, são assegurados a razoável duração do processo e os meios que garantam a celeridade de sua tramitação". Em jogo a liberdade de ir e vir, em jogo a custódia do acusado – até então simples acusado – impõe-se a observância irrestrita do tempo, não se podendo transformar a prisão preventiva em verdadeira execução de pena ainda não formalizada"[276]

Um tanto complexo, porém, é se estabelecer um conceito adequado ao que se denomina "duração razoável do processo".

O desembargador do Tribunal de Justiça do Estado de São Paulo, Alberto Silva Franco, elenca alguns fatores que merecem exame na construção desse

---

que detenha o chamado foro privilegiado, devem ser desmembrados os processos, submetendo-se o primeiro ao júri e, o segundo, ao julgamento por um Tribunal de Justiça, Tribunal Regional Federal, STJ ou STF, dependendo do caso concreto. Nesse sentido: STF HC nº 70.591/AL, Rel. Min. Marco Aurélio, DJ 29.10.93, p. 22.935.

276. HC nº 87102 – Rel.. Min. Marco Aurélio, j. em 07.11.2005, DJ de 11.11.2005.

conceito, a saber "a maior ou menor complexidade do processo; a maior ou menor diligência dos órgãos do processo; a duração em si da prisão; a duração dessa prisão em relação à natureza do fato e à entidade da pena cominada e da pena aplicável em caso de condenação; os efeitos da medida cautelar em relação ao réu; a conduta do acusado, máxime o exame de suas atitudes no sentido de colaborar no desenvolvimento do processo ou de indicar a presença de uma vontade dilatória, ou mesmo paralisadora do feito, etc."[277].

À falta de uma definição legal, propõe o autor que legislação infraconstitucional cuide da matéria, estabelecendo, assim, prazos determinados para o término do processo, que "deve conter limites precisos, não se olvidando que deve ter sempre um *dies a quo* e um *dies ad quem*, com o trato temporal total a ser computado dentro desses dois marcos"[278].

É, também, a recomendação de Rogério Lauria Tucci ao realçar que "por isso que, induvidosamente, o ideal seria a fixação de *prazos peremptórios* para a prática de atos processuais, como que delimitando, *a priori*, o tempo de duração de determinado tipo de processo". Adiante completa: "... impõe-se, em linha de princípio, no campo de elaboração legislativa, a edição de normas determinantes da aceleração dos procedimentos penais, a fim de que eles se desenrolem, sem precipitação, num *prazo razoável*, desde logo fixado", com a adoção de sanções rígidas àqueles agentes estatais que descumprirem tais prazos procedimentais[279].

A Lei 12.850/13, todavia, acabou por estipular um prazo legal, senão para o fim do processo, pelo menos para o término da instrução criminal. Esse prazo, para o réu que se encontre preso, é de 120 dias.

Em vista do que consta no "*caput*" do artigo 22, que impõe a aplicação do rito ordinário do Código de Processo Penal, a sentença deverá ser proferida em audiência, na dicção do art. 403 deste diploma. O § 3º deste dispositivo faculta ao juiz, porém, a possibilidade de concessão às partes de prazo para oferta de memoriais (cinco dias), devendo, ao depois, proferir sentença em 10 dias. Esse dispositivo encerra uma exceção, somente aplicável quando detectada "a complexidade do caso ou o número de acusados". Na prática tal exceção se tornará regra, posto que as causas que envolvem os crimes aqui tratados são, invariavelmente, complexas, bem como elevado o número de réus.

---

277. *Prazo razoável e o estado democrático de direito*. Boletim IBCCRIM. São Paulo, v. 13, n. 152, p. 6, jul. 2005.

278. Ob. cit., p. 7.

279. *Direitos e garantias individuais no processo penal brasileiro*, 2ª. ed., 2004, São Paulo; RT, pp. 256 e 265.

O texto autoriza, ainda, a prorrogação desse prazo por mais 120 dias, desde que, "por decisão fundamentada" (e nem poderia ser diferente a teor do inc. IX do art. 93 da Constituição), a complexidade da causa ou o comportamento procrastinatório do réu justifiquem essa dilação.

Quanto à "complexidade da causa", a permitir a prorrogação do prazo, não há, por óbvio, uma definição legal no que consistiria exatamente esse conceito. A questão ficará, em consequência, a cargo da jurisprudência, que já firmou alguns entendimentos a respeito. Admite-se, por exemplo a configuração do excesso de prazo decorrente da complexidade da causa, do número excessivo de corréus[280] ou da necessidade de expedição de várias precatórias[281].

No que se refere ao "fato procrastinatório atribuível ao réu" a que alude o dispositivo em exame, não há, também aqui, uma definição legal sobre esse comportamento. A jurisprudência já se posicionou a respeito do tema. Destaque-se, inicialmente, o enunciado da Súmula n. 64 do Superior Tribunal de Justiça, no sentido de que não há constrangimento ilegal por excesso de prazo quando provocado pela defesa.

Isso ocorre, segundo exemplos extraídos da jurisprudência, se a defesa pede a instauração de incidente de insanidade mental do acusado (arts. 149 e ss. do código) 1, de acareação 2 ou quando a demora se deve a substituição de advogado constituído por outro defensor 3. Lembraríamos, ainda, o pedido de oitiva de testemunhas por carta rogatória. Ou ainda quando a demora se deu em face da dificuldade de se proceder à citação pessoal do réu 4 ou a citação por edital de correu 5.

Em todas essas hipóteses, por óbvio que o cumprimento de tais diligências acarretará uma demora na conclusão do processo que não caracterizará, porém, um constrangimento ilegal ao réu preso, incapaz, assim, de justificar sua soltura.

Reza o art. 23 da Lei 12.850/13 que o sigilo da investigação poderá ser decretado pela autoridade judicial competente, para garantia da celeridade e da eficácia das diligências investigatórias, assegurando-se ao defensor, no interesse do representado, amplo acesso aos elementos de prova que digam respeito ao exercício do direito de defesa, devidamente precedido de autorização judicial, ressalvados os referentes às diligências em andamento.

Dispõe o art. 20 do Código de Processo Penal, que "a autoridade assegurará no inquérito o sigilo necessário à elucidação do fato ou exigido pelo

280. STJ – HC nº 231430-CE – Rel. Min. Jorge Mussi, j. em 25.06.2013, DJe de 01.08.2013.

281. STJ – HC nº 227352-SP –Rel. Min. Laurita Vaz, j. em 14.05.2013, DJe de 02.05.2013.

interesse da sociedade". Conquanto o dispositivo não indique qual é exatamente essa "autoridade", não há dúvida se tratar da autoridade policial, ou seja, o delegado de polícia, pela colocação da matéria no código, no título que trata do inquérito policial.

Diverso, porém, é o tratamento dispensado no artigo 23 da Lei 12.850/13. Aqui, com efeito, caberá à autoridade judicial (o juiz, "*lato sensu*"), decretar o sigilo da investigação. À mesma autoridade, aliás, cumpre deferir o acesso do defensor aos autos, como se depreende da expressão "devidamente precedido de autorização judicial", a indicar, em consequência, que cabe ao advogado, pretendendo consultar o inquérito policial, peticionar ao Magistrado nesse sentido.

O dispositivo acolheu o enunciado da Súmula vinculante n. 14, do Supremo Tribunal Federal, cuja redação é a seguinte, *verbis*: "É direito do defensor, no interesse do representado, ter acesso amplo aos elementos de prova que, já documentados em procedimento investigatório realizado por órgão com competência de polícia judiciária, digam respeito ao exercício do direito de defesa".

Reforça essa impressão, mais recentemente, a Lei 13.245/2016, que alterando o art. 7º, inc. XIV do Estatuto da Ordem dos Advogados do Brasil (Lei 8.906/1994), elenca dentre os direitos do advogado ""examinar, em qualquer instituição responsável por conduzir investigação, mesmo sem procuração, autos de flagrante e de investigações de qualquer natureza, findos ou em andamento, ainda que conclusos à autoridade, podendo copiar peças e tomar apontamentos, em meio físico ou digital". Reforça essa impressão o teor do inc. XXI do mesmo dispositivo, pelo qual pode o defensor "assistir a seus clientes investigados durante a apuração de infrações, sob pena de nulidade absoluta do respectivo interrogatório ou depoimento e, subsequentemente, de todos os elementos investigatórios e probatórios dele decorrentes ou derivados, direta ou indiretamente, podendo, inclusive, no curso da respectiva apuração". Tais prerrogativas podem ser exercidas pelo advogado ainda que não conte com o respectivo instrumento de mandato (procuração), salvo se decretado o sigilo do inquérito policial, quando, então, deve ser observado aquele requisito.

Com isso, praticamente se esvaziou o conceito de "sigilo das investigações", já que o defensor, mediante ordem judicial, terá livre acesso ao inquérito policial. De qualquer sorte, decretado o sigilo, pode-se afirmar que, por exemplo, o averiguado ou indiciado, desde que desacompanhado de advogado, não terão acesso aos autos ou, ainda, a vítima, testemunha, qualquer do povo ou a imprensa.

É de rigor, no entanto, que se delimite o exato alcance do acesso do defensor ao inquérito policial ou outro procedimento investigatório. Tal acesso, com efeito, diz respeito às investigações que já se encontrarem formalizadas nos autos, como, por exemplo, a oitiva de testemunhas, da vítima ou uma perícia. É óbvio que às diligências em andamento ou que serão ainda realizadas, não terá acesso o defensor, sob pena de se comprometer toda investigação[282]. Não teria cabimento, por exemplo, fosse a defesa cientificada que no dia tal, a tantas horas, seria realizada uma diligência de busca e apreensão junto à casa do indiciado. É o que se extrai da ressalva final do dispositivo, quando destaca que o defensor não terá acesso aos elementos de prova "referentes às diligências em andamento".

Esta é, inclusive, a interpretação que o próprio Supremo Tribunal Federal faz de sua súmula vinculante, a se conferir:

"Em face do exposto, acolho os presentes embargos tão somente para esclarecer, com base, inclusive, na Súmula Vinculante 14 do STF, que o alcance da ordem concedida refere-se ao direito assegurado ao indiciado (bem como ao seu defensor) de acesso aos elementos constantes em procedimento investigatório que lhe digam respeito e que já se encontrem documentados nos autos, não abrangendo, por óbvio, as informações concernentes à decretação e à realização das diligências investigatórias pendentes, em especial as que digam respeito a terceiros eventualmente envolvidos"[283].

Determinado o depoimento do investigado, seu defensor terá assegurada a prévia vista dos autos, ainda que classificados como sigilosos, no prazo mínimo de 3 (três) dias que antecedem ao ato, podendo ser ampliado, a critério da autoridade responsável pela investigação (art. 23, parágrafo único).

Permite-se, aqui, que o defensor tenha prévia vista dos autos de investigação, por pelo menos três dias antes da oitiva do investigado. Eventual decretação judicial de sigilo nas investigações não inibe esse direito, quer porque, como se viu acima, o sigilo não alcança o advogado, quer em razão de que o dispositivo é expresso em formular essa ressalva.

Mas é preciso que se delimite a atuação do defensor. Se lhe é permitido ter acesso aos autos, intui-se que poderá, também, acompanhar o investigado quando de seu depoimento no procedimento inquisitivo. Acompanhar, porém, com o objetivo de fiscalizar a lisura do ato, a fidelidade na transcrição do depoimento, sua realização sem qualquer espécie de coação ou constrangimen-

---

282. Nesse sentido o § 11 do art. 7º, do EAOAB, alterado pela Lei 13.245/16.

283. HC 94.387 – Rel. Ricardo Lewandowski – DJe 21.5.2010.

to, etc. Não se admite, todavia, que se pretenda estabelecer verdadeiro contraditório no procedimento administrativo, com a formulação de reperguntas e outras iniciativas que terão "locus" adequado em Juízo, na eventual ação penal a ser deflagrada. Mesmo porque "não podem subsistir condenações penais fundadas unicamente em prova produzida na fase do inquérito policial, sob pena de grave afronta às garantias constitucionais do contraditório e da plenitude de defesa", segundo entendimento da mais alta Corte do país[284].

Ora, se a prova obtida no inquérito, quando tomada isoladamente, não se presta para alicerçar uma condenação, não há porque se exigir, deste procedimento, a observância a princípios que são típicos do processo judicial, como a ampla defesa e o contraditório. Afinal, como decidiu o Superior Tribunal de Justiça, "continua o inquérito policial, portanto, a ser um procedimento administrativo, de caráter informativo apenas, preparatório da ação penal, razão pela qual não se lhe é aplicável o contraditório"[285]

Lembre-se, nessa linha de raciocínio, da lição de Fábio Ramazzini Bechara no sentido de que "a investigação é um procedimento inquisitivo e não contraditório. Inquisitividade não é sinônimo de abuso ou arbitrariedade, mas sim de garantia do bom andamento da investigação do ponto de vista de sua eficiência em relação aos fins perseguidos"[286].

[3] A Lei 13.260/16 manda aplicar aos crimes de terrorismo também as disposições atinentes ao julgamento das organizações criminosas. Nesse tanto, lamentamos uma falha. Um dos dispositivos mais importantes ligados ao julgamento das organizações criminosas não está previsto na Lei 12.850/13, mas na Lei 12.694/12, qual seja, para os crimes a envolver organizações criminosas, o juiz poderá decidir pela formação de um colegiado, constituído por ele próprio e mais dois colegas escolhidos por sorteio, a quem cumprirá enfrentar as matérias relacionadas no art. 1º, incs. I a VII da lei, dentre as quais a decretação da prisão ou de medidas assecuratórias e a prolação de sentença. A criação desse órgão colegiado parece possível nas organizações terroristas, espécie de organização criminosa. Mas como ficariam as demais hipóteses de terrorismo, sem a existência de uma organização? Apesar do silêncio, tratando-se de norma processual, parece possível a analogia (art. 3º. CPP) para suprir a lacuna involuntária, aplicando-se no julgamento dos crimes da Lei 13.260/16, presente ou não a organização terrorista, a possibilidade de formação do órgão colegiado.

284. HC 103660/SP – Rel. Ricardo Lewandowski, j. 30.11.2010, DJe 06.04.2011.

285. Rel. Laurita Vaz, j. em 10.10.206, DJ 13.11.2006, p. 276).

286. Ob. cit., p. 58.

ROGÉRIO SANCHES CUNHA E RONALDO BATISTA PINTO

Art. 17. Aplicam-se as disposições da Lei 8.072, de 25 de julho de 1990, aos crimes previstos nesta Lei [1-9].

[1] Imprescindível, num primeiro momento, definirmos o que se entende por *crime hediondo* e quais os critérios utilizados para se etiquetar um determinado comportamento a esta categoria de delitos.

Identificamos, para tanto, três formas de conceituação:

a) legal: compete ao legislador enumerar, num rol taxativo, quais os delitos considerados hediondos;

b) judicial: é o juiz quem, na apreciação do caso concreto, diante da gravidade do crime ou da forma como foi executado, decide se a infração praticada é ou não hedionda;

c) misto: num primeiro momento, o legislador apresenta um rol exemplificativo de delitos hediondos, permitindo ao juiz, na análise do caso concreto, encontrar outros fatos assemelhados (interpretação analógica).

O Brasil adotou o critério legal,[287] conclusão que se extrai da simples leitura do art. 5.º, XLIII, da CF:

"A lei considerará crimes inafiançáveis e insuscetíveis de graça ou anistia a prática de tortura, o tráfico ilícito de entorpecentes e drogas afins, o terrorismo e os definidos como crimes hediondos, por eles respondendo os mandantes, os executores e os que, podendo evitá-los, se omitirem".

Limitando benefícios aos seus agentes, o texto constitucional não indicou quais as infrações penais são consideradas hediondas, preferindo tão somente mencionar as figuras a elas equiparadas, a saber: a prática de tortura,

287. Para nós nenhum dos critérios é justo: o primeiro (legal) trabalha somente com gravidade do fato em abstrato, desconsiderando, lamentavelmente, o caso concreto; o segundo (judicial) deixa ao exclusivo império do juiz a análise da hediondez, ferindo, consequentemente, o mandamento da certeza e segurança jurídica (um comportamento tido como hediondo para um juiz pode, nas mesmas circunstâncias, não ser para outro); o terceiro (misto), a exemplo do anterior, não garante a necessária segurança ao cidadão, partindo de exemplos dado pelo legislador, podendo o magistrado encontrar outros casos semelhantes (ignora a taxatividade). Diante desse quadro, sugerimos um quarto sistema, mais justo (e seguro), no qual o legislador, num primeiro momento, enuncia num rol taxativo (portanto, sem possibilidade de ampliação) os crimes hediondos, cabendo ao juiz apenas confirmar, na análise do caso concreto, a hediondez do fato praticado (assim, por exemplo, nem todo o homicídio qualificado será, em concreto, hediondo).

o tráfico ilícito de entorpecentes e drogas afins e o terrorismo. Trata-se, pois, de norma de eficácia limitada, outorgando ao legislador infraconstitucional a tarefa de elencar os delitos a serem revestidos de maior repulsa.

Para tanto, criou-se a Lei 8.072/90 que, logo no seu art. 1.º, em rol taxativo, enumerou os fatos típicos considerados aterrorizantes, alarmantes (hediondos). A partir da vigência desse diploma legal, inúmeros outros foram criados para complementá-lo (ou a corrigi-lo).

[2] CRIMES EQUIPARADOS AOS HEDIONDOS

A Lei 8.072/90, no *caput* do art. 2.º, previu (seguindo mandamento constitucional) três figuras não propriamente hediondas, mas a elas equiparadas. Trata-se da tortura, disciplinada pela Lei 9.455/97, do tráfico ilícito de drogas, regulamentada pela Lei 11.343/06, e do terrorismo, finalmente disciplinada pela Lei em comento. Quais crimes desta Lei 13.260/16 devem ser equiparados a hediondo?

Em que pese posição exposta pela coautora desta obra, Débora, no sentido de que somente o art. 2º. deve ser etiquetado como tal, ousamos dela discordar[288].

Percebam que a Lei em comento, como um todo, regulamenta o art. 5º., XLIII, da CF/88 (art. 1º.). Diferentemente da Lei 12.850/13, que define a organização criminosa **e outras infrações acessórias,** a Lei 13.260/16 regulamenta o terrorismo em todos os tipos, sem admitir que as figuras típicas seguintes ao art. 2º. sejam rotuladas como meramente coadjuvantes. Trata-se de verdadeira lei de regência e como tal cria um sistema de prevenção e repressão ao terrorismo (antiterror).

Dentro desse espírito, a expressão *terrorismo* anunciada na Carta Maior está impregnada em todas as figuras criminosas da Lei 13.260/16. Não sem razão o art. 17, comentado mais adiante, manda aplicar os consectários da Lei 8.072/90 aos *crimes* previstos nesta Lei (não se limitando ao *crime* plurinuclear do art. 2º.).

Interpretação diversa redunda numa falta de razoabilidade quando, por exemplo, se compara os arts. 2º. e 6º. Obviamente que o financiamento ao terrorismo (art. 6º.) é crime ainda mais grave do que o ato terrorista (art. 2º.), tanto que punido mais rigorosamente. Como pode, então, a infração penal menos grave sofrer os rigores da Lei 8.072/90, e a mais grave não?

288. A discussão foi colocada com as duas posições nos comentários ao art. 1º. da Lei.

A extensão que estamos dando é legítima e possível sempre que a aplicação restrita da norma penal resulta num escândalo por sua notória irracionalidade. É dentro dos limites da resistência da flexibilidade semântica do texto que se mostram possíveis interpretações mais amplas da punibilidade.

A nossa conclusão baseia-se, como se nota, no princípio da proibição da proteção deficiente (imperativo de tutela): todos os crimes da Lei 13.260/16 são equiparados a hediondo. Da mesma forma que não se deseja uma hipertrofia da punição, deve-se buscar evitar a proteção deficiente do Estado na tutela dos bens jurídicos indispensáveis à convivência do homem em sociedade, especialmente no caso de crimes como os aqui tipificados, de massa, com vítimas indefinidas ou indeterminadas.

Transformando-se o Estado, antes absenteísta, em guardião dos direitos fundamentais do cidadão, passou este a ter como função precípua a proteção dos direitos fundamentais de todas as dimensões (individuais e metaindividuais), o que acarreta o surgimento de um novo modelo de proteção de direitos, que vem exatamente acompanhar a sua evolução histórico-social.

Por esta razão dizer-se que não mais se pode falar em uma função exclusivamente negativa do Estado, como outrora, o que STRECK chama de garantismo negativo, devendo ser exigido, do mesmo modo, a partir de uma interpretação sistemática do direito, à luz dos mandamentos constitucionais, a defesa dos cidadãos contra os poderes sociais de fato. Segundo BARATTA, esse novo modelo de Estado deverá dar a resposta para as necessidades de segurança de todos os direitos, inclusive de ordem prestacional (direitos sociais, econômicos e culturais), e não somente daqueles direitos chamados de prestação de proteção, em particular contra agressões de natureza delitiva praticada por determinadas pessoas[289].

Nessa linha, reconhecendo a dupla face de garantias, decidiu o STF "que os direitos fundamentais não podem ser considerados apenas como proibições de intervenção (Eingriffsverbote), expressando também um postulado de proteção (Schutzgebote). Pode-se dizer que os direitos fundamentais expressam não apenas uma proibição do excesso (Übermassverbote), como também podem ser traduzidos como proibições de proteção insuficiente ou imperativos de tutela (Untermassverbote)." (HC 104.410/RS).

Vejamos, abaixo, os consectários para esses crimes.

---

289. **GAVIÃO, VENTURELLA NAHAS, Juliana.** *A proibição da proteção deficiente.* Revista do Ministério Público do Rio Grande do Sul – n. 61. Porto Alegre. Maio de 2008 – outubro de 2008. p. 95.

[3] VEDAÇÃO A ANISTIA, GRAÇA E INDULTO

O inciso I do art. 2.º da Lei 8.072/90 determina que os crimes hediondos e equiparados são insuscetíveis de anistia, graça e indulto.

A Constituição Federal, contudo, é menos restritiva, já que, no inciso XLIII do art. 5.º, impede somente a concessão de anistia e graça, nada mencionando acerca da proibição do indulto.

Diante desse quadro, inevitável o questionamento: a ampliação pelo legislador ordinário é constitucional?

Pela impossibilidade de ampliação, leciona Alberto Silva Franco (op. cit., p. 1182/1183). Se as causas extintivas da punibilidade vedadas no texto constitucional eram duas, não poderia a lei infraconstitucional estatuir uma terceira limitação. Observa-se, ainda, que a concessão do indulto está entre as atribuições privativas do Presidente da República, não podendo o legislador ordinário limitá-lo no exercício dessa atribuição.

Em sentido contrário, o Supremo Tribunal Federal firmou entendimento no sentido de ser o indulto modalidade do poder de graça do Presidente da República, e, por isso, alcançado pela vedação constitucional. Não bastasse, a Constituição Federal trouxe vedações mínimas, permitindo ao legislador ordinário ampliá-las:

"*Habeas corpus* – Vedação ao benefício da comutação da pena – Constrangimento ilegal – Inocorrência – *Habeas corpus* indeferido. O disposto no art. 5.º, inciso XLIII, da Constituição Federal, bem como o art. 2.º, inciso I, da Lei 8.072/90, vedam a concessão de graça ou anistia aos condenados pela prática dos crimes definidos como hediondos. A questão do presente *writ* já foi largamente discutida por esta Corte, encontrando-se pacificado, em ambas as Turmas, o entendimento de que, sendo a comutação da pena espécie de indulto parcial, o Decreto Presidencial 3.226, de 29.10.1999, não se aplica ao condenado pela prática de crime hediondo. Precedentes. Ordem indeferida." (HC 86.615/RJ, 2.ª T., rel. Min. Joaquim Barbosa, *DJ* 24.11.2006).

[4] VEDAÇÃO DA FIANÇA

Em sua redação original, o inciso II do art. 2.º da Lei 8.072/90 vedava a concessão de fiança e liberdade provisória para crimes hediondos, a prática de tortura, o tráfico ilícito de entorpecentes e drogas afins e o terrorismo.

Com o advento da Lei 11.464, de 28 de março de 2007, dentre outras modificações, o inciso em comento só vedou a fiança (retirando o óbice à liberdade provisória). Essa mudança, para alguns, não repercutiu no rol de restrições, ocorrendo mera adequação de redação, pois, ao vedar fiança, automaticamente, está vedada a liberdade provisória. Não foi a tese que prevaleceu. Essa interpretação, a nosso ver, não é a mais adequada. A uma, porque os dois institutos tecnicamente não se confundem, sendo bastante comum indigitados autores beneficiados pela liberdade provisória sem fiança (se uma implicasse na outra esse quadro seria inviável). A duas, o inciso ao cuidar de medida privativa de direitos, merece interpretação restritiva, não havendo espaço para proibições implícitas.

Constantemente alertamos o equívoco de se vedar benefícios penais e/ou processuais a determinados crimes em abstrato, ignorando as circunstâncias que rodeiam o caso concreto, técnica que transforma o magistrado num autômato, fazendo preponderar um positivismo cego, em claro detrimento da Justiça.

[5] PROGRESSÃO DE REGIME

A Lei 11.464/2007 modificou a redação do § 1.º do art. 2.º da Lei 8.072/90, abolindo o regime integralmente fechado.

A alteração ocorreu para amoldar o texto legal ao entendimento pacífico do Supremo Tribunal Federal no sentido de que o regime fechado, do início ao fim, violava uma série de garantias constitucionais, destacando-se a individualização da pena, a dignidade da pessoa humana, a razoabilidade, a proporcionalidade, a isonomia dentre outras.

Ao determinar regime inicial fechado[290], o legislador autorizou a progressão de regimes, estipulando no § 2.º o pressuposto temporal para a concessão do benefício, qual seja, 2/5 da pena, se o agente for primário, e de 3/5, se reincidente. Previu-se, portanto, requisito diferenciado, mais rigoroso do que aquele estipulado aos delitos em geral, contentando-se a lei, nesses casos, com o cumprimento de 1/6 da pena (art. 112 da LEP).

Deve ser observado, contudo, que os crimes hediondos (ou equiparados) praticados antes da Lei 11.464/2007 continuam observando a regra geral (1/6), evitando, com isso, a retroatividade maléfica. Não podemos ignorar que o Supremo Tribunal Federal já havia declarado inconstitucional

290. Também a obrigatoriedade do regime inicial fechado prevista na Lei dos Crimes Hediondos foi superada pela Suprema Corte, de modo que a mera natureza do crime não configura fundamentação idônea a justificar a fixação do regime mais gravoso para os condenados pela prática de crimes hediondos e equiparados, haja vista que, para estabelecer o regime prisional, deve o magistrado avaliar o caso concreto de acordo com os parâmetros estabelecidos pelo artigo 33 e parágrafos do Código Penal (HC 111.840).

o § 1.º do art. 2.º, permitindo, antes do advento da novel Lei, progressão de regime com o cumprimento de 1/6 da pena. Neste sentido temos a Súmula Vinculante 26. O STJ seguiu o mesmo espírito, estampado na Súmula 471.

Por fim, alertamos que na análise do pressuposto temporal não se considera o máximo de trinta anos de que trata o art. 75 do CP, mas sim, o tempo total da reprimenda aplicada, tal como determina a Súmula 715 do Supremo Tribunal Federal:

"A pena unificada para atender ao limite de 30 (trinta) anos de cumprimento, determinado pelo art. 75 do Código Penal, não é considerada para a concessão de outros benefícios, como o livramento condicional ou o regime mais favorável de execução".

[6] RECURSO DO RÉU EM LIBERDADE

Preliminarmente alertamos o leitor para alguns equívocos estampados no dispositivo que ora se comentará.

Vejamos.

Em se tratando de crime hediondo (ou equiparado), extrai-se do parágrafo que, *em regra*, o condenado deverá apelar preso, salvo se o juiz, aquilatando o caso concreto, entender que o réu poderá recorrer em liberdade. A conclusão acima, fruto de mera interpretação literal do texto legal, hoje vem sendo corrigida pela jurisprudência, para quem a prisão processual, medida de exceção (sempre), deve ser decretada somente quando presentes – e *motivadamente reconhecidos* – os fundamentos da prisão preventiva.

Dentro desse espírito, temos:

#Réu processado **preso** → em **regra** recorre **preso**, se mantidos os fundamentos da preventiva;

#Réu processado **preso** → **excepcionalmente** recorre **solto**, caso desapareçam os motivos que ensejaram a prisão provisória (ex: necessidade de resguardar escorreita instrução);

#Réu processado **solto** → em **regra** recorre **solto;**

#Réu processado **solto** → **excepcionalmente** recorre **preso**, caso reconhecido algum dos fundamentos da preventiva (art. 312, CPP);

Percebam que apelar é um direito das partes processuais inconformadas com uma decisão judicial, esta da lavra de ser humano, passível de erro. A primeira condenação não pode, por si só, ser motivo suficiente para privar alguém da sua liberdade, principalmente num Estado Democrático de Direito, que garante a todos o direito de não ser considerado culpado até final decisão condenatória transitada em julgado (princípio da não culpabilidade).

O legislador ordinário, criando na presente hipótese a regra (implícita) de que todos os condenados provisórios por crime hediondo (ou equiparado) devem responder ao processo preso, desconsiderou princípios basilares previstos na Constituição Federal. Como bem adverte Pacelli, a imposição de prisão provisória por sentença penal condenatória recorrível só é possível quando determinada pelo Poder Judiciário e jamais pelo Poder Legislativo. É o caso concreto que vai apontar a necessidade ou não dessa prisão. Ao legislador, não compete ultrapassar o plano da abstração.[291]

Não bastasse, parece que o legislador só impõe ao juiz o dever (que é constitucional) de fundamentar as decisões quando decide pelo direito do condenado apelar em liberdade (a contrario sensu, se a decisão for denegatória do direito, dispensa-se a exposição dos motivos!). Entendemos dever do Magistrado fundamentar sua decisão, sempre, explicando às partes se presentes (ou não) os fundamentos da medida extrema. O seu silêncio, sem sombra de dúvidas, deve ser interpretado em favor do condenado, isto é, se preso, será solto; se solto, assim permanecerá.

[7] EXECUÇÃO PROVISÓRIA

No julgamento do HC 126.292/SP, o STF, modificando orientação antes firmada, considerou possível o início da execução da pena após o recurso em segunda instância. Antes, no HC 84.078/MG, o tribunal havia considerado impossível que se executasse a pena antes do trânsito em julgado da sentença condenatória e estabeleceu a possibilidade de encarceramento apenas se verificada a necessidade de que isso ocorresse por meio de cautelar (prisão preventiva). À época, asseverou o tribunal, para além do princípio da presunção de inocência, que "A ampla defesa, não se a pode visualizar de modo restrito. Engloba todas as fases processuais, inclusive as recursais de natureza extraordinária. Por isso a execução da sentença após o julgamento do recurso de apelação significa, também, restrição do direito de defesa, caracterizando desequilíbrio entre a pretensão estatal de aplicar a pena e o direito, do acusado, de elidir essa pretensão".

No novo julgamento, considerou-se que a prisão após a apreciação de recurso pela segunda instância não desobedece a postulados consti-

291. Eugênio Pacelli de Oliveira, *Curso de Processo* Penal. 3. ed. Belo Horizonte: Del Rey, 2004, p. 535.

tucionais – nem mesmo ao da presunção de inocência – porque, a essa altura, o agente teve plena oportunidade de se defender por meio do devido processo legal desde a primeira instância. Uma vez julgada a apelação e estabelecida a condenação (situação que gera inclusive a suspensão dos direitos políticos em virtude das disposições da LC n. 135/2010), exaure-se a possibilidade de discutir o fato e a prova, razão pela qual a presunção se inverte. Não é possível, após o pronunciamento do órgão colegiado, que o princípio da presunção de inocência seja utilizado como instrumento para obstar indefinidamente a execução penal. Considerou-se, ainda, a respeito da possibilidade de que haja equívoco inclusive no julgamento de segunda instância, que há as medidas cautelares e o *habeas corpus*, expedientes aptos a fazer cessar eventual constrangimento ilegal.

[8] PRESÍDIOS FEDERAIS

De acordo com o art. 3.º da Lei 8.072/90, a União deve manter estabelecimentos penais de segurança máxima, destinados ao cumprimento de penas por condenados cuja periculosidade ponha em risco a ordem ou a incolumidade pública em caso de permanência nos presídios estaduais. Terrorista parece espelhar esse habitante prisional típico para os estabelecimentos federais.

Embora se trate de norma cogente, integrante do ordenamento jurídico pátrio desde 1990, não vimos, por parte da União, o necessário esforço para a instalação e manutenção desses estabelecimentos, cuja importância é indiscutível, especialmente nos dias atuais, em que estamos diante de organizações criminosas muito bem estruturadas, que são comandadas por agentes de altíssima periculosidade, inclusive por aqueles que se encontram recolhidos em estabelecimentos prisionais comuns.

A falta desses presídios, além de acarretar o risco à ordem e à incolumidade pública, ocasiona a transferência diuturna de presos, não somente entre estabelecimentos do próprio Estado, como também envolvendo diversas Unidades da Federação, como já pudemos testemunhar, o que traz, sem nenhuma dúvida, despesas e riscos muito elevados, que poderiam ser evitados se a lei fosse devidamente cumprida.

A Súmula 192 do STJ anuncia competir ao Juízo das Execuções Penais do Estado a execução das penas impostas a sentenciados pela Justiça Federal, Militar ou Eleitoral, quando recolhidos a estabelecimentos sujeitos a administração estadual.

[9] LIVRAMENTO CONDICIONAL

O art. 5.º da Lei 8.072/90 acrescentou ao art. 83 do CP o inciso V, prevendo, para o caso de crime hediondo (ou equiparado), requisito temporal diferenciado para a concessão do livramento condicional.

Além do cumprimento de 2/3 da pena a lei exige, ainda, que o apenado não seja reincidente específico *em crimes dessa natureza*. Todavia, não definiu o que significa *reincidência específica*, surgindo daí três posicionamentos: a) é a prática de novo crime, qualquer daqueles tratados na Lei 8.072/90; b) é a prática de um novo crime, com a mesma objetividade jurídica do anterior (extorsão + latrocínio); c) é a prática do mesmo crime anteriormente cometido.

Mirabete, partidário da primeira corrente, com razão observa:

> "Não há que se cogitar aqui da reincidência específica prevista originalmente no Código Penal de 1940, em que a lei se referia a "crimes da mesma natureza" (os previstos no mesmo dispositivo ou que, embora em dispositivos diversos, apresentassem caracteres fundamentais comuns). Revogados há muito os dispositivos (antigo art. 47, § 1.º, II e § 2.º), deve-se deduzir novo conceito para a expressão do próprio texto da lei. O que se fez, foi criar uma categoria especial de reincidência, a qual a lei chama de "específica", em que o crime antecedente e o posterior são "da mesma natureza", ou seja, estão ambos entre os citados no inciso V do art. 83 do CP, criado com o art. 5.º da Lei 8.072/90." (*Manual de Direito Penal – Parte Geral – Vol. I*, p. 309, 2006).

Alberto Silva Franco, interpretando a expressão de forma restritiva, discorda e logo explica ser reincidente específico "quem praticou, obedecidos os termos do art. 63 do CP, dois estupros ou dois atentados violentos ao pudor, ou quem realizou um latrocínio e, depois, uma extorsão qualificada pelo resultado morte. Fora de hipótese que preserve a identidade conceitual da reincidência específica, não há como reconhecer tal qualificação subjetiva." (op. cit., p. 1.187).

ROGÉRIO SANCHES CUNHA E RONALDO BATISTA PINTO

Art. 18. O inciso III do art. 1º da Lei 7.960, de 21 de dezembro de 1989, passa a vigorar acrescido da seguinte alínea *p*:

"Art. lº [...]

[...]

III – [...]

[...]

p) crimes previstos na Lei de Terrorismo." [1-2]

[1] A prisão temporária, como é sabido, está disciplinada na Lei 7.960/89. De acordo com orientação da maioria, só pode ser decretada quando imprescindível para as investigações do inquérito policial (art. 1.º, I) ou quando o investigado não tiver residência fixa ou não fornecer elementos ao esclarecimento de sua identidade (art. 1.º, II), pressupondo, em qualquer caso, fundadas razões de autoria ou participação do investigado nos seguintes crimes (art. 1.º, III):

a) homicídio doloso;

b) sequestro ou cárcere privado;

c) roubo;

d) extorsão;

e) extorsão mediante sequestro;

f) estupro;

g) atentado violento ao pudor (revogado pela Lei 12015/09, migrando seu conteúdo criminoso para o art. 213, como modalidade de estupro);

h) rapto violento (apesar de o art. 219 do CP haver sido revogado pela Lei 11.106/05, não houve *abolitio criminis*, estando tipificada, agora, no art. 148, § 1.º, V, do mesmo Código);

i) epidemia com resultado de morte;

j) envenenamento de água potável ou substância alimentícia ou medicinal qualificado pela morte;

l) quadrilha ou bando (hoje associação criminosa, *nomen iuris* alterado pela Lei 12.850/13);

m) genocídio, em qualquer de suas formas típicas;

n) tráfico de drogas;

o) crimes contra o sistema financeiro.

A Lei 13.260/16 incluiu o terrorismo ("p").

[2] Estamos diante de medida cautelar (e excepcional) de privação de liberdade de locomoção, por tempo determinado, destinada a possibilitar a investigação de crime grave, cabível apenas durante a fase inquisitiva da persecução penal.

O prazo desta prisão, de acordo com o art. 2.º da Lei 7.960/89, será de cinco dias, prorrogável por igual período.

O § 4.º da Lei 8.072/90 amplia o período de restrição no caso de crime hediondo (ou equiparado), permitindo prisão temporária pelo prazo de 30 (trinta) dias, prorrogável por igual período, pressupondo, sempre, extrema e comprovada necessidade.

ROGÉRIO SANCHES CUNHA E RONALDO BATISTA PINTO

Art. 19. O art. 1º da Lei 12.850, de 2 de agosto de 2013, passa a vigorar com a seguinte alteração:
"Art. 1º [...]
[...]
§ 2º [...]
[...]
II – às organizações terroristas, entendidas como aquelas voltadas para a prática dos atos de terrorismo legalmente definidos." [1-2]

[1] Antes da Lei 13.260/16, o art. 1º., § 2º., inciso II, da Lei 12.850/13 mandava aplicar seus dispositivos às organizações terroristas internacionais, reconhecidas segundo as normas de direito internacional, por foro do qual o Brasil faça parte, cujos atos de suporte ao terrorismo, bem como os atos preparatórios ou de execução de atos terroristas, ocorram ou possam ocorrer em território nacional.

Com isso, o Brasil finalmente colocava-se como mais um soldado no combate ao terrorismo internacional, em que pese, no Direito interno, faltar, à época, a tipificação deste delito.

[2] Com a novel Lei, não faz mais sentido remeter o conceito das organizações terroristas apenas às normas de direito internacional, muito menos limitar tais organizações somente quando de caráter transnacional. Havendo lei especial no Direito interno, andou bem o legislador, alterando a redação do citado inciso, referindo-se, agora, às organizações terroristas, entendidas como aquelas voltadas para a prática dos atos de terrorismo legalmente definidos.

DÉBORA DE SOUZA DE ALMEIDA

Art. 20. Esta Lei entra em vigor na data de sua publicação.

O art. 20 estabelece que a Lei Antiterrorismo (Lei 13.260/16) entra em vigor na data de sua publicação, a qual ocorreu no dia 17 de março de 2016. Como se trata de uma *novatio legis* incriminadora, não alcança fatos pretéritos à sua vigência, em observância ao princípio da irretroatividade da lei, disposto no art. 5º, inc. XL da Constituição Federal ("a lei penal não retroagirá, salvo para beneficiar o réu"), e art. 1º do Código Penal ("não há crime sem lei anterior que o defina. Não há pena sem prévia cominação legal").

A Lei Antiterrorismo, enquanto lei de cunho penal e processual penal, será aplicada, sem prejuízo de convenções, tratados e regras de direito internacional[292], aos crimes por ela elencados e que forem praticados no território nacional, incluindo-se aí o território considerado por extensão, nos termos do art. 5º, §1º do Código Penal:

> Para os efeitos penais, consideram-se como extensão do território nacional as embarcações e aeronaves brasileiras, de natureza pública ou a serviço do governo brasileiro onde quer que se encontrem, bem como as aeronaves e as embarcações brasileiras, mercantes ou de propriedade privada, que se achem, respectivamente, no espaço aéreo correspondente ou em alto-mar.

Neste cenário de territorialidade temperada ou mitigada, a Lei 13.260/16 será igualmente aplicada aos crimes que estampa quando cometidos, nos termos do §2º do art. 5º do Código Penal, "[...] a bordo de aeronaves ou embarcações estrangeiras de propriedade privada, achando-se aquelas em pouso no território nacional ou em voo no espaço aéreo correspondente, e estas em porto ou mar territorial do Brasil".

No que tange à extraterritorialidade da lei em questão, o crime, a depender do caso concreto, será de extraterritorialidade incondicionada (art. 7º, inc. I do Código Penal), condicionada (art. 7º, inc. II do Código Penal) ou hipercondicionada (art. 7º, §3º do Código Penal), nos termos do art. 7ª do Código Penal, *in verbis*:

---

292. É a disposição do art. 5º, *caput*, do Código Penal.

> Ficam sujeitos à lei brasileira, embora cometidos no estrangeiro: I – os crimes: a) contra a vida ou a liberdade do Presidente da República; b) contra o patrimônio ou a fé pública da União, do Distrito Federal, de Estado, de Território, de Município, de empresa pública, sociedade de economia mista, autarquia ou fundação instituída pelo Poder Público; c) contra a administração pública, por quem está a seu serviço; d) de genocídio, quando o agente for brasileiro ou domiciliado no Brasil; II – os crimes: a) que, por tratado ou convenção, o Brasil se obrigou a reprimir; b) praticados por brasileiro; c) praticados em aeronaves ou embarcações brasileiras, mercantes ou de propriedade privada, quando em território estrangeiro e aí não sejam julgados. §1º – Nos casos do inciso I, o agente é punido segundo a lei brasileira, ainda que absolvido ou condenado no estrangeiro. §2º – Nos casos do inciso II, a aplicação da lei brasileira depende do concurso das seguintes condições: a) entrar o agente no território nacional; b) ser o fato punível também no país em que foi praticado; c) estar o crime incluído entre aqueles pelos quais a lei brasileira autoriza a extradição; d) não ter sido o agente absolvido no estrangeiro ou não ter aí cumprido a pena; e) não ter sido o agente perdoado no estrangeiro ou, por outro motivo, não estar extinta a punibilidade, segundo a lei mais favorável. §3º – A lei brasileira aplica-se também ao crime cometido por estrangeiro contra brasileiro fora do Brasil, se, reunidas as condições previstas no parágrafo anterior: a) não foi pedida ou foi negada a extradição; b) houve requisição do Ministro da Justiça.

Convém relembrar, conforme CHOUKR, que o Brasil ratificou grande parte dos documentos internacionais contra o terrorismo, o que significa que "[...] quem quer que tenha cometido um ato terrorista no estrangeiro e se encontrar em território brasileiro poderá ser processado e julgado no Brasil[293]".

293. CHOUKR, Fauzi Hassan. Financiamento ao terrorismo no Brasil. In: *JusBrasil*. Disponível em: <http://fhchoukr.jusbrasil.com.br/artigos/147375619/financiamento-do-terrorismo-no-brasil>. Acesso em: 20 mar. 2016.

REFERÊNCIAS

ABARCA BLANCO, Amalio. La condición de enemigo, el ocaso de la inocencia. In: POZUELO PÉREZ, Laura; CANCIO MELIÁ, Manuel (ed.). *Política criminal de vanguardia*: inmigración clandestina, terrorismo, criminalidad organizada. Madrid: Thomson Civitas, 2008. pp. 257-305.

ABIN CONFIRMA AUTENTICIDADE DE AMEAÇA TERRORISTA CONTRA O BRASIL. In: *Agência Brasil EBC*, Brasília, 14 abr. 2016. Disponível em: <http://agenciabrasil.ebc.com.br/geral/noticia/2016-04/abin-confirma-autenticidade-de-ameaca-terrorista-contra-o-brasil>. Acesso em: 24 maio 2016.

ABONG. Abong defende veto integral de Projeto de Lei que define crime de terrorismo no Brasil. *Notas Públicas*, 1 mar. 2016, Osasco. Disponível em: <http://www.abong.org.br/notas_publicas.php?id=9511>. Acesso em: 20 mar. 2016.

AFONSO DA SILVA, Luis Virgílio. O proporcional e o razoável. *Revista dos Tribunais*, São Paulo, ano 91, v. 798, abr. 2002.

AGAMBEN, Giorgio. *Estado de excepción*. Buenos Aires: Hidalgo Editora, 2005.

ALEXY, Robert. *Teoría de los derechos fundamentales.* Madrid: Centro de Estudios Constitucionales, 1997.

ALLHOFF, Fritz. *Terrorism, ticking time bombs, and torture:* a philosophical analysis. Chicago: The University of Chicago Press, 2012.

ALMEIDA, Débora de Souza de. A teoria do garantismo penal em questão: o olhar anti-inquisitorial da axiologia de Luigi Ferrajoli. *Revista do Instituto de Direito Brasileiro da Faculdade de Direito da Universidade de Lisboa*, v. 07, ano 2, 2013. pp. 6147-6168.

______; GOMES, Luiz Flávio. *Populismo penal midiático*: caso mensalão, mídia disruptiva e direito penal crítico. São Paulo: Saraiva, 2013.

______; GOMES, Luiz Flávio. *Terrorismo: considerações críticas ao projeto de lei aprovado pelo Senado Federal.* Disponível em: <http://luizflaviogomes.com/terrorismo-consideracoes-criticas-ao-projeto-de-lei-aprovado-pelo-senado-federal/>, 10 nov. 2015. Acesso em: 10 nov. 2015.

ALONSO, Rogerio. *Irlanda del Norte*: una historia de guerra y la búsqueda de la paz. Madrid: Editorial Complutense, 2001.

AMBOS, Kai. *Terrorismo, tortura y derecho penal*: respuestas en situaciones de emergencia. Barcelona: Atelier, 2009.

ANISTIA INTERNACIONAL. Nota pública: Anistia Internacional lamenta aprovação de projeto de lei 2016/15 que tipifica crime de terrorismo no Brasil, 25 fev. 2016. Disponível em: <https://anistia.org.br/noticias/nota-publica-anistia-internacional-lamenta-aprovacao-de-projeto-de-lei-201615-que-tipifica-crime-de-terrorismo-brasil/>. Acesso em: 20 mar. 2016.

ANIYAR DE CASTRO, Lola. *Criminologia da reação social*. Rio de Janeiro: Forense, 1983.

APARICIO, Sonia. El mayor atentado de la Historia de España. *El Mundo*, Madrid, sem data. Disponível em: <http://www.elmundo.es/documentos/2004/03/espana/atentados11m/hechos.html>. Acesso em: 29 jun. 2015.

ARAS, Vladimir. O projeto de lei de criminalização do terrorismo, *Blog do Vlad*, 16 ago. 2015. Disponível em: <https://blogdovladimir.wordpress.com/2015/08/16/o-projeto-de-lei-de-criminalizacao-do-terrorismo/>. Acesso em: 20 mar. 2016.

______; CAVALCANTI, José Robalinho. A tipificação do terrorismo. In: Associação Nacional dos Procuradores da República – ANPR, 25 nov. 2015. Disponível em: <http://anpr.org.br/artigo/86/>. Acesso em: 20 mar. 2016.

ARENDT, Hannah. *Los orígenes del totalitarismo*. Madrid: Grupo Santillana de Ediciones, 1998.

ARTIGO 19 BRASIL. Nota oficial sobre a sanção do PL Antiterrorismo, São Paulo, 18 mar. 2016. Disponível em: <http://artigo19.org/blog/2016/03/18/nota-oficial-sobre-a-sanca-do-pl-antiterrorismo/>. Acesso em: 20 mar. 2016.

ASAMBLEA GENERAL. Plan de Acción para Prevenir el Extremismo Violento. 2015. In: *Naciones Unidas*. Disponível em: <http://www.un.org/es/comun/docs/?symbol=A/70/674>. Acesso em: 21 mar. 2016.

ASAMBLEA GENERAL. Examen de la Estrategia Global de las Naciones Unidas contra el Terrorismo. *Naciones Unidas*, 1 jul. 2016. Disponível em: <http://www.un.org/es/comun/docs/?symbol=A/70/L.55>. Acesso em: 30 ago. 2016.

ASAMBLEA GENERAL. Plan de Acción para Prevenir el Extremismo Violento, *Naciones Unidas*, 24 dez. 2015. Disponível em: <http://www.un.oorg/es/comun/docs/?

symbol=A/70/674>. Acesso em: 22 mar. 2016.

ASSOCIATION FOR THE PREVENTION OF TORTURE. *Defusing the ticking bomb scenario:* why we must say no to torture, always. Geneva: Association for the Prevention of Torture (APT), 2007.

ATHIAS, Renato. *A noção de identidade étnica na antropologia brasileira*: de Roquette Pinto a Roberto Cardoso de Oliveira. Recife: Editora Universitária UFPE, 2007.

ÁTILA, Roque. A fabricação do medo: leis antiterror e a ameaça à democracia. *Anistia Internacional*, 2 mar. 2016. Disponível em: <https://anistia.org.br/fabricacao-medo-leis-antiterror-e-ameaca-democracia/>. Acesso em: 20 mar. 2016.

ÁVILA, Humberto Bergmann. *Teoria dos princípios*. 4. ed. São Paulo: Malheiros Editores, 2005.

ÁVILES GÓMEZ, Manuel. Introducción: ¿existe un terrorismo religioso? In: ÁVILES GÓMEZ, Manuel (coord.). *El terrorismo integrista*. ¿Guerras de religión? Alicante: Editorial Club Universitario, 2004.

AZAR, Celso Martins; FONSECA, Maria Guadalupe Piragibe da (org). *Constituição, Estado e Direito*: reflexões contemporâneas. Rio de Janeiro: Qualitymark, 2009.

BADIA, Francesc. Small-world networks, violence and global distress. In: JONES, David Martin; LANE, Ann; SCHULTE, Paul (ed). *Terrorism, security and the power of informal networks*. Massachusets: Edward Elgar Publishing, 2010. pp. 217-240.

BAKKER, Edwin; GRAAF, Beatrice de. Preventing Lone Wolf Terrorism: some CT Approaches Addressed. In: *Perspectives on Terrorism*, Massachusetts, v. 5, n. 5-6, 2011. Disponível em:<http://www.terrorismanalysts.com/pt/index.php/pot/article/view/preventing-lone-wolf/html>. Acesso em: 27 fev. 2016.

______; ______. Lone Wolves How to Prevent This Phenomenon? In: *International Centre for Counter-Terrorism – The Hague*, Netherlands, nov. 2010. Disponível em: <http://www.icct.nl/download/file/ICCT-Bakker-deGraaf-EM-Paper-Lone-Wolves.pdf>. Acesso em: 27 fev. 2016.

BARAK-EREZ, Daphne. Israel's antiterrorism law: past, present and future. In: RAMRAJ, Victor V.; HOR, Michel; ROACH, Kent *et al*. *Global anti-terrorism law and policy*. 2 ed. New York: Cambridge University Press, 2012. pp. 597-620.

BARATTA, Alessandro. *Criminologia crítica e crítica do direito penal*: introdução à sociologia do direito penal. 3. ed. Rio de Janeiro: Revan, 2002.

____. *Criminología y sistema penal*. Buenos Aires: Editorial B de F, 2004.

BARBOZA, Julio. *Derecho Internacional Público*. Argentina: Víctor P. de Zavalía, 2008.

BARI ATWAN, Abdel. *Islamic State*: the digital caliphate. USA: Saqi Books, 2015.

BARROS DE CARVALHO, Paulo de. O preâmbulo e a prescritividade constitutiva dos textos jurídicos. *Revista Direito GV*, v. 6, n.. 1, São Paulo, jan./jun.2010. Disponível em: <http://www.scielo.br/scielo.php?script=sci_arttext&pid=S1808-24322010000100014>. Acesso em: 20 mar. 2016.

BAUMAN, Zygmunt. *Confiança e medo na cidade*. Rio de Janeiro: Jorge Zahar, 2009.

_____. *Medo líquido*. Rio de Janeiro: Jorge Zahar, 2008.

BECHARA, Fábio Ramazzini. Crime organizado e o sigilo das investigações. *Revista Síntese*, n.. 32, jun./jul. 2005, p. 55.

BEDDARD, Ralph. *Human rights and Europe*. 3. ed. Cambridge: Cambridge University Press, 1993.

BENAVENT, Javier Mira. Noción de terrorismo y clases. Evolución legislativa y político-criminal. In: DORADO, Carmen Juanatey; ESTRADA, Cristina Fernández-Pacheco (dirs.). *El nuevo panorama del terrorismo en España:* perspectiva penal, penitenciaria y social. San Vicente del Raspeig: Universidad de Alicante, 2013. pp. 49-100.

BENFICA, Francisco Silveira; VAZ, Márcia. *Medicina legal*. Porto Alegre: Livraria do Advogado, 2008.

BERCITO, Diogo. Revista é parte da propaganda da facção terrorista Estado Islâmico, *Folha de São Paulo*, 21 out. 2014. Disponível em: <http://www1.folha.uol.com.br/mundo/2014/10/1535600-revista-e-parte-da-propaganda-da-faccao-terrorista-estado-islamico.shtml>. Acesso em: 22 nov. 2015.

BERNAL DEL CASTILLO, Jesús. *La discriminación en el derecho penal*. Granada: Comares, 1998.

BIDERMAN, Maria Tereza Camargo. *Dicionário de termos financeiros e bancários*. São Paulo: Disal Editora, 2013.

BIFFL, Elizabeth. Psychological autopsies: do they belong in the courtroom? *American Journal of Criminal Law*, fall 1996.

BITENCOURT, Cezar Roberto. *Tratado de direito penal*. v. 1: parte geral. 12. ed. São Paulo: Saraiva, 2008.

BOBBIO, Norberto. *El tiempo de los derechos*. Madrid: Editorial Sistema, 1991.

______. *O futuro da democracia*: uma defesa das regras do jogo. Rio de Janeiro: Paz e Terra, 1986.

BOSCHI, José Antônio Paganella. *Das penas e seus critérios de aplicação*. 3. ed. rev. atual. Porto Alegre: Livraria do Advogado, 2004.

BOTTINI, Pierpaolo Cruz; FELDENS, Luciano. *A forma inteligente de controlar o crime organizado*. Disponível em: www.conjur.com.br, 05 nov. 2013. Acesso em: 05 jan. 2017.

BOWDEN, Mark. *Road work:* among tyrants, heroes, rogues, and beasts. New York: Atlantic Monthly Press, 2004.

BRANDARÍZ GARCÍA, José Angel. Itinerarios de evolución del sistema penal como mecanismo de control social en las sociedades contemporáneas. In: FARALDO CABANA, Patricia (dir.). *Nuevos rectos del derecho penal en la era de la globalización*. Valencia: Tirant lo Blanch, 2004.

BRASIL. Ato Institucional n.. 2, de 27 de outubro de 1965. Mantém a Constituição Federal de 1946, as Constituições Estaduais e respectivas Emendas, com as alterações introduzidas pelo Poder Constituinte originário da Revolução de 31.03.1964, e dá outras providências. In: PLANALTO. *Legislação Republicana Brasileira*. Brasília, 1965. Disponível em: <http://www.planalto.gov.br/ccivil_03/AIT/ait-02-65.htm>. Acesso em: 10 mar. 2016.

BRASIL. Comissão de Constituição e Justiça e de Cidadania. Projeto de Lei. 2016, de 2015. In: CÂMARA DOS DEPUTADOS. *Proposições legislativas*. Disponível em: <http://www.camara.gov.br/proposicoesWeb/prop_mostrarintegra;jsessionid=1430C8BF21E9EA2F03B851A636D9FBE8.proposicoesWeb1?codteor=1367523&filename=PPP+1+CCJC+%3D%3E+PL+2016/2015>. Acesso em: 20 mar. 2016.

BRASIL. Comissão de Constituição e Justiça e de Cidadania. Substituto do Senado Federal ao Projeto de Lei. 2016, de 2015. In: CÂMARA DOS DEPUTADOS. *Proposições legislativas*. Disponível em: <http://www.camara.gov.br/proposicoesWeb/prop_mostrarintegra;jsessionid=1430C8BF21E9EA2F03B851A636D9FBE8.proposicoesWeb1?codteor=1436040&filename=PPP+2+CCJC+%3D%3E+PL+2016/2015>. Acesso em: 20 mar. 2016.

BRASIL. Complementação de voto. De Plenário, em substituição às Comissões de Relações Exteriores e Defesa Nacional e de Constituição, Justiça e Cidadania, sobre o Projeto de Lei da Câmara (PLC) n. 101, de 2015, do(a) Presidente da República, que regulamenta o disposto no inciso XLIII do art. 5º da Constituição Federal, disciplinando o terrorismo, tratando de disposições investigatórias e processuais e reformulando o conceito de organização terrorista; e altera as Leis n.s 7.960, de 21 de dezembro de 1989, e 12.850, de 2 de agosto de 2013. In: SENADO FEDERAL. *Atividade legislativa*. Disponível em: <http://www.senado.leg.br/atividade/rotinas/materia/getPDF.asp?t=181912&tp=1>. Acesso em: 20 mar. 2016.

BRASIL. Constituição dos Estados Unidos do Brasil (de 10 de novembro de 1937). In: PLANALTO. *Leis Constitucionais*. Brasília, 1937. Disponível em: <http://www.planalto.gov.br/ccivil_03/Constituicao/Constituicao37.htm>. Acesso em: 10 mar. 2016.

BRASIL. Decreto 847, de 11 de outubro de 1890. Promulga o Código Penal. In: PLANALTO. *Legislação Republicana Brasileira*. Brasília, 1890. Disponível em: <https://www.planalto.gov.br/ccivil_03/decreto/1851-1899/d847.htm >. Acesso em: 15 mar. 2016.

BRASIL. Decreto. 38, de 4 de abril de 1935. Define crimes contra a ordem política e social. In: SENADO FEDERAL. *Secretaria de Informação Legislativa*. Brasília, 1935. Disponível em: <http://www.planalto.gov.br/ccivil_03/leis/1930-1949/L0038.htm>. Acesso em: 9 mar. 2016.

BRASIL. Decreto 40, de 15 de fevereiro de 1991. Promulga a Convenção Contra a Tortura e Outros Tratamentos ou Penas Cruéis, Desumanos ou Degradantes. In: PLANALTO. *Legislação Republicana Brasileira*. Brasília, 1991. Disponível em: <http://www.planalto.gov.br/ccivil_03/decreto/1990-1994/D0040.htm>. Acesso em: 26 mar. 2015.

BRASIL. Decreto 95, de 16 de abril de 1991. Promulga a Convenção sobre a Proteção Física do Material Nuclear. In: CAMARA DOS DEPUTADOS. *Legislação Informatizada*. Brasília, 1991. Disponível em: <http://www2.camara.leg.br/legin/fed/decret/1991/decreto-95-16-abril-1991-342845-publicacaooriginal-1-pe.html>. Acesso em: 10 jul. 2016.

BRASIL. Decreto. 592, de 6 de julho de 1992. Atos Internacionais. Pacto Internacional sobre Direitos Civis e Políticos. Promulgação. In: PLANALTO. *Legislação Republicana Brasileira*. Brasília, 1992. Disponível em: <http://www.planalto.gov.br/ccivil_03/decreto/1990-1994/D0592.htm>. Acesso em: 26 mar. 2015.

BRASIL. Decreto. 2.864, de 7 de dezembro de 1998. Promulga o Tratado sobre a Não-Proliferação de Armas Nucleares, assinado em Londres, Moscou e Washington, em 1º de julho de 1968. In: PLANALTO. *Legislação Republicana Brasileira*. Brasília, 1998. Disponível em: <http://www.planalto.gov.br/ccivil_03/decreto/d2864.htm>. Acesso em: 27 fev. 2016.

BRASIL. Decreto 2.977, de 1º de março de 1999. Promulga a Convenção Internacional sobre a Proibição do Desenvolvimento, Produção, Estocagem e Uso de Armas Químicas e sobre a Destruição das Armas Químicas Existentes no Mundo, assinada em Paris, em 13 de janeiro de 1993. In: PLANALTO. *Legislação Republicana Brasileira*. Brasília, 1999. Disponível em: <http://www.planalto.gov.br/ccivil_03/decreto/D2977.htm>. Acesso em: 27 fev. 2016.

BRASIL. Decreto. 3.229, de outubro de 1999. Promulga a Convenção Interamericana contra a Fabricação e o Tráfico Ilícitos de Armas de Fogo, Munições, Explosivos e outros Materiais Correlatos, concluída em Washington, em 14 de novembro de 1997. In: PLANALTO. *Legislação Brasileira Republicana*. Brasília, 1999. Disponível em: <http://www.planalto.gov.br/ccivil_03/decreto/D3229.htm>. Acesso em: 27 fev. 2016.

BRASIL. Decreto. 4.021, de 19 de novembro de 2001. Promulga a Convenção sobre a Marcação de Explosivos Plásticos para Fins de Detecção. In: PLANALTO. *Legislação Brasileira Republicana*. Brasília, 2001. Disponível em: <http://www.planalto.gov.br/ccivil_03/decreto/2001/D4021.htm>. Acesso em: 30 ago. 2016.

BRASIL. Decreto. 4.269, de 17 de janeiro de 1921. Regula a Repressão do Anarchismo. In: SENADO FEDERAL. *Secretaria de Informação Legislativa*. Brasília, 1921. Disponível em: <http://legis. senado.gov.br/legislacao/ListaTextoIntegral.action?id=29074>. Acesso em: 9 mar. 2016.

BRASIL. Decreto 4.394, de 26 de setembro de 2002. Promulga a Convenção Internacional sobre a Supressão de Atentados Terroristas com Bombas, com reserva ao parágrafo 1 do art. 20. In: PLANALTO: *Legislação Republicana Brasileira*. Brasília, 2002. Disponível em: <http://www.planalto.gov.br/ccivil_03/decreto/2002/D4394.htm>. Acesso em: 27 fev. 2016.

BRASIL. Decreto 5.484, de 30 de junho de 2005. Aprova a Política de Defesa Nacional, e dá outras providências. In: PLANALTO. *Legislação Republicana Brasileira*. Brasília, 2005. Disponível em: <http://www.planalto.gov.br/ccivil_03/_Ato2004-2006/2005/Decreto/D5484.htm>. Acesso em: 16 mar. 2016.

BRASIL. Decreto 5.639, de 26 de dezembro de 2005. Promulga a Convenção Interamericana contra o Terrorismo, assinada em Barbados, em 3 de junho de 2002. In: PLANALTO. *Legislação Republicana Brasileira*. Brasília, 2005. Disponível em: <http://www.planalto.gov.br/ccivil_03/_Ato2004-2006/2005/Decreto/D5639.htm>. Acesso em: 10 mar. 2016.

BRASIL. Decreto 5.640, de 26 de dezembro de 2005. Promulga a Convenção Internacional para Supressão do Financiamento do Terrorismo, adotada pela Assembléia-Geral das Nações Unidas em 9 de dezembro de 1999 e assinada pelo Brasil em 10 de novembro de 2001. In: PLANALTO. *Legislação Republicana Brasileira*. Brasília, 2005. Disponível em: <http://www.planalto.gov.br/ccivil_03/_Ato2004-2006/2005/Decreto/D5640.htm>. Acesso em: 10 mar. 2016.

BRASIL. Decreto 8.521, de 28 de setembro de 2015, que dispõe sobre a execução, no território nacional, da Resolução 2161 (2014), de 17 de junho de 2014, do Conselho de Segurança das Nações Unidas, que trata de sanções a indivíduos, grupos, iniciativas e entidades da Al-Qaeda e associados. In: PLANALTO. *Legislação Republicana Brasileira*. Brasília, 2015. Disponível em: <http://www.planalto.gov.br/ccivil_03/_Ato2015-2018/2015/Decreto/D8521.htm>. Acesso em: 11 mar. 2016.

BRASIL. Decreto 8.522, de 28 de setembro de 2015, que dispõe sobre a execução, no território nacional, da Resolução 2160 (2014), de 17 de junho de 2014, do Conselho de Segurança das Nações Unidas, que renova o regime de sanções aplicável ao Talibã e dá outras disposições. In: PLANALTO. *Legislação Republicana Brasileira*. Brasília, 2015. Disponível em: <http://www.planalto.gov.br/ccivil_03/_Ato2015-2018/2015/Decreto/D8522.htm>. Acesso em: 11 mar. 2016.

BRASIL. Decreto 8.526, de 28 de setembro de 2015, que dispõe sobre a execução, no território nacional, da Resolução 2199 (2015), de 12 de fevereiro de 2015, do Conselho de Segurança das Nações Unidas, que reafirma obrigações impostas aos Estados-membros para combater o terrorismo e o financiamento do terrorismo e para coibir o comércio de armas e materiais conexos com o Estado Islâmico no Iraque e no Levante, com a Frente Al-Nusra e com indivíduos, grupos, empresas e entidades associados à Al-Qaeda. In: PLANALTO. *Legislação Republicana Brasileira*. Brasília, 2015. Disponível em: <http://www.planalto.gov.br/ccivil_03/_Ato2015-2018/2015/Decreto/D8526.htm>. Acesso em: 11 mar. 2016.

BRASIL. Decreto 8.799, de 6 de julho de 2016, que dispõe sobre a execução, no território nacional, da Resolução 2253 (2015), de 17 de dezembro de 2015, do Conselho de Segurança das Nações Unidas, que atualiza e fortalece o regime de sanções, imposto pela Resolução 1267 (1999), relativo ao Estado Islâmico no Iraque e no Levante e à Al-Qaeda. In: PLANALTO. *Legislação Republicana Brasileira*. Brasília, 2016. Disponível em: <http://www.planalto.gov.br/ccivil_03/_Ato2015-2018/2016/Decreto/D8799.htm>. Acesso em: 11 set. 2016.

BRASIL. Decreto 77.374 de 1º de abril de 1976. Promulga a Convenção sobre a Proibição do Desenvolvimento, Produção e Estocagem de Armas Bacteriológicas (Biológicas) e à Base de Toxinas e sua Destruição. In: CÂMARA DOS DEPUTADOS. *Legislação.* Brasília, 1976. Disponível em: <http://www2.camara.leg.br/legin/fed/decret/1970-1979/decreto-77374-1-abril-1976-426054-publicacaooriginal-1-pe.html>. Acesso em: 27 fev. 2016.

BRASIL. Decreto. 98.386, de 9 de dezembro de 1989. Promulga a Convenção Interamericana para Prevenir e Punir a Tortura. In: PLANALTO. *Legislação Republicana Brasileira.* Brasília, 1989. Disponível em: <http://www.planalto.gov.br/ccivil_03/decreto/1980-1989/D98386.htm>. Acesso em: 26 mar. 2015.

BRASIL. Decreto legislativo n. 267, de 2009. Aprova o texto da Convenção Internacional para a Supressão de Atos de Terrorismo Nuclear, assinada pelo Brasil em Nova Iorque, no dia 14 de setembro de 2005. In: CÂMARA DOS DEPUTADOS. *Legislação Informatizada.* Brasília, 2009. Disponível em: <www2.camara.leg.br/legin/fed/decleg/2009/decretolegislativo-267-10-junho-2009-588744-publicacaooriginal-113464-pl.html+&cd=3&hl=pt-BR&ct=clnk&gl=br>. Acesso em: 10 fev. 2016.

BRASIL. Decreto-Lei 314, de 1967. Define os crimes contra a segurança nacional, a ordem política e social, estabelece seu processo e julgamento e dá outras providências. In: PLANALTO. *Legislação Republicana Brasileira.* Brasília, 1967. Disponível em: <http://www.planalto.gov.br/ccivil_03/decreto-lei/1965-1988/Del0314.htm>. Acesso em: 10 mar. 2016.

BRASIL. Decreto-Lei 431, de 18 de maio de 1938. Define crimes contra a personalidade internacional, a estrutura e a segurança do Estado e contra a ordem social. In: PLANALTO. *Legislação Republicana Brasileira.* Brasília, 1938. Disponível em: <http://www.planalto.gov.br/ccivil_03/decreto-lei/1937-1946/Del0431.htm>. Acesso em: 10 mar. 2016.

BRASIL. Decreto-Lei 898, de 29 de setembro de 1969. Define os crimes contra a segurança nacional, a ordem política e social, estabelece seu processo e julgamento e dá outras providências. In: PLANALTO. *Legislação Republicana Brasileira.* Brasília, 1969. Disponível em: <http://www.planalto.gov.br/ccivil_03/decreto-lei/1965-1988/Del0898.htm>. Acesso em: 10 mar. 2016.

BRASIL. Decreto-Lei 1.001, de 21 de outubro de 1969. Código Penal Militar. In: PLANALTO. *Legislação Republicana Brasileira.* Brasília, 1969. Disponível em: <http://www.planalto.gov.br/ccivil_03/Decreto-Lei/Del1001Compilado.htm>. Acesso em: 10 mar. 2016.

BRASIL. Emendas apresentadas no prazo único, previsto no art. 122, II, "b", combinado com o art. 375, I, do Regimento interno, ao Projeto de Lei da Câmara n. 101, de 2015 (n. 2.016/2015, na Casa de origem), de iniciativa do Presidente da República, que regulamenta o disposto no inciso XLIII do art. 5º da Constituição Federal, disciplinando o terrorismo, tratando de disposições investigatórias e processuais e reformulando o conceito de organização terrorista; e altera as Leis n.s 7.960, de 21 de dezembro de 1989, e 12.850, de 2 de agosto de 2013. In: SENADO FEDERAL. *Atividade legislativa.* Disponível em: <http://www.senado.leg.br/atividade/rotinas/materia/getPDF.asp?t=176881&tp=1>. Acesso em: 20 mar. 2016.

BRASIL. Lei complementar n. 95, de 26 de fevereiro de 1998. Dispõe sobre a elaboração, a redação, a alteração e a consolidação das leis, conforme determina o parágrafo único do art. 59 da Constituição Federal, e estabelece normas para a consolidação dos atos normativos que menciona. In: PLANALTO. *Legislação Republicana Brasileira*. Brasília, 1998. Disponível em: <http://www.planalto.gov.br/ccivil_03/leis/lcp/lcp95.htm>. Acesso em: 30 abr. 2016.

BRASIL. Lei de 16 de dezembro de 1830. Manda executar o Código Criminal. In: PLANALTO. *Legislação Republicana Brasileira*. Brasília, 1830. Disponível em: <http://www.planalto.gov.br/ccivil_033/leis/LIM/LIM-16-12-1830.htm>. Acesso em: 15 mar. 2016.

BRASIL. Lei 1, de 16 de maio de 1938. Emenda o art. 122, n. 13, da Constituição. In: PLANALTO. *Legislação Republicana Brasileira*. Brasília, 1938. Disponível em: <http://www.planalto.gov.br/ccivil_03/LEIS/LCT/LCT001.htm>. Acesso em: 10 mar. 2016.

BRASIL. Lei. 1.802, de 5 de janeiro de 1953. Define os crimes contra o Estado e a Ordem Política e Social, e dá outras providências. In: PLANALTO. *Legislação Republicana Brasileira*. Brasília, 1953. Disponível em: <http://www.planalto.gov.br/Ccivil_03/leis/1950-1969/L1802.htm>. Acesso em: 10 mar. 2016.

BRASIL. Lei. 2.889, de 1º de outubro de 1956. Define e pune o crime de genocídio. In: PLANALTO. *Legislação Republicana Brasileira*, Brasília, 1956. Disponível em: <http://www.planalto.gov.br/ccivil_03/leis/L2889.htm>. Acesso em: 30 ago. 2016.

BRASIL. Lei. 6.620, de 17 de dezembro de 1978. Define os crimes contra Segurança Nacional, estabelece sistemática para o seu processo e julgamento e dá outras providências. In: PLANALTO. *Legislação Republicana Brasileira*. Brasília, 1978. Disponível em: <http://www.planalto.gov.br/ccivil_03/LEIS/1970-1979/L6620.htm#art55>. Acesso em: 24 mar. 2016.

BRASIL. Lei. 6.815, de 19 de agosto de 1980. Define a situação jurídica do estrangeiro no Brasil, cria o Conselho Nacional de Imigração. In: PLANALTO. *Legislação Republicana Brasileira*. Brasília, 1980. Disponível em: <http://www.planalto.gov.br/ccivil_03/LEIS/1970-1979/L6620.htm#art55>. Acesso em: 24 mar. 2016.

BRASIL. Lei. 6.994, de 9 de dezembro de 1981. Altera disposições da Lei 6.815, de 19 de agosto de 1980, que "define a situação jurídica do estrangeiro no Brasil, cria o Conselho Nacional de Imigração, e dá outras providências" In: PLANALTO. *Legislação Republicana Brasileira*. Brasília, 1981. Disponível em: <http://www.planalto.gov.br/ccivil_03/leis/L6964.htm#ART11>. Acesso em: 24 mar. 2016.

BRASIL. Lei 9.455, de 7 de abril de 1997. Define os crimes de tortura e dá outras providências. In: PLANALTO. *Legislação Republicana Brasileira*. Brasília, 1997. Disponível em: <http://www.planalto.gov.br/ccivil_03/leis/L9455.htm>. Acesso em: 26 mar. 2015.

BRASIL. Lei. 9.613, de 3 de março de 1998. Dispõe sobre os crimes de "lavagem" ou ocultação de bens, direitos e valores; a prevenção da utilização do sistema financeiro para os ilícitos previstos nesta Lei; cria o Conselho de Controle de Atividades Financeiras – COAF, e dá outras providências. In: PLANALTO. *Legislação Republicana Brasileira*. Brasília, 1998. Disponível em: <http://www.planalto.gov.br/ccivil_03/leis/L9613.htm>. Acesso em: 16 mar. 2016.

BRASIL. Lei. 10.701, de 9 de julho de 2003. Altera e acrescenta dispositivos à Lei 9.613, de 3 de março de 1998, que dispõe sobre os crimes de lavagem ou ocultação de bens, direitos e valores; a prevenção da utilização do sistema financeiro para os ilícitos previstos nesta Lei; cria o Conselho de Controle de Atividades Financeiras – Coaf, e dá outras providências. In: PLANALTO. *Legislação Republicana Brasileira*. Brasília, 2003. Disponível em: <http://www.planalto.gov.br/ccivil_03/leis/2003/L10.701.htm#art1art1ii>. Acesso em: 16 mar. 2016.

BRASIL. Lei. 10.744, de 9 de outubro de 2003. Dispõe sobre a assunção, pela União, de responsabilidades civis perante terceiros no caso de atentados terroristas, atos de guerra ou eventos correlatos, contra aeronaves de matrícula brasileira operadas por empresas brasileiras de transporte aéreo público, excluídas as empresas de táxi aéreo. In: PLANALTO. *Legislação Republicana Brasileira*. Brasília, 2003. Disponível em: <http://www.planalto.gov.br/ccivil_03/leis/2003/L10.744.htm>. Acesso em: 16 mar. 2016.

BRASIL. Lei. 12.683, de 9 de julho de 2012. Altera a Lei. 9.613, de 3 de março de 1998, para tornar mais eficiente a persecução penal dos crimes de lavagem de dinheiro. In: PLANALTO. *Legislação Republicana Brasileira*. Brasília, 2012. Disponível em: <http://www.planalto.gov.br/ccivil_03/_Ato2011-2014/2012/Lei/L12683.htm#art2>. Acesso em: 16 mar. 2016.

BRASIL. Lei 12.850, de 2 de agosto de 2013. Define organização criminosa e dispõe sobre a investigação criminal, os meios de obtenção da prova, infrações penais correlatas e o procedimento criminal; altera o Decreto-Lei 2.848, de 7 de dezembro de 1940 (Código Penal); revoga a Lei. 9.034, de 3 de maio de 1995; e dá outras providências. In: PLANALTO. *Legislação Republicana Brasileira*. Brasília, 2013. Disponível em: <http://www.planalto.gov.br/ccivil_03/_ato2011-2014/2013/lei/l12850.htm>. Acesso em: 16 mar. 2016.

BRASIL. Lei. 13.170, de 16 de outubro de 2015. Disciplina a ação de indisponibilidade de bens, direitos ou valores em decorrência de resolução do Conselho de Segurança das Nações Unidas – CSNU. In: PLANALTO. *Legislação Republicana Brasileira*. Brasília, 2015. Disponível em: <http://www.planalto.gov.br/ccivil_03/_Ato2015-2018/2015/Lei/L13170.htm>. Acesso em: 16 mar. 2016.

BRASIL. Lei 13.260, de 16 de março de 2016. Regulamenta o disposto no inciso XLIII do art. 5º da Constituição Federal, disciplinando o terrorismo, tratando de disposições investigatórias e processuais e reformulando o conceito de organização terrorista; e altera as Leis n.s 7.960, de 21 de dezembro de 1989, e 12.850, de 2 de agosto de 2013. In: PLANALTO. *Legislação Republicana Brasileira*. Brasília, 2016. Disponível em: <http://www.planalto.gov.br/ccivil_03/_Ato2015-2018/2016/Lei/L13260.htm#art19>. Acesso em: 18 mar. 2016.

BRASIL. Mensagem n. 85, de 16 de março de 2016. In: PLANALTO. *Legislação Republicana Brasileira*. Brasília, 2016. Disponível em: <http://www.planalto.gov.br/ccivil_03/_Ato2015-2018/2016/Msg/VEP-85.htm>. Acesso em: 20 mar. 2016.

BRASIL. Ofício n.. 10/2016/OS-GSE. In: CÂMARA DOS DEPUTADOS. *Proposições*. Brasília, 2016. Disponível em: <http://www.camara.gov.br/proposicoesWeb/prop_mostrarintegra;jsessionid=F3604114A7A68657742C9EF90B936149.proposicoesWeb2?codteor=1436474&filename=Tramitacao-PL+2016/2015>. Acesso em: 27 fev. 2016.

BRASIL. Parecer n.. 2015. De Plenário, em substituição às Comissões de Relações Exteriores e Defesa Nacional e de Constituição, Justiça e Cidadania, sobre o Projeto de Lei da Câmara (PLC) n. 101, de 2015, do(a) Presidente da República, que regulamenta o disposto no inciso XLIII do art. 5º da Constituição Federal, disciplinando o terrorismo, tratando de disposições investigatórias e processuais e reformulando o conceito de organização terrorista; e altera as Leis n.s 7.960, de 21 de dezembro de 1989, e 12.850, de 2 de agosto de 2013. In: SENADO FEDERAL. *Atividade legislativa*. Disponível em: <http://www.senado.leg.br/atividade/rotinas/materia/getPDF.asp?t=181870&tp=1>. Acesso em: 20 mar. 2016.

BRASIL. Parecer n.. 2015. De Plenário, em substituição às Comissões de Relações Exteriores e Defesa Nacional e de Constituição, Justiça e Cidadania, sobre o Projeto de Lei da Câmara (PLC) n. 101, de 2015, do(a) Presidente da República, que regulamenta o disposto no inciso XLIII do art. 5º da Constituição Federal, disciplinando o terrorismo, tratando de disposições investigatórias e processuais e reformulando o conceito de organização terrorista; e altera as Leis n.s 7.960, de 21 de dezembro de 1989, e 12.850, de 2 de agosto de 2013. In: SENADO FEDERAL. *Atividade legislativa*. Disponível em: <http://www.senado.leg.br/atividade/rotinas/materia/getPDF.asp?t=181870&tp=1>. Acesso em: 20 mar. 2016.

BRASIL. Parecer n.. 2015. De Plenário, em substituição às Comissões de Relações Exteriores e Defesa Nacional e de Constituição, Justiça e Cidadania, sobre o Projeto de Lei da Câmara (PLC) n. 101, de 2015, do(a) Presidente da República, que regulamenta o disposto no inciso XLIII do art. 5º da Constituição Federal, disciplinando o terrorismo, tratando de disposições investigatórias e processuais e reformulando o conceito de organização terrorista; e altera as Leis n.s 7.960, de 21 de dezembro de 1989, e 12.850, de 2 de agosto de 2013. In: SENADO FEDERAL. *Atividade legislativa*. Disponível em: <http://www.senado.leg.br/atividade/rotinas/materia/getPDF.asp?t=179604&tp=1>. Acesso em: 20 mar. 2016.

BRASIL. Redação final do Projeto de Lei da Câmara n. 2016, de 2015. Regulamenta o disposto no inciso XLIII do art. 5º da Constituição Federal, disciplinando o terrorismo, tratando de disposições investigatórias e processuais e reformulando o conceito de organização terrorista; e altera as Leis n.s 7.960, de 21 de dezembro de 1989, e 12.850, de 2 de agosto de 2013. In: CÂMARA DOS DEPUTADOS. *Proposições*. Brasília, 2015. Disponível em: <http://www2.camara.leg.br/proposicoesWeb/prop_mostrarintegra;jsessionid=49357DE1A9A319369F574C86A89E7039.proposicoesWeb2?codteor=1373970&filename=REDACAO+FINAL+-+PL+2016/2015>. Acesso em: 26 fev. 2016.

BRASILEIRO VÍTIMA DE ATAQUE TERRORISTA NA BÉLGICA RECORDA MOMENTOS DE PÂNICO. *SPORTV*, Rio de Janeiro, 25 mar. 2016. Disponível em: <http://sportv.globo.com/site/programas/planeta-sportv/noticia/2016/03/brasileiro-vitima-de-ataque-terrorista-na-belgica-recorda-momentos-de-panico.html>. Acesso em: 25 mar. 2016.

BRAVO LIRA, Bernardino. Fiat ius, ne pereat mundus: el Derecho frente a la globalización de la violencia. In: MUÑOZ CONDE, Francisco; LOSANO, Mario G. (coord). *El derecho ante la globalización y el terrorismo*. Valencia: Tirant lo Blanch, 2004.

BRECHER, Bob. *Torture and the ticking bomb*. USA: Blackwel Publishing, 2007.

BRUNO, Aníbal. *Direito penal*. v. III. Rio de Janeiro: Forense, 1984.

BUNT, Gary R. *iMuslims*: rewiring the house of islam. United States of America: University of North Carolina Press, 2009.

BURTON, Fred; STEWART, Scott. The 'Lone Wolf' Disconnect. In: *Stratfor*, Austin, 30. jan. 2008. Disponível em: <https://www.stratfor.com/weekly/lone_wolf_disconnect>. Acesso em: 27 fev. 2016.

BUSTOS RAMÍREZ, Juan. Estado y control: la ideología del control y el control de la ideología. In: BERGALLI, Roberto. *El pensamiento criminológico*. v. II. Bogotá: Editorial Temis, 1983.

_____. Inseguridad y lucha contra el terrorismo. In: MUÑOZ CONDE, Francisco; LOSANO, Mario G. (coord). *El derecho ante la globalización y el terrorismo*. Valencia: Tirant lo Blanch, 2004.

BYRMAN, Daniel. *Al Qaeda, the Islamic State and the global jihadist movement:* what everyone needs to know. New York: Oxford University Express, 2015.

CANCIO MELIÁ, Manuel. El delito de pertenencia a una organización terrorista en el código penal español. *REJ – Revista de Estudios de la Justicia*, Facultad de Derecho de Universidad de Chile, n.. 12, 2010. pp. 149-167.

_____. *Los delitos de terrorismo*: estructura típica e injusto. Madrid: Editorial Reus, 2010.

_____; JAKOBS, Günther. *Direito penal do inimigo*: noções e críticas. 2. ed. Porto Alegre: Livraria do Advogado, 2007.

CARTA ABERTA CONTRA O PL "ANTITERRORISMO". *Artigo 19 Brasil*, 27 out. 2015. Disponível em: <http://artigo19.org/blog/carta-aberta-contra-o-pl-antiterrorismo/>. Acesso em: 3 nov. 2015.

CHOUKR, Fauzi Hassan. Financiamento ao terrorismo no Brasil. In: *JusBrasil*. Disponível em: <http://fhchoukr.jusbrasil.com.br/artigos/147375619/financiamento-do-terrorismo-no-brasil>. Acesso em: 20 mar. 2016.

CIRINO DOS SANTOS, Juarez. *Direito penal*: parte geral. Rio de Janeiro: Lumen Juris, 2006.

_____. *Direito penal*: parte geral. 4. ed. rev. e atual. Florianópolis: Conceito Editorial, 2010.

CONECTAS DIREITOS HUMANOS. Razões para o veto. *Notícias*, 09 mar. 2016. Disponível em: <http://www.conectas.org/pt/acoes/justica/noticia/42588-razoes-para-o-veto>. Acesso em: 20 mar. 2016.

CONECTAS DIREITOS HUMANOS. Veto parcial ao PL antiterrorismo. *Notícias*, 17 mar. 2016, São Paulo. Disponível em: <http://www.conectas.org/pt/acoes/justica/noticia/42598-veto-parcial-ao-pl-antiterrorismo>. Acesso em: 20 mar. 2016.

COUNTER-TERRORISM AND SECURITY ACT 2015. In: Legislation.gov.uk. *The National Archives*– Ministry of Justice, United Kingdom. Disponível em: <http://www.legislation.gov.uk/ukpga/ 2000/11/pdfs/ukpga_20000011_en.pdf>. Acesso em: 1 jul. 2015.

COUNTER-TERRORISM AND SECURITY ACT 2015. In: Legislation.gov.uk. *The National Archives* – Ministry of Justice, United Kingdom. Disponível em: <http://www.legislation.gov.uk/ukpga/2015/6/pdfs/ukpga_20150006_en.pdf>. Acesso em: 1 jul. 2015.

DALGALARRONDO, Paulo. *Religião, psicopatologia e saúde mental*. Porto Alegre: Artmed, 2008.

DASTBAZ, Mohammed; HAPLPIN, Edward. ICT as a protection tool against child explotation. In: AKHGAR, Babak; STANIFORTH, Andrew; BOSCO, Francesco. *Cyber crime and cyber terrorism investigator's handbook*. USA: Elsevier, 2014.

D'ÁVILA, Fábio Roberto. Liberdade e segurança em direito penal. O problema da expansão em direito penal. *Revista Eletrônica de Direito Penal – AIDP-GB*, ano 1, v. 1, jun. 2013. pp. 65-73.

_____. O direito penal na "luta contra o terrorismo". In: COSTA ANDRADE, Manuel da; FARIA COSTA, José de; MIRANDA RODRIGUES, Anabela *et al.* (org.). *Direito penal. Funda-*

mentos dogmáticos e político-criminais. Homenagem ao Prof. Peter Hünerfeld. Coimbra: Coimbra Editora, 2013. pp. 185-209.

DAVIS, Michael. Justifying torture as an act of war. In: MAY, Larry (ed.). *War:* essays in politics. New York: Cambridge University Press, 2008.

DECLARAÇÃO SOBRE A PROTECÇÃO DE TODAS AS PESSOAS CONTRA A TORTURA E OUTRAS PENAS OU TRATAMENTOS CRUÉIS, DESUMANOS OU DEGRADANTES. In: Ministério Público Federal – MPF. *Legislação*. Disponível em: <http://pfdc.pgr.mpf.mp.br/atuacao-e-conteudos-de-apoio/legislacao/tortura/declaracao_sobre_protecao_pessoas.pdf>. Acesso em: 26 mar. 2015.

DECLARAÇÃO UNIVERSAL DOS DIREITOS HUMANOS (1948). In: UNESCO. Disponível em: <http://unesdoc.unesco.org/images/0013/001394/139423por.pdf>. Acesso em: 26 mar. 2015.

DERSHOWITZ, Alan M. *¿Por qué aumenta el terrorismo*? Para comprender la amenaza y responder al desafío. Madrid: Ediciones Encuentro, 2004.

_____. *Shouting fire:* civil liberties in a turbulent age. New York: Little, Brown and company, 2002.

_____. Tortured Reasoning. In: LEVINSON, Sanford (ed.). *Torture*: *a collection*. New York: Oxford University Press, 2004. pp. 257-265.

DIAS, Augusto da Silva. Torturando o inimigo ou libertando da garrafa o gênio do mal? Sobre a tortura em tempos de terror. *Revista do Ministério Público do RS*, Porto Alegre, n. 71, ene. 2012. pp. 235-276.

DIRECTIVA DEL PARLAMENTO EUROPEO Y DEL CONSEJO relativa a la utilización de datos del registro de nombres de los pasajeros (PNR) para la prevención, detección, investigación y enjuiciamiento de los delitos de terrorismo y de la delincuencia grave. In: *El Consejo Europeo*. Disponível em: <http://data.consilium.europa.eu/doc/document/PE-71-2015-INIT/es/pdf/>. Acesso em: 15 maio 2016.

DONNA, Edgardo Alberto. ¿Es posible el Derecho penal liberal? In: MUÑOZ CONDE, Francisco; LOSANO, Mario G. (coord). *El derecho ante la globalización y el terrorismo*. Valencia: Tirant lo Blanch, 2004.

DURKHEIM, Emile. *A divisão do trabalho social*. v. I. 2. ed. Lisboa: Editorial Presença, 1984.

DUVA, Jesus. España trabaja desde hace 13 meses en el superfichero de viajeros. *El País*, Madri, 10 jan. 2015. Disponível em: <http://politica.elpais.com/politica/2015/01/10/actualidad/1420915923_453447.html>. Acesso em: 26 jun. 2015.

EDITORIAL. A atividade de inteligência na prevenção da ameaça terrorista. *Revista Brasileira de Inteligência*, v. 3, n. 4, Brasília, set. 2007. Disponível em: <http://www.abin.gov.br/modules/mastop_publish/files/files_48581dbdd7d04.pdf>. Acesso em: 24 jun. 2015.

EMERICK, R. D; WISNEWSKI, Jeremy J. *The ethics of torture*. New York: Continuum, 2009.

ESPAÑA. Código Penal. In: *Agencia Estatal Boletín Oficial del Estado – BOE*. Disponível em: <https://www.boe.es/buscar/act.php?id=BOE-A-1995-25444>. Acesso em: 1 jul. 2015.

ESPAÑA. Ley 10/2010, de 28 de abril, de prevención del blanqueo de capitales y de la financiación del terrorismo. In: *Agencia Estatal Boletín Oficial del Estado – BOE*. Disponível em: <http://www.boe.es/buscar/act.php?id=BOE-A-2010-6737>. Acesso em: 26 jun. 2015.

ESPAÑA. Ley 12/2003, de 21 de mayo, de prevención y bloqueo de la financiación del terrorismo. In: *Agencia Estatal Boletín Oficial del Estado – BOE*. Disponível em: <http://www.boe.es/buscar/act.php?id=BOE-A-2003-10289>. Acesso em: 26 jun. 2015.

EUROPOL. The EU Terrorism Situation and Trend Report (TE-SAT – 2012). In: *European Police Office*, Netherlands, 2012. Disponível em: <https://www.europol.europa.eu/sites/default/files/publications/europoltsat2012.pdf> Acesso em: 26 fev. 2016.

FARALDO CABANA, Patricia. Un Derecho penal de enemigos para los integrantes de organizaciones criminales. La Ley Orgánica 7/2003, de 30 de junio, de medidas de reforma para el cumplimiento íntegro y efectivo de las penas. In: RIVERA BEIRAS, Iñaki (coord). *Política criminal y sistema penal*. Barcelona: Anthropos, 2005. pp. 395-431.

FARIA COSTA, José de. O direito penal, a linguagem e o mundo globalizado. Babel ou esperanto universal? In: D'ÁVILA, Fábio Roberto (Org). *Direito penal e política criminal no terceiro milênio*: perspectivas e tendências. Porto Alegre: EDIPUCRS, 2011.

FARREL, Michelle. *The prohibition of torture in exceptional circunstances*. United Kingdom: Cambridge University Press, 2013.

FARRÉS, Juan Avilés. *El terrorismo en España*: de ETA al Al-Qaeda. Madrid: Arco Libros, 2010.

FBI DIRECTOR ON THREAT OF ISIS, CYBERCRIME. In: *CBS News*, New York, 5 out. 2014. Disponível em: <http://www.cbsnews.com/news/fbi-director-james-comey-on-threat-of-isis-cybercrime/>. Acesso em: 26 fev. 2016.

FEITOZA, Denílson. *Direito processual penal:* teoria, crítica e práxis. 6. ed. rev., ampl. e atual. Niterói: Impetus, 2009.

FELDENS, Luciano. *Direitos fundamentais e direito penal*: garantismo, deveres de proteção, princípio da proporcionalidade, jurisprudência constitucional penal, jurisprudência dos tribunais de direitos humanos. Porto Alegre: Livraria do Advogado Editora, 2008.

FERNANDES, Newton; FERNANDES, Valter. *Criminologia integrada*. 2. ed. São Paulo: Revista dos Tribunais, 2002.

FERRAJOLI, Luigi. *Derecho y razón*: teoría del garantismo penal. 5. ed. Madrid: Trotta, 2001.

FERRAJOLI, Luigi. O direito como sistema de garantias. In: OLIVEIRA JÚNIOR, José Alcebíades (org.) *O novo em direito e política*. Porto Alegre: Livraria do Advogado, 1997. pp. 89-109.

FERRAZ JÚNIOR, Tercio Sampaio. Sigilo de dados: o direito à privacidade e os limites à função fiscalizadora do Estado. *In:* PIZOLIO, Reinaldo; GAVALDÃO JR, Jayr Viégas (coords.). *Sigilo fiscal e bancário*. São Paulo: Quartier Latin, 2005, p. 28-29.

FIGUEIREDO DIAS, Jorge de. *Direito penal. Parte geral.* tomo I: questões fundamentais. A doutrina do crime. 2. ed. Portugal: Coimbra Editora, 2007.

FINANCIAMENTO AO TERRORISMO. *COAF – Ministério da Fazenda*. Disponível em: <http://www.coaf.fazenda.gov.br/menu/pld-ft/financiamento-ao-terrorismo>. Acesso em: 3 nov. 2015.

FLETCHER, George P. *Romantics at war*: glory and guilt in the age of terrorism. New Jersey: Princeton University Press, 2002.

FOREST, James. *The terrorism lectures*: a comprehensive collection for students of terrorism, counterterrorism, and national security. Santa Ana – California: Nortia Press, 2012.

FRAGOSO, Heleno Cláudio. A Nova Lei de Segurança Nacional. *Revista de Direito Penal e Criminologia*, n.. 35, Rio de Janeiro, Forense, jan./jun. 1983. pp. 60-69.

_____. *Terrorismo e criminalidade política.* Rio de Janeiro: UERJ, 1981.

FRAMIS, Andrea Giménez-Salinas; ÁLVAREZ, José Luís González. *Investigación criminal:* principios, técnicas y aplicaciones. Madrid: LID Editorial, 2016.

FRANCO, Alberto Silva. Prazo razoável e o Estado Democrático de Direito. *Boletim IBCCRIM*, São Paulo, v. 13, n.. 152, jul. 2005, p. 6.

_____. *O crime organizado e a legislação brasileira.* São Paulo: Revista dos Tribunais, 1995.

_____. *Crimes hediondos*: notas sobre a lei 8.072/90. 3. ed. rev. e ampl. São Paulo: Revista dos Tribunais, 1994.

FREUD, Sigmund. *Inhibición, síntoma y angustia*. v. 20. Argentina: Amorrotu Editores, 1999.

FROWE, Helen. *The ethics of war and peace:* an introduction. 2. ed. New York: Routledge, 2011.

FULGENCIO, Paulo Cesar. *Glossario. Vade mecum*. Rio de Janeiro: Mauad X, 2007.

GADAMER, Hans-Georg. *Verdade e método I*: traços fundamentais de uma hermenêutica filosófica. 7. ed. Petrópolis: Vozes; Bragança Paulista: São Francisco, 2005.

GAMBHIR, Harleen K. Dabiq: the strategis messaging of the slamic state. *Institute for the Study of the War – ISW*, Washington DC, 15 ago. 2014. Disponível em: <http://www.understandingwar.org/sites/default/files/Dabiq%20Backgrounder_Harleen%20Final_0.pdf>. Acesso em: 22 nov. 2015.

GARCIA, Basileu. *Instituições de Direito penal.* 5. ed. v. 1. São Paulo: Max Limonad, 1980.

GARCÍA ÁLVARÉZ, Pastora. *El Derecho penal y la discriminación.* Especial referencia al extranjero como víctima de discriminaciones penalmente relevantes. Valencia: Tirant lo Blanch, 2004. p. 64 e ss.

GARCÍA ARÁN, Mercedes. El derecho penal simbólico (a propósito del nuevo delito de dopaje en el deporte y su tratamiento mediático). In: GARCÍA ARÁN, Mercedes; BOTELLA CORRAL, Juan. (ed.): *Malas noticias:* medios de comunicación, política criminal y garantías penales en España. Valencia: Tirant lo Blanch, 2008.

GARCÍA CONLLEDO; MIGUEL DÍAZ. *Protección y expulsión de extranjeros en derecho penal.* Madrid: La Ley, 2007.

GARCÍA-PABLOS DE MOLINA, Antonio. *Introducción al derecho penal:* instituciones, fundamientos e tendencias del derecho penal. v. 1. 5. ed. Madrid: Editorial Universitaria Ramón Areces, 2014.

GARRET, James Leo. *Teologia sistematica.* tomo I. 3 ed. Colombia: Casa Bautista de Publicaciones, 2006.

GAVIÃO, Juliana Venturella Nahas. A proibição da proteção deficiente. *Revista do Ministério Público do Rio Grande do Sul*, Porto Alegre, n. 61, maio/out. 2008, p. 95.

GENERAL ASEMBLY. Resolution adopted by the General Assembly. 49/60 Measures to eliminate international terrorism. *United Nations*, 17 fev. 1995. Disponível em: <http://www.un.org/ga/search/view_doc.asp?symbol=A/RES/49/60>. Acesso em: 20 ago. 2016.

GILBERT CEBALLOS, Jorge. *Introducción a la sociología*. Santiago de Chile: LOM Ediciones, 1997.

GINBAR, Yuval. *Why not torture terrorists?* Moral, practical, and legal aspects of the 'ticking bomb' justification for torture. New York: Oxford University Press.

GLOBAL TERRORISM INDEX 2015: MEASURING AND UNDERSTANDING THE IMPACT OF TERRORISM. *Institute for Economics & Peace*. New York, 2015. Disponível em: <http://economicsandpeace.org/wp-content/uploads/2015/11/Global-Terrorism--Index-2015.pdf>. Acesso em: 30 ago. 2016.

GOMES, Luiz Flávio; BIANCHINI, Alice; DAHER, Flávio. *Curso de Direito penal 1*: parte geral (arts. 1º a 120). 2. ed. Salvador: JusPodivm, 2016.

_____; GARCÍA-PABLOS DE MOLINA, Antonio; BIANCHINI, Alice. *Direito penal*: introdução e princípios fundamentais. v. 1. São Paulo: Revista dos Tribunais, 2007.

_____; SILVA, Marcelo Rodrigues da. *Organizações criminosas e técnicas especiais de investigação*. Salvador: Juspodivm, 2015.

GOMES FILHO, Antonio Magalhães; BADARÓ, Gustavo Henrique Righi Ivahy. Prova e sucedâneos de prova no processo penal brasileiro. *Revista Brasileira de Ciências Criminais*, RT, n. 65, mar./abr. 2007, p. 188.

GONZÁLEZ CALLEJA, Eduardo. Definiciones e interpretación del fenómeno terrorista. In: GONZÁLEZ CALLEJA, Eduardo (ed.). *Políticas del miedo:* un balance del terrorismo en Europa. Madrid: Biblioteca Nueva, 2002.

_____. Las ciencias sociales ante el problema del terrorismo. *Vínculos de Historia*, n. 3, 2014. pp. 122-143.

GOVERNO FRANCÊS IDENTIFICA TODAS AS 129 VÍTIMAS DOS ATAQUES. *BBC Brasil*, São Paulo, 18 nov. 2015. Disponível em: <http://www.bbc.com/portuguese/noticias/2015/11/151115_vitimas_paris_lab>. Acesso em: 24 dez. 2015.

GRECO, Luís. Las reglas detrás de la excepción. Reflexiones respecto de la tortura en los grupos de casos de las ticking time bombs. *InDret*, Barcelona, 27 abr. 2007. pp. 1-28.

GRECO FILHO, Vicente. *Interceptação telefônica*. São Paulo: Saraiva, 1996.

GROSS, Oren. The prohibition on torture and the limits of the Law. In: LEVINSON, Sanford (ed.). *Torture: a collection*. New York: Oxford University Press, 2004. p. 229-254.

GUIAS JURÍDICAS. Xenofobia. In: *Wolters Kluwer*. Disponível em: <http://guiasjuridicas.wolterskluwer.es/Content/Documento.aspx?params=H4sIAAAAAAAEAMtMSbF1jTAAAUMTU3MjtbLUouLM_DxbIwMDCwNzAwuQQGZapUt-ckhlQaptWmJOcSoAT--Z5mzUAAAA=WKE>. Acesso em: 30 ago. 2016.

GUIMARÃES, Marcello Ovídio Lopes. *O tratamento penal do terrorismo*. São Paulo: Quartier Latin, 2007.

GUITART, David Garriga. El lobo solitario. In: *Criminología y criminalística*, Espanha. Disponível em: <http://criminologiaycriminalisticafb.blogspot.com.br/2014/01/el-lobo--solitario.html>. Acesso em: 26 fev. 2016.

HARDY, Alfredo Toro. *La era de las aldeas:* la pequeña aldeã vs aldeã global. Bogotá: Villeas Editores, 2002.

HARFOUCHE, Ana Paula de Jesus. Ameaças terroristas NRBQ e saúde pública: informação e responsabilização do cidadão como estratégia de segurança. In: *Revista Militar*. Lisboa, fev./mar. 2011. Disponível em: <http://www.revistamilitar.pt/artigo.php?art_id=635>. Acesso em: 27 fev. 2016.

HEVIA, Tania Menéndez. *Efectos emocionales y cognitivos de la comunicación en terrorismo*: planteamiento de un modelo de procesamiento de la información y desarrollo empírico. 290 f. Tese (Doutorado em Psicologia Social da Informação) Facultad de Ciencias de la Información. Departamento de Comunicación Audiovisual y Publicidad II. Madrid: Universidad Complutense de Madrid, 2012.

HOFFMAN, Bruce. Terrorism changing characteristics. In: HOFFMAN, Bruce; LESSER, Ian O.; ARQUILLA, John *et al*. *Countering:* the new terrorism. Santa Monica: RAND, 1999. pp. 8-10.

HONNETH, Axel. *Reificación:* un estudio en la teoría del reconocimiento. Buenos Aires: Katz, 2007.

HORGAN, John. *The psychology of terrorism*. New York: Routledge, 2014.

_____. *Psicología del terrorismo*. Barcelona: Gedisa, 2006.

HUNSINGER, George. Torture is ticking bomb: why the necessity defense fails. In: HUNSINGER, George (ed.). *Torture is a moral issue*: christians, jews, muslisms and people of conscience. Cambrigde: William B. Eedermans Publishing Company, 2008. pp. 51-72.

IGNACIO TORREBLANCA, José. El gran juego está en la red. *El País*, 1º maio 2016, *Ideas*, p. 2-3.

IGNATIEFF, Michael. *El mal menor; ética y política de una era de terror.* Taurus. Madrid, 2005.

INSTITUTO HUMANITAS UNISINOS. *A tipificação de crime de terrorismo no Brasil: a perversidade da lei é a sua própria criação.* Entrevista especial com Adriano Pilatti, São Leopoldo, 2 mar. 2016. Disponível em: <http://ihu.unisinos.br/entrevistas/552134--a-perversidade-da-lei-antiterrorismo-e-a-sua-propria-criacao-entrevista-especial--com-adriano-pilatti>. Acesso em: 20 mar. 2016.

INTERNATIONAL MONETARY FUND. Represión del financiamiento del terrorismo: manual para redacción de leyes. Washington: Internation Monetary Fund Publications Services, 2003.

IRIARTE, Daniel. Esta es la revista oficial del estado islámico... y es increíblemente profesional. *El Confidencial*, Madrid, 13 set. 2015. Disponível em: <http://www.elconfidencial.com/mundo/2014-09-13/esta-es-la-revista-oficial-del-estado-islamico-y-es-increiblemente-profesional_191817/>. Acesso em: 22 nov. 2015.

ITALIA. Atto Senato n. 849. Introduzione del delitto di tortura nell'ordinamento italiano. In: *Senato della Repubblica*. Disponível em: <http://www.senato.it/leg/17/BGT/Schede/Ddliter/41371.htm>. Acesso em: 19 jun. 2016.

JAKOBS, Günther; MELIÁ, Manuel Cancio. *Derecho penal del enemigo*. Madrid: Civitas, 2003.

JARDIM, Afrânio Silva. *Direito processual penal*. 8. ed. Rio de Janeiro: Forense, 1999.

JESUS, Damásio de. Notas ao art. 366 do Código de Processo Penal, com a redação da Lei 9271/96. *Boletim IBCCrim*, n. 42 (edição especial), jun. 1996.

JIPIASSÚ, Hilton; MARCONDES, Danilo. *Dicionário básico de filosofia*. 5. ed. Rio de Janeiro: Zahar, 2008.

KAPLAN, Jeffrey. Leaderless resistance. In: *Journal of terrorism and political violence*, v. 9, issue 3, 1997. pp. 80-95.

KEITH STONE, C.; HUMPHERIES, Roger L. *Current diagnóstico e tratamento*: medicina de emergência. 7. ed. Porto Alegre: AMG Editora, 2013.

KONNINGS, Johan. M. H; ZILLES, Urbano. *Religião e cristianismo*: manual de cultura religiosa. 7. ed. Porto Alegre: EDIPUCRS, 1997.

LA REVISTA DE ESTADO ISLÁMICO DABIQ DIFUNDE UNA IMAGEN DE LA SUPUESTA BOMBA QUE DERRIBÓ EL AVIÓN RUSO. *ABC*, Madrid, 18 nov. 2015. Disponível em: <http://www.abc.es/internacional/abci-revista-estado-islamico-dabiq-difunde-imagen-supuesta--bomba-derribo-avion-ruso-201511181633_noticia.html>. Acesso em: 22 nov. 2015.

LA TORRE, Massimo. Amistades peligrosas. Tortura y derecho. *Derechos y Libertades*, n. 28, Época II, enero 2013. pp. 25-38.

LAMARCA PÉREZ, Carmen. Noción de terrorismo y clases. Evolución legislativa y político-criminal. In: DORADO, Carmen Juanatey; ESTRADA, Cristina Fernández-Pacheco (dirs.). *El nuevo panorama del terrorismo en España:* perspectiva penal, penitenciaria y social. San Vicente del Raspeig: Universidad de Alicante, 2013. pp. 39-48.

LANDA GAROSTIZA, Jon-Mirena. *La intervención penal frente a xenofobia*. Problemática general con especial referencia al 'delito de provocación' del artículo 510 do Código Penal. Bilbao: Universidad del País Vasco, 1999.

_____. Racismo, xenofobia y Estado democrático. In: *Eguzkilore*, n.. 18, San Sebastián dez. 2004. pp. 59-71.

LASMAR, Jorge Mascarenhas. A legislação brasileira de combate e prevenção do terrorismo quatorze anos após 11 de Setembro: limites, falhas e reflexões para o futuro. In: *Revista de Sociologia e Política*, v. 23, n. 53, mar. 2015. pp. 47-70.

LECLERC, Patrice; GOULD, Kenneth. The US Patriot Act and the Future of Social Movements. *American Sociological Association*, Montreal Convention Center, Montreal, Quebec, Canada, 11 ago. 2006.

LEGISLATION.GOV.UK. *The National Archives*– Ministry of Justice, United Kingdom. Disponível em: <http://www.legislation.gov.uk/all?title=terrorism>. Acesso em: 1 jul. 2015.

LEMOS JÚNIOR, Arthur Pinto. *A investigação criminal diante das organizações criminosas e o posicionamento do Ministério Público*. São Paulo: Revista dos Tribunais, 1991, v. 795, p. 415.

LEVIN, Michael. The case for torture. *Newsweek*, 7 jun. 1982.

LEVINSON, Sanford. Contemplating torture: an introduction. In: LEVINSON, Sanford (ed.). *Torture: a collection.* New York: Oxford University Press, 2004. pp. 23-39.

LIMA, Jonas André Rodrigues Henriques de. *O impacto do terrorismo nas cadeias globais de abastecimento*. Porto: Editora da Universidade do Porto, 2006.

LLOBET AMBGLÍ, Mariona. *Derecho penal del terrorismo*: límites de punición en un Estado democrático. Madrid: La Ley, 2010.

_____. ¿Es posible torturar en legítima defensa de terceros? *InDret*, Barcelona, jul. 2010. pp. 1-44.

_____. *Terrorismo y "guerra contra el terror". Límites de punición en un Estado democrático.* Tesis doctoral. Departament de Dret. Universitat Pompeu Fabra, Barcelona, Espanha, 2008. 492 p.

_____. Terrorism: limits between crime and war. The fallacy of slogan 'War on terror'. In: MASFERRER, Aniceto (Eds.). *Post 9/11 and the state of permanent legal emergency:* security and human rights in countering terrorism. New York: Springer, 2012. pp. 101-120.

LÓPEZ LÓPEZ, Ángeles. El terrorismo homicida-suicida islámico. In: ÁVILES GÓMEZ, Manuel (coord.). *El terrorismo integrista.* ¿Guerras de religión? Alicante: Editorial Club Universitario, 2004.

LOSANO, Mario G. Europa y América Latina: el «viejo Occidente» y el «otro Occidente». In: MUÑOZ CONDE, Francisco; LOSANO, Mario G. (coord). *El derecho ante la globalización y el terrorismo.* Valencia: Tirant lo Blanch, 2004.

LOVELACE JR., Douglas. *Terrorism: commentary on security documents.* v. 140: The cyber treath, Oxford: University Press, 2015.

LUBAN, George. Liberalism, torture, and the ticking bomb. In: GREENBERG, Karen J. (ed.). *The torture debate in America.* New York: Cambridge University Press, 2006. pp. 35-83.

LUHMANN, Niklas. Are still indispensable norms in our society? *Sociale Systeme*, n.. 14, 2008. p. 18-37.

LUISI, Luiz. *Os princípios constitucionais penais.* 2 ed. Porto Alegre: Sergio Antonio Fabris, 2003.

LUPO, Salvatore. *História da máfia:* das origens aos nossos dias. São Paulo: Unesp, 2002.

MACHADO, André Augusto Mendes; LOPES, Mariângela Tomé. *Estudos de processo penal.* São Paulo: Scortecci, 2013.

MACHADO, André Augusto Mendes; KEHDI, André Pires de Andrade. Sigilo das comunicações e de dados. In: FERNANDES, Antonio Scarance; ALMEIDA, José Raul Gavião de; MORAES, Mauricio Zanoide de (coords.). *Sigilo no processo penal*: eficiência e garantismo. São Paulo: Revista dos Tribunais, 2008, p. 257.

MAIEROVITCH, Walter Fanganiello. Apontamentos sobre a política criminal e a plea bargaining. *Revista de Informação Legislativa*, Brasília, v. 28, n. 112, out./dez. 1991, p. 206.

MARÍA BLANCO, José. El concepto del lobo solitario. In: *CISDE Observatorio. Observatorio de Inteligencia, Seguridad y Defensa.* Madrid, 21 ago. 2012. Disponível em: <http://observatorio.cisde.es/arcchivo/el-concepto-de-lobo-solitario/>. Acesso em: 26 fev. 2016.

MARINUCCI, Giorgio; DOLCINI, Emilio. *Corso di Diritto penale*: le fonti il reato: nozione, struttura e sistemática. 2 ed. Milano: Giuffrè editore, 1999.

_____. *Corso di Diritto penale*: nozione, struttura e sistematica del reato. Milano: Giuffrè editore, 1995.

MARTÍN ARRIBAS, Juan José. La protección internacional de los migrantes frente a la xenofobia y el racismo. In: MARIÑO MENÉNDEZ, Fernando M (coord.). *Un mundo sin desarraigo*: el derecho internacional de las migraciones. Madrid: Catarata, 2006. pp. 158-197.

MARZAL, Manuel María. *Tierra encantada*: tratado de antropología religiosa de América Latina. Madrid: Editorial Trotta, 2002.

MASSON, Cleber. *Direito penal:* parte especial. v. 2. 3. ed. rev. e atual. São Paulo: Método, 2011.

_____; MARÇAL, Vinicius. *Crime organizado*. São Paulo: Método Editora, 2015.

MATA Y MARTÍN, Ricardo M. Delitos cometidos mediante sistemas informáticos (estafas, difusión de materiales pornográficos y terrorismo). In: *Delito e informática: algunos aspectos. Cuadernos penales*. n.. 4. Bilbao: Universidad Deusto, 2007.

MAURACH, Reinhart. *Derecho penal*. v. 1. Buenos Aires: Editora Astrea, 1994.

MAZZUOLI, Valerio de Oliveira. *Curso de direito internacional público*. 2. ed. São Paulo: Revista dos Tribunais, 2007.

McGRATH, Alister E. *Fundamentos do diálogo entre ciência e religião*. São Paulo: Edições Loyola, 2005.

MCLAREN, PETER. *Multiculturalismo revolucionario:* pedagogías de disensión para el nuevo milenio. Mexico: Siglo XXI Editores, 1999.

MESTRE DELGADO, Esteban. *Delincuencia terrorista y audiencia nacional*. Madrid: Centro de publicaciones, 1987.

MIRABETE, Julio Fabbrini. *Código Penal interpretado*. São Paulo: Atlas, 1999.

MOVIMIENTO CONTRA LA INTOLERANCIA. Guía de apoyo a víctimas de la discriminación, el odio y la violencia. Disponível em: <http://www.movimientocontralaintolerancia.com/html/telefonoVictima/guia_corregida.pdf>. Acesso em: 3 set. 2016.

MST – MOVIMENTO DOS TRABALHADORES RURAIS SEM TERRA. Em nota, MST repudia Lei antiterrorismo e exige o veto completo do projeto. *Página do MST*, 25 fev. 2016. Disponível em: <http://www.mst.org.br/2016/02/25/em-nota-mst-repudia-lei-antiterrorismo-e-exige-o-veto-completo-do-projeto.html>. Acesso em: 20 mar. 2016.

MUÑOZ CONDE, Francisco. De las prohibiciones probatorias al derecho procesal penal del enemigo. *Revista Penal*, Huelva, n. 23, enero 2009. pp. 73-114.

_____. El nuevo Derecho penal autoritario. In: MUÑOZ CONDE, Francisco; LOSANO, Mario G. (coord). *El derecho ante la globalización y el terrorismo*. Valencia: Tirant lo Blanch, 2004.

NAÇÕES UNIDAS NO BRASIL – ONUBR. Brasil: Escritório de direitos humanos da ONU critica aprovação de lei antiterrorismo, 26 fev. 2016. Disponível em: <https://nacoesunidas.org/brasil-escritorio-direitos-humanos-da-onu-critica-aprovacao-lei-antiterrorismo/>. Acesso em: 20 mar. 2016.

NEXO JORNAL. Por que, mesmo com mudanças, a lei sobre terrorismo ainda é criticada, São Paulo, 25 fev. 2016. Disponível em: <https://www.nexojornal.com.br/expresso/2016/02/25/Por-que-mesmo-com-mudan%C3%A7as-a-lei-sobre-terrorismo-ainda-%C3%A9-criticada>. Acesso em: 20 mar. 2016.

NICOLÁS LAZO, Gemma; RIVERA BEIRAS, Iñaki. La crisis del *welfare y* sus repercusiones en la cultura política europea. In: RIVERA BEIRAS, Iñaki (coord). *Política criminal y sistema penal*. Barcelona: Anthropos, 2005.

NR-19 – EXPLOSIVOS. Norma regulamentadora 19. In: *DATAPREV – Sislex* (Sistema de legislação da previdência social). Disponível em: <http://www010.dataprev.gov.br/sislex/paginas/05/mtb/19.htm>. Acesso em: 27 fev. 2016.

NUCCI, Guilherme de Souza. *Leis penais e processuais penais comentadas*. 4. ed. São Paulo: Revista dos Tribunais, 2009.

O PAPEL DA INTELIGÊNCIA DE ESTADO. In: *Tecnologia e inovação do Ministério da Defesa*, 4 out. 2011. Disponível em: <www.defesa.gov.br/arquivos/pdf/ciencia_tecnologia/8_seminario_cti/04_out/3_1pronabens_gsi.pdf+&cd=4&hl=pt-BR&ct=clnk&gl=br>. Acesso em: 27 fev. 2016.

OCAÑA, Mónica Aranda. La política criminal en materia de terrorismo. In: RIVERA BEIRAS, Iñaki (coord). *Política criminal y sistema penal*. Barcelona: Anthropos, 2005.

OLIVEIRA, Eugênio Pacelli de. *Curso de processo penal*. 3. ed. Belo Horizonte: Del Rey, 2004.

O'MARA, Shane. *Why torture doesn't work:* the neuroscience of interrogation. Cambridge: Harvard University Press, 2015.

ORDENAÇÕES FILIPINAS. Portugal: Universidade de Coimbra. Disponível em: <http://www1.ci.uc.pt/ihti/proj/filipinas/l5ind.htm>. Acesso em: 15 mar. 2016.

ORDÓÑEZ, Leonardo. La globalización del miedo. *Revista de Estudios Sociales*, Bogotá, n.. 25, 2006. pp. 95-103.

PALANO, Damiano. Terrorism as a 'political world': identity, strategy, values. In: LOCATELLI, Andrea; CARUSO, Raul (Eds.). *Understanding terrorism:* a socio-economic perspective. v. 22. UK: Emerald, 2014. pp. 135-158.

PARECER 940, DE 2015. Redação final do Projeto de Lei da Câmara n. 101, de 2015 (nº 2.016, de 2015, na Casa de origem). In: *Senado Federal*, Brasília, 2015. Disponível em: <http://www.senado.leg.br/atividade/rotinas/materia/getPDF.asp?t=182196&tp=1/>. Acesso em: 3 nov. 2015.

PARRY, John T. *Understanding torture:* law, violence and political identity. United States of America: The University of Michigan Press, 2010.

_____. Escalating and necessity: defining torture at home and abroad. In: LEVINSON, Sanford (ed.). *Torture: a collection*. New York: Oxford University Press, 2004. pp. 145-164.

PEREIRA, Flávio Cardoso. A Moderna investigação criminal: infiltrações policiais, entregas controladas e vigiadas, equipes conjuntas de investigação e provas periciais de inteligência. *In*: CUNHA, Rogério Sanches; TAQUES, Pedro; GOMES, Luiz Flávio (coords). *Limites constitucionais da investigação*. São Paulo: Revista dos Tribunais, 2009, p. 117.

_____. A investigação criminal realizada por agentes infiltrados. *Revista Jurídica do Ministério Público do Estado do Mato Grosso*, ano 2, n. 2, jan. /jun. 2007, p. 175.

PEREIRA-MURO, Carmen. *Culturas de España*. 2 ed. Stamford: Cengage Learning, 2015.

PFIFFNER, James P. *Power play*: the Bush Presidency and the Constitution. Washington: Brookings Institution Press, 2008.

PIERANGELLI, José Henrique. *Códigos Penais do Brasil*: evolução histórica. São Paulo: Revista dos Tribunais, 2001.

PINTO, Ronaldo Batista; SILVARES, Ricardo. *Novo CPC e seus reflexos no âmbito do processo penal*. Salvador: Juspodivm, 2016.

PIZARRO LEONGÓMEZ, Eduardo. *Una democracia asediada*: balance y perspectivas del conflicto armado en Colombia. Bogotá: Grupo Editorial Norma, 2004.

PLAZA, Ana Martin. Los atentados del 11M que sacudieron España. *RTVE*, Madrid, 11 mar. 2014. Disponível em: <http://www.rtve.es/noticias/20140311/atentados-del-11m--sacudieron-espana/893543.shtml>. Acesso em: 29 jun. 2015.

POUTIGNAT, Philippe; STREIFF-FENART, Jocelyne. *Teorias da etnicidade*: seguido de grupos étnicos e suas fronteiras de Fredrik Barth. 2. reimp. São Paulo: Editora Unesp, 1997.

POZUELO PÉREZ, Laura. *Política criminal mediática:* génesis, desarrollo y costes. Madrid: Marcial Pons, 2013.

_____. De nuevo sobre la denominada "expansión" del Derecho penal: una relectura de los planteamientos críticos. In: *Libro Homenaje a Günther Jakobs. El funcionalismo en Derecho penal.* tomo II. Santa Fe de Bogotá: Servicio de Publicaciones de la Universidad Externado de Colombia, 2003. pp. 107-133.

PRADO, Luis Regis. *Curso de direito penal brasileiro*: parte geral: arts. 1º a 120. v. I. 11. ed. rev. atual. e ampl. São Paulo: Revista dos Tribunais, 2011.

_____. *Curso de direito penal brasileiro.* v. 1. 6.ed. São Paulo: RT, 2006.

_____; CARVALHO, Érika Mendes de. Delito político e terrorismo: uma aproximação conceitual. *Revista dos Tribunais,* v. 771, ano 89, jan. 2000. pp. 421-447.

PRIETO, Ana Beatriz. *Todo lo que necesitas saber sobre terrorismo.* México: Grupo Planeta, 2016.

_____. *Todo lo que necesitás saber sobre terrorismo.* Buenos Aires: Paidós, 2015.

PULIDO, Luis Alberto Villamarin. *ISIS.* Estado Islámico: yihad, terrorismo e barbárie. New York: Luis Alberto Villamarin Pulido, 2015.

RAMÍREZ, Manuel Becerra. *Derecho penal internacional.* México: McGraw-Hill, 1997.

RANGEL, Paulo. *Direito processual penal.* 7. ed. Rio de Janeiro: Lumen Juris, 2003.

RANSTORP, Magnus; NORMARK, Magnus. *Understanding terrorism innovation and learning*: Al-Qaeda and beyond. New York: Routledge, 2015.

RASCOVSKI, Luiz. *A (in)eficiência da delação premiada.* Estudos de processo penal. São Paulo: Scortecci, 2011.

REGHELIN, Elisangela Melo. Entre terroristas e inimigos. *Revista Brasileira de Ciências Criminais.* v. 66, ano 15, maio/jun. 2007. pp. 271-314.

REGISTRO DE NOMBRES DE PASAJEROS. In: *Ayuntamiento de Cáceres,* Gobierno de Extremadura, España, 22 abr. 2016. Disponível em: <http://europadirect.caceres.es/

noticias/registro-de-nombres-de-pasajeros>. Acesso em: 15 maio 2016.

REGLAMENTACIÓN DEL USO DE LOS DATOS DEL REGISTRO DE NOMBRES DE PASAJEROS (PNR). In: *El Consejo Europeo.* Disponível em: <http://www.consiliu

m.europa.eu/es/policies/fight-against-terrorism/passenger-name-record/>. Acesso em: 15 maio 2016.

REINARES, Fernando. Fabrica de terroristas. *El País,* Madrid, 27 out. 2015. Disponível em: <http://elpais.com/elpais/2015/10/23/opinion/1445622759_611394.html>. Acesso em: 22 nov. 2015.

_____. *Terrorismo y antiterrorismo.* Barcelona: Paidós Ibérica, 1988.

REJALI, Darius. *Torture and democracy*. New Jersey: Princeton University Press, 2007.

RESOLUTION 1540. Adopted by the Security Council at its 4956th meeting, on 28 April 2004. In: *United Nations – Security Concil*. 28 apr. 2004. Disponível em: <http://www.un.org/en/ga/search/view_doc.asp?symbol=S/RES/1540%20(2004)>. Acesso em: 27 fev. 2016.

RESOLUTION 1673. Adopted by the Security Council at its 5429th meeting, on 27 April 2006. In: *United Nations – Security Concil*. 27 apr. 2006. Disponível em: <http://www.un.org/en/ga/search/view_doc.asp?symbol=S/RES/1673%20(2006)>. Acesso em: 27 fev. 2016.

RESOLUTION 1977. Adopted by the Security Council at its 6518th meeting, on 20 April 2011. In: *United Nations – Security Concil*. 20 apr. 2011. Disponível em: <http://www.un.org/en/ga/search/view_doc.asp?symbol=S/RES/1977%20(2011)>. Acesso em: 27 fev. 2016.

RESOLUTION 57/83. Measures to prevent terrorists from acquiring weapons of mass destruction. In: *United Nations – General Assembly*. 22 nov. 2002. Disponível em: <http://www.un.org/ga/search/view_doc.asp?symbol=A/RES/57/83>. Acesso em: 27 fev. 2016.

RESOLUTION 70/36. Measures to prevent terrorists from acquiring weapons of mass destruction. In: *United Nations – General Assembly*. 11 dec. 2015. Disponível em: <https://gafc-vote.un.org/UNODA/vote.nsf/91a5e1195dc97a630525656f005b8adf/38982ec3e132788385257f1b005d3ce8/$FILE/A%20RES%2070%2036.pdf>. Acesso em: 27 fev. 2016.

RIVERA BEIRAS, Iñaki (coord). *Política criminal y sistema penal*. Barcelona: Anthropos, 2005.

RODRÍGUEZ, Laura Zuñiga. El tipo penal de tortura en la legislación española, a la luz de la jurisprudencia nacional e internacional. In: PÉREZ ÁLVAREZ, Fernando (ed.). *Universitas vitae:* homenaje a Rupero Núñez Barbero. Salamanca: Ediciones Universidad Salamanca, 2007.

RODRIGUEZ, Victor Gabriel. Aula de ética e delação premiada. *Jornal Carta Forense*, out. 2013, p. A22.

ROTH, Kenneth. Getting away with torture. In: HUNSINGER, George (ed.). *Torture is a moral issue*: christians, jews, muslisms and people of conscience. Cambrigde: William B. Eedermans Publishing Company, 2008. pp. 3-21.

ROXIN, Claus. *Derecho penal:* parte general. tomo I. Fundamentos. La estructura de la teoria del delito. Madrid: Civitas, 1997.

RYAN, Michael W. S. Dabiq: what Islamic State's new magazine tells us about their strategic direction, recruitment patterns and guerrilla doctrine. *The Jamestown Foundation* – Terrorism Monitor: In-depth Analysis of the War on Terror, Washington DC, 1 ago. 2014, Disponível em: <http://www.jamestown.org/programs/tm/single/?tx_ttnews%5Btt_news%5D=42702&cHash=0efbd71af77fb92c064b9403dc8ea838>. Acesso em: 22 nov. 2015.

SAGEMAN, Marc. *Leaderless jihad*: terror networks in the twenty-first century. University of Pennsylvania Press, 2008. p. 109.

_____. *Understanding terror networks*: University of Pennsylvania Press, 2004.

SALIB, Emad. Suicide terrorism: a case of folie à plusieurs*? The British Journal of Psychiatry*, UK, n.. 182, jun. 2003, pp. 475-476.

SÁNCHEZ GARCÍA DE PAZ, M. Isabel. *El moderno Derecho penal y la anticipación de la tutela penal*. Salamanca: Universidad de Valladolid, 1999.

SANTOS, Christiano Jorge. *Crimes de preconceito e de discriminação*. Análise jurídico-penal da Lei 7.716/89 e aspectos correlatos. São Paulo: Max Limonad, 2001.

SCARRY, Elaine. *The body in pain*: the making and unmaking of the world. New York: Oxford University, 1985.

_____. Five errors in the reasoning of Alan Dershowitz. In: LEVINSON, Sanford (ed.). *Torture: a collection*. New York: Oxford University Press, 2004.

SECRETARY-GENERAL BAN KI-MOON. UN Secretary-General's Remarks at General Assembly Presentation of the Plan of Action to Prevent Violent Extremism [As Delivered]. In: *United Nations*, 15 jan. 2016. Disponível em: <https://www.un.org/sg/en/content/sg/statement/2016-01-15/un-secretary-generals-remarks-general-assembly-presentation-plan>. Acesso em: 30 ago. 2016.

SENADO APROVA TIPIFICAÇÃO DO CRIME DE TERRORISMO COM PENA DE ATÉ 30 ANOS. *Senado Notícias*, 29 out. 2015. Disponível em: <http://www12.senado.leg.br/noticias/materias/2015/10/28/senado-aprova-tipificacao-do-crime-de-terrorismo/>. Acesso em: 3 nov. 2015.

SETTY, Sudha N. The United States. In: ROACH, Kent. *Comparative counter-terrorism law*. New York: Cambridge University Press, 2015. pp. 49-77.

SHUE, Henry. *Flying hurt:* rule and exception in torture war. Oxford: Oxford University Press, 2016.

SIEGEL, Larry. *Criminology*. Wasworth: Cengage Learning, 2012.

SILVA, Eduardo Araujo da. *Crime organizado:* procedimento probatório. São Paulo: Atlas, 2003.

SILVA, Francisco Carlos Teixeira da; MEDEIROS, Sabrina; VIANNA, Alexander Martins (org). *Enciclopédia de guerras e revoluções*. v. III. Rio de Janeiro: Elsevier Editora, 2015.

SILVA, José Afonso da. *Aplicabilidade das normas constitucionais*. 3 ed. rev. e ampl. São Paulo: Malheiros, 1998.

_____. *Comentário contextual à Constituição*. 4. ed. São Paulo: Malheiros, 2007.

SILVA SANCHÉZ, Jesús-María. *Aproximación al derecho penal contemporáneo*. Barcelona: Jose Maria Bosch, 2002.

_____. *La expansión del derecho penal*. Aspectos de la política criminal en las sociedades postindustriales. 2. ed. rev. ampl. Madrid: Civitas Ediciones, 2001.

_____. Sobre el estado de necesidad en Derecho penal español. *Anuario de Derecho Penal y Ciencias Sociales,* tomo 35, n. 3, 1982. pp. 663-692.

SIMÕES JORGE, Pe. J. *Cultura religiosa*: o homem e o fenômeno religioso. São Paulo: Edições Loyola, 1998.

SPAAIJ, Ramón. *Understanding lone wolf terrorism:* global patterns, motivations and prevention. Melbourne: Springer, 2012.

SPEECHES. In: THE FBI, United States of America. Disponível em: <https://www.fbi.gov/news/speeches/the-fbi-and-the-adl-working-toward-a-world-without-hate/>. Acesso em: 26 fev. 2016.

STEINHOFF, Uwe. *On the ethics of torture*. Albany: Suny Press, 2013.

_____. Torture: the case for dirty Harry and against Alan Dershowitz. In: WHITE, James E. (ed.). *Contemporany problems:* war terrorism, torture and assassination. 4. ed. Boston: Wadsworth, 2012. pp. 82-91.

TERRADILLOS BOSCO, Juan. Función simbólica y objeto de protección del derecho penal. In: BUSTOS RAMIREZ, Juan. *Pena y estado*. Santiago: Editorial Jurídica Conosur, 1995.

THACKRAH, John Richard. *Dictionary of terrorism*. 2 ed. Oxon: Routledge, 2004.

THE BIOLOGICAL AND TOXIN WEAPONS CONVENTION DATABASE. In: *Department of Peace Studies*, University of Bradford, UK. Disponível em: <http://www.brad.ac.uk/acad/sbtwc/keytext/genprot.htm>. Acesso em: 27 fev. 2016.

THE USA PATRIOT ACT: Preserving Life and Liberty (Uniting and Strengthening America by Providing Appropriate Tools Required to Intercept and Obstruct Terrorism). In: *USADepartament's of Justice*. Disponível em: <http://www.justice.gov/archive/ll/what_is_the_patriot_act.pdf>. Acesso em: 4 nov. 2015.

TUCCI, Rogério Lauria. *Direitos e garantias individuais no processo penal brasileiro.* 2. ed. São Paulo: Revista dos Tribunais, 2004, pp. 256 e 265.

TURESSI, Flavio Eduardo. Breves apontamentos sobre crime organizado, delação premiada e proibição de proteção penal insuficiente. *Revista Jurídica da Escola Superior do Ministério Público de São Paulo,* v. 3, 2013, p. 230.

TWINING, Willian; TWINING, P.E. Bentham on torture. *Nothern Ireland Legal Quaterly*, n. 24, 1973. pp. 305-357.

ÚBEDA-PORTUGUÉS, José Escribano. *Lecciones de relaciones internacionales.* Madrid: Aebius, 2010.

UNITED NATIONS STAFF. Treaties and International Agreements Registered Or Filed and Recorded with the Secretariat of the United Nations. *Treaty Series,* v. 2029. New York: The Stationery Office, 2001.

UNITED NATIONS. UN Secretary-General's Remarks at General Assembly Presentation of the Plan of Action to Prevent Violent Extremism [As Delivered]. Secretary-general Ban Ki-Moon, 15 jan. 2016. Disponível em: <https://www.un.org/sg/en/content/sg/statement/2016-01-15/un-secretary-generals-remarks-general-assembly-presentation-plan>. Acesso em: 20 mar. 2016.

UNITING AND STRENGTHENING AMERICA BY PROVIDING APPROPRIATE TOOLS REQUIRED TO INTERCEPT AND OBSTRUCT TERRORISM (USA PATRIOT ACT) ACT OF 2001. In: *USA Departament's of Justice.* Disponível em: <http://www.gpo.gov/fdsys/pkg/PLAW-107publ56/pdf/PLAW-107publ56.pdf>. Acesso em: 4 nov. 2015.

UNODA. United Nations Office for disarmament affairs. Missiles. Disponível em: <https://www.un.org/disarmament/wmd/missiles/>. Acesso em: 10 fev. 2016.

_____. United Nations Office for disarmament affairs. WMD. Disponível em: <https://www.un.org/disarmament/wmd/>. Acesso em: 10 fev. 2016.

URIBES, José Manuel Rodríguez. *Las víctimas del terrorismo en España*. Madrid: Dykinson, 2014.

USA PATRIOT ACT: AN ATTACK TO ALL OUR RIGHTS. *Justice*, n.. 28, jan. 2002. Disponível em: <http://www.socialistalternative.org/911-and-the-war-on-terror/usa-patriot-act-attack-to-all-our-rights/>. Acesso em: 20 abr. 2016.

VAN BUEEREN, Jelle. Fixated individuals and the state's response: networked security. In: FREDHOLM, Michael. *Understanding lone actor terrorism*: past experience, future outlook and response strategies. New York: Routledge, 2016.

VAN DEN BERGHE, Pierre L. Etnia. In: CASHMORE, Ellis. *Dicionário de relações étnicas e raciais*. São Paulo: Summus, 2000.

VAN GEMERT, Lia. Severing what was joined together: debates about pain in the Seventeenth-Century Dutch Republic. In: VAN DIJKHUIZEN, Jan Frans; ENENKEL, Karl A. E (ed.). *The sense of suffering:* construction of physical pain in early modern culture. Leiden: Brill, 2009. pp. 443-468.

VARIAS BOMBAS COLOCADAS EN TRENES DE CERCANÍAS DE MADRID MATAN A 191 PERSONAS. *Antena3*, Madrid, sem data. Disponível em: <http://www.antena3.com/especiales/noticias/en-un-mes-de/marzo/varias-bombas-colocadas-trenes-cercanias-madrid-matan-191-personas_2012022100094.html>. Acesso em: 29 jun. 2015.

WAGMAN, Daniel. Violencia racista. La punta de iceberg. In: AYALA, Victor Renes. Violencia y sociedad. *Documentación social – Revista de Estudios Sociales y de Sociología Aplicada*, Madrid, n.. 131, abr./ dez. 2003. pp.245-260.

WEIMANN, Gabriel. *Terrorism in cyberspace*: the next generation. New York: Columbia University Press, 2015.

ZAFFARONI, Eugenio Raúl; SLOKAR, Alejandro; ALAGIA, Alejandro. *Derecho penal:* parte general. tomo I. 2. ed. Buenos Aires: Ediar, 2002.

ZAFFARONI, Eugenio Raúl. Crime organizado: uma categoria frustrada. *Discursos sediciosos: crime, direito e sociedade*, Rio de Janeiro: Revan, ano 1, v. 1, 1996, p. 45.

_____. PIERANGELI, José Henrique. *Manual de direito penal brasileiro*. v. 1. Parte geral. 8. ed. rev. e atual. São Paulo: Revista dos Tribunais, 2010.

ZAMORANO, Abraham. 11M: las incógnitas que quedan a diez años de los atentados de Madrid. *BBC Mundo*, Grã-Bretanha, 11 mar. 2014. Disponível em: <http://www.bbc.com/mundo/noticias/2014/03/140310_espana_aniversario_11m_az>. Acesso em: 29 jun. 2015.

ZARUR, George de Cerqueira Leite. Raízes étnicas do Brasil: modelos de integração. In: *Histórias, etnias, culturas*. 500 anos construindo o Brasil. São Paulo: Edições Loyola, 2000.

11M, EL JUICIO. *El País*, Madrid, sem data. Disponível em: <http://www.elpais.com/comunes/2007/juicio_11m/>. Acesso em: 29 jun. 2015.